KB083125

식민지 조선 지식인, 혼돈의 중국으로 가다

1920년대 조선 지식인의 중국 인식에 대한 사상적 고찰

식민지 조선 지식인, 혼돈의 중국으로 가다

1920년대 조선 지식인의 중국 인식에 대한 사상적 고찰

초판 1쇄 발행 2020년 7월 20일

초판 2쇄 발행 2021년 10월 15일

지은이 주효뢰 펴낸이 박성모 펴낸곳 소명출판 출판등록 제13-522호

주소 서울시 서초구 서초중앙로6길 15, 2층

전화 02-585-7840 팩스 02-585-7848

전자우편 somyungbooks@daum.net 홈페이지 www.somyong.co.kr

값 25,000원 ⓒ 주효뢰, 2020

ISBN 979-11-5905-495-2 93910

1920년대 조선 지식인의 중국 인식에 대한 사상적 고찰

식민지 조선 지식인, 혼돈의 중국으로 가다

COLONIAL KOREAN INTELLECTUALS IN THE CHAOTIC CHINA
AN IDEOLOGICAL STUDY ON KOREAN INTELLECTUAL DISCOURSE ON CHINA IN THE 1920S

주효뢰 지음

일러두기

• 이 책은 식민지를 지칭하는 공식 용어이자 식민지 시기의 사료에 주로 사용되었던 용어인 '조선'을 채택한다. 다만 해방 이후의 경우는 '한국'이라고 지칭한다.

• 이 책에서 언급된 '중국'은 상황에 따라 의미가 달라진다. 국민국가로서의 '중국'은 1919~1932년이라는 연구시기에 해당된 '중화민국(中華民國)'을 의미하는 것이다. 그러나 조선 지식인의 '중국 인식'을 논할 때, 국민국가로서의 '중국'보다 문명/문화체로서의 '중국'의 의미가 더 크기 때문에 논의의 편의상으로 되도록 '중국'으로 통칭된다. 통칭되지 못하는 부분에서는 '명', '청', '중화민국' 등으로 표시되기도 한다.

• 이 책은 한국 학계의 관례에 따라 '만주'라는 용어를 사용한다. 중국에서 '만주'는 원래 만주족을 가리켰지만, 근대 이래 만주족이 살던 곳이라는 의미에서 지역명으로 사용되어 왔다. 근대 시기에 이 지역과 관련되어 사용된 명칭으로는 만주(滿洲), 만주국(Manchukuo), 관동(關東), 동삼성(東三省), 동북(東北) 등이 있다. 만주 및 만주국이라는 명칭에는 이 지역을 한족 중심의 중국과 무관한 지역으로 담론화시키려는 일본 제국주의의 의도가 있었으며, 동삼성, 동북이라는 명칭에 대한 강조는 일본 제국 팽창을 경계하거나 저항하려는 중국의 의지를 담고 있다(Narangoa, L, "Th e Power of Imagination : Whose Northeast and Whose Manchuria?", *Inner Asia* 4-1, 2002, p.14). 오늘날 중국에서는 '만주'라는 명칭 대신 '동북'이 통용되고 있다.

• 이 책에서 나오는 중국의 인명, 지명 등은 국립국어원의 외래어 표기법에 따라 원지음(原地音), 곧 중국어 발음을 한국어로 옮겨 적는 것을 원칙으로 한다. 다만, 1911년 신해혁명 이전은 한국식 한문 발음으로, 1911년 신해혁명 이후는 중국식 발음으로 표기한다. 따라서 1911년 이전의 上海는 상해, 北京은 북경, 1911년 이후에는 각각 상하이, 베이징으로 표기하였다.

책머리에

2019년은 3·1운동과 한국임시정부 수립 100주년이자, 중국 5·4운동 100주년을 맞이한 해였다. 한국인에게 '백 년 전 식민지 조선인에게 중국은 무엇이었는가' 하고 질문한다면 아마 대부분 상하이에 임시정부가 수립되었던 사실을 비롯해, 독립운동이 주로 중국에서 전개되었던 역사적 사실을 바탕으로, 중국은 한민족의 독립을 위해 투쟁하는 공간이었다고 답변할 것이다. 틀린 대답은 아니지만, 이는 역사적 실감이 더해지지 않은 사실 설명에 가까운 대답이라 할 수 있다. 이를 해결하기 위해서는 한·중 양국 간 역사적·사상적 동시대성을 극명하게 드러냈던 1920년대, 중국의 지역들로 한 발짝 더 가까이 들어가 살펴볼 필요가 있다. 이 책은 1920년대 중국을 방문했던 식민지 조선 지식인들의 중국 인식을 중심으로 '중국은 무엇이었는가'에 대한 답을 구하고자 한다.

군벌 시대를 거쳐 형식적으로나마 통일되어 가던 1920년대 중국(중화민국)에는 할거割據한 군벌이나 조계租界나 조착지租借地 등을 관할하던 제국주의 국가들의 다양한 통치 형태가 공존하고 있었다. 즉 당시 중국은 온전한 주권을 갖추지 못한 '혼돈의 공간'이라고 할 수 있다. 게다가 다양한 이념적 배경을 가진 조선의 지식인들은 수많은 조선인이 이주해 왔던 '고토' 만주에서, 화려한 국제 도시 상하이에서, 오랜 역사의 흔적이 곳곳에 남아 있는 옛중국의 중심지 베이징에서, 저마다의 방식으로 '중국'과 조우하고 있었다. 때문에 '조선 지식인의 중국 인식'을 한마디로 정리한다는 것은 애초부터 불가능한 일일지도 모른다.

이 책은 중국의 여러 지역에서, 여러 배경을 가진 조선 지식인들이 만든 다양한 중국 인식들을 파편적으로 나열하는 대신 국가로서의 '중국'을 몇 개의 지역으로 해체하고, 두 가지 문제의식을 바탕으로 분석의 틀을 구축해 조선 지식인의 중국 인식을 서술하고자 한다.

첫 번째 문제의식은 식민지 조선 지식인의 중국 인식이 어떠한 사상적 함의를 가지고 있는가 하는 것이다. 중국인 연구자로서 나는 그들의 눈을 통해 백 년 전 중국의 모습을 복원하는 데 목적을 두지 않는다. 오히려 조선 지식인의 중국 인식을 바탕으로 그들의 고뇌와 사상에 접근하고자 한다. 즉, 중국의 '실상實相'을 넘어, 그들의 근대의식, 민족 인식, 지역 인식 그리고 자아 인식을 읽고자 하는 것이다.

이런 의미에서, 3·1운동과 5·4운동 이후의 1920년대 중국은 조선 독립운동가들에게는 독립을 위해 투쟁하는 공간이었지만, 동시에 지식인들에게는 조선의 과거, 현재, 미래를 고민하는 공간이었다. 독립된 국민국가의 건설과 근대화를 향한 지향은 그 당시 조·중 지식인들이 공통적으로 안고 있었던 시대적 과제이며 고뇌의 근원이었다. 그러나 조선 지식인들은 중국 지식인들보다 더 깊은 고민을 품고 있었다. 일본의 식민 통치를 겪으며, 그들은 중국적 '전통'을 청산하고자 했던 한편, 중국에서 민족독립과 근대화의 길을 도모하고자 하였다. 이러한 방향성은 일본적 '근대'를 의심하면서도 일본을 통해 근대문명을 수용하고자 하였던 것에서도 나타난다. 조선과 같은 처지의 제국의 식민지적 존재로서 중국을 바라보며 조선 지식인들은 그들의 다층적이고 사상적인 고민을 충실히 기록해 왔다. 이러한 '사상적 조각'들을 발굴함으로써 동시대 조선사상사를 입체적으로 조명하는 데 보완적인 역할을 할 것으로 기대된다.

두 번째 문제의식은 어떻게 하면 '영원한 이웃' 한·중 양국이 민족주의, 근대주의, 정치적 이념 등으로 인해 생성된 편견과 오해를 넘어 서로를 이해할 수 있는가 하는 것이다. 백영서에 따르면, 근대 이래 한국인의 중국 인식(또는 이미지)과 중국인의 한국 인식(또는 이미지)은 '편의적인 오해'에 기반한 전형적 형태를 취하는 경우가 많다.[1] 냉전 종식 후 특히 1992년 한·중 수교 이후 한중 관계는 비약적인 발전을 거듭해 왔고 현재는 양국 간 상호 접촉의 기회가 유례 없이 많아졌음에도 불구하고, 이 축적된 '편의적인 오해'는 쉽사리 풀어지지 않는 모양이다. 특히 최근 몇 년간 양국 네티즌들의 인터넷 댓글을 보면, 한국의 혐중嫌中감정, 중국의 반한反韓감정이 반일감정보다 커 보이는 현실을 심각하게 인식하지 않을 수 없다. 상호 이해가 단순히 물리적 접촉이 증가한다고 이뤄지는 것이 아니라는 것을 새삼 깨닫게 해준다.

이 책에서 다룬 백 년 전 조선인이 생성한 중국 담론도 이와 유사하다. 이들의 글에서 재현된 중국은 대부분 '코를 찌르는 아편 냄새'를 풍기는, 더럽고 혼란스럽기 그지없는 이미지로 그려진다. 여기에 살고 있는 중국인들 역시 시끄럽고 촌스러우며 정신없이 미개한 꼴을 보이고 있다. 한편 다케우치 요시미는 1940년대 '지나 여행'을 다녀온 일본인

---

1   백영서, 「편의적인 오해의 역사 한중 상호 인식의 궤적」, 동북아지식인연대 편, 『동북 아공동체를 향하여』, 동아일보사, 2004, 423쪽.

들이 쓴 중국 기행문을 "중국에 가기 전에 이미 알고 있는 것을 중국에 갔다 와서 써버린다. 개개인으로서의 인간의 얼굴이 안 보이며, 지나인만 보였다"[2]며 비판한다. 방문과 접촉은 타자를 이해하거나, 장벽을 허물지 못했다. 오히려 담론의 생산자인 근대 매체들을 통해 기존의 편견들만 더욱 공고해졌을 뿐이다. 뿐만 아니라 이들의 경험들은 객관적인 인식으로 포장되어 전형적인 이미지로 재생산된다. 이는 현대의 매체들에도 큰 변함이 없다. 아니, 더 은밀해지고 정교해졌을지 모른다.

이에 대한 반성은 백 년 전 일부 조선 지식인에 의해 일찌감치 시작되었다. 서구나 일본 등 제3자를 거치는 대신 '조선인'의 눈으로 직접 중국을 대면하고 관찰하고 사유하는 자세, 중국을 단순한 객체 이상으로 바라보는 것, 이를 위해 평등한 눈높이를 견지하는 것, 이를 통해 새로운 '방법'을 만들어 내는 '인터–아시아'적 방법론은 오늘날까지도 '한국에게 중국이란 무엇인가'라는 명제를 사유하는 데 유효하다. 이는 강력한 군사력과 경제력을 바탕으로 '천하주의'를 다시 부활시켜 주변 국가를 위협하는 현재의 중국에게 '한국이란 무엇인가'를 사유할 때 역시 유효하다.

한국에서 뉴스를 보거나 사람들과 대화할 때, 한국인들이 늘 자신들의 나라를 미국이나 OECD 국가와 비교하는 것에 놀라곤 했다. 이것은 내가 중국인으로서 그 비교 대상을 미국으로 삼는 데 얼마나 익숙해 있었는지 반성하게 했다. 요즘도 무의식적으로 특정한 '보편적' 기준에 비

---

2   竹內好,「書寫支那」,『中國文學』 80, 1942.

교하는 것은 백 년 전과 다를 바 없다. 한국이나 중국 모두 아시아 내부에서 상호 참조 또는 성찰의 틀을 찾는 작업이 여전히 절실히 요구된다. 이는 '진보', '발전', '근대화'라는 단선적 역사적 시간 도식에 대한 거부이기도 하다. 그리고 한·중 양국 간 심리적 거리에 대한 성찰이라는 점에서 이 책이 가치 있는 점이 아닐까 싶다.

2018년 8월에 제출한 박사논문 「1920년대 조선 지식인의 중국 담론 연구」를 단행본 체제에 맞게 수정·보완한 이 책은 내가 한국어로 쓴 첫 책이다. 대학교 시절부터 '가나다라'로 한국어를 배워 온 외국인으로서 큰 보람을 느낀다. 물론 모국어가 아니기 때문에 글이 어색하거나 매끄럽지 못하다는 지적을 면하기 어렵다. 이 책에 인용된 국한혼용체 원문들 역시 독자에 따라 읽는 데 어려움을 줄 수 있다. 미리 양해의 말씀을 드린다.

이 책은 여러 선학들의 통찰과 교수님들의 지도에 힘입은 것이다. 늘 부족한 제자를 믿고 이 책을 완성하는 데 누구보다도 많은 격려와 도움을 주신 한국외대 국제지역대학원 조영한 교수님께 깊은 감사를 드린다. 그리고 이 책의 모태가 된 박사논문을 꼼꼼히 지도해 주셨던 한국외대 반병률 교수님, 박진경 교수님, 최현희 교수님께 머리 숙여 사의를 표한다. 특히 논문이 마무리될 마지막 순간까지 예리한 지적과 유익한 조언을 아끼지 않으신 성공회대 동아시아연구소 유선영 교수님께도 각별히 감사를 드리고 싶다. 식민지 조선과 관련된 유 교수님의 일련 연구들에서 많은 지적인 자극과 영감을 받았다. 또한 그동안 학업의 길을 함께 걸었던 대학원 동료들, 내 부족한 맞춤법을 고쳐준 친구 이송민에게 고 마음을 표하고 싶다. 끝으로 무명의 외국인 연구자의 미숙한 글을 흔쾌히 받아들인 소명출판에 감사의 말씀을 올린다. 특히 이 책의 교정을 맡아 더 좋은 책으로 태어날 수 있도록 꼼꼼히 챙겨주신 정필모, 윤소연 편집자님께 감사를 드린다.

언제나 무조건적인 사랑과 지지를 보내준 내 가족들이 없었다면 이 책은 세상의 빛을 보지 못했을 것이다. 무엇보다 세 살때부터 엄마가 한국으로 유학가는 바람에 이별의 쓴맛을 본 우리 딸 연연軟軟이에게 이 책을 바친다. 어린 그에게 한국은 이질적인 '외국'이 아니라, 언어가 다르더라도 웃음과 정이 넘치는 그저 '사람들이 살아가는 곳'이었다. 나는 연연이로부터 미래 세대가 민족 또는 국가라는 장벽을 넘어, 인간으로서 이해와 화해에 도달할 희망을 보았다.

2020년 여름, 베이징에서
주효뢰

차례

'중국'이라는 참조항
식민지 조선인에게 중국은 무엇이었는가?

    이 책은 식민지 조선 지식인에게 중국은 무엇이었는가라는 근원적인 의문에 대한 탐구이다.

    한국은 서구와 일본에 의해 굴절되면서 '서구-비서구', '제국-식민지'라는 이분법적 사유의 경계를 중층적으로 오갔다.[1] 그동안 식민지기를 비롯한 한국 근대사 서술도 이 두 가지 이분법적 사유의 경계 속에 머무는 경향이 존재한다. 이 경향의 원인 첫 번째는 폴 코헨이 비판하는 냉전 체제하에서 서구 학계가 동양을 인식했던 '충격-반응', '전통-근대'의 이분법적인 연구 모델[2]이 한국 학계의 근대사 서술에도 여전히 유효하기 때문이다. 때문에 한국의 근대사는 서구의 충격에 대한 조선인의 반응을 연구하고, 서구적 근대라는 목적을 향한 사상적 변화를 연구하는 것이 지배적인 관심사가 되어 왔다. 둘째, '제국-식민지' 체제하에

---

1   박정심, 『한국 근대사상사』, 천년의상상, 2016, 389쪽.

2   Paul A. Cohen, *Discovering History in China : American Historical Writing on the Recent Chinese Past*, Columbia University Press, 1985.

'조선-일본'이라는 구도를 유지하며 그 안에 머물고자 하는 욕구가 있기 때문이다. 이 욕구를 통해 한국은 일본의 피해자로서 도덕적 우위를 가지며, 동시에 민족주의에 정당성을 부여받는다. 그러나 '서구적 근대'라는 잣대의 지나친 의존은 식민지 근대 역시 '미완의 근대'나 자기부정의 역사로 바라보게 한다. 또한 자국의 식민사를 위와 같이 해명함으로써 근대화는 민족 감정의 문제로 치환되고 피해의식과 편협한 국수주의적 역사관에서 벗어나기 어렵게 한다.

이 책에서는 '서구-비서구', '제국-식민지' 등 기존 연구가 치중했던 이분법적 구도에서 벗어나기 위해 제3의 참조항을 도입하고자 한다. 이 참조항은 식민지 조선과 같이 '비서구'이면서, 동시에 당시 근대 세계의 주변이었던 반半식민지[3] 근현대 중국이다. 이 참조항을 통해 우리는 식민지 조선인의 민족, 근대, 세계, 나아가 자아에 대해 새롭게 인식할 가능성을 제공할 것이다. 이를 위해 식민지 조선 지식인들의 국권 회복과 근대에 대한 열망은 유사한 시대적 상황에 놓여있던 중국을 어떻게 인식하고 재현했는가를 조선의 사상적 맥락에서 구명하고자 한다.

조선 지식인의 중국 담론을 검토하는 작업에서 우선 고려해야 할 중요한 기준은 근대 이후 양국이 직면하였던 역사적 유사성이다. 19세기에 접어들면서 동아시아는 유례없는 격동기, 이른바 "수천년래 일찍이

---

3 '반(半)식민지'는 정확히 정의하기가 어려운 개념이다. 일반적으로 이것은 국가의 주권이 심각하게 상실된 상태를 가리킨다('식민지'는 주권이 완전히 상실된 상태를 가리킨다). 그리고 이러한 '상태'는 '법률'(국제법, 국제조약을 포함)에 의해 규정된다. 秦暉, 『走出帝制－從晩淸到民國的歷史回望』, 群言出版社, 2015 참조.

없었던 변국變局"[4]에 처했다. '서구와 만남'으로써 동아시아 전역은 중국을 중심으로 한 동심원적 조공 체제에서 벗어나 서구를 중심으로 한 근대적 국제 질서에 강제적으로 편입되었다. 그러나 서구적 근대는 조선과 중국 모두에게 계몽과 해방 대신 미몽과 억압의 장을 열어주었다. 청일전쟁 이후 조선은 망국의 위기 속에서 허덕이다가 결국 일제의 식민지로 전락하였고, 같은 시기 신해혁명 이후 아시아 최초의 공화국을 개국한 중국 역시 서구와 일제에 의한 이중적 반半식민지화가 가속화되었다. 조선과 중국의 관계는 전통적 조공 체제의 수직적인 '종주국-조공국' 위계에서 벗어나 비교적 수평적인 위계 —세계 자본주의 체제의 주변부이자 약소국이긴 하지만 — 로 재편되었다. 이것은 옛 중화문명의 빈 자리를 서구 중심의 근대문명으로 채우는 과정이었으며, 근대문명이라는 깃발 아래 세계적으로 형성된 제국주의 열강들이 식민지를 확장한 결과이기도 했다. 양국의 근대 지식인들은 중화로 상징되던 '옛 세계'와 결별하여 서구적 근대 질서에 편입함과 동시에 '문명의 얼굴'을 한 야만적 제국의 침탈에 맞서 민족독립을 쟁취해야 하는 이중적인 과제에 직면하게 되었다. 즉 서구적 근대와의 만남을 통해 재편된 '제국-식민지' 체제의 극복은 조선과 중국 모두의 시대적 과제였다.

바로 이런 의미에서 1920년대는 조·중의 역사적·사상적 동시대성을 극명하게 드러낸 시기다. 양국에서 거의 동시에 전개된 일련의 독립

---

4   이 말은 청말 시기에 청이 서구와 조우하면서 직면하였던 근대적 세계질서의 격변을 이르는 말로 1874년 말 정치가 이홍장(李鴻章)에 의해 처음으로 제기되었다. "合地球東西南朔九萬裏之遙, 婚聚于中國, 此三千余年一大變局也." 李鴻章, 『籌議海防折』, 1874 참조.

운동(개조운동)은 양국 지식인들의 사상적 동시성을 보여준다.

조·중·일을 포함한 동아시아 국가에게 1919년은 1920년대의 도래를 알리는 획기적인 전환점이었다. 아니, 동아시아에서 본격적 의미의 20세기는 1919년에 시작되었다고 보아도 좋을 것이다.[5] 세계사적으로 제1차 세계대전의 종전과 전후 처리 문제가 논의되기 시작한 1919년은 월슨이 주창한 민족자결주의에 따라 약소 민족의 민족적 지위가 강조되고 민족의식이 고조된 "소약자부활시대小弱者復活時代"[6]가 시작된 시점이었다. 이러한 역사적 배경에서, 근대세계 주변부의 반半식민지라는 억압 구조를 탈피하기 위해 조선에는 3·1운동이, 중국에는 5·4운동이 잇달아 발생했다. 초기의 정치적 목적은 달성하지 못했으나, 3·1운동과 5·4운동 이후의 조·중 양국은 '개조의 시대'에 진입하여 나름대로 근대의 길을 모색하기 시작했다. 전개 과정상의 차이에도 불구하고 동일한 논리를 가진 개조론은 조선과 중국에 동시에 출현하였다.[7] 한편, 러시아혁명을 계기로 사회주의와 아나키즘 사상을 수용하면서, 양국의 지식인들은 정신적·내적 차원의 개조인 문화주의와 물리적·외적 차원의 개조인 사회주의라는 두 경로로 민족과 사회를 개조하는 경향을 드러냈다.

1920년대 3·1운동의 실패는 조선의 많은 지식인들에게 패배감을 안겨 주었다. 이 시기에는 민족자본 하층과 소부르주아 계급을 중심으로

---

5 임형택, 「1919년 동아시아 근대의 새로운 전개−1919년 동아시아, 3·1운동과 5·4운동」, 『대동문화연구』, 성균관대 대동문화연구원, 2009, 196쪽.

6 金明植, 「世界思潮의 進向」, 『개벽』 17, 1921.11, 61쪽.

7 오병수, 「『개벽』의 개조론과 동아시아적 시공의식(時空意識)−중국의 『해방여개조』와 비교를 중심으로」, 『사림』 26, 수선사학회, 2006, 243쪽 참조.

한 자본주의적 발전을 지향한 민족주의 계열과 평등사회 건설을 위한 노동, 농민 운동의 사회주의 계열의 분화가 시작되었다. 민족주의 계열은 이광수의 『민족개조론』 발표를 계기로,『동아일보』와 『개벽』을 비롯한 문화주의 노선의 개조론으로 발전했으며, 사회주의자들은 현실에 개입하여 불합리한 모순을 개조하는 데 관심을 두고 있었다.[8]

먼저 중국의 지식인들은 제1차 세계대전의 종전을 강권强權(힘)에 의한 공리公理(정의)의 승리로 간주하여 사회개조를 시대정신이자 공리 실현을 위한 방법으로 수용하였고, 신문화운동新文化運動을 통해 문화주의 개조운동을 전개하였다. 정신개조精神改造와 윤리혁명을 통하여 개인의 독립과 개성 해방을 추구하는 동시에, 제국주의를 타도하기 위한 사회주의의 수용도 이루어졌다.

이처럼 조·중이 직면한 시대적 과제의 유사성과 1920년대에 보인 사상적 동시성을 염두에 둘 때, 우리는 '식민지기 서구와 일본이라는 거대한 타자를 바라봤던 조선 지식인들은, 과거의 조공국이자 현재의 반半식민지 중국을 어떻게 인식했을까? 나아가 서구/일본이 아닌 '비非서구'로서의 중국을 통해 민족과 근대를 상상하면서 이들의 인식은 어떻게 달라졌을까?'와 같은 의문들을 제기할 수 있다. 이 같은 문제의식에 입각해, 이 책은 일차적으로 식민지 시기 그중에서도, 1920년대 전후 만주, 상하이, 베이징에서 여행, 시찰, 취재 등 다양한 목적으로 체류했던 조선

8 Robinson M. E., *Cultural nationalism in colonial Korea, 1920~1925*, University of Washington Press, 2014; 오문석, 「1차 대전 이후 개조론의 문학사적 의미」,『인문학연구』 46, 조선대 인문학연구원, 2013; 김종현, 「『신생활』의 사회주의 담론과 문예의 특성」,『인문논총』 32, 영남대 인문과학연구소, 2013 등 참조.

지식인들의 체험을 바탕으로 생산된 기행문, 기사, 논설 등 텍스트 등의 중국 담론 속에 나타난 중국 인식을 고찰하고자 한다.

타자에 대한 인식은 궁극적으로 자기 인식의 문제로 이어지며, 자기 인식과 타자 인식은 서로 분리된 것이 아니다. 더욱이 일제 당국의 통제하에서 중국 담론을 통해 조선 문제를 거론한다는 것은 검열의 시선을 피할 수 있는 유효한 방법이었을 것이다. '제국-식민지' 체제하에서 주변적 존재로서 중국은 조선과 쉽게 동일시되었다. 때문에 식민지 조선 지식인의 중국 인식은 이들의 중국 인식의 저변에서 작동하던 근대의식, 민족 인식, 지역(동아시아) 및 세계 인식 그리고 자아 인식을 살펴보는 작업이기도 하다. 즉 조선 지식인의 중국 인식에 대한 고찰은 식민지 조선 사상사에 개입하는 하나의 통로가 된다.

이 책은 이런 의미에서 기존 연구에서 소외되거나 망각된 사상적 '조각'들을 발견하는 데 기여하고자 한다. 이는 기존 '서구-비서구', '제국-식민지'라는 이분법적 구도에 대한 거부나 대체라기보다 보완 혹은 구체화라고 할 수 있다. 나아가 식민지 조선 지식인에 의해 생성된 중국 인식이 현재 한국인의 중국 인식에 여전히 유효한 관점이라는 점에서, 이 책은 한국인에게 '중국은 무엇인가'라는 근본적인 문제로 귀결될 수도 있을 것이다. 역사적 맥락에서 중국을 향한 조선 지식인의 시선을 환기시키고 성찰하는 것은 지난 100년간 한국 사회에서 교차되어 온 '미완의 근대'에 대한 강박감, 저항적 민족주의, 무의식적 식민성, 나아가 식민지 근대에 대한 성찰이 될지도 모른다.

이 책은 식민지 조선인의 중국 담론에 나타난 중국 인식을 다음과 같은 네 가지 방법으로 접근한다.

첫째, 역동성과 다양성, 그리고 모순성을 안고 있는 중국 인식을 두껍게 그려내기 위해, 인식 주체를 지식인으로 한정한다. 지식인은 근대적 계몽주의의 전파와 더불어 전 세계적으로 확산된 개념이다. 동아시아에서 근대적 의미의 지식인은 1920년대에 접어들면서 본격적으로 출현하기 시작했다. 이는 혁명(봉기·사회운동)과 언론(저널리즘)의 결합을 통해 가능했고 또한 확장되었다.[9] 이 책이 지식인이라는 특수한 인식 주체에 주목한 것은, 그들이 단순한 개인이 아니라 상황에 따라 조선인, 식민지인, 근대적 주체, 동양인, 세계인 등을 대변하는 복잡한 존재였기 때문이다. 그들은 근대화와 식민화를 진지하게 고민하면서, 이를 저항함과 동시에 내면화하기도 했다. 따라서 기존의 '친일-반일', '협력-저항' 등 이분법적 구도를 벗어나, 조선인의 중국 인식을 고찰하기에 적절한 인식 주체라고 할 수 있다. 또한, 1920년대부터 조선에 허용된 언론매체들은 식민지 지식인에게 활동 공간을 제공함으로써 새로운 권력을 창출했다. 특히 신문은 피식민지인의 '대리 정부'를 자청하며 소통이 단절된 식민지 현실의 세계를 향한 창이며 판단의 주된 참고 기준으로 작동했다.[10] 이때 근대적 매체를 통해 생산된 지식들의 담론들은 대중적인 중국 상상이나 인식으로 쉽게 전환되었다.

이 책에서 다루는 '지식인'은 중국을 체험하고, 이를 개인문집이나 신

---

9 이종호, 「식민지 조선의 근대적 지식인에 관한 소묘」, 『진보평론』 69, 메이데이, 2016, 44~47쪽.

10 박헌호, 「문화정치기 신문의 위상과 반검열의 내적 논리」, 검열연구회 편, 『식민지 검열─제도·텍스트·실천』, 소명출판, 2012, 219~222쪽 참조.

문·잡지에 중국 관련 담론으로 생산해 냈던 작가, 언론인, 유학생留學生, 유학자儒學者 등으로 광범위하게 설정된다. 작가론을 탈피하기 위해 개별 인물 등의 단일 주체를 상정하지도 않는다. 물론 지식인이라는 주체는 동일하지 않고, 이들의 이데올로기의 폭이 다양하며 계급, 젠더, 직업 등에 따라 다양한 인식을 가질 수 있었다는 점을 염두에 두어야 한다. 따라서 다음과 같은 두 가지 최소 기준으로 지식인을 분류한다.

첫 번째 기준은 지식인의 유형이다. 이를 통해 지식인을 전통적 지식인과 근대 지식인을 구분할 수 있다. 전통적 지식인이란 주로 사士 또는 문인文人으로서 유교 전통 속에서 유년 시절부터 경전 위주의 한학을 공부한 유학자를 의미하며, 근대 지식인이란 근대적 교육을 받은 사람들로서 민족을 근대적 세계로 이끄는 핵심적 역할을 하는 집단을 가리킨다. 전통적 지식인은 다시 중화주의를 고수하던 전통 유림과, 개항 이후 사회적 격변을 겪으면서 스스로 보수적인 학문 세계를 비판하고 개화지식인으로서 사회 활동을 전개한 '개신 유학자'로 나눌 수 있다. 근대 지식인 중에는 사회적 담론 형성에 막강한 영향력을 행사하였던 언론인을 주목하고자 한다.

두 번째 기준은 이념적 지향이다. 이 기준에 따라 근대 지식인을 민족주의 계열과 국제주의 계열로 구분할 수 있다. 이 책에서 의미하는 '민족주의'는 '민족주의 우파'와 '민족주의 좌파'로, '국제주의'의 경우는 사회주의와 아나키즘으로 나눌 수 있다.[11] 특히 1920년대 중반 이후 이 두 계

---

11 장석홍에 따르면, 서구의 예에 따라서 식민지 조선 지식인의 이념적 지향을 규정하거나 개념짓는 것은 특히 독립운동의 이념과 사상을 이해하는 데 적지 않은 혼란을 야기

열의 지식인들의 정치적 대립은 이들의 중국 인식에 크게 반영되었다.

둘째, 이 책은 식민지 시기 전체를 연구하는 대신 1920년대[12]로 시기를 한정한다. 이는 식민지 시기 전체를 하나의 동질적인 시기로 간주하는 일부 선행연구의 시기상 편향성[13]를 보완하기 위한 측면도 있지만, 무엇보다 1920년대가 나름대로 지니는 특수성에 기인한다.

1920년대는 상대적 안정기라고 할 수 있는데, 조선 지식인들은 이 시기 독립운동·유학·취재·여행 등 다양한 목적으로 중국에 대거 방문할 수 있었다. 문화통치 시대가 열리면서 식민 권력의 정치사상적·물질적 규제와 통제 대신 적으나마 자유롭게 언론 활동을 펼칠 수 있었던 시기

시키게 된다는 것이다. 조선의 경우, 민족주의를 사회주의에 대칭한 이념적 체계로 보기보다는 국제주의나 세계주의에 대응한 개념의 용어로 보아야 옳다는 것이다(장석홍, 「3·1운동과 국내 민족주의 계열의 독립운동」, 『한국독립운동사연구』 13, 독립기념관 한국독립운동사연구소, 1999, 244쪽).

12 이 책이 주목하는 시기는 엄격히 말하면, 1919년부터 1932년까지라는 기간인데, 논의의 편의상 '1920년대'로 통칭하기로 한다.

13 한·중 역사 학계는 식민지 시기 조·중 관계와 해당 시기 조선인의 중국 인식을 오랫동안 '민족독립'과 '반제국주의'의 관점에서 양국 민족해방운동이라는 틀 안에서 연구하는 경향이 강하다. 김진호에 따르면, 식민지 조선인의 중국 인식은 그동안 가졌던 "대국으로서의 막연한 동경이나 전통적 중화사상과 조공 체제의 틀에 얽매인 정치·경제적 상대적인 빈곤함에서 벗어나 (半)식민지 상황에 놓인 동병상련의 이웃 나라로 중국을 바라보았다"고 규정하고 있다(김진호, 「근·현대 한국인의 중국 인식(認識)과 중국인의 한국 인식 변화」, 『중국문화연구』 8, 중국문화연구학회, 2006, 383쪽). 정문상은 조선의 독립운동이 주로 중국에서 전개되었다는 역사적 사실을 바탕으로 식민지 조선인의 중국 인식을 '동병상련(同病相憐)의 대상'이자 '연대와 협력의 대상', 또는 국제적 연대의 '중심'으로 요약하고 있다(정문상, 「근현대 한국인의 중국 인식의 궤적」, 『한국근대문학연구』 25, 한국근대문학회, 2012, 222쪽). 이러한 연구들은 식민지 시기가 조·중 양국에 있어 하나의 동질적인 '연대'의 기간으로 간주된다는 점에서 '단순화의 오류'를 범하기가 쉬울 것이다.

이기도 하다. 따라서 다른 시기에 비해 유난히 많고 폭넓은 중국 담론을 생산할 수 있었다. 게다가 문화통치기에는 일제의 감시나 영향이 어느 정도 제한되었기 때문에 주체적으로 조선인이라는 인식 역시 더 강했을 것이다. 이것은 1930년대 만주사변滿洲事變,[14] 상하이사변上海事變,[15] 만주국 건국[16] 등 일제가 대륙을 침략하기 위해 조선을 대륙병참기지화하고 황국신민화를 하는 가운데 조선 지식인 역시 친일파로 전향하던 시대[17]에 생산된 '아류亞流 제국주의'적 중국 인식[18]과는 확실히 다른 것으로 보인다.

또한 앞서 논한 것과 같이, 3·1운동과 5·4운동 후 양국에서 동시적

---

14 만주사변 혹은 9·18 사변은 일제가 1931년 9월 18일 류탸오후 사건(柳條湖事件)을 조작해 일본 관동군이 만주를 중국 침략을 위한 전쟁의 병참 기지로 만들고 식민지화하기 위해 벌인 침략 전쟁을 말한다.

15 제1차 상하이사변은 1932년 1월 28일에 상하이 국제 공동조계 주변에서 일어났던 중국과 일본 제국의 군사적 충돌을 말한다. 1937년에 발발한 중일 전쟁의 전초전 성격을 지닌 충돌이었다. 중국군의 패배로 인해, 상하이는 군대의 무장해제를 당했고, 자국의 군대를 상주시키지 못하는 지역이 되었다. 이 사건은 중국에서는 '1·28사건'이라고도 불리고, 구미에서는 '상하이사변'이라고 한다. 일본에서는 '제1차 상하이사변'이라고 한다.

16 1931년 일본 제국 육군이 만주사변을 일으켜 만주 지역을 점령하였다가 1932년 3월 1일 일본은 청나라의 마지막 황제였다가 퇴위한 푸이(溥儀, 1906~1967)를 황제로 내세워 만주국을 세웠다. 일본 제국에 종속된 괴뢰국가였던 만주국은 1945년 8월 18일 붕괴되었다.

17 조선에서의 전향은 1932~1933년경부터 시작되었으며, 그것은 1933년부터 시작되는 일본의 대량 전향과 거의 같은 시기였다. 조경달, 정다운 역, 『식민지기 조선의 지식인과 민중-식민지 근대성론 비판』, 선인, 2012, 196쪽 참조.

18 1930년대 이후 조선인의 만주 체험과 그들의 중국 인식은 종종 '아류 제국주의자'나 '의사(擬似) 제국주의자'의 시선에서 형성되었다고 주장하는 선행연구가 많다. 임성모, 「일본제국주의와 만주국-지배와 저항의 틈새」, 『한국민족운동사연구』 27, 한국민족운동사학회, 2001; 차혜영, 「동아시아 지역표상의 시간·지리학-『문장』의 기행문 연구」, 『한국근대문학연구』 20, 한국근대문학회, 2009 등 참조.

으로 전개된 개조 운동과 사회주의 사상의 수용은 1920년대를 조·중 지식인들에게 유사한 시대적 과제와 고민을 안겨주는 시대로 만들었다. 따라서 1920년대는 조선 지식인들이 중국을 바라보는 시선의 저변에서 작용하던 근대의식, 민족 인식, 동아시아 인식 그리고 자아 인식의 특징을 살펴보는 데 적절한 시기라고 할 수 있다.

셋째, 이 책은 다양한 경로로 1920년대에 중국을 '직접' 방문한 지식인들이 생산한 기행문, 논설 등의 비허구적 텍스트들을 가지고 담론 분석을 시도한다. 현지에서 장·단기적으로 체류하면서 중국인들과 접촉했던 지식인들의 담론은 상대적으로 객관적이라고 판단되기 때문이다. 또한 소설 등 허구적 텍스트보다, 실제 중국 체험과 관련된 비허구적 텍스트들이야말로 지식인의 시선과 내면을 더욱 직접적으로 전달할 수 있다고 본다. 그중에서도 신문·잡지 등 언론에 개제된 사설, 칼럼, 논설 등에 드러난 중국 관련 담론을 주목하고자 한다. 사회적 발언의 기회가 제한되었던 식민지 시기에 지식인들의 주요 의사 표현 방식으로서 신문·잡지는 조선 사상계의 축소판으로 간주되어도 무방할 것이다. 때문에 언론에 개제된 중국 관련 담론은 동시대 조선 지식인의 일반적인 중국 인식을 정확하게 보여 준다고 생각된다.

따라서 이 책은 작가론·작품론을 넘어 연구 자료로 삼은 텍스트들의 '문학'적 가치를 탐지하거나, 조선 지식인의 시각의 적절성 여부를 따지지 않고 그가 대상에 부여하고 있는 의미와 함의를 읽어내는 담론을 분석한다. 때문에 중국에 대한 왜곡되거나 그릇된 이해가 담긴 텍스트라고 할 지라도 그 자체로 무의미한 것으로 간주하지 않는다. 앞서 논한 것처럼, 조선 지식인의 중국 인식은 항상 이들의 근대의식, 민족 인식, 지역 인식 나아가 자아 인식 등과 복잡하게 뒤얽혀 있었다는 점에서, 왜곡된 인식 자체도 당시 지식인들에게 작용하고 있었던 사상적 맥락을 명백히 드러낼 수 있으리라고 판단하기 때문이다.

이 책의 논의 초점은 '체험으로서의 중국 인식'에 둔 것이기는 하지만, 조선 지식인의 중국 인식이 전적으로 이들의 중국 체험의 결과물이라고 간주하지는 않는다. 중국 인식의 주체로서 조선 지식인은 조선 사회의 일원이므로, 이들이 속한 지식계의 사상적 경향 및 조선 사회 전반의 집단적 기억·경험에서 빚어진 중국에 대한 상상의 영향을 또한 외면할 수 없었을 것이기 때문이다. 때문에 '간접 체험으로서의 중국 인식'을 먼저 검토할 필요가 있다. 이는 역사적인 집단 체험의 소산으로서 역사적으로 상당히 오랜 기간에 누적되고 정착된 중국에 대한 일종의 '고정관념'을 의미하기도 하고, 동시대 조선 지식계의 사상적 경향에 따라 재생산된 중국에 대한 집단적 상상력을 의미하기도 한다. 무엇보다 '간접 체험'과 '직접 체험'은 분리된 것이 아니라, 서로 연계되며 서로 재확인되고 재생산되는 긴밀한 관계를 가진다는 점을 염두에 두고자 한다.

넷째, 이 책은 '국가'라는 역사적 분석 단위 대신 '지역'으로서의 만주, 상하이, 베이징 등 조선 지식인들이 자주 드나들었던 공간들과 관련된 담론들을 서로 연관된 관점에서 검토한다.

이를 위해 우선, 지리적 상상으로서의 '중국'을 해체할 필요가 있다. 월경越境하는 이들이 실제로 직면하는 현실 공간은 추상적인 '국가'가 아니라, '지역'이기 때문이다. 때문에 그들의 타자 인식 역시 국민국가라기

보다 국가 내의 '지역성locality'이나 '역사적 장소성'에 좀 더 밀착되어 이루어지고 있다.[19]

더군다나 중국은 1928년에야 군벌軍閥시대가 끝나고 형식적으로나마 통일되므로, 1920년대의 중국을 하나의 동질적인 정치체로 간주하기는 어렵다.[20] '혼돈渾沌'은 이 시기 중국을 방문한 조선인의 중국 담론에 종종 나오는 표현이었다. 그 혼돈과 격동 속에서는 중국인이라도 전체적인 시각과 관점으로 중국을 재구성해 내기 쉽지 않았다. 1920년대 말 중국을 방문했던 언론인 이관용李灌溶은 "북경北京에서 본 중국中國이 상해上海의 중국中國과 다르고 남경南京의 중국中國이 광동廣東에서 본 중국中國과 달러서 현대 중국中國은 아직 이것도 아니고 저것도 아닌 장차 무엇으로든지 되고 잇는 혼돈의 구름이라는 것보다 림우중霖雨中의 탁류濁流"[21]라고 말한 바 있다.

중국의 많은 지역 중 만주, 상하이, 베이징 세 지역을 중점적으로 살핀 이유는 여타 지역에 비해 상대적으로 이 세 지역과 관련된 담론들이 풍부하기 때문이다. 또한 당시 조선인의 이주와 망명지였던 만주, 전 세계적 근대 식민 도시로서의 상하이, 중화제국의 옛 수도이자 현대 중국의

---

19 이영민, 「세계화와 초국적주의, 그리고 트랜스로컬리티」, 『로컬리티와 타자성(제3회 콜로키움 자료집)』, 2010, 8쪽.

20 1926년에서 1927년의 북벌전쟁(北伐戰爭)은 국공합작의 혁명통일전선 건립 후에 장제스(蔣介石)가 이끄는 국민당이 군벌을 정벌하러 나선 혁명 전쟁이었다. 이로 인해 1928년에 동북군벌인 장쉐량(張學良)이 장제스에게 의탁함으로, 위안스카이(袁世凱) 사후 지방 단위로 사분오열되어 있던 중국에 처음으로 형식적으로나마 중국을 재통일하게 되었다.

21 이관용, 「新興 中國을 보고」, 『삼천리』 2, 1929.9, 36쪽.

정치적 중심지로서의 베이징 등 세 지역들은 각각 '중국'이라는 단일한 틀로 환원될 수 없었던 특수한 지역성을 지니고 있었다.[22]

물론 각 공간들에서 표출된 특수한 지역 인식만을 강조하다 각 지역들 간의 연계성, 역사적 동시성 등을 간과해서는 안 된다. 동시대 조선인의 만주, 상하이, 베이징과 관련 담론을 서로 연관된 관점에서 바라보는 전체적인 시각이 요구된다. 이를 통해 이 세 공간에서 분출된 다양한 담론 속에 감춰진 조선 지식인의 일관된 문제의식이나 사상적 고민을 탐지하고자 한다.

이 책은 1920년대 조선 지식인들이 만주, 상하이, 베이징 등 방문지의 단순 사실을 나열한 사례를 넘어, 체험과 감상에 충실하고 지식인들의 관점이 녹아 있는 다양한 텍스트들을 다룬다.[23] 이를 위해 『동아일보』, 『조선일보』, 『매일신보』, 『중외일보』, 『개벽』, 『동광』, 『별건곤』, 『신생활』, 『조선문단』 등 조선의 주요 신문·잡지들의 1920년대 전후 중국 담론을 수집한다. 이들은 한국역사정보통합시스템의 연속간행물 데이터베이스, 한국사데이터베이스의 한국 근현대잡지 자료 검색을 통해 조사한다. 『조선일보』와 『동아일보』에 실린 기사는 각 신문사의 아카이브를 중심

---

22 지역으로서의 만주와 도시로서의 상하이와 베이징 간에 규모상 비대칭성이 분명히 존재하는 것이 사실이다. 그럼에도 불구하고 이 책이 이 세 지역을 연구 대상 지역으로 설정한 것은 각 지역들의 지리적 특성이 아니라, '역사적 장소성'에 더욱 주목하기 때문이다.

23 예컨대 여행을 통해 작성된 기록에는 정부나 파견 단체에 제출하는 목적으로 작성된 보고서(報告書), 시찰기(視察記)와 같은 공적(公的) 기록과 사적(私的) 기록이 존재하는데 이 책에서는 특히 사적 기록을 주요 분석 대상으로 삼는다. 정부 차원이 아닌 지식인이라는 주체의 내면 인식을 고찰하기 위함이다.

으로 검색하되, 기행문, 회고·수기, 논설, 기획연재 기사를 우선한다. 일반 보도 기사는 외신을 그대로 인용하는 경우가 많지만, 사설과 기획 연재 등은 언론인이 특정 의도와 목적하에서 기획한 기사들이기 때문이다. 그 기사들 중에서 '중국', '중화민국', '만주', '동삼성東三省', '만몽滿蒙', '남만', '북만', '길림', '봉천', '대련', '간도', '재만동포', '상해', '호상滬上', '양자강', '황포탄', '북경', '연경燕京', '북평北平', '자금성', '만리장성' 등 다양한 검색어로 담론을 수집한다. 그 외 해당 시기 조선 지식인들의 중국 기행문들이 수록된 편저들과 일기, 중국 체험과 관련된 자서전이나 회고록, 전기류, 그리고 개별 지식인의 개인 문집도 광범위하게 참조한다.

이 책은 서론과 결론을 제외하면 모두 네 개의 부로 구성된다.

제1부는 1895~1919년에 중국에 관련된 조선 지식인의 인식을 당시 조선이 처했던 중국 중심적인 천하 체제의 붕괴, 일본의 조선 강점, 신해혁명 등에 따른 동아시아 질서 급변에 따른 사상적 변동이라는 틀에서 살펴본다. 이 부분의 논의는 1920년대 조선 지식인들이 중국에서 체류하면서 얻은 경험적 중국 인식을 형성하게 한 중요한 시대적·사상적 맥락으로 작용한다. 구체적으로 양국의 관계가 '종주국-종속국'으로부터 근대적 의미의 국가 간 관계로 전환된 시기인 근대계몽기(1895~1910)와 일제의 조선 강점 직후의 무단통치 시기(1910~1919) 두 시기로 나누어, 신채호, 유인석, 이승희, 이상룡, 박은식 등 지식인의 중국 인식을 고찰한다.

제2부는 기존 연구가 소홀했던 만주국 건국 이전 시기인 1920년대에 조선 지식인들의 만주와 관련된 담론에서 나타난 만주와 중국 인식, 그리고 이를 통해 구성되는 식민지 근대 주체의 내면을 고찰한다. 첫째, 현

지 탐방을 통해 신화와 역사의 차원에서 만주를 조선의 고토로 형상화시키는 민족주의 지식인의 시도, 그리고 그 과정에서 환기된 민족성을 논한다. 둘째, 중·일 사이에 끼어 있는 현실의 만주 공간에서 빚어진 '재만 조선인 문제', 그리고 이로 인해 조선 지식인들이 경험하게 된 자아 및 민족성의 상실을 다룬다. 구체적으로 1920년대 만주를 방문했던 최남선, 이돈화, 방인근, 이관용 등 지식인들의 만주 및 중국 인식을 포함한다.

제3부는 1920년대 상하이를 방문한 조선 지식인들이 상하이라는 특수한 식민지 근대 공간에서 형성된 상하이와 중국 인식을 세 측면에서 살펴본다. 첫째, '모던 상하이'에서 실감한 서구적 근대성과 이에 대한 예찬, 둘째, '암흑 상하이'에서 실감된 서구적 근대의 이면, 그리고 그 과정에서 공고해진 동·서양의 대립적 인식, 셋째, 상하이에서 반제운동을 경험하면서 서구적 근대의 이면을 극복하고자 했던 동아시아적 근대에 대한 조선 지식인의 사색을 논한다. 구체적으로 1920년대 상하이를 방문했던 주요한, 주요섭, 이광수, 홍양명 등 지식인들의 상하이 및 중국 인식을 다룬다.

제4부는 1920년대 다양한 계열의 조선 지식인들이 베이징을 바라본 상반된 시선, 그리고 신구新舊 세계의 교차점에 위치한 그 공간에서 중국을 통해 조선을 사유하는 자세를 크게 세 부분으로 파악해 본다. 첫째, 중화제국의 옛 수도에서 마주친 '옛 중국'에 대한 조선 지식인들의 상반된 역사적 기억 및 현실 인식, 둘째, 전쟁의 소용돌이에 빠져 있는 베이징에서 민족지 언론인들이 중국의 내전/혁명 및 이와 관련해 조선 독립이 맺는 관계에 대한 사유, 셋째, 신문화운동의 진원지인 '지적 공간' 베

이징에서 일부 조선 지식인들이 경험한 중국적 근대 및 이를 조선적 근대의 참고 대상으로 삼고자 한 문제의식을 논한다. 구체적으로 1920년대 베이징을 방문했던 이상룡, 양명, 신채호, 이동곡 등 지식인들의 베이징 및 중국 인식을 다룬다.

이상의 분석을 토대로 결론에서는 1920년대를 중심으로 전개된 조선 지식인 중국 담론의 양상을 분석하고, 그것을 1930년대 이후의 양상과 비교하며 1920년대 조선 지식인의 중국 인식이 가졌던 독특한 성격과 사상적 함의를 도출하고자 한다.

제1부

근대 민족주의의 전개와
중국 인식

제1부에서는 근대 조선 지식인들의 중국 인식의 흐름을 해당 시기 조선이 처했던 동아시아 질서 급변에 따른 사상적 변동이라는 틀에서 살펴본다. 특히 근대 민족주의 전개 과정과 연동되었던 중국 인식의 양상을 주목한다.

서론에서 제시한 것처럼, 이 책의 주요 연구대상 시기는 그 다음 시기인 1920년대지만, 그 이전 시기 조선 지식인의 중국 인식을 다루고자 한 것은, 서로 분리되지 못하는 이 두 시기간 가지고 있었던 시대적·사상적 연속성을 간과해서 안 되기 때문이다. 말하자면, 조선이 중국의 '조공 체제'에서 본격적으로 이탈한 1895년이라는 시점부터 3·1운동과 5·4운동이 잇달아 발생한 1919년까지 나타난 중국 인식의 급변과 분화는 그 다음 시기 식민지 조선 지식인의 중국 인식이 형성되었던 중요한 시대적·사상적 배경이 되었다.

제1장에서는 근대계몽기 동아시아 질서의 재편에 따라 나타난 '탈화입아(脫華入亞)'라는 조선 민족주의의 표상을 살펴본다. 연구 기준에 따라 '근대계몽기'에 대한 설정 및 의미가 다르겠지만, 이 책에서는 19세기 중후반으로부터 특히 시모노세키조약(下關条約)이 체결된 1895년에서 한일합병된 1910년까지라는 기간을 의미한다. 국제 관계의 측면에서 이 시기 조선은 곧 중국의 '천하'로부터 독립되자마자 일본의 '제국'으로 포섭되게 된 거대한 전환기였다고 할 수 있다. 근대 민족주의의 전개와 더불어 이 시기 조선 지식계에는 '탈화(중화에서 벗어나기)'와 '입아(동양으로 들어가기)'라는 두 가지 연동된 사상적 흐름이 나타났다.

제2장에서는 일본이 조선을 강점한 1910년으로부터 1919년까지의 무단통치 시기, 즉, 조선 국내에서 민족지가 대거 폐간된 1910년대에 유학자, 독립운동가 등을 비롯한 망명 지식인들의 중국 인식을 살펴본다. 독립을 위해 중국으로 망명을 간 이들의 중국 인식은 중화주의와 민족주의를 고수한다는 크게 두 가지의 방향성을 드러낸 것이었다.

제1장

탈화입아脫華入亞

근대계몽기(1895~1910) 중국 인식의 양가적인 표상

1. 조선 후기 중국 인식의 변천

근대계몽기 조선 지식인의 중국 인식의 변화상을 파악하기 위해서는 먼저 동아시아를 실질적으로 움직였던 조공 체제의 몰락과 함께 동아시아 지역의 근대적 질서의 거대한 재편을 고찰해야 한다. 19세기 후반 서구적 근대 주권국가 체제로 편입되기 이전 동아시아를 지배했던 지역질서는 '화이華夷론'에 기반한 조공 체제로 규정지을 수 있다. 조공 체제는 동아시아의 중앙에 중원 왕조中原王朝를 두고 주변에 화하華夏, 이적夷狄, 절역絶域 등이 동심원 구조를 이루면서 주변이 중앙에 조공을 바치고 책봉을 받는 위계구조다.[1]

19세기 이전의 조·중 관계 역시 조공 체제 속에서 규정되었고, 이 관

---

1   甘懷真, 「天下觀念的再檢討」, 『東亞近世世界觀的形成(五十一)』, 國立臺灣大學出版中心, 2007, 108쪽.

계는 한때 조공 체제의 가장 '이상적인 모델the ideal model'로 간주되었다.[2] 원元의 고려 지배를 계기로 시작된 조·중 간 조공 관계는 명이 중화의 종주국으로 등장함에 따라 더욱 공고화되어, 고려 말의 사대부들과 조선 건국 세력들 사이에서는 중화와 사대事大를 예禮 관념으로 매개하는 전형적인 사대자소事大字小 의식이 보편화되기 시작했다. 17세기 이후부터 조선의 대외 인식을 지배했던 명明에 대한 '재조지은再造之恩'이라는 관념은 건국의 정당성을 중국으로부터 확인받는 과정에서 내면화되었고, 그것은 다시 임진왜란에 대한 명의 군사적 지원을 통해 현실로 확인되었다.

조선 후기, 조선은 관념적으로 청淸을 배격하면서도, 현실적으로는 청이 주도하는 동북아 질서에 편입되는 양상을 보이고 있었다.[3] 명·청의 교체 이후, 송시열宋時烈을 비롯한 조선 문인들은 존주양이론尊周攘夷論을 내세워, 청을 이적(오랑캐)의 나라로 규정하고 조선만이 명을 계승한 중화문화의 정수를 가진 문화국가라고 주장하였다. 이 시기 조선 문인들의 중국 인식과 관련된 대표적 담론은 단연 '조선중화주의'와 이에 대한 소극적 반론으로서의 '중화계승의식'이다. 전자는 대명의리론에 기초하

---

2   Fairbank, John K., "A Preliminary Framework", John K. Fairbank ed., *The Chinese World Order : Traditional China's Foreign Relations*, Cambridge, Mass. : Harvard University Press, 1968, p.16.

3   계승범의 연구에 따르면, 조선은 현실적 국제정치무대에서는 철천지원수인 청의 만주족 황제에게 정기적으로 조공을 바치고 책봉을 받으면서, 내부적으로는 청을 '공공의 적'으로 규정하는 방법으로 조선사회의 내부 단속을 강화함으로써 기존의 왕조지배질서를 유지했던 것이다. 계승범, 『정지된 시간 ― 조선의 대보단과 근대의 문턱』, 서강대 출판부, 2011, 34~35쪽.

면서도 조선의 주체적 중화의식을 강조하는 것이었으며, 후자는 '조선이 곧 중화'라는 인식보다는 '명(중화)'의 계승자로서의 조선을 강조하는 것이었다. 그러나 두 가지 인식의 근저에 굳게 자리 잡은 대명의리론은 '조선'이나 '조선인' 같은 주체 의식을 자라기 어렵게 만들었다.[4]

18세기에는 청이 보유한 경제력과 군사력의 실상이 알려지면서 그들의 장점을 수용하자는 북학론北學論이 나타났다. 흔히 '실학實學'으로 불리는 이 사상은 '소중화'의 그늘을 벗어나 주체적이고 평등한 존재로서 독자적 의식을 보여준다. 북학파 실학자들은 실용적으로 중국에 접근하는 등 중화 우월주의로부터 어느 정도 벗어날 수 있었지만, '사대事大의 대상'으로서 중국을 근본적으로 떨쳐버리지는 못했다. 대표적인 북학파 지식인인 연암 박지원朴趾源이 『열하일기』에서 간파한 것처럼, 조선 후기 조선 문인들에게 중국은 문명의 중심인 상국上國과 힘으로 굴복시키는 강대국인 대국大國의 두 측면을 동시에 지니고 있다[5]는 것이다.

조선 문인의 중국에 대한 사대주의적인 인식은 19세기 중후반부터 균열되기 시작하였다. 이 시기는 '서세동점西勢東漸'의 시기이자 동아시아 각국이 근대적 국민국가를 수립하던 격동의 시대였다. 조선은 1876년 문호를 개방했고 조약과 같은 만국공법이 관철되는 세계질서에 강제적으로 편입되었다. 개항 이후의 조선에게 '근대화'는 피해갈 수 없는 지

---

4 계승범, 「呼稱에 보이는 조선 후기 지식인의 대외 인식과 小中華論」, 『동아시아 질서의 변화와 中華論』, 인하대 한국학연구소 동아시아한국학 학술회의, 2008.6, 177~178쪽.

5 박지원, 김혈조 역, 「行在雜錄序」, 『열하일기』 2, 돌베개, 2009, 258~261쪽; 백영서, 「중국의 동북공정과 한국인의 중국 인식 의 변화」, 유용태 편, 『한중 관계 역사와 현실』, 한울아카데미, 2012, 208쪽에서 재인용.

대한 문제가 되었다. 청과의 조공 관계가 유지되는 동시에 근대적 조약 관계 역시 동시에 이행되는 이중적인 국제질서 속에서 조선은 중국(인)에 대한 관계와 인식을 조정할 수밖에 없었다.

자주적 개화와 외세의 피지배의 기로 속에서 조선 문인들은 여전히 종주국으로서의 청을 인정하는 한편, '힘의 국제 질서' 속에서 그동안 축적되어 온 중국(인)에 대한 인식을 수정해야 할 필요를 절실히 느꼈다. 이 당시 청은 아편전쟁에서 참패했고, 태평천국이 지앙난江南 일대를 휩쓰는 동안 속수무책이었으며, 1860년에 영국과 프랑스의 연합군에게는 수도 베이징이 점령당했고, 서구 열강들의 요구에 중국의 영토들이 조차租借 도시로 분리되는 것을 지켜봐야 했다. 때문에 조선 문인들에게 청은 더 이상 '대국'이 아니라, 전 세계 많은 제국들 가운데 별 볼 일 없는 하나일 뿐이었다.[6] 조선의 근대적 중국 인식은 바로 이 배경에서 표출되었다.

한편 개화 지식인이 등장함으로써 조선은 친중국에서 친서구로의 전환을 시도했다. 1876년 개항을 전후해 내정 개혁과 대외 인식의 인식차로 인해 개화 지식인들은 '급진파'와 '온건파'로 나눌 수 있다. 김옥균金玉均을 비롯한 급진파 개화 지식인들은 중국을 부정하고, 배제되어야 할 대상으로 여기며, '서구의 시선'으로 중국을 새롭게 바라보기 시작했다. 그들에게 중국은 천하의 중심이 아니라 문명개화의 걸림돌이며 경멸의 대상일 뿐이었다. 급진파 개화 지식인들은 갑신정변甲申政變을 통해 중국

---

6   장현근, 「한국에서 대중국관념의 변화－중화주의, 소중화주의, 탈중화주의」, 『아태연구』 18-2, 경희대 아태지역연구원, 2011, 114쪽.

에 대한 급진적인 저항감을 표출했다. 갑신정변 주도 세력은 청을 뒤쳐진 나라로 경멸했을 뿐만 아니라, 조선의 주권을 침해하는 나라로 여겼다. 1880년대 김옥균과 함께 급진파 개화 지식인으로 활동했던 윤치호는 자신의 일기에서 조선의 내정과 외교에 부당하게 간섭한 청을 돼지 또는 돼지 꼬리로 멸시하는 의식을 종종 드러냈다.[7]

반면 온건파 개화 지식인들은 청의 양무운동洋務運動을 본받아 전통적인 유교사상을 지키며 서구 과학과 기술을 받아들이자며 동도서기론東道西器論을 제기하였다. 이들은 청의 정치 현실을 비판하면서도, 유교적 도덕을 고수하며 중화주의적 사고를 버리지는 못했다. 동시에 이들은 중국을 통해 서구 문물을 받아들여야 한다거나 나아가 새로운 문물과 제도를 익히기 위해서는 한문을 익혀야 한다고도 주장했다.[8] 조선보다 일찍 서구 문물을 받아들이기 시작한 중국은 서구의 지식을 접할 수 있는 통로로 인식되었기 때문이다.[9] 조선 지식인들의 근대 개념의 수용

---

7   윤치호, 「1884.1.1」, 『윤치호 일기』 1, 국사편찬위원회 한국사데이터베이스.
8   이재정, 「『華音啓蒙』을 통해 본 개항기 조선 지식인의 중국 인식」, 『동북아역사논총』 16, 동북아역사재단, 2007 참조.
9   이와 관련하여, 문화교류사적 접근 측면에서 동아시아 근대성의 형성/전이 과정에 관하여, "서구의 충격-동아시아의 반응"이라는 이중적 모델이나, "서구-일본-동아시아"라는 삼중적 모델은 성립되지 않는다고 주장하는 연구가 많아지고 있다. 유건휘의 연구에 따르면, 19세기 말 한문으로 번역된 서구 서적들이 서구 전교사들에 의해 상해에서 많이 출판되었고, 그 책들은 당시 동아시아 내부의 교역/교통 네트워크를 통해 일본에 유입되었고 일본 지식인들을 계몽시켰던 것이다. 劉建輝, 「上海的沖擊—漢譯洋書從日本的傳入與明治漢文的複興」, 『東方文明－共振與更生』, 複旦大學出版社, 2013 참조. 즉 메이지 시대에 일본 지식인에 있어서 '한문'은 더이상 일종의 '교양'이 아닌, 서구 지식을 받아들이기에 필수적이고 실용적인 도구였다는 현실이다. 한문에 능통한 당시 조선 지식인들도 비슷한 경험이 있었던 것이다. 이에 동아시아 역내 서구 문물을

과정 역시 중국을 경유했다. 사회진화론은 중국보다 일본에서 먼저 받아들여지기는 했지만, 조선 지식인들은 다분히 의식적이고 주동적으로 량치차오梁啓超로부터 영향을 받은 것이 그 대표적인 사례라고 할 수 있다.[10] 이 점은 당시 조선 최초의 근대적 신문으로 알려진 『한성순보』 개간 초기 '각국근사各國近事'의 많은 뉴스원들이 당시 중국 신문(주로 상해나 홍콩에서 발간된)들을 그대로 '전재轉載'하고 있었다는 사실[11]을 통해서도 확인 가능하다. 적어도 1890년대 초기까지는 부분적으로 개항되어 세계 자본주의 체제에 포섭된 중국은 조선이 서구적 근대성을 접하게 한 중요한 통로 역할을 담당했다고 할 수 있다.

그러나 1882년 임오군란壬午軍亂 이후 1894년 동학농민운동에 이르는 시기에 조선에 대한 청의 압박과 간섭은 한층 강화되었다. 이것은 조공체제가 더이상 유지되기 힘들다는 징후였다. 이에 온건파든 급진파든 위안스카이袁世凱를 통해 집행되는 청의 속국화 정책에 거세게 반발하였으며,[12] 갑신정변 이후 청에 대한 일부 온건파 개화 지식인들이 가졌던 우호적인 인식도 부정적으로 변화되기 시작하였다. 유길준兪吉濬이 '조선의

수용하는 통로로서의 '한문/중국'의 역할을 조명할 후속 연구가 필요할 것이다.

10 최형욱, 『량치차오, 조선의 망국을 기록하다』, 글항아리, 2014, 258쪽 참조.

11 장보운, 「1880년대 『漢城旬報』의 중국 인식」, 『규장각』 48, 서울대 규장각 한국학연구원, 2016; 김미지, 「『한성순보』와 중국 개항장 신문의 관계에 대한 고찰」, 『인문과학』 110, 연세대 인문학연구원, 2017 등 참조.

12 온건파라 할 민영익(閔泳翊)의 경우도 대원군의 배제 방침에 대해서는 동의하지만 급진파와 마찬가지로 청국의 내정 간섭에 대해서는 심하게 반발하였다(鄭喬, 『大韓季年史上』 1, 高宗 20年 癸未 11月 17日). 이와 관련하여 노대환, 「민영익의 삶과 정치활동」, 『韓國思想史學』 18, 한국사상사학회, 2002, 473~474쪽; 타카시 오카모토, 강진아 편, 『미완의 기획, 조선의 독립』, 소와당, 2009, 132~133쪽 참조.

국권수호를 위해 긴밀한 관계를 유지해야 할 전통적 우방'이라고 인식했던 중국을 '조선의 자주권을 가장 위협하는 국가'로 경계하게 된 것[13]은 바로 이런 시대적 배경을 반영하고 있다.

2. '탈중국형 민족주의'의 탄생

청일전쟁에서 청의 패배는 중국에 근대가 들어서게 된 계기[14]이자 동아시아 지정학적 관계의 커다란 전환점이었던 만큼, 한국 근대사에서 역시 중요한 분수령을 이룬다. 일단 중국의 조선의 종속이 완전히 끝나게 된 계기는 청일전쟁 이후 청·일이 맺은 시모노세키조약을 통해서였다. 시모노세키조약 제1조 "청은 조선이 완결 무결한 자주 독립국임을 확인"한다에서 알 수 있듯 수 세기 동안 지속되어 왔던 조·중 간 조공 관계는 이 조약을 통해 비로소 막을 내리게 되었다. 이후 1897년에는 대한제국이 수립되었고, 1899년에는 청과 동등한 지위에서 한청통상조약韓淸通商條約을 체결하게 되었다. 그러나 1905년 을사조약에 의해 대한제국

---

13 현광호, 「유길준의 동아시아 인식」, 『한국 근대사상가의 동아시아 인식』, 선인, 2009, 109~112쪽.

14 중국 학계에서는 서구가 준 충격의 상징적 사건이라고 할 수 있는 '아편전쟁'(1840)을 통해 중국이 근대로 전환되었다고 보는 시각이 보편적이지만, 이와는 달리 '청일전쟁'(1894)이 '근대'의 시발점이었다고 주장하는 학자들도 적지 않다. 즉, 근본적으로 중국을 근대사회로 전환시키는 데, 동아시아 내부에서 비롯된 함은 서구의 충격에 비해 더욱 막강한 영향력을 행사했다는 것이다. 張灝, 『中國近代思想史的轉型時代, 二十一世紀』香港中文大學 中國文化研究所, 1999, 29~39쪽; 葛兆光, 「1895年的中國-思想史上的象徵意義」, 『中國思想史』, 上海復旦大學出版社, 2002, 530~550쪽 등 참조.

은 외교권을 상실는 변화를 겪는다. 이후 1910년 일제 강점 무렵까지 과거 중국의 '조공국'이었던 조선은 제국을 수립하며 중국과 동등한 관계를 맺어오다 일본의 식민지로 전락하는, 급격한 변화를 겪게 되었다.

어떤 의미에서든 청일전쟁은 조선의 중국 인식을 근본적으로 변모시킨 전환점이었다. 청일전쟁 전까지만 해도 조선인들은 서구 열강의 압력으로 청의 세력이 약화되어 부분적으로 균열이 생겼을 뿐 조공 체제는 여전히 유효하다고 믿었다. 그러나 예상치 못했던 청의 패배는 조선에 커다란 충격을 주는 동시에, 문명개화론에 힘을 다시 실어주었다. 그 후 조선 지식인들은 개화의 통로로서 중·일 양국을 비교하는 것에 익숙해지게 되었다. '동도'가 가졌던 현실적 의미가 희미해지고, '탈중국'은 불가항력적인 추세가 되었으며, 같은 시기 민족주의를 대변하는 주요 표상이 되었다.

이후 조선 지식인들은 탈중국을 통해 그만큼 문명화된 근대 체제에 적극적으로 참여하고자 하는 강한 의지를 드러냈다. 중국문명에 대한 부정은 곧 조선의 과거 즉 '전근대'에 대한 부정이었고, 이로부터의 이탈은 곧 근대화/문명에 대한 지향인 셈이었다. 따라서 '중국과 문명'의 관계는 이 시대 조선 지식계의 주요한 사상적 과제가 되었으며, 중국 자체가 근대/문명의 반대편인 '전근대'의 상징이 되었다. 때문에 중국은 조선이 '문명'에 도달하는 도중에 반드시 넘어야 할 장애물로 인식되었다. 이렇게 중국이 '종주국'에서 '이웃 나라'로, 문명의 '상국上國'에서 '야만국'으로 재정립되는 과정에서, 개화기부터 형성되어 온 중국에 대한 부정적 인식은 대한제국 수립 전후 시기에 이르러 절정에 이르렀다. 그 과정에서 핵심적인 역할을 담당한 것은 근대 매체인 신문이었고, 신문 담론을 주도하는 주체는 급진 개화 지식인들이었다. 갑신정변의 실패 후 미국으로 망명하였던 서재필徐載弼은 청일전쟁 직후에 귀국하여 『독립신문』을 창간하며, 문명개화론에 입각해 중국비판론을 전면으로 내세웠다. 한문이 아니라 순한글로 발행된 『독립신문』에서 말하는 '독립'은 명백히 중국으로부터의 독립이었다. 『독립신문』의 편집진에게 중국 민족은 더이상 '대인大人'이나 '상국인上國人'이 아니었고, '장궤掌櫃'와 '되놈'으로 전락하게 되었다. 나아가 '약하며 천하며 어리석으며 더러우며, 나라 위하는 마음이 없고 남에게 천대를 받아도 천대인 줄 모르고, 업신여김을 받아도 분한 줄을 모르는'[15] '세계에서 제일 천한'[16] 민족으로 묘사되었으며, 조선에 거주하는 중국인(화교)들은 이미 충분히 더러운 조선의 거리를 더더욱 불결하게 만들 뿐 아니라 조선인들을 아편의 유혹으로 이끄는 존재로 묘사되었다. 서재필은 '중국인이 한국에 오는 것은 한국인에게 전혀 도움이 되지 않을 뿐 아니라 막대한 손해만 끼치게 된다'고 주장한다. 그는 중국의 상인들을 거머리에 비유하면서, '우리는 그러한 중국 사람들이 한국에 오는 것을 원하지 않는다'라고 결론짓고 있다.[17]

『독립신문』은 문명의 기준을 철저하게 서구로 두고 주변을 파악하고 있었다. 청일전쟁에서 일본이 승리한 것은 서구의 교육과 학문을 수용하여 문명개화를 했기 때문이며, 청이 패배한 것은 사서삼경만 공부하

---

15 「논설」, 『독립신문』, 1896.4.25, 1면.
16 「논설」, 『독립신문』, 1896.9.12, 1면.
17 「논설」, 『독립신문』, 1896.5.21, 1면.

기 때문이라고 그 원인을 분석한다.[18] 일본이 '동양의 일등국'이 되고 청이 '세계의 잔약한 나라'가 된 원인은 '일본은 자기의 단점을 부끄러워하여 고치고 청국은 교만하여 자기의 허물을 고치기 못했기 때문'[19]이라는 것이다. 이러한 논리의 연장선상에서 중국의 전통 학문은 '정치학문과 부국술법은 하나도 없고, 헛되이 청춘의 세월을' 보내게 하는 '망국의 학문', '실제로 공부는 적고 허탄한 것을 좋아할' '썩은 학문'[20]으로 인식되었다.

이와 같이 강한 어조로 반중국 정서를 생산하고 확산시킨 것은 『독립신문』에 국한되는 것이 아니라 대한제국 수립 전후 몇 년 간 조선 언론의 일반적인 경향이라고 해도 무방하다.[21] 그 와중에 심지어 조선이 문명화된 후 서구 열강들의 중국 침략에 동참할 가능성이 거론되기도 하였다. 예컨대 1896년 8월에 『독립신문』에 게재된 논설은 영국, 프랑스 등 유럽 나라에 의해 온갖 수모를 당한 청을 논하면서, "(우리도) 청국을 쳐 요동과 만주를 차지하고 배상 팔억만 원을 받을 터이니, 원컨데 조선 사람들은 마음을 크게 먹어 십 년 후에 요동 만주를 차지"[22]할 것이라며 노골적으로 만주 영토에 대한 야심을 드러내었다.

무엇보다 탈중국은 국민국가로서의 조선의 정체성을 새롭게 확정하

---

18 「논설」, 『독립신문』, 1896.4.25, 1면.

19 「부끄러운 일」, 『독립신문』, 1899.1.28, 1면.

20 「논설」, 『독립신문』, 1896.12.12, 1면; 「유지각한 친구의 글」, 『독립신문』, 1898.9.19, 2면, 「나라의 근본」, 『독립신문』, 1899.9.12, 1면 등.

21 앙드레 슈미드, 정여울 역, 『제국 그 사이의 한국 1895~1919』, 휴머니스트, 2007, 156~167쪽 참고.

22 「논설」, 『독립신문』, 1896.8.4, 1면.

는 데 필수적인 작업이었다. 슈미드의 말을 빌리자면, 조선 민족주의자들에게 조선문화를 회복하는 일은 중국문화의 잔재를 제거해야만 가능하였고, '민족'의 주체성을 규정하는 일은 역시 중국으로부터의 독립을 통해 가능했다.[23] 앞서 논한 1895년 이래 조선의 각종 언론이 비난과 멸시 등 부정적인 태도로 중국을 묘사한 것은, 곧 조선인의 의식구조 속에 잔존하는 중국에 대한 '사대'의 관성을 끊어내고 조속히 조선이라는 독립적 국민국가를 수립하기 위한 시대적 긴박감을 반영한 것이다.

일단 청과 대등한 관계를 가지고 수립된 대한제국은 '조선'이라는, 중국과 관련 깊은 옛 국호[24] 대신 '한'을 택했는데, 이 자체가 중국 중심의 기존 세계관과 선을 그었음을 보여주고 있다. 중국 사신을 맞이하던 영은문迎恩門이 철거되고 독립문獨立門이 세워진 것도 중국의 '천하'에서 독립하여 새롭게 시작하겠다는 강한 의지를 상징하였다. 그런가 하면, 고종이 원구단에 올라가서 제천의식祭天儀式을 거행한 것 역시 오직 한 명의 천자天子만이 하늘을 향해 직접 제례를 올릴 수 있었던 동아시아 '조공체제'를 거부한다는 강한 메시지를 담고 있다.

조선에서 '민족'이라는 용어는 1900년 1월 12일 자 『황성신문』[25]에서 비로소 등장하였고, 1900년대 중반 후에야 널리 사용되기 시작하였다.

---

23 앙드레 슈미드, 정여울 역, 앞의 책, 167~170쪽.
24 이성계가 조선을 건국(1392)한 뒤 첫 번째로 한 일은 국호를 정해 명나라의 승인을 얻고 왕위 책봉(冊封)을 받는 일이었다. 그는 명에게 사신을 보내 '화녕(和寧)'과 '조선(朝鮮)' 중 하나를 택정해 줄 것을 청하고(『太祖實錄』「太祖 1年 11月 丙午」), 명이 택정한 '조선'을 국호로 정하였다(『太祖實錄』「太祖 2年 2月 庚寅」).
25 「서세동점의 기인」, 『황성신문』, 1900.1.12. 이 기사에서 "동방민족", "백인민족" 등과 같은 인종 개념의 민족이라는 용어를 사용하고 있다.

여기서 20세기 초 조선에 유입된 '민족'의 개념은 중국의 개화사상가 량치차오의 영향을 받은 것이었다는 사실을 주목할 필요가 있다.[26] 망국의 위기를 앞두고 '민족'을 내세워 부강한 나라를 건설하고자 한 량치차오 등 중국 계몽 지식인들의 의지는 같은 처지에 있던 조선의 지식계에 공명하는 바가 상당히 컸기 때문이다.[27]

중국을 거쳐 '민족'의 개념이 유입되자 이 개념은 곧 탈중국의 무기로 활용되었다. '민족'의 이름으로 한자와 한문이 청산되고, 중국과 관련깊었던 조선의 역사를 새롭게 바라보는 민족사를 쓰는 일련의 움직임들은 바로 이러한 배경에서 등장하였고, 탈중국의 주요 방법으로 사용되었다. 탈중국 자체가 결국 중국을 중심으로 한 천하 체제로부터 (한)민족을 구분하고자 하는 필수적이고 중대한 작업이 되었다. 이런 의미에서 근대계몽기 조선의 민족주의는 '탈중국형 민족주의'의 성격을 지니

---

26 본래 '민족'이란 상고 시대 이래 중국에서는 '민의 무리' 정도의 의미를 갖고 있었다. 이를 서구의 'nation'의 의미로 사용하기 시작한 것은 일본이었다. 일본에서는 1870년대 초에 이미 'nation'을 '민족'이라는 단어로 번역했던 것이다. 중국에서도 이를 따라서 량치차오가 1903년경에 쓴 글에서 '민족'과 '국민'을 구별하여 각각 개념 정의를 했다. 도일 유학생들은 일본에서의 용례를 따라 '민족'이라는 단어를 사용하기 시작했지만, 1910년 이전에 그리 자주 사용한 것은 아니었다. 조선에서는 1906년 이후 량치차오의 영향으로 '민족'이라는 단어를 자주 쓰기 시작했으며, '대한민족'·'조선족' 등의 호칭이 만들어졌다. 박찬승, 「한국에서의 '민족' 개념의 형성」, 『개념과소통』 1, 한림과학원, 2008 참조.

27 특히 신채호의 경우, 사유와 인식의 내용뿐만 아니라, 설명하는 방법이나 용어까지도 량치차오의 글을 그대로 차용하고 있을 만큼 그 영향이 절대적이었다. 이것은 그가 주필로 있던 『대한매일신보』 1908년 7월 30일 자에 실린, 량치차오의글을 거의 인용하다시피 한 「민족과 국민의 구별」이라는 논설을 통해서도 확인할 수 있다. 표언복, 「단재의 문학과 형성에 미친 량치차오의 영향」, 『목원어문학』 8, 목원대 국어국문학과, 1989 참조.

고 있었다고 해도 과언이 아니다. 청일전쟁 후 청에서 정치적으로 독립된 조선에서 이러한 민족주의가 작용한 영역은 문화적·사상적 차원이었다.

1) 한자/한문에 대한 청산

문자는 민족 정체성을 내세우는 핵심 요소로 인식되었다. 조선에서 지난 수 세기 동안 지식·교양·교육의 전체로 군림했던 한자는 대한제국기에 들어 조선의 표기체계의 중심부에서 밀려났다. 1894년 7월의 과거제 폐지는 한자에 대한 의식의 큰 전환을 가져 온 현실적 계기가 되었다. 이 사건은 한문을 특권적 자리에서 물러나게 만들었고 국문이 비집고 들어올 큰 틈을 마련하였다.[28]

관념적 측면에서 민족주의가 대두되면서, 한자는 '중국의 문자'이며, '우리 문자'가 아니라는 자각이 생겼다. 당시 조선 언론에는 '중국의 글자는 중국이라는 영토의 민족적 언어'[29]라는 점이 거듭 강조되었다. 유길준은 『대한문전大韓文典』의 서문에서 "서쪽 이웃에서 빌려온 객자客字가 국민의 정음正音을 구축하여 학사學士의 책상머리에서 떠났으며 사장詞匠의 붓끝을 빗겨선즉 마치 아편중독이라도 걸린 듯 한문에 심취해 들어갔"[30]다며 당시 언문생활을 지탄하며, 언문일치를 호소한다. 이런 상황

---

28 김영환, 「구한 말 전통적 동문 의식의 변화」, 『한국민족문화』 50, 부산대 한국민족문화연구소, 2014, 50쪽.

29 "漢文者는 即 漢土之國文也니" 이종일, 「論國文」, 『대한협회회보』 2, 1908.5.25 참조.

30 유길준, 『大韓文典自(序)』, 1909; 임형택, 「근대계몽기 국한문체(國漢文體)의 발전과 한문의 위상」, 『민족문학사연구』 14, 민족문학사학회, 1999, 10쪽에서 재인용.

에서 한자는 곧 조선이 완전한 독립을 이루지 못하는 과거의 나약함과 무지를 상징하는 것이었다. 이에 신채호는 '오늘날 아직도 한자보다 한글을 우습게 여기는 자들이 있다면, 그를 과연 한국인이라 부를 수 있겠는가?'[31] 하며 한자 사용자들을 신랄하게 비판한다.

문자는 민족 정체성을 내세우는 핵심이며 동시에, 문명 개화와 직결된다고 인식되었다. 당시 조선언론들은 한자를 비롯한 표의문자는 낙후된 문자인 반면에, 한글을 비롯한 표음문자는 문명개화에 적합한 문자라고 인식하고 있었다. 특히 표의문자인 한자와 달리, 한글은 같은 표음문자인 로마자와 어느 정도 공통적인 면이 있었다. 이 점은 개화기 지식인들에게 한글의 사용이 곧 문명국을 만들 수 있는 계기가 될 것이라는 확신을 심어주었다.[32] 『황성신문』은 신지식을 습득하는 효율성이라는 측면에서 한자폐지론을 펼치고 있었다.

일반적으로 왜 표의문자를 쓰는 지역은 문맹률이 높고, 표음문자를 쓰는 지역은 계몽이 잘 되어 있는가? 그것은 분명 문자가 쉬우냐 어려우냐에 따라 백성의 지식이 우등한가 열등한가가 판가름나기 때문이다. 나아가 백성의 지식이 우등한가 열등한가에 따라 민족의 강함과 약함이 결정되기 때문이다.[33]

---

31 "今日에 坐하야 尚且國文을 한문보다 輕視하는 者有하면 此亦韓人이라 云할가." 신채호,「國漢文의 輕重(續)」,『대한매일신보』(국한문), 1908.3.18, 1면.

32 노연숙,「개화계몽기 국어국문운동의 전개와 양상」,『한국문화』40, 서울대 규장각 한국학연구원, 2007, 63~64쪽.

33 "大抵象形字를 用하는 世界는 何故開明하고 必是文字難易를 因하야 人民의 知識優劣이 生하며 知識優劣을 由하야 國勢強弱이 現하느니 此는 目前實驗이라."「國文漢文論」,『황성신문』, 1898.9.28, 1면.

위와 같이, 배우기 쉬운 표음문자로서의 한글은 신지식을 습득하고 개화하는 데 한자보다 더 우월한 문자로 인식되고 있었다. 이와는 반대로 한자는 비효율적일 뿐만 아니라, 특권계층, 지식층만 향유했던 문자로, 지배권력을 대변하는 문자로 간주되어, 신분제 사회였던 조선 시대의 상징으로 여겨지고 있었다. 따라서 1896년에 창간된 『독립신문』은 순한글로 표기하기로 한 까닭을 "모두 언문으로 쓰기는 남녀·상하·귀천 모두 보게 함"[34]이라고 밝히며, 기존에 한자가 상징했던 성별·신분별 분할 구도를 극복하려는 의도를 보였다.

요컨대, 근대계몽기의 한자는 '중국', '전근대', '문명개화의 장애물'로, 한글은 '조선', '근대', '문명개화의 수단'으로 인식되었다. 이러한 인식상의 변화는 어디까지나 '민족 정체성 내세우기', 그리고 문명개화의 목적에서 출발하였다. 탈중국의 가치 아래 '진서真書'로 칭해지던 한문은 '한문漢文'이라는 대타적 기표가 되었다가,[35] 결국 중국을 통한 외국문물을 수용, 또는 외교 업무처리를 위한 제2외국어로 간주되었다.[36] 한자에 대한 한글의 승리는 조선 계몽 프로젝트를 위한 공사의 초석을 단단히 다졌다.

---

34 「배재학당 학원 주상호씨 국문론(전호연속)」, 『독립신문』, 1897.4.24, 1면
35 "及甲午後 趨時務者盛推諺文曰國文 別真書以外之曰漢文" 황현, 『매천야록』, 국사편찬위원회, 1955, 168쪽.
36 李寶鏡, 「國文과 漢文의 過渡時代」, 『태극학보』 21, 1908.5.24.

2) 새로운 민족사 쓰기

한자의 청산 외에, 중국과 관련된 역사 인식, 지리 인식, 호칭 등 측면에서 보였던 인식의 전환은 '탈중국'의 또 다른 중요한 축이었다.

이후 조선은 중국과 구별된 혈통과 역사를 가진 민족의 서사를 구성하기 시작하였다. 그중에서 기자箕子 중심의 고대사 인식을 단군 중심으로 변화시킨 것은 본격적인 새 민족사 쓰기의 신호탄이었다. 조선 후기부터 조선 문인들은 이미 단군과의 혈연적 동질성에 주목하고 있었고, 단군에 대한 긍정적 인식들이 급증하는 추세였다. 조선 후기의 역사학에서 고조선의 종족적 기원은 단군이었으나, 문화적 기원은 여전히 기자였다.[37] 그러나 근대 국민국가의 탄생과 함께 민족주의가 발달하면서 조선 초부터 이어져 온 단군과 기자의 '오래된 동서同棲'는 끝이 났다.[38] 혈연적 동질성을 기반으로 한 '민족' 개념이 도입되면서, 특히 중화 질서가 막을 내린 시점에서 한때 중화문명의 전파자로서 기자에 대한 재평가·재정립이 급선무가 되었다. 그러한 배경하에, 단군은 '민족'이라는 신조어의 의미를 구체화하기 위한 노력으로 민족주의자들의 최고 상징으로 새로 부상되었고, 조선 민족과 문화의 기원으로 설정되었다.

우리나라에서 새로운 것을 추구하게 된 이들 '新趣人'은 자국을 경모하지 않고 타국을 경모하는 것을 일러 노예의 성질이라고 한다. 특히 단군을 높이

---

37   류시현, 「한말 일제 초 단군과 고조선 인식의 체계화─신채호·최남선을 중심으로」, 『韓國史學報』 61, 고려사학회, 2015, 189쪽.

38   하윤섭, 「조선 후기 단군에 대한 기억의 변화와 그 所因」, 『우리문학연구』 38, 우리문학회, 2013, 255쪽.

고 중국의 성인을 경모하지 않으며 심지어는 기자가 비록 동국의 임금으로 소중화를 개창하였는데도 중국인이라 하여 도리어 업신여기고 질시하니 내 심히 애통하도다.[39]

위의 글은 당시 탈중국의 당위적 흐름 속에서 단군과 기자에 대한 기억의 지형이 어떻게 변화되었는지 여실히 보여주고 있다. 성리학자 의암 유인석柳麟錫[40]은 갑오개혁 이후 새롭게 구축된 기억의 변동, 특히 기자가 '중국인'이라는 이유로 배제의 대상이 된 사실을 매우 낯설어하고 또 애통해 하고 있다. 이 글에서 언급된 "신취인新趣人"이 바로 민족의 자존과 독립을 추구하는 근대 지식인들이었다. 그들 중에서 '단군'과 '민족'을 결합시켜 민족사를 확장시키는 작업을 최초로 시도한 사람은 바로 신채호였다.

신채호가 『대한매일신보』에 1908년 8월 27일부터 12월 13일까지 50회에 걸쳐 연재한 「독사신론讀史新論」은 역사 서술의 대주체로서 '민족'을 설정하면서 단군을 민족의 출발점에 위치시켜 부여족 중심의 민족사 체계를 구축하였다. 특히 '주족主族'인 부여와 '타족他族'인 중국인 기자로

---

39 "我國新趣人 以不慕自國而慕他國 謂之奴隷性質 特尊檀君而不慕中國聖人 甚至于箕子雖君東國開小華 而曰中國人也 反侮疾焉 吾甚痛之" 유인석, 「書遠東報紙 癸丑十一月」(『毅菴集』卷44), 『한국문집총간』, 한국고전종합DB.

40 유인석(柳麟錫, 1842~1915)은 유학자이며, 조선말기의 위정척사론자로서 항일의병을 일으킨 의병장이었다. 1896년에 유인석은 만주 지역에 항일운동의 근거지를 만드는 데 전력하였으니, 이는 해외 독립운동 기지 건설의 효시가 되었다. 대한제국의 국권 피탈 이후에도 독립운동을 계속하였고 이상설 등과 두만강 연안으로 진격하려 했다. 1915년에 만주 펑톈성(奉天省)에서 병사했다.

구분해서 기자(조선)를 민족사에서 배제하였다. 한 연구자의 표현을 빌리자면, "기자와 단군은, 하나에 대한 부정이 곧 다른 하나에 대한 긍정으로 이어지게 되는 완벽한 길항의 관계에 놓이게 되었다"[41]는 것이다. 그렇게 함으로써 신채호는 중국과 무관한 단선적인 조선 민족사를 구축하였다.

한발 나아가 조선 민족은 역사적으로 중국과 구별되거나 대등한 관계였을 뿐 아니라, 한때 중국/중원까지 정복했던 위대한 민족으로 형상화되기에 이르렀다. 이것은 역시 신채호 등 민족주의 사학자들이 역사·전기소설을 통해 '민족 영웅'들을 당대의 현실로 호출함으로써 가능하였다.

신채호는 1910년대 중국으로 망명하기 전 『독사신론』 등의 집필을 통해 민족사학의 토대를 마련하는 동시에, 『을지문덕』, 『이순신전』, 『최도통전』과 같은 역사·전기소설의 창작을 통해 민족영웅을 중심으로 한 현실의 극복 기능성을 서사화했다. 이들은 위기에 처한 공동체를 구원한 존재로 강한 국가의식의 소유자로 부각되었다. 같은 시기에 장지연의 『애국부인전』(1908), 우기선禹基善의 『강감찬전』(1908) 등은 역시 동일한 맥락에서 읽힐 수 있다.

이렇게 단군을 중심에 두고 광개토왕, 연개소문, 을지문덕, 최영, 이순신 등 역사·전기소설에 형상화된 영웅들은 모두 위기에 처한 공동체를 구원한 존재로 강한 국가의식의 소유자로 부각되었다는 공통점이 있다. 또한 여기서 형상화된 영웅들은 대부분 무인武人이었다. 이는 사대주의

---

41   하윤섭, 「조선 후기 단군에 대한 기억의 변화와 그 所因」, 『우리문학연구』 38, 우리문학회, 2013, 255쪽.

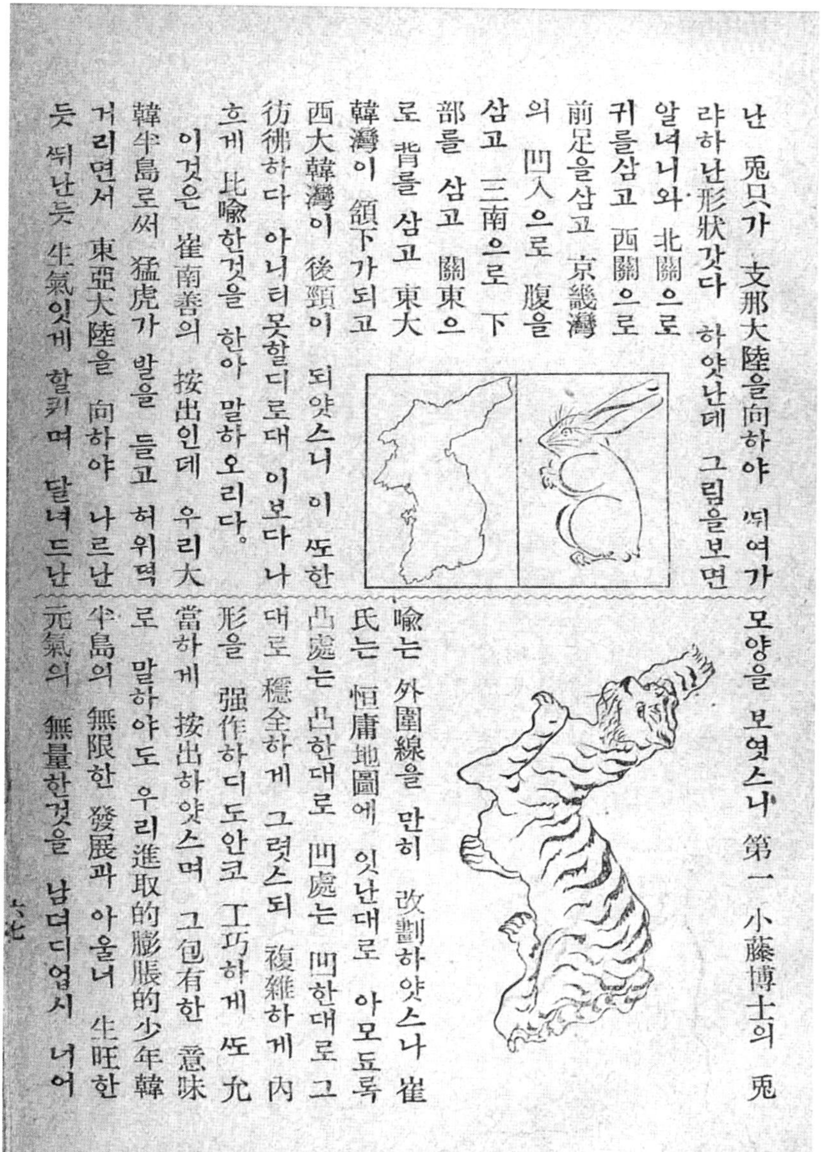

난 兎皃가 支那大陸을向하야 뛰여가
랴하난形狀갓다 하얏난데 그림을보면
알녀니와 北關으로
귀를삼고 西關으로
前足을삼고 京畿灣
의 凹入으로 腹을
삼고 三南으로 下
部를 삼고 關東으
로 背를 삼고 東大
韓灣이 頷下가되고
西大韓灣이 後頸이 되얏스니 이 또한
彷彿하다 아니티못할디로대 이보다 나
흐게 比喩한것을 한아 말하오리다。
　이것은 崔南善의 按出인데 우리大
韓半島로써 猛虎가 발을 들고 허위뎍
거리면서 東亞大陸을 向하야 나르난
듯 뛰난듯 生氣잇게 할퀴며 달녀드난

모양을 보엿스나 第一小藤博士의 兎
喩는 外圍線을 만히 改劃하얏스나 崔
氏는 恒庸地圖에 잇난대로 아모됴록
凸處는 凸한대로 凹處는 凹한대로 그
대로 穩全하게 그렷스되 複雜하게 內
形을 强作하디도안코 工巧하게 또 允
當하게 按出하얏스며 그包有한 意味
로 말하야도 우리進取的膨脹的少年韓
半島의 無限한 發展과 아울너 生旺한
元氣의 無量한것을 남더디업시 너어

그림 1 일본의 '조선 토끼론'에 맞선 '조선 맹호론' (「鳳吉伊地理工夫—大韓의 外圍形體」, 『少年』 1-1, 1908.11.1, 67쪽)

에 빠진 문인들의 나약함이 국가 쇠약의 원인으로 지목된 것과 무관하지 않았다. 고(구)려의 상무정신을 계승한 무인 영웅들은 유교 중심적인 양반의 나약함을 대체하는 인물들로서 중화주의를 해체하는 데 상징적 주역이 되었다.[42]

또 하나 주목할 만한 점은 이순신을 제외한 영웅들이 대부분 '중국'에 물들기 전에 중국과의 대결에서 승리한 고구려나 고려의 영웅들이라는 점이다. 그런가 하면 영토 확장에 대한 강한 욕망을 가졌다는 점에서도 공통적이다. 신채호는 『최도통전』에서 원명교체기元明交替期에 요동 정벌을 주장한 최영의 뛰어난 지도력을 극찬한다. 『을지문덕』에서는 을지문덕주의를 '제국주의' 또는 '강토를 개척하는 주의'라고 높이 평가하기도 한다.[43] 나아가 을지문덕의 죽음 때문에 고구려가 중원을 차지하지 못했다며 아쉬워한다. 당장 가시화되는 제국주의의 위협 속에서 오히려 영토 확장주의를 긍정적으로 드러낸 이러한 민족영웅 서사를 어떻게 이해해야 하는가? 한편으로 중국을 대등한 관계의 민족이 아니라 '정복의 대상'으로 간주했던 과거를 되살린다는 점에서 이것은 역시 탈중국의 일환으로 기획된 것으로 보인다. 다른 한편으로, 그러한 영웅 서사들이 사회진화론적 색채를 강하게 띠고 있다는 점에서 초기의 민족주의와 제국주의는 대립항이 아니라 오히려 표리를 이룬다는 사실을 여실히 보여주고 있다.

---

42 앙드레 슈미드, 정여울 역, 앞의 책, 430쪽 참고.
43 신채호, 「의지문덕」, 『改訂版 丹齋申采浩全集 中』, 형설출판사, 1987, 제5·12장 참조.

3) 지리 인식 및 호칭의 정치학

중국과의 이러한 '경계짓기' 인식은 언어나 역사에 대한 이해뿐만 아니라, 지리에 대한 인식에서도 드러나고 있다. 그 대표적인 예는 바로 최남선이 『소년』에 연재한 「해상대한사海上大韓史」이다. 이 글은 대륙국으로서의 중국과 분명히 구별한다는 의식하에 해상국의 관점으로 조선의 역사를 새로이 쓴 시도이다. 최남선은 한반도의 지리적·역사적 성격을 강조함과 동시에 '소년'들에게 바다를 향한 개척 정신을 함양하도록 이 글을 썼다고 밝히고 있다.[44] 그에게 태서泰西(서구)의 근대, 일본적 근대의 이식은 모두 바다를 통하는 것이었다. 바다는 곧 '세계'의 보편으로 통하는 현실적·상상적 통로인 것이다.[45] 이러한 바다 이미지는 근대적 지리 지식의 학습과 해상 모험심을 고취시키는 것을 넘어, 앵글로색슨과 일본에게 문명개화의 상징으로서의 새로운 의미를 부여한다. 그것은 조선이 탈출해야 할 중국을 상징하는 대륙의 이미지와는 분명히 대조적인 것이다.

또한 최남선은 같은 시기에 발표한 「봉길이지리공부鳳吉伊地理工夫」라는 글에서는, 일본 지리·지질학자 고토 분지로小藤文次郎의 '대한반도는 그 모양이 마치 네 발을 모으고 일어선 토끼가 지나支那 대륙을 향해 뛰어가려는 모양 같다'는 말을 반박하면서, 한반도는 중국에 붙은 토끼가 아니라 '동아 대륙을 향한 맹호'라며, 실제 사납게 발톱을 세운 호랑이 '외위

---

44 「해양대한사(海洋大韓史)」의 '앞머리 말'에서 "此書는 少年의 海事思想을 鼓發하기 爲하야 編述한바"라고 하였다. (『少年』1-1, 1908.11, 30쪽)

45 도하다, 「崔南善과 '바다(海)' 認識」, 『동북아시아문화학회 국제학술대회 발표자료집』, 2012.11, 36~40쪽.

의상外圍擬像'-'의상도擬像圖'를 제시하고 있다.[46] 조선의 지리적 이미지가 '중국에 붙은 토끼'에서 '동아 대륙을 향한 호랑이'로 바뀌게 된 것은, 중국까지 확장할 야심을 드러낸다고 할 수는 없으나, 적어도 중국에 의지하지 않겠다는 강한 탈중국 지향을 뚜렷이 보여주고 있다.

위와 같은 최남선의 지리 인식의 근저에는 기존 조공 체제의 기초였던 '화華'와 '이夷'가 180도 전도된 의식이 자리 잡고 있었음은 분명하다. 그가 「해상대한사」에서 밝힌 것처럼, '옛날의 지나는 화라 할지라도 오늘의 지나는 이요, 옛날의 서양인西人은 이라 할지라도 오늘의 서양인은 화'[47]라는 것이다. 이러한 전도된 화이론이야말로 곧 이 시기 근대 지식인들의 중국 인식의 근본적인 기조基調로 자리 잡고 있었다.

전도된 화이론 및 중국과의 경계짓기 의식은 근대계몽기부터 중국(인)에 대한 호칭에서도 확인된다. '호칭'은 그 자체로 과거의 역사적 경험에 대한 현재의 집단적 기억을 반영해 주는 것이다. 조선 후기 조선은 청을 중립적 명칭인 청국인淸國人이나 북국인北國人으로 불렀으며, 형편에 따라서는 여전히 병자호란 이전에 했던 것처럼 호인胡人이나 호로胡虜로 부르기도 하였다.[48] 19세기 말부터 중화주의가 해체됨에 따라, 일부 근대 지식인들은 '청/중국' 대신 '지나支那'라는 호칭을 쓰기 시작하였다. 이 말은 중국을 지칭하였던 옛 호칭이지만,[49] 메이지 유신 이후에는 일

---

46 「鳳吉伊地理工夫─大韓의 外圍形體」, 『少年』 1-1, 1908.11, 67~68쪽.

47 公六, 「海上大韓史」, 『少年』 3, 1909.2, 12~14쪽.

48 계승범, 「呼稱에 보이는 조선 후기 지식인의 대외 인식과 小中華論」, 『동아시아 질서의 변화와 中華論』, 인하대 한국학연구소 동아시아한국학 학술회의, 2008.6, 173쪽.

49 '지나'는 역사상 중국 최초의 통일국가로 알려진 진(秦)나라에서 유래한 말로, 당나라

본이 청에 대한 비하 명칭으로 전락했고, 이후 동아시아에서 광범위적으로 사용된 용어이다.[50]

유길준은 1883년에 「세계대세론」에서 중국을 이미 '지나'라고 부르기 시작했다. 한편 윤치호는 1886년에 역시 청을 논하면서 "천하무쌍의 만이지방蠻夷之邦에 나라를 의탁하느니보다는 차라리 다른 '문명지방文明之邦'에 맡기는 편이 낫지 않겠는가 (…중략…) 한심스럽고 한심스럽다"라는 일기를 쓴 바가 있다.[51] '문명지방'이란 말할 것도 없이 서구를 지칭하는 것인데, '만이지방'은 그가 스스로 주를 붙여 놓은 것처럼, '지나'이다. 나중에 조선 강점 이후로부터 '지나(인)'이라는 호칭이 더욱 빈번히 사용되었던 것은 물론 일본에서 받은 영향이 컸으나, 그보다 더욱 근본적인 요인은 근대계몽기부터 진행되어 온 일련의 탈중국적 민족주의 움직임의 소산이었다.

위에서 논의한 것처럼, 근대 지식인들에게 '자아/자민족'을 내세운다는 것은 곧 몇 세기 동안 정신적으로 예속되었던 '거대한 타자'였던 중국과의 결별을 의미하였다. 때문에 청일전쟁 후 러일전쟁을 거쳐 조선의 주권을 당장 위협한 나라는 일본과 러시아였음에도 불구하고, 탈중

시대에 인도 승려들이 불교의 본토인 인도와 떨어진 중국을 지칭할 때 사용한 말이었다. 그 후 10세기경 일본에 한문 불경이 전해지면서 '지나'라는 호칭도 일본에 전해졌는데 불경에서만 제한적으로 사용되었던 것이다. 黃興濤, 「話"支那"—近代中國新名詞源流漫考之二」, 『文史知識』4, 1999 참조.

50 스테판 다나카, 박영재 외역, 『일본 동양학의 구조』, 문학과지성사, 2004, 22쪽 참조.
51 "以此等國勢, 與其托一國生死之命于天下無雙蠻夷之邦(支那也), 甯不若以全土付之他文明之邦, 救其民于重稅惡政之下之爲好也, 寒心寒心." 윤치호, 「1886.9.12」, 『윤치호 일기』1, 국사편찬위원회 한국사데이터베이스.

국 운동은 여전히 근대 지식인들의 주된 관심사였다. 이런 점에서, 조선 민족주의의 기원은 제국주의에 맞닿아 있으면서도, 사상·이념적인 측면에서 주로 '탈중국'이라는 형태로 드러냈다는 특징이 있다. 그것은 민족의 위기 상황에서, 민족의 독자적인 주체성을 전제로 한 문명개화와 국민국가 건설을 과잉적으로 열망하는 과정에서 빚어진 양상으로 보인다. '탈중국적 민족주의'의 뿌리는 근대 이후 조선인의 문화적·사상적 기반에 깊숙이 두고 있었으며, 식민지 시기를 거쳐 심지어 현재까지도 한국인의 중국 인식의 큰 틀로 자리 잡고 있다고 해도 과언이 아니다.[52]

물론 지난 수 세기 동안 양국이 문화적으로 긴밀히 연결되어 있었다는 점에서, 이념적으로나마 중국과 경계를 분명히 그을 수 있었으나 정작 현실적으로는 중국과 당장 작별한다는 것이 그리 쉬운 일이 아니었다. 대한제국의 전례를 정비할 때 주요 근거가 된 것은 여전히『대명집례大明集禮』나『대명회전大明會典』에 나타난 명나라의 제도였다는 점,[53] 한자/ 한문폐지론과 함께 실제로 부상한 것은 순국문체가 아닌 국한문체였다는 점[54] 등에서, '중국'이라는 긴 그림자가 새로 탄생한 대한제국에 여전히 드리워져 있었음을 알 수 있다.

---

52 2005년에 수백 년간 사용해 온 서울의 한자 표기이자 중국어 표기였던 '한성(漢城)'을 폐기하고 '서우얼(首爾)'로 바뀌게 한 것은 곧 백 년전부터 형성된 '탈중국적 민족주의'의 연속이라고 볼 수 있겠다.
53 김문식,「근대 한국의 탈중화주의」,『오늘의 동양사상』15, 예문동양사상연구원, 2006, 67쪽.
54 근대계몽기에 신교육의 교재류 내지 신학문의 출판물 뿐 아니라, 시간이 지나면서 속속 창간된 신문.잡지류도 대부분 국문체가 아닌 국한문체를 채책하는 추세였다. 임형택,「근대계몽기 국한문체(國漢文體)의 발전과 한문의 위상」,『민족문학사연구』14, 민족문학사학회, 1999, 39쪽.

3. '동양연대론'이라는 함정

근대계몽기에 조선 지식인들은 옛 보편적 질서로서의 조공 체제가 자치하던 빈자리를 서구가 주도하는 자본주의적 세계질서, 그리고 자율성이 있는 민족으로 채우려는 시도가 대세였다. 이와 동시에 그것을 '동양연대'라는 구상으로 메우려는 시도는 또한 간과해서는 안 된다. 새로 탄생된 대한제국의 힘이 약했을 때 외세에 대항하기 위해 일종의 방어적인 전략으로 제기된 동양연대론은 동시대 동아시아 계몽 지식층 사이에 유행하던 사회진화론과 19세기 중후반부터 유입된 서구의 인종주의적 개념이 그 논지의 근간을 형성하고 있었다.

'동양'은 근대 일본이 서구와 접촉하면서 서구와 다른 어떤 것, 그렇다고 중국과는 다른 존재로서 동양의 대표자를 자임하는 일본인이 창안한 용어였다. 이 개념이 조선 지식계에서 뚜렷한 영향력을 보인 것은 19세기 말 서구제국주의 국가에 의한 중국의 분할 가능성이 대두되면서부터였다. 조선 지식인들은 서양과 대비되는 '동양'이라는 울타리 내에서 자신의 입지를 재확인하면서, 조·중·일 삼국의 제휴를 통해 서구 열강을 방비하고자 하는 '동양연대론'을 제기하였다. '탈화'와 '입아'는 바로 이러한 지점에서 근대계몽기 민족주의가 지니는 두 가지 표상이 되었던 것이다.

세부적 차이가 있지만, 이러한 동양연대 인식은 1880년대 김옥균의 '삼화주의三和主義', 1890년대 후반 독립협회운동 세력의 '한일제휴론', 1900년 안경수安駉壽의 '일청한동맹론日淸韓同盟論', 천도교주 손병희孫秉熙

의 '삼전론三戰論', 1909년경 안중근安重根의 '동양평화론' 등으로 나타나고 있었다. 척사론에 근거하고 있는 양반 유생들을 제외하면, 『독립신문』, 『황성신문』 등에 논설과 기고문을 게재했던 문명 개화론자들은 물론이고, 개신 유학자들도 모두 조선의 독립을 유지하기 위해서 일본을 맹주로 조중일 삼국이 연대하여 서양 백인종의 제국주의적 침략을 방어해야 한다는 논리를 가지고 있었다.[55]

특히 19세기 말 중국과 조선에 대한 백인종 러시아의 위협이 노골화되면서 '인종적 연대론'의 성격을 띤 동양연대론이 한층 그 강도를 높여 갔다. 의화단 운동義和團運動(1899~1900) 이후 러시아는 남만주 지역에 대규모 원정군을 파견하였고 만주를 자기의 보호 하에 두고자 청에 압박을 가하였다. 이렇게 만주가 위협을 받게 되자 조선의 지식층들은 청이 멸망하면 조선도 반드시 화를 입을 것으로 인식하면서 동양의 일원으로서 대처 방안을 모색해야 한다고 주장하였다.[56]

이것은 중국인이 역시 인종적 관점에서 황인종의 '동포'로 인식된 측면도 있었고, 그보다는 오늘 '중국의 위기'가 곧 내일 '조선의 위기'가 될 수 있을 것이라는 긴박감이 표출된 것이다. 『제국신문』은 현재 중국과 조선의 상황을 '큰 바람이 부는 날 큰 집에 불이 났는데 어찌 그 곁의 작은 초가집이 성하기를 바라리오'[57]라고 비유한다. 그리고,

---

55 도면회, 「자주적 근대와 식민지적 근대」, 임지현·이성시 편, 『국사의 신화를 넘어서』, 휴머니스트, 2004, 215쪽.

56 「論說-團匪暴擧恐爲東洋三國」, 『황성신문』, 1900.6.21, 2면; 「論說-客問誠慨然」, 『황성신문』, 1900.7.10, 2면.

57 「論說」, 『제국신문』, 1900.6.25, 1면.

내가 장백산 꼭대기에 올라가서 벽력같은 소리를 빌어가지고 크게 대한·청국 사람을 불러 고하여 가라대 빨리 꿈을 깨라. 꿈을 깨라 한일청 사람들아. 한일청 사람들아 세 나라가 합력하여 떠나지 말고 큰 국세를 붙잡으라고 하려 하노라.[58]

고 하며 같은 황인종으로서의 조선·중국·일본 동양삼국이 힘을 합칠 것을 간절히 호소하기도 한다. 이에 『황성신문』은 역시 '어떻게 오직 한 나라에 의지하겠는가'라며, '반드시 삼국의 용기와 힘을 합쳐야 한다'고 주장한다.[59] "마치 수레와 수레 축, 입술과 치아처럼 같은 황인종에 속하는 우리 삼국은 서로 의존적"[60]이기 때문이다.

여기서 주목할 만한 것은 인종적 차원에서 제기된 '연대의 대상'으로서의 중국 인식은 앞부분에서 거론한 당시 조선 지식인들이 가졌던 보편적인 반중국·탈중국 정서와 겉보기에는 모순되지만, 실제로는 일맥상통한다는 점이다. 중국을 '배제의 대상'으로 삼든, '연대의 대상'으로 삼든, 근대 지식인들은 지향하는 궁극적인 목적은 동일하였다. 그것은 바로 국민국가로서의 조선의 독립이었다. 동양연대론 자체가 천하라는 패러다임에서 이탈한 채로 독립 국가로서의 연대에 기초하고 있기 때문

---

58 「論說」, 『제국신문』, 1899.1.26, 1면.
59 "其防禦할 方策이 엇지 一國에 在할리오 實로 三國의 勇力聯合합쳐라." 「論說」, 『황성신문』, 1899.4.12, 1면.
60 "黃種三國이 有輔車唇齒之依 則當併力合心하야 以圖疆土人種之保全而奈何不思同○之義하고 只甘姑息之計하야 徇小利而忘大義者." 「閔韓日清三國地圖有感」, 『황성신문』, 1903.8.12 2면.

이다. 이에 "동양연대론은 외형상으로 중국과 연대하는 동시에 일본에 대한 종속과 의존을 표방함으로써 '반민족적' 논리로 보이지만, 본질적으로는 항상 한국의 '독립'을 추구하는 민족주의를 내포하고 있었"[61]다는 도면회의 지적과, 그것이 실제로 일종의 '방어적인 지역적 보편질서 구상'이라는[62] 윤해동의 분석은 일리가 있다. 이런 의미에서, '독립'이라는 지점에서 '배제'와 '연대'라는 양가적인 흐름을 대변하는 탈중국론과 동양연대론, 이른바 '탈화입아'는 일맥상통한다고 볼 수 있다. '탈화'는 조선의 독립을 추구하기 위해 반드시 거쳐야 할 대전제였으며, '입아'는 조선의 독립을 수호하기 위해 구사해야 할 전략이었기 때문이다.

그리하여 중국에 대한 '이탈'과 '연대'라는 두 가지 감정을 동시에 갖는 지식인들이 적지 않았다. 대표적인 예로 윤치호를 들 수 있다. 1885년에 중국으로 유학을 간 윤치호는 일본을 '아시아 최고의 문명국가'라고 평가하는 반면에, 중국을 '눈이 멀고 귀가 먹은 늙은 어리석은 사람'에 비유한 바가 있다. '그는 너무 비겁하고 비열해서, 그의 이웃들은 그를 지구상에서 가장 약하고 경멸하는 사람 중 한 명으로 여긴다'는 것이다. 따라서 그는 '중국이 간접적으로라도 간섭하는 한 조선은 결코 문명화되고 번영하지 못할 것'[63]이라고 믿는다. 그러나 1901년 의화단 운동이 서구의 개입으로 결말이 나자 그는 일기에서 동양 삼국의 결속을 강

---

61   도면회, 앞의 글, 216쪽.

62   윤해동, 「연대와 배제─동아시아 근대 민족주의와 지식인」, 『역사문제연구』 10, 역사문제연구소, 2003, 187쪽.

63   윤치호, 「T.H. Yun's Letter Anonymous Person. Juns 5, 1885」, 『윤치호일기』 12-윤치호서한집, 국사편찬위원회 한국사데이터베이스.

조하며 인종적 관점에 입각한 조·중·일 삼국의 공동 번영을 다음과 같이 모색하고 있다.

> 일본, 중국, 조선은 극동지방을 황인종의 영원한 고향으로 지키기 위해서, 그리고 그 고향을 자연이 원래 의도했던 대로 아름답고 행복한 곳으로 만들기 위해서, 하나의 공동의 목적, 하나의 공동의 정책, 하나의 공동의 이상을 가져야만 한다.[64]

윤치호의 사례를 통해, 당시 조선 지식인에게 중국에 대한 부정은 인종주의적 관점에 입각한 연대론과는 서로 모순되거나 대립되는 이념이 아니었음을 알 수 있다. 동양연대론은 '탈중국'이라는 명제 하에 백인종 러시아의 위협을 물리치기 위한 전략적인 선택이었을 뿐이다.

또 하나 주목해야 할 점은 '동양'은 백인종에 마주선 개념이면서 일본을 맹주로 한 인종적 공동체를 의미하였다는 것이다. 조선 지식인의 동양연대론을 통시대적으로 살펴본다면, 흥아회興亞會를 중심으로 하는 초기 일본의 아시아주의자의 영향을 많이 받았다.[65] 같은 시기 청의 몰락을 목도하면서 일부 중국 지식인들은 역시 흥아회의 영향을 받아 인종적인 관점에서 '동양'이라는 개념을 전략적으로 활용하기도 하였다. 그러나 중국 지식인들은 대개 중·일 평등 제휴에 바탕을 두며, '일본맹주

---

64 윤치호, 「1902.5.7」, 『윤치호일기』 5, 국사편찬위원회 한국사데이터베이스.
65 이헌주, 「1880년대 전반 조선 개화지식인들의 '아시아 연대론' 인식 연구」, 『동북아역사논총』 23, 동북아역사재단, 2009 참조

론'에 대한 경계심이 많았던 반면에,[66] 조선 지식인들에 의해 제기된 동양연대론은 외세의존적 '일본맹주론'의 색채가 매우 강하였다. 일차적인 이유는 청일전쟁에서 승리를 얻은 일본이 군사적·정치적으로 삼국에서 제일 앞서 있는 현실 때문이었다. 그보다 더 근본적인 이유는 조선 지식인에게 동양연대론은 '탈중국'이라는 대세 하에 위치하고 있었기 때문이다. 따라서 청일전쟁을 통해 청의 세력을 한반도에서 몰아내는 데 결정적인 '도움'을 준 일본을 동양연대의 맹주로 삼은 것은 당시 조선 지식인들에게는 매우 자연스러운 일이었다.

러일전쟁 직전 여러 신문에는 동양에서 일찍 개화된 일본의 주도 하에 문자도 같고 인종도 같은 동양삼국이 제휴해야만 백인종인 서구 세력에 대항할 수 있다는 '일본맹주론'이 널리 거론되었다. 『독립신문』은 '(일본은) 병함兵艦이 아세아 나라 중에 제일 많고, 정치가 개명에 진보하야 동양제국 중에 가히 맹주가 될지라'[67]고 하여 일본이 동양의 맹주가 되어 서구 제국주의의 침략을 막아주기를 바라고 있다. 또한 '오늘날 일본은 곧 동양에 황인종의 앞으로 나아갈 움싹이며 안으로 정치와 법률을 바르게 할 거울이며 밖의 도적을 물리칠' 나라로 평가하고 있다.[68] 이러한 인식하의 청은 저절로 일본의 지도 하에 '연대의 대상'으로 바라보

---

66 거자오광(葛兆光)에 따르면, 중국의 지식인들은 '천조대국(天朝大國)', '천하사이(天下四夷)' 등 잔존하는 역사 기억 때문에, 역사적·문화적 뿌리가 약한 정치·문화공동체로서의 '아시아'에 대한 진정한 믿음을 가지기가 어려웠다는 것이다. 葛兆光, 「誰認同 "亞洲"?－關於晚淸至民初日本與中國的 "亞洲主義" 言說」, 『臺大歷史學報』 30, 191·202쪽.

67 「디리의 이상함」, 『독립신문』, 1899.6.19, 1면.

68 「論說(전호연속)」, 『독립신문』, 1899.11.9, 1면.

게 되었다. 『황성신문』의 표현처럼, '청국에 가까운 일본은 동문동종이라는 명의로 경제적으로 청국의 지도자의 자격을 갖고 있으며, 역시 그러한 뜻을 가지고 있음은 분명하'[69]다는 것이다.

인종적 관점에서 동양을 상상한다는 의식, 그리고 일본을 맹주로 삼아 연대한다는 인식은 러일전쟁이 다가오면서 절정에 도달하였다. 러일전쟁이 일어나기 몇 달 전인 1903년 말 『황성신문』은 논설에서 일본이 러시아와 싸우는 것은 일본 자신의 이익을 달성할 뿐만 아니라 동양 전체의 이익을 달성하는 것이므로 우리 황인종은 모두 일본의 개전을 바란다고 했다.[70] 전쟁이 막 시작된 시점에는 '일청 양국으로 협력동맹하여 시베리아의 철도를 타파하고 (러시아를) 오랍령烏拉嶺 밖으로 구축驅逐해야 동양의 대국을 보전할 수 있으리라'고 하여 청·일 간 연합에 기대를 걸고 있다.[71]

유학자가 중심이 된 『황성신문』은 동양연대론에 유난히 큰 기대를 건 이유는 동양문명 보편성에 대한 집착이 컸기 때문이다. 또한 유교 경전의 사대자소事大字小의 관념에 익숙한 편집진들에게는 동양연대론이 낯설지 않고 오히려 호소력이 큰 것은, 일본이 주도하는 동아시아 질서 속에서 조선의 자주성을 꾀하려는 것은 과거 중화 질서 속에서 조선의 자

---

69 "日本은 淸國에 最近하고 特히 同文同種之間인 則 經濟上에 淸國指導者의 資格이 不無하고 日本도 亦實際其意가 有함이 明白하다"「外報」,『황성신문』, 1901.6.15, 1면.
70 "蓋日本之戰俄닌非獨日本之自為計而已라 實乃為東洋全局之計者也니 吾輩黃種人族이야 孰不願日本之開戰哉",「論說」,『황성신문』, 1903.10.24, 2면.
71 "日淸 兩國으로 聯合同盟하고 倂力齊肩에 鼓勇하야 打破西比利亞之鐵道하고 驅逐烏拉領之以外 然後에 可以保全 我東洋之大局矣어날"「論說」,『황성신문』, 1904.2.12, 2면.

주성을 꾀하였던 경험과 사뭇 유사하기 때문이다. 이는 과거 조공 체제가 남겨둔 커다란 정신적 관성인 셈이다. 즉, 일본의 '제국'을 또 다른 '천하'로 인식한 결과이다.[72] 다만 이들이 미처 의식하지 못했던 것은 전근대의 '제국'과 근대의 '제국' 간의 근본적인 차이이다. 즉, 중국의 '천하'는 주변 국가들에 대해 '조공 체제'라는 공식 위계를 부과하면서도 주변부 정치체의 내적 자율성을 인정하는 위계질서였던 반면, 일본의 '제국'은 주변부 정치체에 대한 군사적 팽창과 경제적 지배를 추구한다[73]는 점이다. 바로 이러한 중세적 보편주의 색채가 강한 동양연대론에 의해, 일부 유학자들은 거의 저항없이 중화주의에서 일본 중심주의로 넘어섰고, 본의 아니게 대아시아주의를 표방한 일본의 제국주의 논리에 흡수되고 말았다.

러일전쟁은 동양 국가로서의 일본이 최초로 서구 세력과 맞서 싸워

---

72 근대계몽기 많은 조선 지식인의 세계 인식은 '화'와 '이'가 전도되었을 뿐이지, 궁극적으로 '문명-야만'이란 이분법을 이탈하지는 못하였다. 따라서 역설적으로 이들은 '전도된 화이론' 즉 '화'였던 중국은 '이'로, '이'였던 서구/일본은 '화'로 '전도된 화이론'을 받아들이기가 더 수월해졌다. 당시 일본의 부상이라는 시대적 상황 속에서 일본은 더 이상 이적(夷狄)이 아니라 중화 문명국가라는 인식으로 연결된 경우가 있었다. 대동학회(大東學會)의 동도서기론자(東道西器論者) 가운데 일부가 일본과 결합한 데는 이러한 논리가 배경으로 작용하였으며, 이는 중세적 보편주의가 근대에 전환·변용되었음을 보여주었다. Cho Sung-san, "The Formation and Transformation of the Awareness of a Common Cultural Identity in 19th Century Chosŏn", *International Journal of Korean History* 16-1, 고려대 한국사연구소, 2011, 97쪽 참조) 일부 유학자들이 거의 저항없이 중화주의에서 일본 중심주의로 넘어섰고, 1910년 후 친일의 길을 걷게 된 논리는 바로 이러한 이원론적인 문명론을 핵심으로 한 화이론에서 찾을 수 있었다.

73 이에 대해서는 이삼성, 「제국과 식민지에서의 '제국'－20세기 전반기 일본과 한국에서 '제국'의 개념적 기능과 인식」, 『국제정치논총』 52-4, 한국국제정치학회, 2012 참조.

이긴 사건인 동시에, 조선이 일본의 식민지로 전락하게 된 결정적 계기이기도 하였다. 러일전쟁 이후 일본군의 한반도 주둔, '시정 개선' 명목하에 이루어진 재정고문·외교고문의 초빙, 나아가 1905년 을사조약 강제 체결 등으로 조선을 침략하기 위한 사전 조치를 신속히 완비하였다. 이때 조선의 독립을 수호하기 위해 전략적으로 택했던 동양연대론은 효력을 잃어버릴 수밖에 없었다. 한때 동양연대론의 옹호자였던 윤치호는 전쟁이 끝난 무렵에 일본의 승리에 대한 복잡한 심경을 일기에서 다음과 같이 토로하고 있다.

> 일본이 러시아를 이겼다는 사실이 기쁘다. 일본인은 황인종의 명예를 훌륭하게 지켰다. 백인은 지나치게 오랫동안 상황을 지배해왔고, 수백 년 이상 동양 민족을 억눌러왔다. 일본이 홀로 이 미몽을 부수었고, 비록 일본이 실패했다고 해도 일본의 영웅적 행위의 위대함은 불멸의 영예로 남았을 것이다. (…중략…) 나는 황인종의 한 사람으로서 일본을 사랑하고 존경한다. 그러나 일본에게 독립을 비롯해 모든 것을 빼앗기고 있는 조선인의 한 사람으로서는 일본을 증오한다.[74]

이렇듯 '인종'과 '민족', 그 어느 잣대를 적용하는가에 따라 일본에 대한 애증이 극명하게 갈라진다. 황인종으로서 느끼는 기쁨과 조선인으로서 느끼는 분노가 뒤엉켜 있다. 물론 더 많은 민족주의 지식인들은 을사

---

74   윤치호, 「1905.9.7」, 『윤치호 일기』 6, 국사편찬위원회 한국사데이터베이스.

조약 체결 이후 같은 인종끼리도 '약육강식'이라는 규칙으로부터 자유로울 수 없다는 것을 절실히 깨닫게 되어 동양연대론에 환멸을 느끼게 되었다. 1905년 『을사조약』 체결 후 쓴 장지연의 「시일야방성대곡是日也放聲大哭」은 동양평화를 깨뜨리는 일본에 대한 비판이고, '지금 약육강식弱肉強食의 환患이 도리어 동인종同人種 간에서 일어나니 인도人道가 멸한 것이며, 우의友誼가 쇠한 것이니 말하여 무엇하겠는가'[75]라는 이동휘李東輝의 한탄은 인종적 동양연대라는 인식이 산산조각으로 깨졌음을 말해 주고 있다. 이러한 실망감을 가시화한 것이 곧 1909년 10월 26일 이토 히로부미가 하얼빈 역에서 안중근에 의해 처단되는 사건이었다. 안중근이 이토를 저격한 것은 동양평화의 약속을 저버렸다는 것이 그 이유였다. 이토의 죽음은 그동안 이토와 조선 계몽지식인들이 주장해 왔던 동양연대론에 종지부를 찍고 말았다. 한때 이상으로 생각했던 '공존공영'의 희망은 물거품이 되었고, 1910년부터 조선이 일본의 식민지가 되면서 동양평화나 동양연대의 꿈은 역시 '동종同種'이 내세운 제국주의 논리 앞에서 처절히 깨질 수밖에 없는 현실에 이르렀다.

---

75   "乃者弱肉強食之患 反生於同人種之間 人道蔑矣 友誼衰焉 謂之何哉." 이동휘, 「遺告縉紳疏廳書」, 『機密書類綴』(政府紀錄保存所 소장, 문서번호 警務88-1; 필름번호 88-598), 1905; 홍영기, 「이동휘의 구국운동(1905~1907)에 관한 새로운 자료」, 『한국근현대사연구』1, 한국근현대사학회, 1994, 298쪽에서 재인용.

제2장

중화주의와 민족주의의 갈림길

1910년대 조선 지식인의 중국 인식

1. 1910년대 조선인의 중국행

　무단통치기로 불리는 1910년대는 일제의 탄압으로 인해 조선의 민족지들이 모두 폐간되고 국내에서의 언론 활동이 거의 불가능해진 시기였다. 때문에 이 10년간 조선 지식인들이 공적인 장에서 민족주의나 근대화를 탐구하는 일은 불가능해졌다. 동시기 중국은 1911년 신해혁명으로 2,200여 년간 지속해 오던 왕정王政이 역사에 종지부를 찍었고, 1912년 아시아 최초의 공화국인 중화민국이 성립되었다. 그러나 서구/일본 제국주의 국가들의 반半식민지 신세는 변함없었다. 1910년대 일제의 조선 강점과 1912년 중화민국 수립이라는 역사적 사건을 통해 공식적인 국가 관계로서의 조·중 관계는 본격적으로 종말을 맞이하였다. 그러나 동시에 '제국/식민지' 체제에 포섭된 조·중은 새로운 관계를 맺게 되었다. 1910년대에 막 태어난 신생 공화국 중국은 독립 지사를 비롯한 조선인의 주된 망명지이자 독립운동의 주요 무대로 자리매김했고, 이때 직접 중국을 방문했던 조선 지식인들 역시 이전과는 다른 형태로 중국을 인식하기 시작했다.

근대계몽기에 비해 1910년대 조선 지식인의 중국 담론의 첫 번째 특징은 그것이 대개 구체적인 중국 체험을 통해 이루어졌다는 점이다. 청일전쟁을 기점으로 500여 년 동안 지속되었던 조선시대의 중국 사행이 막을 내렸고 그 기록 역시 1894년 김동호金東浩의 『연행록燕行錄』[1]이 마지막이었다. 공교롭게도 마지막 청사행단이 돌아온 이듬해 1895년은 유길준兪吉濬의 『서유견문西遊見聞』이 출판된 해이기도 했다. 이후 서구를 대상으로 하는 '세계 여행'이 조선 지식인의 이목을 끌게 되면서 지식인들의 중국행은 침체기에 들어섰다. 앞 장에서 논의한 것처럼, 1895년에서 1910년까지 15년 동안의 근대계몽기는 조선 지식인들의 급진적인 탈중국 담론이 폭발적으로 분출된 시기였던 동시에 중국행과 관련된 기록은 오히려 미미한 시기였다.[2] 때문에 당시 중국(인)에 대한 인식은 서구/일본의 학문 지식, 신문·잡지 등 매체를 따르는 경향이 강하였다. 다시 말해, 근대계몽기에 형성된 중국 표상은 조선(인)과 중국(인)의 직접 대면의 결과라기보다는, 서구/일본(의 담론)이라는 매개체를 거쳐서 형성된 것이었다.

이러한 상황은 일본의 조선 강점을 계기로 바뀌게 되었다. 중국에 대

---

1   일명 『갑오연행록(甲午燕行錄)』, 1894.8~8.4.
2   최해연의 연구에 따르면, 대한제국기 중국행과 관련된 조선 지식인의 글은 단지 5편밖에 없었다. 최해연, 『20세기 초 조선인의 중국 여행기록 연구』, 연세대 박사논문, 2016, 19~21쪽 참조.

한 공간적 경험의 혁명적인 확장은 1910년대 조선인의 중국 인식을 특징짓는 중요한 문제가 되었다. 이때 조선인이 중국으로 갔던 주요 동기는 경제적 · 정치적 이주 또는 망명이었다. 1911년에 만주로 건너간 이상룡李相龍[3]은 이에 관해 다음과 같이 기록하고 있다.

대개 한인 교포는 네 부류로 구분됩니다. 첫 번째는 일본인들의 가혹한 학대가 괴로워서 피신하여 묵숨이나 연명할 생각을 하는 경우이고, 두 번째는 빈곤에 시달리다가 남만주(南滿洲)에 황무지가 많다고 소식을 듣고 경작할 생각으로 온 경우입니다. 이 두 부류는 통틀어 모두 5분의 3이 됩니다. 세 번째는 조국의 멸망을 분하게 여겨 원수와 더불어 한 하늘을 이고 살지 않게다고 맹서한 경우이며, 네 번째는 전날 사대(事大)의 의리를 지켜 중국을 의귀(依歸)할 곳으로 삼은 경우입니다. 이 두 부류는 모두 5분의 2가 됩니다. 이들은 비록 각자 주의(主義)가 다르지만, 일본인에게 제어를 받지 않으려는 마음은 한 가지입니다.[4]

윗글에 따르면 1910년대 중국행을 택한 조선인들은 대부분 일제강점을 계기로 생활난 때문에 만주로 건너간 농민층과 중국으로 망명을 간 독립 지사 및 유학자들이었다. 이들은 처음에는 개인 단위로 이동하거나 가족 단위로 한반도 북부로 이동했고, 압록강 상류나 두만강 상류로

---

3   이상룡(1858~1932)은 일제 강점기의 독립운동가이며, 1925년 9월 24일부터 1926년 1월까지 대한민국 임시정부 초대 국무령을 역임하였다.

4   이상룡, 「中華民國國民會提議書」(『石洲遺稿』 卷5), 『국역 석주유고』 상, 景仁文化社, 2008, 546쪽.

건너갔다. 나중에 정기항로가 개발되고 철도가 부설됨에 따라 중국 이동시간이 단축되고, 계절적 영향 역시 줄어들었다. 때문에 중국행은 전례 없이 증가하였고, 나아가 중국행의 지역도 대폭 확장되었다.[5] 조선 후기의 중국 경험 영역은 대체로 북경까지의 전형적인 사행길에 한정된 것이었다면, 1910년대 이후 조선인의 중국행은 중국 북방 지역 외에, 남방과 내륙 지역 등을 포함한 중국 전역까지 확장되었다. 요컨대, 앞 장에서 논의한 근대계몽기 조선 지식인의 급변한 중국 인식은 주로 외부 요인에 인한 급박한 상황 속에 거시적이고 이념적인 차원으로 분출되었거나 서구나 일본의 중국 인식을 영향을 받아 형성된 '간접 인식'의 성격이 강했던 반면, 1910년대 이후 중국을 직접 방문하게 된 후 얻게 된 중국 인식은 크게 미시적이고, 현실적인 차원에서 형성된 '직접 인식'의 성격이 강했다.

1910년대 조선 지식인의 중국 담론의 두 번째 특징은 담론의 생산자가 유학자들이 주를 이루었다는 점이다.[6] 즉, 앞서 이상룡이 언급한 한

---

5 펑톈, 선양 등의 랴오닝성 일대에도 조선인이 정착지를 확대한 것은 1911년 이후부터였다. 서울과 원산을 잇는 경원선 개통도 조선인의 북방이동을 촉발시켰다. 남만철도 부설과, 베이징-펑톈 간의 철도망 연결은 화북(베이징, 톈진)이나 화중(상하이, 난징, 칭다오)으로의 이동을 촉진했다. 해상수송로는 관부선, 정기여객선, 우편선, 화물선 등이 활용되었다. 인천에서 다롄을 거쳐 베이징으로 이동하거나, 인천, 목포에서 서해를 횡단하여, 산동반도를 경유하여, 철도를 통해 연태, 제남 등에서 화중으로 이동했다. 김홍길 · 김주삼, 「중국 관내지역 한인 청년의 저항과 정주−상해와 북경 망명자 활동을 중심으로」, 『세계지역연구논총』 35-1, 한국세계지역학회, 2017, 139쪽 참조.

6 최해연의 통계를 따르면, 1910년대 개인 문집과 단행본에 수록된 중국 관련 여행기록은 대략 24편이 확인되었다. 그들의 신분적, 문화적 배경을 살펴보면 대부분이 유교지식인이다. 최해연, 앞의 글, 26쪽 참조.

인 교포의 5분의 2를 차지한 세 번째와 네 번째 유형에 해당되는 사람들이다. 근대계몽기에는 이들은 문명개화 및 탈중국의 대세에 적절히 대응하지 못했던 탓에 주변으로 내몰린 상황에 처하고 있었다. 식민지 시기에 들어서는 유교가 대한제국을 멸망에 이르게 했다는 유교망국론儒敎亡國論과 유교가 사회에 더 이상 쓸모없다는 유교무용론儒敎無用論이 제기되는 한편에, 일제는 유교의 핵심 사상인 인의仁義와 충효忠孝를 이용해서 조선인들을 '교화'시키려고 유교를 식민통치에 적극적으로 활용하였다.[7] 후자에 대한 유림들의 대응은 일본에 대한 협력[8]과 저항으로 양분되었다.

1910년대에 중국으로 망명한 유학자들은 대부분 일본에 저항하는 태도를 가지는 자들이었다. 이들은 조선 말기부터 의병을 조직해 무장투쟁을 하거나 애국계몽운동을 이끌기도 하였으나, 1910년 이후 국내에서 더 이상의 의병투쟁이 불가능해지자 중국 망명을 많이 택하였다.[9] 이들이 중국으로 망명한 이유는 지리적으로나 심리적으로 중국과 가깝기 때문이었다. 그중 유인석, 이승희, 이병헌 등은 중화주의를 가진, 일명 '보수 유학자'라 불리는 전통 유림들이다. 신채호, 장지연, 박은식 같은 지식인들은 유교 전통 속에서 유년 시절부터 경전 위주의 한학을 공부

---

7   박찬승, 『한국근대 정치사상사 연구』, 역사비평사, 1992, 131쪽.

8   예컨대, 정봉시(鄭鳳時, 1855~1937) 같은 인물은 조선총독부 산하 유림기구 경학원(經學院)에서 활동하면서 일본의 식민 지배에 적극 협력하였다.

9   그중에서 신민회 관여자인 안창호, 박은식, 이동녕, 신채호, 이갑 등과 이회영, 이시영 등 경주 이씨 6형제 가족, 그리고 이상룡, 김대낙(金大洛) 등 안동을 중심으로 한 개화유림이 집단으로 1910~1911년 전후에 중국으로 망명하였던 것이다. 조동걸, 「안동유림의 도만경위(渡滿經緯)와 독립운동상의 성향」, 『대구사학』 1-5, 대구사학회, 1978, 16쪽.

하였으나, 개항 이후 사회적 격변을 겪으면서 스스로 보수적인 학문 세계를 비판하고 자주적 개화지식인으로서 사회 활동을 전개한 '개신 유학자'로 변모했다. 전통 유림이나 개신 유학자나 할 것 없이, 이들은 모두 중국에서 망명생활을 보내며 중국의 현재와 나아야 할 방향에 깊은 관심을 기울였고, 나름대로 민족 독립의 길을 탐색하고자 하였다.

물론 무단통치기에 조선 지식인의 중국행의 목적은 주로 망명이었기 때문에 '여행'을 향유할 만한 물질적·정신적 여유를 가지지 못하였다. 때문에 1910년대는 여행 주체에 따른 다양한 중국 인식이 분출된 시기라고 볼 수는 없다. 나아가 무단통치 하에, 이들의 중국 담론은 국내 언론에 게재되지 못했고, 개인 문집이나 중국에서 출판되거나 언론에 게재된 경우가 많았다. 따라서 국내 민중들이 접하기가 힘들기 때문에 동시대 조선 사회의 보편적인 중국 인식 형성에 영향을 크게 미치지 못했다는 한계점을 지닌다.

2. 거국수화去國守華 — 전통 유림의 중국 인식

1910년대는 근대 조·중 유학자들에게는 역사적 동시성이 극적으로 표출된 시기라고 볼 수 있다. 1910년 대한제국이 멸망하였고, 1912년 신해혁명으로 청이 멸망하였다. 조선의 '망국'과 중국의 '혁명'이 지닌 역사적 성격이 결코 동일시될 수는 없겠지만 두 나라 모두 수천 년 동안 지속된 왕정王政이 붕괴되었다는 점에서 그 동시적인 충격은 유교적 배경을 지닌 양국 지식인들에게 작지 않았을 것으로 보인다. 1910년대에 조선 유교 종교화운동이 활발히 전개되었고, 조·중 전통 유림들의 협력 하에 중국 여러 곳에서 공자지회가 설립된 것 역시 바로 이러한 역사적 동시성을 보여준 것이다.

청의 정권이 붕괴되었으니, 조선 유림에게 남한산성의 굴욕도 이제 과거사가 되었다. 이와 동시에 조선의 멸망은 이들에게 소중화의 몰락을 의미하였다. 조선은 더이상 '중화의 명맥華脈'을 보존할 수 없게 되었으니 일부 유림들은 중국으로 그 시선을 돌릴 수밖에 없었다. 이들은 '거국수화去國守華(나라를 떠나 중화를 지키기)'[10]라는 신념을 가지고 중화를 회복하는 데에 힘을 기울였다. 유인석의 표현을 빌리자면, "대중화大中華가 회복되고 그 다음 동점東漸으로 소중화小中華가 회복된다"[11]는 논리였다. 즉, 중국을 기점으로 중화를 회복함으로써 조선 독립을 꾀하고자 하는 것이었다. 그것은 조선과 인연이 깊었던 1912년 2월에 중화민국 임시대총통으로 취임한 위안스카이[12]의 제제운동帝制運動 및 공교국교화孔敎國敎化운동 등으로 절정에 달한 중화민국 초기의 복고적 분위기와 맞물려 있었다.

---

10 유인석은 1896년 1월 변란에 대처하는 세 가지 원칙으로, 의명을 일으켜 천하를 깨끗이 제거함(擧義而掃淸), 나라를 떠나 중화를 지킴(去之而守舊), 자진하여 뜻을 밝힘(自靖而遂志)을 제시했다. 유인석, 「答湖西諸公」(1897.7), 『毅菴集』卷24, 1917, 158쪽, 한국고전종합DB.

11 "旣復大中華. 又東漸而復小中華如前乎." 유인석, 「宇宙問答」(1913), 『毅菴集』卷51, 1917, 388쪽, 한국고전종합DB.

12 위안스카이는 1880~1890년대 10여 년을 이홍장(李鴻章)의 지시로 '총리교섭통상사의(總理交涉通商事宜)'라는 직함을 가지고 조선에 나와 있었다. 따라서 조선에서 교분을 맺은 인물들이 적지 않았다.

1) 유인석과 이승희의 '중화 회복'론

1910년대 중국으로 망명을 간 조선 전통 유림들의 중국 인식을 가장 극명하게 표출한 저서로 유인석의 『우주문답宇宙問答』을 꼽을 수 있다. 1911년 신해혁명이 일어나 청나라를 물리치고 서구의 공화정을 도입했다는 소식을 들었을 때 유인석의 인식은 복잡하였다. 그는 "청나라를 물리치는 것은 상쾌한 일이나, 서양을 따르는 것은 추함이 청보다 더하여 중국이 영원히 없어진 것이다"[13]고 하면서, 중국에서 혹시나 화맥華脈이 완전 단절되지 않을까 하는 불안감이 컸다. 『우주문답』은 바로 이런 불안감을 어린 책으로, 화이론에 입각하여 신해혁명 후 도입한 공화정을 반대하는 논리를 담고 있다.

1912년 중화민국이 성립하자 유인석은 위안스카이를 비롯한 중국정부 및 각 성省의 인사들에게 편지를 보내 중국이 조선과 더불어 서면 함께 설 수 있다'고 하면서, 혁명정부가 어떻게 하는가에 따라 화맥의 회복 여부가 결정될 것이라 지적한다. 그리고 중국이 자립하고 세계 강국이 되기 위해서는 반드시 '중화의 옛 제도를 회복'해야 할 것을 강조[14]한다. 즉, 중국이 먼저 중화의 맥을 회복한 다음에야 그 여세를 몰아 조선의 소중화 회복을 가능케 하겠다는 의미이다. 이런 의미에서 이 책은 겉으로 보기에는 중국을 논하는 책이지만, 궁극적으로는 조선이 나아가야 할 방향, 즉 조선의 국권 회복을 위한 방향 제시를 위한 저술이라고 봐도 무방

13　「1911.6」(『毅菴集』卷55 『연보』). 이 책에서는 독립기념관 편역, 『국역 의암집』인, 제천문화원, 2009를 사용하였다. 이하 『연보』로 표기한다.

14　「1912.3」, 『연보』.

할 것이다.

유인석에게 중국은 조선의 전통적 파트너인 동시에 근대적 파트너로 인식되었다. 그는 조선의 독립을 도울 수 있는 최적의 나라를 중국이라 확신하고 그 근거를 '의리'와 '형세'의 두 측면에서 제시하고 있다. 의리의 측면이란 조·중 양국이 단군과 요임금 이래 왕정 시절 오랜 기간 평화롭고 우호적인 관계를 누리며 쌓아온 역사적 신뢰감과 친밀감을 가리킨다. 이에 관해 특히 조선이 명으로부터 '재조지은'을 얻었고 명이 멸망한 후 삼백 년 동안 대명의리를 지킨 사실을 부각한다. 유인석은 그의 책에서 '동양'을 함께 거론하기도 한다. 그러나 그가 '동양'을 바라본 시각은 제1장에서 논의한 근대계몽기에 『황성신문』을 비롯한 유교 계열 지식인들이 인종적 관점에 입각하여 일본맹주론을 제기한 것과는 확실히 다른 것이다. 그에게 '동양'은 '인종적 공동체'가 아닌, '문화적 공동체'이다. 따라서 일본을 동양의 맹주로 간주하는 대신에 중국을 동양의 종주宗主로 보고 있다. 그에게 이상적인 동양의 구조는 중국은 동양의 종주로서 일본과 숙혐을 풀고 조선과는 일가처럼 지내며 일본을 책망하여 조선의 복국復國을 성사시키는 것이다. 일본은 중국에 정성을 바치고 조선에 사죄하여 나라를 돌려주며 함께 자강自彊에 힘쓰고, 조선은 일본의 사죄를 받아들여 중국 및 일본과 잘 지내며 역시 자강에 힘쓴다는 것이다. 이렇게 설정된 '동양'은 실제로 옛 조공질서와 별반 다르지 않다는 점에서 중화주의에 여전히 빠져 있는 그의 모습이 확인된다.

그리하여 유인석은 동시대 근대 지식인들에게 지배적인 힘을 발휘하는 사회진화론을 철저히 거부하고, 중국문명을 이상적인 문명으로 추앙

한 것이 매우 자연스러운 일이다. 그에게 이상적인 세상이란 모든 인간이 선한 본성대로 살아가고, 정치가는 덕을 베풀며 윤리와 정치가 일체화된 상고 시기의 중국이다. 이념 속에서만 가능한 유토피아적 '중화'인 셈이다. 그는 이러한 '중화'과 서구 간의 문명적 차별성을 상달上達과 하달下達로 이원적으로 구성하고 있다. 상달의 핵심적인 내용은 유교적인 정교, 예악과 윤리로 설정되는 반면에 하달의 핵심적인 내용은 욕망, 이익과 싸움으로 설정된다.[15] 전 세계가 경쟁이나 전쟁으로 가득찬 서구의 하달문명에서 해방되기 위해, 그는 중국에서 유교적인 왕정의 회복 곧 중화제국中華帝國의 수립이 필수적이라고 강조한다. 조선의 독립은 곧 중화제국을 중심으로 한 동양의 회복을 전제를 삼고 있는 것이다.

위와 같이 1910년대의 유인석은 만주로 옮겨가 다른 민족주의 독립운동 세력들과 합류하여 국민국가 건설론에 동참하기도 했지만, 그가 내린 조선 독립의 방법은 근본적으로 전통적 왕정을 회복하는 복벽復辟을 벗어나지 않았다. 그가 꿈꾸는 '인간의 마음'을 헤아리는 도덕 중심적인 '중화'의 재건再建은 근대적 계몽이 불가피하게 진행된 당시로서 결국 유토피아적 공상이 귀결될 수밖에 없었던 것이다.

1910년대의 유인석은 만주로 옮겨가 다른 민족주의 독립운동 세력들과 합류하면서 국민국가 건설론에 동참하기도 했지만, 그가 내린 독립의 방법은 근본적으로 전통적 왕정을 회복하는 복벽復辟을 벗어나지 않

---

15 "中國古聖王聖人. 明是爲上達道理也. 今日西洋. 明是爲下達形氣也. 不是爲下達形氣. 宜或有仁讓. 何以專事競爭." 유인석,「宇宙問答」(1913),『毅菴集』卷51, 1917, 358쪽, 한국고전종합DB.

왔다. 그러나 『우주문답』은 일본의 조선 강점과 신해혁명이라는 조·중 양국의 역사적 대전환에 의해 등장하였다는 사실을 간과해서는 안 될 것이다. 무엇보다 이 시기는 사회진화론에 입각한, 힘의 논리로 포장된 제국주의가 세계를 지배하던 제1차 세계대전 발발 직전이었다. 그런 의미에서 『우주문답』은 기왕 중국에 대한 사대주의의 반복이라는 측면이 있지만, 제국주의 논리에 대한 저항의 의미가 더 큰 것으로 보인다. 다만 이러한 '인간의 마음'을 헤아리는 도덕 중심적인 '중화'의 재건再建은 근대적 계몽이 불가피하게 진행되는 당시로서는 결국 유토피아적 공상이 귀결될 수밖에 없었던 것이다.

1908년에 이승희李承熙[16](조선 독립운동가 겸 성리학자다)가 중국으로 망명한 까닭은 유인석이 주장한 '거국수화'와는 궤를 같이하였다. 유인석은 중화를 화복하는 것을 통해 조선 독립을 꾀한다는 이념을 제기한 자였다면, 이승희는 바로 그 이념을 공교운동, 만주 독립운동 근거지 건설, 농장 개설 등으로 실천에 옮긴 자였다. 망명하기 전에 그는 척사론에 입각해 민족운동을 전개하였고, 그 구체적 방향은 고종이 이끄는 대한제국의 국권을 지키는 것이었다. 그러나 1910년 국권피탈 소식이 전해지자, 그는 조국을 향해 며칠 동안 통곡하며 '나라일은 이제 끝났다'고 단정하는 동시에, 중국에서 '중화 화복'에 전념하기로 하였다. 그 과정에서 그는 신해혁명 후 창립된 중국의 공교孔教운동에 주목하였고, 공교를 매개로 민족 운동의 전환을 모색하기 시작하였다.

---

16   이승희(1847~1916)는 조선 독립운동가 겸 성리학자다.

유인석과 마찬가지로, 이승희는 상고 시기 중국의 요순堯舜과 같은 성군聖君의 인의仁義에 토대를 둔 대동大同 정치를 가장 이상적인 정치로 보았다.[17] 따라서 그는 신해혁명 그리고 혁명 이후 중국의 서구화 경향에는 부정적인 태도를 견지하였다. 신해혁명이 처음에는 '중화 회복'의 기치를 들고 청을 전복시켰을 때, 그는 매우 고무되었지만 혁명 이후 성립된 중화민국 임시정부가 곧바로 공자 제사와 학교에서 경전 읽기의 폐지를 선포하는 것을 보고 중화 전통 보존의 앞길에 대해 매우 암울한 마음을 갖게 되었다. 그는 신해혁명 이듬해인 1912년 4월경 위안스카이에게 공화제 반대와 유교 륜상의 회복을 주장하는 편지를 보낼 만큼 유교의 회복을 강력하게 주장하였다.[18] 또한 쑨원을 서구의 '의속異俗'에 물들었다고 보고, 일본에 망명하여 중국의 동삼성東三省을 일본에 팔아넘기려고 한 '매국 죄인'이라고 성토했다.[19]

이러한 인식하에, 중국의 대표적 변법 사상가 캉유웨이康有爲를 중심으로 공교회가 결성되기에 이르자 이승희는 이에 적극 호응하였고, 1913년 11월에 한인 공교회를 만드는 등 적극적으로 공교운동을 펼치기 시

---

17 "若所謂大同之治者, 即孔子之所述堯舜選賢之制, 實萬古君臣之公理也." 이승희, 「書中華大總統聖誕紀念會演說詞後」, 국사편찬위원회 편, 『韓溪遺稿』 6, 국사편찬위원회, 1979, 124~126쪽. 이는 캉유웨이의 대동사회론의 영향을 받은 것이었다. 캉유웨이는 5월 「중화구국론」에서 공자의 대동설이 '공화(共和)의 뜻'이 있다고 보았다. 康有爲, 「中華救國論」(1913), 沈雲龍 編, 『最近康南海文集』, 文海出版社, 1972, 5쪽 참조.

18 "請複堯舜禪讓之制, 周孔德藝之敎." 이승희, 「與大總統袁公世凱」, 국사편찬위원회 편, 『韓溪遺稿』 5, 국사편찬위원회, 1979, 285쪽.

19 "所謂亂黨者, 非孫文之黨耶, 夫是孫文者, 素習染外洋異俗, 思欲以此易中華之綱紀." 이승희, 「通告孔敎會中文」, 국사편찬위원회 편, 『韓溪遺稿』 6, 국사편찬위원회, 1979, 276~277쪽.

작하였다.[20] 이와 동시에 그는 공교운동은 조선인의 만주 정착에도 도움이 될 거라고 보았다. 1913년에 그는 「동삼성한인공교회취지서東三省韓人孔敎會趣旨書」라는 글에서 조선 이주민이 중국 땅에 와서 중국 공교회의 지부를 조직하여 조선인들을 교육한다면 중국인과 '교화혼성化混成'되어 중국 정착에 도움이 될 것이라고 지적하고 있다.[21] 따라서 공교운동과 관련된 그의 주된 활동은 역시 만주에서 이루어졌고, 공교회 발전의 경제적 토대를 마련하기 위하여 그는 만주에서 농장 개설 계획을 적극적으로 모색하며 독립운동 근거지 건설에도 힘을 기울였다.

이승희에게 만주는 조선 독립운동의 근거지이자 중화의 맥을 유지할 수 있는 땅이었다. 따라서 만주가 당시의 국제 정세에 비추어 전략적 요충지로 서구문화의 침투를 방어하는 중화문화의 보루 역할을 담당해야 한다고 주장한다. 그는 만주로 이주한 조선인은 중화를 흠모하며, 또 중국문화의 역사적 전통을 갖고 있기 때문에 만주족보다도 오히려 중화의 변방을 지키는 데는 더 우월할 것이라고 본다. 이러한 이유로 중국 정부가 조선인 이주민에 대한 적극적인 지원 정책이 필요하다고 촉구한다. 그렇지 않다면 이주 조선인들의 친일화와 러시아의 이주로 중국

---

20 중국의 공교운동은 캉유웨이는 서구의 침탈로 인한 혼란이 가중되고 있는 현실에 맞서 기독교를 모방하여 유교를 종교화함으로써 서구문화에 대응하고자 한 것으로 금문경학(今文經學)을 바탕으로 한 유교개혁의 시도였다. 유교에 대한 신념 위에서 개혁을 지향한 캉유웨이의 사상 및 실천은 당시 조·중 유학자들에게 큰 영향을 끼쳤다.

21 "爲設支會, 講求成規, 劃建幾區學舍, 敎誨後進, 待言文稍熟, 往來聯絡, 庶幾交化混成, 無愧爲中華之人生耶." 이승희, 「東三省韓人孔敎會趣旨書」, 국사편찬위원회 편, 『韓溪遺稿』6, 국사편찬위원회, 1979, 263~265쪽.

과의 적대 관계를 형성할지도 모르기 때문이다.[22]

요컨대, 이승희는 역시 조선의 독립과 미래를 '중화 회복'이라는 연장선상에서 사유하고 있었다. 이러한 인식은 그의 다음 시에 여실히 녹아있다.

箕師東出我西來　　기자가 동쪽으로 가고 내가 서쪽으로 올 적에
今古遼山一色開　　고금의 요산(遼山)은 똑같이 열렸네
變夷從夏終同宿　　오랑캐를 중화로 변화시키는 일은 서로 똑같으니
祇信天心自不回　　다만 천심(天心)을 믿고 뒤돌아보지 않으려 하네[23]

기자가 동쪽으로 와서 고조선을 중화로 변화시켰던 것과 같이, 삼천년 이후의 이승희는 역시 같은 신념으로 서쪽(중국)으로 왔다는 것이다. 이에 이승희와 베이징에서 교류를 했던 동시대의 중국 유학자 룽즈후龍澤厚는 그의 중국행에 감동되어, '기자가 동쪽으로 가서 가르침을 편 것에 보답할 수 있으리라'[24]고 칭송한 바가 있다.

---

22 "今韓民之流入東省者, 大抵心慕中華, 庶得同舟之濟, 其數或稱數百萬矣, 苟收而撫之, 教而用之, 下者足以辟草任土, 强者足以禦侮固圉, 此殆天所以資中華也.. 苟因其來而收之, 皆爲中華用, 若棄之而爲日爲俄, 則皆將與中華敵矣, 窃謂今東省政策, 莫急於收撫". 이승희, 「東三省新附韓民事宜私議」, 국사편찬위원회 편, 『韓溪遺稿』6, 국사편찬위원회, 1979, 266쪽.

23 이승희, 「德兴堡述懷, 與韓基昱書」, 국사편찬위원회 편, 『韓溪遺稿』7, 국사편찬위원회, 1980, 432쪽.

24 "足以報箕子東出敷教之意." 이승희, 「西游錄 與韓基昱書」, 국사편찬위원회 편, 『韓溪遺稿』7, 국사편찬위원회, 1980, 140쪽.

2) 이병헌의 『중화유기中華遊記』

이승희와 같은 시기에 중국에서 공교운동을 전개한 조선 유림으로는 이병헌李炳憲[25]도 있었다. 전통 유림이라는 점에서 앞서 논의한 유인석과 이승희와 유사하지만, 이병헌은 만주에서 홍콩까지 광활한 지역을 답파한 조선 최초의 중화민국 여행기인 『중화유기』를 출판한 지식인으로서 더욱 구체적인 중국 인식을 보여주었다.[26] 『중화유기』에 나타난 가장 큰 특징은 숭명반청론과 근대계몽기의 급진적인 탈중국론에 대한 이중적인 비판이다.

숭명반청론에 대한 이병헌의 비판은 그가 만주와 베이징을 유람한 후적은 기록에서 더욱 분명히 드러난다. 만주의 선양瀋陽은 과거 병자호란 직후 효종과 소현세자, 삼학사를 비롯한 조선인들이 포로로 잡혀가 곤란을 겪고 순절하였던 곳이다. 많은 조선의 연행사들은 선양을 지날 때마다 과거의 치욕을 떠올리곤 했다. 1914년에 선양을 지난 이병헌도 다름이 없었지만, 그는 화이론의 관점에서 한족을 높이고 만주족을 내치는 것을 못마땅하게 보았다. '삼학사 이후 260년 동안 황명을 생각하

---

25 이병헌(1870~1940)은 조선 유학자다. 캉유웨이의 제자로서 그는 캉유웨이의 금문학을 철저하게 수용하여 캉유웨이의 사상체계를 한국 근대사에 제시한 유일한 인물이다.

26 이병헌은 1914년 2~5월, 1916년 6~10월, 1920년 3~4월, 1925년 2~7월 등 모두 다섯 차례에 걸쳐 중국을 방문하였다. 1916년 9월에 그는 양쯔강을 건너 남통(南通)으로 갔다. 남통에서 그는 망명생활을 하던 한말 역사학자인 김택영(金澤榮)을 방문하고, 지난 두 차례 중국을 방문한 견문을 『중화유기』 2권으로 정리하여 김택영의 도움으로 한묵림서국(翰墨林書局)에서 간행하였다. 중화민국을 체험한 조선 유학자의 여행으로 말한다면 이병헌에 앞서 이상룡(李相龍), 장석영(張錫英), 이승희 등의 여행도 있었고 관련 작품도 현전하고 있지만, 최초의 출판물로 말한다면 『중화유기』가 단연코 선하(先河)의 위치에 있다. 노관범, 앞의글, 33쪽 참조.

며 존화양이尊華攘夷를 외쳤지만 상투를 틀고 소매 넓은 도포를 입은 우리들만 사람이고 나머지는 금수'라는 것은 공허한 논리였으며, '명나라는 우리를 원조했고 청나라는 우리를 우대했고 둘 다 우리나라에 은의가 있었다[27]고 지적한다. 유사한 인식은 그가 1914년 2월 30일에 베이징 자금성紫禁城을 들러본 뒤 적은 「주연록駐燕錄」에도 나타나고 있다. 이 글에서 그는 1644년에 명 멸망의 책임은 전적으로 당시의 군주였던 신종과 의종에게 있었고 적고 있다. 따라서 명 멸망 이후부터 숭정기원의 연호를 계속 사용하면서 조선 사회를 지배하던 숭명반청론은 잘못된 역사 인식에 근거한 허구에 불과했다고 주장한다.[28]

그리하여, 한족 중심의 중화사상을 견지하는 유인석과 이승희와는 달리, 이병헌은 명·청을 막론하고 그 후예들은, 즉 현재의 중국인과 만주인들은 모두 조선과 같은 민족인 '동씨족東氏族'이라고 주장한다. 그리고 근대계몽기에 민족주의에 입각하여 '내단외기內檀外箕', '연만저한聯滿阻漢' 등 일부 개화 지식인들의 민족주의적 발상에 대해 비판을 가하고 있다. 그가 보기에는 기자를 부정하고 단군천조檀君天祖만 모시거나, 만주족을 높이고 한족을 내치는 등 탈중국적인 움직임은 '물극필반物極必反'이라는 급진적인 선택이다. 만주족이든 한족이든 모두 조선의 동족이니 제휴할 대

---

27 "崇明而黜清者肆然以尊華攘夷爲口實 诩诩然拂闊袖之袍戴椎髻之髮 曰天下之人莫我若而盡禽獸也(…中略…)明清于我邦有不可背之恩義","勿論明清之遺裔皆吾之同族也一切提攜之可也".李炳憲,「遼塞見聞錄」,『中華遊記』1,南通:翰墨林書局,1916,6~7쪽.

28 "余嘗恨毅宗自壞長城尊寇入室 而明社遂屋煤山自經不過溝瀆之諒耳 然我國之人感神宗皇帝東援之義 嘔吟明室至今不替據金石文字則年月日上尚以崇禎紀元等字塡過(…中略…)歷世尊明未免虛僞之流毒".李炳憲,「駐燕錄」,위의 책,10쪽.

상이며 '단기檀箕'를 같이 시조로 하여 공자의 교화를 강구하는 것이야말로 단군의 옛땅인 만주에 이주한 조선인의 대책이라고 진단한다.[29] 이처럼 이병헌의 비판은 국권상실 직전까지 화이론에 빠져 있었던 전통 유림들, 근대에 들어 급진적으로 중국과 경계를 그리려는 민족주의자들에게 동시에 맞추어져 있다. 이러한 이중적인 비판에 근거하여 형성된 중국에 대한 '동족 의식'은 인종적 관점에 입각한 것도 아니고, 사대주의에 의한 것도 아니며, 공자의 가르침을 공동적으로 받아온 데서 이뤄진 일종의 '종족 간의 동화種族同化'[30] 의식에 기반하는 것이다. 환언하자면, 중국에 대한 그의 동족 인식은 실제로 '동교同敎 인식'에 그 뿌리를 두고 있는 셈이다.

중국에 대한 '동교 인식' 인식은 그가 공자의 고향인 산동성 취푸曲阜를 유람한 후 적은 글들에서 뚜렷하게 보여주고 있다. 공자의 출생지이며 유교의 발생지였던 취푸는 당시 중국 공교운동의 중심 지역이었다. 1910년대에 중국을 방문한 대부분 조선 유학자들이 반드시 찾아가야 할 목적지기도 하였다. 취푸행은 이들에게 흔히 성지순례의 성격을 부여받게 되었다. 앞서 언급한 이승희가 1914년에 취푸로 향하면서 읊

---

29 "遼瀋者乃檀君之舊疆 而朝鮮者亦箕子之遺域也 以吾東氏族論之 (…中略…) 物極必反 有志之士稍稍乎悟 詬罵同族爲非義依賴上國 爲劣性溯流及源 欲專奉檀君天祖發揮四千年國性 其志可謂苦矣 其慮可謂遠矣 然內檀而外箕滿而阻漢則殆亦 (…中略…) 爲今之計莫若祖檀箕而聯漢滿述仁賢之化 講孔氏之敎北風雨雪攜手同歸而已吾族之流寓東省者盍亦自反而知所省乎哉 或者謂如是則子乃祖檀宗箕提漢摯滿務 (…中略…) 尊攘之虛習者 不惟專出乎事大依賴之心 而實由種族同化之機有以至焉." 李炳憲, 「遼塞見聞錄」, 위의 책, 6~7쪽.

30 "尊攘之虛習者 不惟專出乎事大依賴之心 而實由種族同化之機有以至焉." 李炳憲, 「遼塞見聞錄」, 위의 책, 7쪽.

은 한 시에서 취푸는 마치 꿈에 그리던 부모의 집과 마찬가지로 그려지고 있다.[31] 이병헌에게 취푸는 유교의 성지이자, 서세동점西勢東漸이라는 근대적 전환을 극면하게 느끼게 한 공간이었다. 「중화재유기中華再遊記」(1916.6.7~10.5)에 그가 취푸 공묘의 공자신위孔子神位 앞에서 읊은 기도문 한 편이 수록되어 있다. 그 기도문에서 이병헌은 근대에 들어 세계질서의 전도를 '예의는 경쟁으로 변하고 제기祭器는 무기로 변하였다'고 개탄하고 있다. 약자를 도태시키는 약육강식의 법칙天演之例을 따라 조선은 일본에 병탄되었고 중국은 열강에 국토를 잠식 당했다는 것이다. 그는 그것이 '유교를 잘하지 못해 변통하는 권도權道에 어두웠기 때문'이라고 해석한다. 결론적으로 그는 조국의 혼을 부르는 것이 오직 유교에 있다고 믿고, 조선과 동문동교同文同教의 중화 제국이 우뚝 떨쳐 일어나야, 지리적으로나 민족·역사적으로 보아 서로 연결이 되어 있는 조선도 깨어나서 희망이 있는 법이라고 주장한다.[32]

여태까지 살펴본 것처럼, 1910년대라는 망국 초기에는 유인석, 이승희, 이병헌 등 전통 유림들은 '거국수화'라는 신념을 가지고 중국으로 떠났다. 그들의 중국 인식에는 근대계몽기에 개화의 확대 및 외부의 위

---

31 이승희, 「發曲阜行」; 「西游錄」, 국사편찬위원회 편, 『韓溪遺稿』 7, 국사편찬위원회, 1980, 300쪽.

32 "東西開通歐亞接種 禮讓變作競爭 俎豆化為砲火 宇內之圓臚方趾者日趨天演之例 而昧弱者漸就淘汰之科不幸 而吾朝鮮以儒教國稱而已淪於他族 中華以儒教國著而又啓強鄰之蠶食 (…中略…) 朝鮮之亡中國之弱以不善儒教之故 而昧乎通變之權也 不念教之可救國 而謂由教而亡 抑獨何心哉 (…中略…) 吾同文同教之中華大國拗然振興 則於地理之關係民族之歷史互有聯絡 庶幾有摩擦痿痺醒乎皇復之望矣." 李炳憲, 「中華再遊記」, 『中華遊記』 2, 南通 : 翰墨林書局, 1916, 22쪽.

협에 따라 생긴 급진적인 '탈중국' 추세에 대한 보수적 반성이 두드러졌다. 그들은 제국주의 침략으로 흔들리는 조·중의 운명을 동일선상에서 파악하고 있으며, 나름대로 '중화'의 부활을 통해 조선을 살리고자 하였다. 그러나 1910년대 후반 위안스카이 사망한 후, 중국에서 신문화운동이 일어나 전적으로 유교를 타도하는 사회적 분위기가 조선 전통 유림들의 기대와는 완전히 어긋난 방향으로 진행되었다. 그 와중에 '중화 제국 회복' 또는 공교운동을 통해 독립을 꾀하고자 했던 기대는 단절될 수밖에 없었다.

또한 망국의 상황 속에서 독립이 무엇보다 최대의 가치로 여겨졌고, 이를 성취하기 위한 방법으로 민족주의가 대세를 이루었던 조선 근대 지식인들 사이에 유림들의 입장은 설 자리가 거의 없었다. 무엇보다 당시 일본의 식민 지배라는 냉엄한 현실을 어떻게 극복할 것인가에 대한 유림의 입장은 분명하지 않았다. 특히 이병헌 등에 의해 이끄는 공교운동이 국권피탈 이후 일본에게 '유교 도통을 지켜 주는 정권'이라는 식민 지배의 정당성을 부여할 수도 있다는 우려도 존재하였다. 이 점에서 전통 유림의 보수성은 민족주의자들의 반감과 거부를 할 수밖에 없었다. 1920년에 상하를 방문한 이병헌이 일본에 대한 협력자로 간주되어 임시정부로부터 퇴거 명령을 받은 것[33]은 바로 이러한 맥락에서 파악할 수 있다. 임시정부 관계자의 입장에서 보면, '공자孔子만 알고, 단조檀祖는 모른다'

---

[33] 1920년 5월 27일 자 『독립신문』은 이병헌을 "韓日同化를 目的하고 高等偵探을 副業으로 하는 者"라고 힐난하였다(「孔子를 尊尙키 爲하야는 敵의 奴隷를 甘作하는 儒教中毒者 李炳憲의 行」, 『독립신문』, 1920.5.27). 그리고 임시정부의 요인들은 5월 26일 자로 상하이에서 이병헌의 추방을 명령하였다(「李炳憲退去」, 『독립신문』, 1920.6.1, 2면).

는 이병헌은 '나라가 있는 줄 모른다'[34]는 '유교 중독자'에 불과하였다.

1920년대에 들어 중국 인식과 관련된 전통 유림들의 목소리가 점점 희미해진 이유는 바로 여기에 있다. 그러나 시대적 추세에 어긋나거나 기왕 중국에 대한 사대주의의 반복이라고 해서 유인석, 이승희, 이병헌 등 전통 유림들의 중국 담론이 지녔던 사상적 가치를 전적으로 부정해서는 안 된다. 무엇보다 전 세계적으로 서구적 근대에 사로잡히던 제1차 세계대전 발발 직전에 쓰인 이들의 글들은, 사회진화론에 기반하여 욕망과 경쟁을 끊임없이 부추기는 서구적 근대의 이면에 대한 통찰을 일찍이 제시하고 있었다.

3. 저항과 확장의 양면성 — 민족주의 지식인의 중국 인식

신해혁명을 부정하고 중화를 회복함으로써 조선 독립을 꾀하던 전통 유림들과는 달리, 신규식, 박은식, 신채호, 이상룡, 장지연 등 개신 유학자들 또는 개신 유학자에서 민족사학자로 변모된 지식인들은 민족주의를 내세워서 중국에서 조선 독립을 모색하고자 하였다. 말하자면, 전자가 보는 중국은 '이념으로서 중국', 즉, '문명의 이상으로서 중화'를 뜻하는 반면, 후자가 보는 중국은 '실체로서의 중국', 즉 중화민국이라는 점에서 서로 구별된다. '민족'이야말로 최고의 가치로 여기는 이들은 한편으로

---

34 「孔子를 尊尙키 爲하야는 敵의 奴隸를 甘作하는 儒教中毒者 李炳憲의 行」,『독립신문』, 1920.5.27, 3면.

반제국주의라는 범주에서 최초로 조·중 연대론을 제기했으며, 다른 한편으로 국토가 상실된 상황에서 민족의식을 고취시키기 위해 만주를 영토화하는 시도를 적극적으로 펼치고 있었다. 여기서 저항과 확장을 동시에 지니고 있는 조선 근대 민족주의의 양면성이 동시에 확인된다.

1) 신규식과 박은식의 조·중 반제연대론

1910년 대한제국 몰락 후 일부 조선 망명지사들은 그 이듬 해 중국의 신해혁명을 이끈 혁명파와 교류하며 새로운 조·중 연대의 초석을 형성하였다. 이러한 연대는 앞에서 논의한 근대계몽기에 인종 관점에 입학한 동양연대론, 그리고 동시대에 전통 유림들이 보이는 문화적·종교적 관점에 입각한 조·중 연대론과는 다른 성격이라는 점을 유의할 필요가 있다. 이들이 분명한 항일의식을 가지고 중국의 공화제를 지지한다는 점에서 위의 두 가지 연대의식과 확실히 구별된 새로운 연대 패러다임을 형성하였다. 그것이 곧 독립된 국민국가를 목표로 하여 '한중호조韓中互助'의 성격을 가진 반제국주의적 연대였다.

신해혁명은 조·중 간 반제연대의 출발점이었다. 동시대의 전통 유림들이 신해혁명을 반대한 것과 달리, 중국에서 망명한 대부분 조선 독립운동가들은 대부분 전통 중화 질서를 부정한 공화혁명으로서의 신해혁명을 지지하였다. 공화주의 혁명사상이 급속히 확산되는 가운데, 중국혁명의 대열에 참가한 조선인들도 적지 않았다.[35] 이들의 기본적인 관점은, 중

35　신해혁명 대열에 참가하거나 참관한 인사들은 박상진·이관구·신규식·조성환·박경철·김병만 등이다.

국혁명을 도와서 그것이 성공한 다음 중국의 도움을 받아 조국의 독립과 혁명을 이루고자 하는 것이었다. 따라서 이들에게 중국혁명은 남의 혁명이 아니라 (조선 내에서는 더 이상 할 수 없게 된) 자신들의 혁명이었던 셈이다.

그 동시에 신해혁명은 조선 동립운동가들이 새로운 국가의 체제로서 공화제를 수용하는 직접적인 계기가 되기도 하였다. 중화민국의 탄생은 조선인에게도 '민국'의 꿈을 갖게 되는 계기가 되었으며, 나중에 공화국을 지칭하는 '민국'을 국호로 받아들이는 과정을 통해서도 신해혁명이 조선 독립운동에 끼친 영향을 확인할 수 있다.[36]

신해혁명 이후 조선 독립운동가들과 중국혁명파 인사과의 연대와 협력 관계는 개인적 차원을 넘어 집단적, 조직적으로 커뮤니티를 형성하기도 하였다. 1912년 7월 난징과 상하이에서 만들어진 동제사同濟社와 그것을 기반으로 한 조·중 연합단체인 신아동제사新亞同濟社는 바로 이러한 조·중 연대의 정신을 대변해 주는 실천적인 조직이었다.[37]

이러한 연대의식을 분명하게 드러낸 조선 지식인으로는 신규식申圭植과 박은식을 들 수 있다. 선비 가문 출신인 신규식은 유년기에 가숙에서 교육을 받았고 청년기에 신식한문학교新式漢文學校에서 수학을 했기에 한문 수준이 높고 중국에 대한 관심이 많아 망명 이전부터 중국 정세에 대

---

36 배경한,「한국독립운동과 辛亥革命」,『한국근현대사연구』 75, 한국근현대사학회, 2015, 101~102쪽.

37 1912년 7월 4일 박은식(朴殷植), 김규식(金奎植), 신채호, 조소앙(趙素昂), 문일평(文一平), 박찬익(朴贊翊), 조성환(曹成煥), 신건식(申健植) 등과 함께 동제사를 결성했다. 1913년 등장한 신아동제사에는 송교인(宋教仁), 호한민(胡漢民), 진과부(陳果夫), 진기미(陳其美), 당소의(唐紹儀) 등과 같은 중국 지식인들이 다수 참여했다.

해 잘 알고 있었다.[38] 1911년 10월 10일, 중국에서 무창봉기武昌蜂起가 일어났다는 소식을 듣고 그는 서둘러 중국으로 망명했다. 베이징에서 지인 조성환을 만난 후 지은 한 시에는 무창봉기에 대한 그의 감격을 그대로 담고 있다.[39]

漢城一別三千裏,　　서울 떠나 어언간 삼천리
落日燕京訪故人.　　해질 무렵의 연경에서 옛친구 만났구나.
有淚無言相識久,　　눈물겨워 오랫동안 말 못하였네
中華消息倘其真.　　중화의 희소식 정말인지.

시에서 언급되는 "중화소식中華消息"은 바로 무창봉기를 가리키는 것을 짐작할 수 있다. 이렇듯 신규식은 무너져가는 청의 정권을 '해질 무렵의 연경'에 비유하면서 신해혁명 전야의 소식을 친구에게 확인하고 눈물이 나도록 기뻐하였다. 그후 그는 상하이에 도착해 중국의 혁명파 인사들과 접촉하여 신해혁명에 직접 참가하였다. 중국혁명에 대한 지지 입장은 훗날 그가 혁명파들이 이룩한 업적을 칭송하거나 위안스카이를 규탄하는 등 일련의 시문을 통해서도 확인할 수 있다.

중국 망명의 근본적인 동기에 대해서는 신규식은 1921년 쑨원과 나눈 대담에서 '그 목적은 대개 한중 양국의 혁명은 동일하게 중요하여 중

38　유하·우림걸, 「중국망명 시기 신규식의 중국 인식」, 『한국학연구』 43, 인하대 한국학연구소, 2016, 528쪽.
39　신규식, 「抵燕京訪晴簑」, 김동훈 외, 『신규식시문집』, 민족출판사, 1998, 185쪽.

국혁명의 성공의 날은 곧 한국 독립 해방의 때'[40]이라고 명확히 밝힌 바가 있다. 중국의 혁명과 조선의 독립을 동일선상에서 파악하고 있었음에 분명하다. 따라서 그는 중국혁명가들이 조선 독립운동을 도와준 것에 대해 늘 고마움을 표시하였고, 심지어 중국혁명에 대한 기대가 지나쳐 조선인들이 이해하지 못할 정도에 이르렀다.[41] 신규식은 1912년 4월 상하이에서 쑨원과 직접 대면한 후 쑨원에 대해 다음과 같이 지극히 높이 평가하고 있다.

(쑨원) 선생이 앉으라고 했으나 나는 일어선 채로 먼저 '중화민국만세, 아세아의 첫 번째 대총통 만세'를 외쳤다. 선생은 공사(公事)가 바쁜 가운데도 내게 부드럽게 말씀을 해주시니 영광이 더할 수 없었다. (…중략…) (선생이 이렇게 하신 것은) 동포에 대한 박애의 지극한 뜻과 이웃나라가 망한 것에 대한 애통함에서 나온 것일 것이다. 나는 세상을 구하고 백성을 구하는(救世救民) 선생의 위대한 업적(偉業)을 칭송한다.[42]

---

40 민필호, 「韓中外交史話」(일명 「中國护護法法政府访訪問記」), 김준엽 편, 『석린 민필호 전』, 나남출판, 1995, 235쪽.

41 민필호가 지은 신규식 전기에서는 "(신규식) 선생께서는 중국에 대해서 언제나 동정하고 사랑하셨던 것이며 무릇 외국인들이 중국에 대해서 용서하지 못할 점을 용서하였고, 또한 오해하는 점을 선생은 잘 납득하셨다. 이토록 선생께서는 중국에 대한 희망이 심히 깊었고 또 기대가 대단히 컸으므로 다른 한국의 동지들이 양해하지 못하는 점이 있어도 선생만은 그렇게 생각하지 않으셨다"고 적고 있다(민필호, 「신규선생 전기」, 위의 책, 317쪽 참조). 그 외에, 신규식이 사후 그의 저서인 『한국혼』이 출간될 때 서문을 쓴 중국 국문통신사(国闻通信社) 사장 후정지(胡政之)의 말을 빌리자면, 신규식 자신이 중국에 대한 기대가 지나쳐서 도리어 본국인(조선인)들의 불만을 사게까지 됐다는 것이다. 민석린 편, 『한국의 얼』, 대한민국공보실, 1955, 4쪽 참조.

42 「拜谒孫中山記」, 『民權報』, 1912.4.18, 11면.

상하이에서 발간된 신문 『민권보民權報』에 개제된 이 면담기에 있는 쑨원에 대한 신규식의 태도는 만나자마자 만세를 부를 만큼 큰 존경과 흠모로 나타난다. 중국혁명 내지 혁명파 인사들에 대한 지나친 흠모와 기대는 신규식과 함께 상하이 난징을 방문했던 조성환에게서도 마찬가지로 확인된다. 조성환은 중국혁명 지도자들의 환대에 대해 말하면서 그들이 "우리 모두 황제의 자손同是黃帝子孫"이라고 말한 것에 거의 아무런 거부감 없이 받아들였다.[43]

신규식을 비롯한 조선 독립운동가들의 이러한 중국 인식은 지나치게 중국 의존적인 혹은 사대주의적인 것으로 보인다는 평가도 있지만,[44] 식민지로 전락한 당시 조선의 처지를 고려한다면 같은 약자 처지에 있던 중국과 연대 관계를 유지하고자 하는 것은 충분히 이해될 수 있을 것이다. 신규식은 신해혁명에 직접 투신하여 조·중 연대의식을 강력하게 호소함으로써 중국 정치가와 지식인들의 조선독립에 대한 지지와 성원을 이끌어 낼 수 있었다.[45] 그 후 1920~1930년대 대한민국 임시정부가 쑨원의 국민당은 물론 그 이후 난징국민정부로부터 인정과 지지를 받을 수 있었던 것 역시 신규식 등 망국 초기 중국으로 망명한 독립운동가들

---

43 독립기념관 한국독립운동사연구소 편, 『島山安昌浩資料集』, 독립기념관 한국독립운동사연구소, 1990; 배경한, 『쑨원과 한국』, 한울아카데미, 2007, 55쪽에서 재인용.
44 위의 책, 56쪽.
45 당시 중국혁명파 인사들과의 교류가 주로 신규식에 의해 추진된 것이라는 점을 박은식도 인정하고 있었으니, 1913년 여름 난징에서 안창호에게 보낸 한 편지에서 박은식은 "이곳(남경)의 사회 유지들이 우리들에게 지극히 동정을 표하고 있고 현재까지 은혜를 입은 것이 실로 여러 가지이며 장래에 관해서도 격려 받은 것이 많은데 이것은 모두 신정(신규식) 군이 쌓은 힘 덕분이다"라고 쓰고 있다. 박은식, 「與島山安昌浩書」, 『白巖朴殷植全集』 5, 동방미디어, 2002, 140쪽 참조.

의 중국 인식이 중요한 역할을 하였다고 평가할 수가 있다.

유학자였던 박은식은 신규식과 상하이에서 같이 독립운동을 펼쳤던 민족주의 사학자였다. 일본의 조선 강점 이전에 그는 다른 개신 유학자와 다름 없이, 인종주의의 관점을 견지하여 동양에서 가장 부강한 일본이 동양의 공동운명체를 자각하고, 조·중의 발전을 지원하는 등 일본이 동양에서 중심 역할을 해주기를 기대했었다.[46] 일제의 강점을 계기로 인종적 동아시아 연대의 가능성이 완전히 무너지자, 그는 기왕 가졌던 일본을 맹주로 한 동양연대론을 조·중 연대론으로 축소하였고, 중국을 반제 연대의 대상으로 간주하게 되었다.

박은식은 1911년에 일제의 무단통치 하에 '말 한 마디, 글 한 자의 자유가 없으니, 오로지 해외에 나가서 사천년 문헌을 모아 편찬하는 것이 우리 민족의 국혼國魂을 유지하는 유일한 방법'[47]이라는 포부를 안고 중국 망명을 결심하게 되었다. 그는 1912년 5월부터 중국 각지를 돌아다녔고, 베이징, 상하이, 홍콩에서는 언론활동을 전개했다. 나아가 『안중근전安重根傳』(1914), 『한국통사韓國痛史』(1915), 『한국독립운동지혈사韓國獨立運動之血史』(1920) 같은 한국사 관련 저술을 중국에서 한문본으로 출판하였다.

박은식의 조·중 연대 시각을 잘 드러낸 저서로는 『한국통사』였다. 이 책은 종래 민족주의적 시각에서 국혼과 국수를 강조한 역사서라고 이해되어 왔으나 실제로는 이와 함께 재중 조선 독립운동의 실천적 관심의 특성상 조·중 연대의식에 입각해 조선 근대사를 돌아보는 '한중적'

---

46 현광호, 앞의 책, 173쪽.
47 박은식, 「年譜」, 『白巖朴殷植全集』 6, 동방미디어, 2002, 770쪽.

시각이 상당히 반영되어 있다.[48] 한문으로 쓰인 이 책은 중국 독자들에게 조선의 근대사에 몰입하여 조선과의 동감 및 연대의식을 불러일으키도록 조·중의 역사적 우호 관계를 부각하면서 조·중 공동의 통사痛史가 어우러진 동시적인 근대사로 보는 시각을 견지하고 있다. 박은식은 기본적으로 조·중 관계는 역사상, 지리상, 종족상, 감정상 굳게 결합되어 풀리지 않는 근저가 있다고 본다. 그런가 하면, 조·중을 하나의 역사적 공동 운명체로 보고, 그 사례로 청일전쟁과 러일전쟁에 대한 서술을 통해 확인한다. 중국인들에게 일본에 대패했던 청일전쟁의 아픔을 환기시키면서, 일본에 대한 조·중의 공동 대응을 강조하고 있다. 궁극적으로 조선의 아픔의 역사痛史로 중국의 아픔의 역사로 독자의 감정을 이입하는 것이 목적이다.

동시대의 다른 역사학자들의 인식과 달리 박은식은 일본에 대해서는 매우 비판적이었으나 청에 대해서는 노골적 비판을 하지 않았을 뿐만 아니라, 오히려 우호적인 시각을 가지고 있다.[49]『한국통사』에서 그는 특히 조·중이 연대하여 자강을 이룩할 수 있었을 역사적 기회를 설명하면서 이를 충분히 살리지 못한 것을 대단히 애석해 하고 있다. 예컨대, 그는 1879년 청의 북양대신北洋大臣 이홍장李鴻章이 조선의 영중추부사領中樞府事 이유원李裕元에게 보낸 편지를 언급하고 있다. 편지에서 리홍장은 일

---

48 노관범, 앞의 글, 33쪽.
49 도면회의 연구에 따르면, 당시 청이나 외세에 대한 태도는 박은식을 제외하면 일본인 및 조선인 역사학자 양측은 모두에게서 비판적으로 나타나고 있었다. 도면회,「일제강점기 일본인과 한국인의 '한국 근대사' 서술」,『사림(성대사림)』60, 성균관대, 2017, 84쪽.

본이 류큐琉球를 합병한 것을 경계하여 서구 각국과 조약을 체결할 것을 이유원에게 권고하고 있다. 이에 박은식은 리훙장의 충고가 순망치한脣亡齒寒을 막으려는 진지한 마음에서 나왔는데 조선 정부가 귀담아 듣지 않고 일본을 막기 위한 자강에 힘쓰지 않아 결국 제2의 류구가 되고 말았음을 통탄해 한다.[50] 책에서 또한 을사늑약 체결된 후 조선인 민영환閔泳煥과 중국인 반종례潘宗禮의 자살 사건을 다루고 있다. 박은식이 보기에는 이 두 사람의 죽음은 나란히 일본의 조선 국권 강탈에 항거하는 조·중 의혈의 공동전선을 보여준 사례이다.[51]

그러나 신규식 등 독립운동가들과 박은식이 달랐던 점은, 그가 확립하고자 한 조·중 연대가 중국에 일방적으로 기대를 거는 것이 아니라 언제나 조선의 '자강'이 전제되어 있다는 것이다. 다시 말하면, 그의 조·중 연대론은 자수자강自修自彊의 원칙을 늘 견지하고 있었다. 이것은 그가 조선 말기부터 강조해 오던 자수자강주의 원칙의 연속선상에서 파악할 수 있다. 이러한 인식은 그가 이승희에게 쓴 편지에 '자기실력을 도모하지 않은 채 오직 타인의 도움만 바란다면 이루는 바가 없을 것'이라는 데서 분명히 드러나고 있다.[52] 그는 중국에 망명한 직후에도 중국에 대

---

50 太白狂奴(박은식),「제2편 제12장 淸廷認我自主外交」,『韓國痛史』, 大同編譯局, 1915, 20~24쪽.

51 중국 유학생 반종례가 일본에서 유학을 하고 고국으로 돌아가던 길에 배가 인천항에 정박 중 을사늑약의 소식을 듣고 민영환(閔泳煥)의 유서를 읽은 다음 일본의 조선 국권강탈에 항거하는 뜻에서 바다에 투신한 사건이었다. 太白狂奴(박은식),「제3편 제39장 中國志士潘宗禮蹈海」, 위의 책, 111~112쪽 참조.

52 박은식,「剛齋先生足下」(1914.5),『白巖朴殷植全集』5, 동방미디어, 2002, 158쪽; 유용태,「백암 박은식이 본 '현실중국'과 '역사중국', 1882~1925」,『The SNU Journal of Education Research』25, 서울대 교육종합연구원, 2016, 156쪽에서 재인용.

한 조선인들의 사대주의나 소중화주의를 신랄하게 비판하였다. [53]

중국에 대한 조선 독립 지사들의 사대주의적 태도에 대한 박은식의 비판은 또한 중국에 대한 경계심에서 비롯된 것이었다. 중국의 도움이나 중국과의 협력이 절실하지만, 동시에 중국의 야심을 경계해야 한다는 인식은 그가 1914년 1월 미국에 있던 안창호安昌浩에게 보낸 편지에 잘 반영되어 있다. 편지에서 그는 당시 구미에 의지하려는 자세를 보인 일부 조선인들에 대해서 비판을 가하고 있다. '생각해 보면 우리들의 앞길에는 오직 중화대륙이 있어 활동 무대가 되지만 현재 중국이 무력하기 때문에 이에 실망하여 이따금 유럽과 미국으로 달려가는 자가 있지만, 이는 깊은 식견과 밝은 견해가 아니다'는 것이다. 오히려 현재 중국은 '재력과 무력이 모두 결핍되어 (…중략…) 곤란에 임박해 있기 때문에 우리들이 쉽게 동정을 얻을 수 있는 것'이라고 한다. 그와 동시에 중국이 '만약 발달하여 힘이 있는 날에는 혹 교만한 마음과 야심이 생기게 될 것'[54]이라고 경고를 하기도 한다. 이러한 냉철한 인식은 앞서 논의한 신규식과는 구분되는 면모를 보여주고 있다.

이처럼 근대계몽기에 조선 지식인들의 중국 연대의식이 인종적 관점에 입각한 '동양연대'의 범주에 속하였다면, 1910년대 중국으로 망명한 독립운동가들이 새로 추구한 조·중 연대의 뿌리는 반제국주의, 탈식민이라는 패러다임으로 전환되었다. 이러한 중국과의 반제 연대는 중국으

---

53 박은식, 「夢拜金太祖」, 『白巖朴殷植全集』 4, 동방미디어, 2002, 46쪽; 배경한, 「박은식의 중국 인식과 쑨원 이해」, 『쑨원과 한국』, 한울, 2007, 191쪽에서 재인용.
54 박은식, 「與島山安昌浩書」(1914.1.12), 『白巖朴殷植全集』 5, 동방미디어, 2002, 155~156쪽; 유용태, 앞의 글, 155쪽에서 재인용.

로 망명한 조선 독립운동가들이 일방적으로 제기한 것이 아니라, 중국 측 정치가와 지식인들이 주장하던 조·중 연대에 대한 적극적인 응답이라는 점도 주목할 만하다. 예컨대 박은식의 『안중근전』서두에는 모두 7편의 서문[주]이 실렸는데 모두 중국인으로부터 받은 것이다. 대부분의 서문은 안중근의 의거를 조선을 넘어 중국과 동아시아와 세계의 평화를 위한 행동으로 평가하며 스스로 분발하고 조선인의 독립운동을 도와야 할 것을 강조하고 있다.[55] 그런가 하면 『한국통사』의 마지막 장에서 박은식은 중국 신문에 게재된 한 논설을 인용하기도 한다. 그 논설의 저자는 조선의 신민회 사건을 다루면서, '슬프다! 중국의 멸망도 목전에 달려있으니 내가 조선의 사정을 보고 중국을 슬퍼한다'며 조·중 양국 인민이 공동운명에 처해 있음을 강조하고 있다.[56] 여기서 조선 독립운동가들에 의해 제기된 조·중 연대론은 실제로 당시 양국 민족주의 지식인들의 동시적인 역사 및 현실 인식을 반영한 것이었음을 알 수 있다. 이러한 연대의 정서는 1919년 상하이에서 성립된 대한민국 임시정부를 계기로, 1920년대 국민혁명과 1930~1940년대의 중일전쟁 시기를 거쳐 훨씬 대규모로 그리고 체계적으로 전개되었다.

---

55   滄海老紡室(박은식),「緖言」,『安重根傳』, 大同編譯局, 1912, 2~3쪽.
56   "嗟乎中國之亡在即矣 吾觀朝鮮吾悲中國." 太白狂奴(박은식), 제3편 제61장「一百二十人之黨獄」,『韓國痛史』, 大同編译局, 1915, 193쪽.

2) 중국 망명 민족사학자의 만주사 연구

1910년대는 또한 만주와 관련된 담론이 속출하기 시작한 시기였다. 이 시기 중국 망명을 택한 조선인들이 가장 많이 찾는 목적지나 정착지는 조선과 가장 인접한 만주였던 만큼, 당시 조선 지식인 중국 인식의 절반 이상은 실제로 만주에 관한 인식이었다고 해도 과언이 아니다. 앞서 논한 것처럼 유인석, 이승희 등 전통 유림들은 만주를 중화의 맥을 유지할 수 있는 땅이라고 인식한 반면, 일부 민족주의 지식인들은 만주를 조선의 고토 심지어 식민지로 인식하고 있었다.

근대계몽기 동아시아의 영토전쟁에 있어 만주는 '동양의 발칸반도'라고 불릴 만큼, 지정학적으로 중요한 요충지로 일본, 중국, 러시아, 조선 등의 권력 관계와 이해 관계가 상충되는 지점이자 '갈등의 요람'[57]이었다. 1905년 '포츠머스조약'을 통해 일본은 남만주(즉, '요동遼東' 지역)를 자기 세력권으로 만들기 시작하였다. 1911년 청이 멸망하면서 만주에 만주족이라는 본래의 주인을 잃게 되자 '주인 없는 땅'이 되어버렸다. 절대적인 지배 권력의 진공 상태가 발생되자 중-일-러 간의 영유권 분쟁이 야기되었다.

이러한 각국 간 주도권 다툼에 의해 만주 영토가 분할된 현실에 대해 조선 지식인들은 관망할 수밖에 없었지만, 이것은 이들에게 영토, 주권 등 근대적 국민국가 개념을 사유하는 하나의 계기가 되었다. 근대계몽기부터 만주는 조선 민족의 역사적 흥망과 연계된 공간, 또는 북방에 대

57　Lattimore, O., *Manchuria: Cradle of Conflict*, N.Y. : MacMilan, 1932; 한석정, 『만주국 건국의 재해석』, 동아대 출판부, 1999, 57쪽에서 재인용.

한 잠재적 가능성을 실험하는 장으로서 일부 개화 지식인들에게 인식되기 시작하였다.[58] 1910년 이후 만주로 향하는 조선 이주민이 급격하게 증가하게 됨에 따라, 조선 지식인들은 이전의 방관자적인 입장과는 달리 더욱 적극적으로 조선의 입장을 표명하면서 만주에 대한 조선 민족의 주권 문제를 거론하기 시작하였다. 반도 안에 갇힌 남은 영토마저 잃게 된 뼈아픈 현실에 대한 자각은 만주는 새삼 '우리의 고토'라는 인식을 불러내게 한 것이다. 물론 국권이 상실된 상황하에서, 호소할 수 있었던 것은 국가가 아닌 민족이었을 뿐이다.

신채호, 박은식, 이상룡 등 중국 망명한 민족사학자들에 의해 잃어버린 만주사의 연구가 개척되기 시작한 것은 1910년대 사학계의 중요한 성과였다.[59] 이들은 만주 지역을 중심으로 조선의 고대사를 체계화하고, 역사적 고토의식에 근거하여 만주를 독립운동의 터전으로 인식하였다. 만주사를 국사의 주류로 이해함에 따라 과거 통일신라 이후 유교적 국사 인식을 대체하려는 경향이 두드러졌다.

그 결과 근대계몽기부터 진행되어 온 기자조선설에 대한 비판과 더불어 단군을 중심으로 한 민족사가 체계화되면서, '단군의 성지'로서의 만주가 다시 '발견'되었다. 가장 대표적인 논객은 바로 신채호였다. 그

---

58 근대계몽기 신채호와 박은식의 역사전기소설은 상실된 역사적 상징으로서 간도와 만주의 공간을 재현하였다. 이에 대한 자세한 내용은 홍순애, 「근대계몽기 만주에 대한 지리적 상상력과 영웅 서사의 리얼리티」, 『한국문학과 예술』 11, 숭실대 한국문학과예술연구소, 2013 참조.

59 한영우, 「1910년대의 민족주의적 역사서술」, 『한국문화』 1, 서울대 규장각 한국학연구원, 1980, 186쪽.

가 망국 현실에 절망한 나머지 망명길에 오른 것은 병합 직전인 1910년 4월이었다. 앞장에서 언급한 것처럼, 망명 전에 그는 역사·전기소설을 통해 민족영웅들이 활동했던 무대로 만주를 반복적으로 제시했고, 또한 신문 논설들을 통해 호명했다.[60] 망명 이후에 그의 저술들은 만주에 민족의 발원지라는 위상을 부여하면서 단군의 강역을 점점 확대시키는 경향이 있다. 1908년 발표한 『독사신론』에서 신채호는 단군조선의 발상지를 백두산 아래의 압록강 유역으로 보았는데, 1915년에 발표한 「동방고대각인종東方古代各人種」에서는 북만주 쪽으로 옮겨서 흑룡강북으로 비정하고 있다. 1916년에 그는 『꿈하늘』에서 단군 강역에 대해서 이전보다 더욱 구체적으로 언급하는데, 단군조선이 세 개의 수도(삼경)를 두었는데, 그중 두 개가 만주에 있었다고 주장한다.[61] 1918년부터 그가 베이징대 도서관을 이용하며 집필하였던 『조선상고문화사』에서는 '삼경'의 위치는 모두 만주에 비정하고, 아사달은 하얼빈 부근이라고 지적한다. 아울러 단군 조선 시대에 '강회江淮(양쯔강 중하류와 화이허 유역) 연안沿岸이며, 산동山東·산서山西·직례直隸(하북성) 등 지역이 다 조선朝鮮의 식민지殖民地'라고 주장한다.[62] 이로써 『독사신론』에 비교하면, 불과 몇 년 사이에 단군 강역의 범위는 남만주에서 거의 중국 대륙 동쪽 전역으로 확

---

60 「한국과 만주」, 『대한매일신보』, 1908.7.25; 「만주와 일본」, 『대한매일신보』, 1910.1.12; 「만주 문제에 위하여 재론함」, 『대한매일신보』, 1910.1, 19~22면.

61 단재신채호전집편찬위원회, 『단재신채호전집』 7, 한국독립운동사연구소, 2008, 522·561쪽; 이명종, 「근대 한국인의 만주 인식 연구」, 한양대 박사논문, 2014, 104~105쪽에서 재인용.

62 단재신채호전집편찬위원회, 『단재신채호전집』 3, 한국독립운동사연구소, 2008, 389~391쪽; 이명종, 앞의 글, 106쪽에서 재인용.

장되었던 것이다.

　역사 연구를 통해 만주를 재인식하는 데에는 박은식도 마찬가지였다. 중국 망명 초기의 그는 만주에서 직접 조선 고대사와 관련된 유적지를 답사하면서 다양한 서적을 저술하였다. 1911년 4월에 간도로 망명한 후 8개월 동안에『대동고대사론大東古代史論』,『동명왕실기東明王實記』,『몽배금태조夢拜金太祖』등의 역사서와『명림답부明臨答夫傳』,『천개소문전泉蓋蘇文傳』,『발해태조건국지渤海太祖建國志』등의 역사전기소설을 저술했다. 박은식이 이 시기에 집필한 사론史論들은 모두가 고대사에 관한 것이며, 특히 만주에서 활약했던 고구려·발해·금의 영웅적 무장武將에 관한 전기였다. 제1장에서 언급한 신채호의『을지문덕』이나『이순신전』등 역사소설은 상무정신을 계승한 무인들을 가지고 중화주의를 해체하려는 시도로 쓰였으나, 박은식의 역사전기소설은 1910년의 조선 강점 이후 집필되었기 때문에 영웅 서사는 영토의 문제와 연관되어 서술된다는 점에서 이전 시기와 차별화된다. 예컨대,『발해태조건국지』에서 대조영은 고구려의 영토를 되찾음으로써 발해를 건국했으며,『천개소문전』에서 연개소문은 고구려의 영토인 만주를 획득하고, 조선의 고유 영토를 수호하면서 독립자주를 실천한 영웅으로 재현되었다.

　박은식은『대동고대사론』에서 단군이 백두산에서 시작하여 만주의 평양에서 도읍했다고 주장한다. 단군조선의 강역도 만주 일대를 넘어 산해관 남쪽에 있는 영평부永平府까지 이르렀음을 역설하고 있다.[63] 그는

63　박은식,「大東古代史論」,『白巖朴殷植全集』4, 동방미디어, 2002, 385~389쪽.

이것으로 증명을 하면, 단군조선의 북쪽은 遼沈 대륙까지이고 동쪽·서쪽· 남쪽은 碧海·黃海·玄海 연안까지인 것이니, 곧 고대의 전부가 조선이었다.[64]

고 하며, 단군 강역의 범위를 만주 전역으로 확장한다는 점에서 신채호 와 같이하였다. 그는 한발 나아가 '대동민족大東民族'이라는 개념을 내세 워 만주 지역에 거주하던 여러 종족을 모두 단군의 자손이라고 주장한 다. 부여·고구려·발해를 비롯하여 숙신·물길·말갈·여진·금 등 '여러 종족은 모두 단군에서 나왔다고 일컬으니, 만한滿韓 양족이 원래 동조同 祖임이 명백한 것이 아닌가'라며 소위 '만한동족'론을 펼치고 있다. 그에 의해 제기된 '대동민족'과 앞 이병헌에 의해 제기된 '동씨족東氏族'과 명 칭상으로는 유사하나 실제 의미가 다르다는 점을 유의할 필요가 있다. 이병헌의 '동족의식'에는 한족도 표함되어 있었던 반면 박은식의 '동족 의식'에는 한족은 배제되어 있다. 이병헌에게 만주는 단기檀箕의 강역이 었던 반면에, 박은식에게 만주는 오직 단군의 강역인 것이었다. 그런가 하면, 이병헌의 '동족의식'은 유교라는 '동교'의 논리에 입각하여 제기되 었던 반면에, 박은식의 '동족의식'은 철저한 민족주의의 논리에 입각하 여 제기되었다. 박은식의 설명을 따르면 "오늘날은 민족주의 시대인데 우리 민족도 마땅히 만한이 동족이라는 정의情誼를 명백히 하고 신성한 역사를 발휘하여 우리 민족이 천하에 자립할 수 있도록 해야 한다"는

64　"以此證之 檀君朝鮮 北攟遼沈大陸 東西南極于碧海黃海玄海之濱 即古代之全部朝鮮 也." 박은식, 「大東古代史論」, 위의 책, 372쪽.

것이다.[65] '만한동족'을 제창한 목적은 결국 '민족주의 시대'에 '민족 자립'을 이룩하기 위한 것이었음을 알 수 있다.

박은식의 만주 인식은 앞서 언급한 조·중 연대를 강조하는 『한국통사』에서도 드러나고 있다. 제1편 제2장의 「역사지대강歷史之大綱」에서 삼국 중 고구려를 수위首位에 서술한 것이나, 부여와 발해사를 첨가한 것, 신라가 당을 끌여들여 고구려와 백제를 멸한 '불의不義에 대한 항거'로 서술한다는 등에서 만주사를 중시하고 중국에 대한 사대를 배격하는 입장이 잘 드러나고 있다.[66]

위와 같이 박은식은 민족 자립이라는 목표를 위하여 만주를 중심으로 조선의 고대사를 체계화하였다. 그와 비슷한 시기로 만주로 건너간 이상룡도 유사한 역사적 인식을 보이고 있었다. 이상룡은 국사의 계통을 고조선-부여-고구려-발해 중심으로 체계화하면서, 그동안 '다만 신라만을 알고 발해를 알지 못하'던 반도 중심의 역사서술을 비판한다. '오직 고구려의 왕통은 마땅히 발해를 적전으로 삼아야 하며, 신라·백제·가락은 삼한의 대 뒤를 이은 하나의 계파라고 한 후에야 우리나라 역사가 마침내 바른 데로 귀착하리라 본다'[67]고 발해를 민족사로 규정하여 만주를 조선사의 중심무대로 위치시키고 있다.

---

65 "以上諸族並稱出于檀君則滿韓兩族原系同祖豈不明乎 (…中略…) 夫以檀君朝鮮箕子朝鮮之歷史證之則滿韓原是壹國 其民原是同族者旣鑿鑿可據矣." 위의 글, 386~393쪽.

66 "白頭山附近 卽古肅愼氏之地而渤每太祖,金太祖,淸始祖 皆發祥于此 故世以此地爲英雄産出之區 (…中略…) 新羅借唐兵滅高句麗不義也." 太白狂奴(박은식), 앞의 책, 12·17쪽.

67 "我國史家 只知新羅而不知渤海 (…中略…) 愚獨以爲 高句麗之王統 當以渤海爲正嫡." 이상룡, 「西徙錄」, 안동독립운동기념관 편, 『국역 석주유고』 하, 경인문화사, 2008, 37쪽.

그러나 만주 일대를 전부 단군의 강역으로 여긴 신채호와 박은식과 달리, 이상룡이 만주에 대한 '고토의식'은 단군 강역과 기자 강역이라는 민족적·문화적 이중성을 지니고 있다. 이는 1911년 1월 5일 이상룡이 고향 안동을 출발하기에 앞서 적은 만주 망명을 결심하게 된 동기에서 읽어낼 수 있다.

만주는 우리 단군성조의 옛 터이며, 항도천은 고구려의 국내성에서 가까운 땅이었음에랴? 요동은 또한 기씨가 봉해진 땅으로서 한사군과 이부의 역사가 분명하다. 거기에 거주하는 백성이 비록 복제가 다르고 언어가 다르다고는 하나, 그 선조는 동일한 종족이었고, 같은 강의 남북에 서로 거주하면서 아무 장애 없이 지냈으니 어찌 이역(異域)으로 여길 수 있겠는가?[68]

이렇듯 이상룡도 만주에 대해 단군 강역의식과 단군 후예의식을 피력하지만, 동시에 '기씨가 봉해진 땅으로서 한사군과 이부의 역사가 분명하다'는 점을 강조하고 있다. 민족적 기원으로서의 단군과 문화적 기원으로서의 기자의 강역이라는 이중적 특성을 지닌 만주는 그에게 결코 '남의 땅'이 아니었고, 말그대로 '고토'였다. 여기서 민족사학자로서 그는 민족주의적인 면모가 돋보이는 동시에 중국에 대한 문화적 동질감이 여전히 강하였음을 확인할 수 있을 것이다. 이러한 모습은 제4부에서 논

---

68 "況滿洲 是我檀聖舊疆 而恒道川 爲高句麗國內城近地 遼東 又是箕氏所封 而四郡二府之歷史班班 居人雖衣章不同 土音相殊 然其先 乃同一種族也 一江南北 互居無礙 豈可以異域視哉 於是 決意遷徙." 위의 글, 15쪽.

할 1920년대 그가 베이징을 방문했을 때 남긴 기록에도 두드러진다.

여태까지 살펴본 민족사학자들에게 만주는 어디까지나 역사와 기억 속에 존재하는 만주일 뿐이었다. 망국의 처지에서 만주의 고토 회복을 기대하는 것은 허망한 일에 불과하였기 때문이다. 따라서 그들의 만주사 연구의 목적은 민중들의 민족의식을 일깨우고, 이를 통해 국권을 유린한 일제에 대한 저항의식을 고취시키는 데 있었다. 그러나 1910년대 중반 이후에 조선인의 만주 이주가 증가함에 따라, 역사를 통해 만주를 호명하는 데 그치지 않고, 현실적으로 만주를 점차적으로 영토화하려는 계획까지 설계되기 시작하였다. 당시 총독부의 기관지 『매일신보』 지면을 통해 '만주식민지'론을 설파한 지식인 장지연[69]이 바로 대표적인 논객이었다.

장지연은 조선 강점 이후의 만주를 현실적으로 '조선인 식민지'로 보았다. 그는 1903년에 만주 일대를 "기고구강箕高舊疆" 또는 "부여 고구려의 구강扶余高句麗之舊疆"[70]으로 표현할 뿐, 단군강역을 언급하지 하지 않았

---

69 장지연(張志淵, 1864~1921)은 대한제국의 애국 계몽운동가 겸 언론인이었다. 식민지 시기에 실의에 빠져 1914년부터 『매일신보』에 기고한 논설 730여 편이 문제가 되어 친일인명사전에 등재되었다. 참고로 박노자는 장지연을 신채호, 박은식 등 개신 유학자들과 대조한 바가 있다. "결국 이 (개신 유학자 — 인용자) 그룹은 정치적으로 분열했다. '황인종과 백인종 사이의 인종전쟁'이라는 구도에 매료된 장지연은 윤치호와 마찬가지로 일본 식민 당국에 협력하는 데 동의했다. 그렇지만 박은식은 신채호와 마찬가지로 중국 망명을 택하여 망명 독립투쟁의 핵심 인물이 되었"다는 것이다. 박노자, 『우승열패의 신화』, 한겨레신문사, 2005, 400쪽 참조

70 "今盛京 興京 東南之地와 西北自吉林 烏喇以南으로 東北至海蘭 渾春之地와 先春(距慶源東北七百里) 公嶮之城이 皆本箕高舊疆也라." 「敍我韓疆域攷後說(續)」, 『황성신문』, 1903.5.6, 2면. "今盛京 吉林 兩省之地난 本皆夫餘 高句麗之舊疆." 「敍我韓疆域攷後說 (續)」, 『황성신문』, 1903.5.8, 2면.

는데, 1910년대에 들어서야 비로소 만주를 단군강역으로 강조하기 시작하였다.[71] 그는 고구려가 단군과 기자의 강역을 회복했다고 하면서 '현재 만주의 강역은 실제로 단군·기자·부여·발해의 소유이지, 지나의 것은 아니'[72]라고 강조한다. 무엇보다 그는 만주에 대해 민족 관념보다 영토 관념을 더 강하게 부각시키고 있다.

> 滿洲는 原來朝鮮의 疆域이라 (…중략…) 高麗以後는 不複轄治하여 遂失版圖矣로다. 至其民族하여는 古來朝鮮, 肅愼, 支那, 鮮卑 等 諸族이 雜居하여 混然 혼연 同化矣라. 不可偏稱朝鮮民族也로되 其土地區域은 原屬朝鮮句麗者 確矣라.[73]

위의 글을 통해 알 수 있듯이, 장지연이 만주에 대한 '고토의식'에는 '동족 의식'이 한없이 희박한 것이다. 다시 말해 그에게 만주에 민족의 기원지라는 역사적 의미를 부여하는 것보다, 현실적 차원에서 만주 땅의 중요성이 더 크다. 따라서 토지가 비옥하고 농산이 풍부한 만주는 '조선인의 터전鮮人救活之息壤'이고 '삶의 보금자리生活之福地'[74]로서 조선인의 '이식'할 땅, 곧 '식민지'의 의미를 부여받게 되었다. 여기서 의미하는

---

71 "檀君之後는 自爲扶余之國하야 王于大遼之平原하니 今之滿洲一幅이 即其封域之內也라." 嵩陽山人, 「漫錄-地理關系(1)」, 『매일신보』, 1916.9.9, 1면.
72 "今 滿洲之疆土는 实檀箕扶渤之所有也오 非奀于支那者라." 嵩阳山人, 「漫录-地理关系(4)」, 『매일신보』, 1916.9.15, 1면.
73 嵩陽山人(장지연), 「조선의 植民地」, 『매일신보』, 1918.4.2, 1면.
74 嵩陽山人(장지연), 「古齋漫筆-如是觀(13)」, 『매일신보』, 1915.1.13, 1면.

'식민지'란 수전水田개척지를 뜻하기도 하고, 철도, 광산, 산림 등 만주의 풍부한 자원에 대한 식민 개척을 뜻하기도 한다. 그리하여 그는 조선 농민의 만주 이주를 격려하는 동시에 자본가들에게 만주에 투자할 것을 적극적으로 독촉하고 있다. 조선인에게 "무궁의 천부天富를 착착 개발의 시기가 도래하였"[75]다고 보기 때문이다.

만주를 조선의 식민지로 간주하는 그의 시각은 당시 일제의 의도와 궤를 같이하였다. 조선인의 만주 이주는 현실적으로는 일본 식량의 공급지인 만주의 수전개척으로 이어지므로 이를 장려하는 것은 일제에 유리하였다. 또한 일본의 '만몽경영' 및 중국 본토 진출에 역시 유익했다. 장지연을 비롯한 친일적인 지식인에 의해 펼쳐진 만주식민론은 1915년 일본이 만몽 지역의 특수권익을 획득하기 위해 중국과 남만동몽조약[76]을 체결한 후 더욱 두드러졌다. 총독부의 기관지 『매일신보』가 그 이전까지도 '생지옥'으로 표현하였던 만주[77]는 남만동몽조약 채결 이후에는 '낙토', '조선인의 활동할 목적지'나 '조선인의 발전할 지점'[78]등으로 표현되며, 조선과의 불가분의 관계가 강조되기 시작했다. 다른 한편으로, 만주식민

---

75 嵩陽山人(장지연), 「滿洲水田觀(續)」, 『매일신보』, 1918.5.12, 1면.

76 일본이 제1차 세계대전을 계기로 한 대중국 21개조 요구의 핵심을 이루는 남만동몽조약의 주요 내용은 여순·대련의 조차 및 만철과 안봉선의 사용기간을 각각 99년간 연장하고, 남만주에서의 일본인의 지위를 규정하는 것이다.

77 일제강점 이후 만주로 이주한 조선인은 대개 빈농이었고, 이들 가운데는 특히 간도를 '요지정토', '자유천지' 등으로 생각하고 이주하였다. 따라서 1910년대 초기 『매일신보』는 간도를 '배일조선인의 소굴'이라고 불릴 정도로, 조선인이 간도를 비롯한 만주로 이주하는 것을 반대하였다. 이명종, 앞의 글, 124쪽.

78 「滿蒙과 朝鮮人」, 『매일신보』, 1915.6.17, 1면; 「送만주시찰단」, 『매일신보』, 1917.4.15, 1면 등

론에는 1910년대 중반부터 본격화된 일제 식민 관학자들의 '만선사관滿鮮史觀'[79]의 영향도 배제하기 힘들었다. 특히 만주를 단지 조선 민족의 발상지로만 보지 않고 식민지로 규정한다는 점에서, 1910년대 만주에 투영된 일부 조선 지식인의 시선에 민족주의를 넘은 일종의 의사擬似제국주의 시선이 형성된 기미가 이미 보였음을 확인할 수 있다. 물론 피식민지인이라는 처지에서 식민의 주체가 되고자 했던 욕망은 비현실적일 수밖에 없었다. 따라서 만주식민론은 1920년대를 거쳐 1932년에 만주국이 수립된 이후에야 현실화될 여건이 갖추게 되었다. 다만 이때 식민의 주체는 '조선인'이 아니라, '일본제국의 신민'으로 전환되었다.

인식론 측면에서는 만주식민론은 단군 중심의 민족주의적 인식에 그 뿌리를 두고 있었다. 특히 신채호 등 민족사학자에 의해 제기된 단군강역론을 이론적 기반으로 하고 있었다. 무엇보다 '우리의 고토'라는 역사성은 현실적으로 조선인의 만주 이주에 정당성을 부여하였다. 이 점은 동시대에 조선인이 일본이나 시베리아 지역으로 이주한 양상과 확실히 구별되었다. 이주의 근거를 경제적 측면이 아닌 정신적·역사적 측면에서 찾고 있었기 때문이다. 앞에서 언급한 신채호, 박은식, 이상룡 등의 만

---

79 '만선사' 혹은 '만한사'란 용어가 러일전쟁 직후부터 1910년을 전후하여, 이른바 일본의 '만한경영(滿韓經營)'이 한창 논의되기 시작할 때 생겨났다. 시라토리 쿠라기치(白鳥庫吉)는 1905년 무렵부터 만주 및 조선의 역사지리 연구의 필요성을 제창했다가, 만철에 만선역사지리조사실(滿鮮歷史地理調査室)을 신설하고 1907년 1월부터 '만선사' 연구에 착수했다. 이른바 '만선사관'은 일본이 조선의 역사를 만주의 부속품으로 간주하거나, 조선을 지배한 일본이 만주를 지배하는 것은 당연한 것이라는 역사 논리를 의미한다. 이에 관한 연구로 박찬흥, 「만선사관에서의 한국고대사 인식 연구」, 『한국사학보』 29, 고려사학회, 2007 참조.

주사 연구는 바로 이러한 실천적 과제와 연결된 정신적 운동의 일환으로 작용했다.

여태까지 살펴본 것처럼, 근대계몽기 조선 지식인의 중국 인식의 큰 기조가 '탈중국'이었다면, 1910년 이후로부터는 확실히 중국에 대한 정서적 연대의 측면이 강화되었던 것이다. 문화적 또는 반제국주의적 차원에서 제기된 조·중연대론은, 인종적인 차원에서 제시된 동양연대론과는 근본적으로 구별된다. 이는 1910년대 중국 인식의 주체가 유학자들이 많이 차지했던 특징과 무관하지 않는다. 중국으로 망명한 전통 유림이든 개신 유학자이든 사회진화론적인 시각으로 중국을 '천박한 나라'로 보는 대신 '연대의 대상'으로 보는 데 공통적이었다. 제국주의를 저항하는 범주에서 제기된 조·중 연대의식과 함께 동시대에 부상된 것은 만주와 관련된 고토의식이었다. 국토가 상실된 상황에서 한반도 밖에서 민족의 새로운 영역을 개척하기 위해 제기된 만주 고토의식은 주로 고대사 차원에서 호출되었는데, 현실적으로 일제의 만몽경영의 취지와 수요에 부응한 면이 존재하였다. 바로 이 지점에서 저항과 확장이라는 양면성을 동시에 지니던 조선 근대 민족주의의 양상을 확인할 수 있다.

제2부

만주 민족성 환기와 상실의 공간

제2부는 기존 연구에서 크게 다루지 못했던 만주국 건국 이전 시기인 1920년대 조선 지식인들의 현지 경험을 바탕으로 쓰인 만주와 관련된 담론에서 나타난 '만주 인식' 및 '중국 인식'을 살펴본다. 근대계몽기에 형성된 '이탈'과 '연대'라는 양가적인 중국 인식은 그 다음 시기인 1920년대 조선 지식인들이 중국에서 체류하면서 얻은 경험적 인식들의 사상적 배경으로 작용되었다. 특히 1910년대에 민족 사학자들에 의해 분출된 만주에 관한 역사 논설은 이 부분에서 다룰 1920년대 조선 지식인들의 만주 현실 인식과 깊은 연속성을 보이며, 후자의 역사적·정신적 근거가 작용되었던 것이다.

제3장에서 다루는 1920년대 조선인 만주행의 양상을 염두에 두면서, 제4장에서는 지식인 현지 탐방을 통해 만주를 신화와 역사의 차원에서 조선의 고토로 형상화시키는 시도 및 그 과정에서 환기된 민족성, 제5장에서는 현실의 차원에서 중·일 사이에 끼어 있는 만주 공간에서 빚어진 '재만조선인 문제', 그리고 이로 인해 조선 지식인이 경험하게 된 자아 및 민족성의 상실을 다룬다.

1920년대 조선인의 만주행

1. 만주의 역사적 장소성

제2장에서 언급한 것과 같이, 20세기 초부터 만주에 대한 중국-일본-러시아 간 영유권 분쟁이 백열화되었다. 그중에서 특히 1915년 남만동몽조약에 의거하여 일본이 자국민을 보호한다는 명목 하에 자본과 군사력을 배치시키면서 중국과의 만몽영유권 분쟁이 가장 첨예화하였다. 1932년 만주국 건국 이전까지 만주에 대한 일본의 지배는 흔히 "점點'과 '선線'의 지배'라고 비유된 만큼, 일본은 만주의 '철도노선線'과 그 주요 '연선 도시들驛'을 장악했을 뿐, 광대한 '농촌 지역面'까지는 아직 지배력이 미치지 못하였다.[1] 공간적으로 남만주 평톈奉天 지역에서는 '동북왕東北王'이라 불리던 중국 동북군벌東北軍閥 장쭤린張作霖이 통치력을 확대

---

1   야마모토 유조, 「만주국 어느 역사의 마지막, 그리고 새로운 시작」, 나카미 다사오 외, 박선영 역, 『만주란 무엇이었는가』, 소명출판, 2013, 80~81쪽.

하고 있었고, 러시아의 세력권에 속했던 북만주에 대한 일본의 지배도 만주국 건국을 통해서야 비로소 가능하게 되었다. 1920년대 조선인 만주행의 경우, 남만주 지역 중 만철 부속지를 중심으로 기행문이나 답사기 등이 서술되었던 것은 이와 관련이 크다.

다른 한편으로 1920년대는 만몽에 대한 일본의 '특수권익'은 중국 민족주의의 고양과 격렬하게 충돌한 시기였다.[2] 일제가 '선만일체화鮮滿一體化' 정책을 강력하게 추진하고 만몽을 특수 지역으로서 중국 본토로부터 분리시키고자 하는 동시에, 1919년 5·4운동 이후의 중국에서 안으로는 국가 통합, 밖으로는 국권회수라는 두 가지 과제를 지향한 민족운동이 급속히 대두되었다. 그 가운데 만주에 있는 조선인의 지위는 중국과 일제 사이의 이해 관계에 따라 좌우될 수밖에 없었다. 그들에 대한 일제의 정책은 언제나 그 근본 목적이 일제의 대륙정책과 연계되어 있었으며, '만몽 개척의 선구자'로서 그들을 정치적·군사적·경제적 측면으로 이용하고자 하는 것이었다. 중국의 입장에서는, 1920년대에 들어 조선 이주민들에 대한 태도는 환영으로부터 제한·배척으로 바뀌게 되었다.[3] 일본의 대륙침략이 강화됨에 따라 조선 이주민들은 '일본 중국 침략의 앞잡이', '제국주의의 전초대', '일본 관헌의 개', '병균', '얼궤이즈二鬼子("제

---

2   야마무로 신이치, 윤대석 역, 『키메라, 만주국의 초상』, 소명출판, 2009, 41쪽.

3   만주에서 조선인이 처한 상황은 중국의 문호개방(1883) 이전의 쇄국 시기, 묵허(默許) 시기(1883~1890), 환영 시기(1890~1910), 제한 시기(1910~1926), 배척 시기(1927~1931), 일제의 정책적 이주(식민)시기(1932~1945)의 여섯 시기별로 구분한다(유선영, 「20세기 전반기, 초국적 이동의 예외로운 식민지민의 이동」, 유선영·차승기 편, 『'동아' 트라우마』, 그린비, 2013, 32쪽). 이러한 정책적 전환의 배경에는 소련, 일본, 중국 사이의 힘의 균형의 변화가 놓여 있었다.

2일본인", 또는 "일본인 앞잡이")' 등으로 규정되었기 때문이다.[4] 다시 말해, 일본의 만주 침식이 조선인을 통해 '삼투적 팽창osmotic expansion'[5]의 측면이 있다고 보았던 것이다. 특히 1927년 들어 일본의 만몽침탈 정책을 본격화하자, 중국 관헌은 재만조선인에 대한 구축과 폭행, 살해 등 극심한 박해를 가하기 시작하였다. 말하자면 배일排日적 민족주의가 부상하는 중국에 일본 제국의 신민 자격으로 이주하는 것 자체가 조선인의 삶을 지속적인 위기로 내모는 상황이었다.[6] 이 시기 만주를 향한 조선인들의 이주는 바로 이러한 복잡한 정세 안에서 규정되었고, 촉박한 정세의 변화 속에서 일상을 아슬아슬하게 구축할 수밖에 없었다. 같은 시기 조선 지식인들의 만주행도 이러한 정치적 불안과 치안의 불안정 속에서 이루어졌다는 점을 또한 염두에 두어야 할 것이다.

---

4   『동광』제24호(1931.8)에 발표된 「내가 본 재만동포문제 해결책」에 따르면, 만주를 방문한 조선인 인사는 중국인의 배척이유는 간단하고 명백하다면서 "고려인은 ××××(제국주의)의 전초대요 走狗다. 동삼성이 큰 병이 들었는데 이 병독은 ×××× 이다. 이 병균작용을 하는 자가 고려인이다. 동삼성 소생을 위해선 이 병균을 제거하고 소제해야 한다. 재만 고려인을 일소하지 않을 수 없다"(14쪽)는 주장이 사실이라고 개탄했다.

5   Hyun Ok Park, *Two dreams in one bed : Empire, social life, and the origins of the North Korean revolution in Manchuria*, Duke University Press, 2005, p.43.

6   유선영, 앞의 글, 30쪽.

2. 1920년대 조선인 만주행의 양상

1920년대 만주행을 포함한 조선인의 중국행은 문화통치라는 체제하에 이루어진다는 점은 큰 특징이었다. 모든 민족지가 강제 폐간되었던 무단통치기 1910년대의 중국 담론은 주로 중국으로 망명한 유학자나 독립운동가들의 개인 문집에 수록되었던 것에 비해, 1920년대의 중국 담론은 민족지 언론을 비롯한 다양한 신문·잡지를 통해 대중에게 확산되었다. 문화통치기로 들어서면서 일상에서 여행 경험의 확대와 함께 신문·잡지에는 외국 기행문들이 대거 실린 것이 그 시대적 배경이었다.[7] 중국 기행문을 비롯한 중국 담론들은 동시대 조선 사회의 보편적인 중국 인식 형성에 큰 영향을 미쳤다. 1920년대 만주 담론의 생산도 마찬가지였다. 제2장에서 논의한 것처럼, 1910년대 만주행의 주체가 망명 지식인들이 대부분이었으나, 1919년 이후로부터 만주와 관련된 담론은 신문이나 잡지의 기획물로서 기자들이나 원고를 청탁 받은 자의 탐방기나 기행문으로 쓰인 경우가 많아졌다.

이처럼 근대적 매체를 통해 대중에게 만주의 실상을 알리는 데 목적을 둔 경우가 있었는가 하면, 당시 일제가 만주 기행문을 통해 자신들의 정책에 호응하는 '만주 담론'을 조성하려 했던 목적도 있었다. "만반萬般의 편리便利를 여輿하"[8]는 남만주철도회사의 안내를 받은 작가 목춘木春[9]

---

7   곽승미, 「식민지 시대 여행문화의 향유 실태와 서사적 수용 양상」, 『대중서사연구』 12-1, 대중서사학회, 2006, 235쪽.

8   목춘, 「滿蒙遊行記(2)」, 『매일신보』, 1922.6.23, 1면.

9   목춘은 대한제국의 관료이자 식민지 시기의 언론인인 홍승구(洪承耉, 1889~1961)

과 박영철朴榮喆[10]의 만주행 등은 바로 이에 해당되는 사례들이다. 일본인 안내원에 의해 이끄는 이들의 만주행의 경우는 저자의 독자적인 시선을 견지했다고 보기는 어려웠을 것이다. 물론 이러한 양상은 1932년 만주국 건국 이후에 많이 보이게 되었으나, 1920년대 조선 지식인 만주행의 주류라고 여기기에는 아직 무리가 있다.

만주에 살고 있는 재만조선인들의 생활상을 살피고 국내에 전달하는 것이야말로 1920년대 언론인을 비롯한 조선 지식인 만주행의 주요 목적이었다. 1910년 이후로부터 시작된 조선인들의 대대적인 만주 이주는 그 시대적 배경이었다. 1927년 『조선일보』의 특파원 양명梁明[11]의 논설에 따르면, 당시 만주에 거류하는 조선인은 총독부의 조사에 의하면 '백만인百萬人은 되는 것 같다'며 '조선 민족朝鮮民族의 이십분지일二十分之一이 된'[12] 셈이었다. 중·일 사이에 낀 이들의 힘겨운 만주 이주와 정착은 당시 국내에 있는 조선 지식인들의 최대의 근심거리가 될 수밖에 없었다.

1924년 11월 30일부터 『조선일보』에 연재된 「만주관견滿洲管見」이라는 기사의 서두에서 밝혀진 것처럼, '만주와 조선인'이란 문제는 당시 조선인이 "해결코자 하는 아니 해결하지 않으면 안 될 중대 문제의 하

의 호다. 1920년에 총독부 기관지인 『매일신보』에 경제과장으로 입사하면서 언론계에 입문하여 총독정치를 찬양하고 일제의 정책을 홍보했다.

10 다산(多山) 박영철은 식민지 시기 강원도 도지사로 활동하였다. 그의 만주행(1922.6)은 만철의 접대와 안내를 받았다고 밝힌 바가 있다. 박영철, 『아주기행』, 奬學社, 1925, 178쪽.

11 양명(1902~?)은 1902년 경남 統營의 부호의 아들로 태어나 거제공립보통학교와 부산공립상업학교를 거쳐, 1919년경 베이징으로 건너가 1925년까지 베이징대 철학과에서 수학하였고, 급진적인 당대의 신사상의 영향을 받아 사회주의자의 길을 걸었다.

12 양명, 「動亂의 중국에서(7)」(전11회), 『조선일보』, 1927.2.16, 1면.

나"였다. 따라서 조선인에게는 '어떠한 의미로던지 만주를 연구할 이유가 확실히 있으며, 기회 있는 대로 만주사정을 내지 동포에게 소개하는 것이 또한 급무의 하나'[13]였다. 1927년 『조선일보』의 주필이었던 안재홍安在鴻은 기자 이종정李鍾鼎의 만주답사의 목적과 의의에 관하여, '만몽滿蒙을 답사하여 그 지리와 풍토를 고찰하고 동포가 이주하는 상황을 기술하여 모든 사람에게 소개하는 것'은 '민족적 일대 사업'이자 '매우 긴요한 시대적 임무'[14]라고 또한 강조한 바가 있다. 김종근金鍾根도 1930년 12월 4회에 걸쳐 『동아일보』에 연재한 기행문의 서두에서 중국 '그 나라 그 민족의 민족성, 생활 상태, 문화 정도 등을 탐색해보려는 점'보다는, '몸을 헐벗고 배를 굶주리고 있는 우리네의 이주민들의 어려운 생활 상태를 깊이 살펴서 앞으로의 진출에 많은 힌트를 얻고자 하는 점'[15]이 만주행의 주된 목적이라고 밝히고 있다.

이 시기 조선인들의 만주행은 철도를 중심으로 해서 펼쳐졌고, 그 경로는 '경성-평양-신의주-안동-펑톈-뤼순-다롄'을 경유하는 경우가 대부분이었다. 위에서 언급한 대로 대개 남만주 지역에 한정되어 이뤄졌다. 당시 '부산-경성-평양-신의주'로 이어지는 '경부선京釜線-경의선京義線'의 조선철도는 압록강 철교로 '안동-펑톈' 간의 안봉선安奉線과 연결되어 있었기에 철도를 통한 남만주 투어가 가능했다. 또한 일본이 조차권을 토대로 배타적 행정권을 보유했던 뤼순과 다롄에서는 물론이고, 동

---

13 일기자, 「滿洲管見(1)」, 『조선일보』, 1924.11.30, 1면.

14 안재홍, 「東樵 李鍾鼎君 滿蒙踏査를 送함(上)」(전3회), 『조선일보』, 1927.10.9, 1면; 안재홍, 「滿蒙踏査를 送함(下)」, 『조선일보』, 1927.10.11, 1면.

15 김종근, 「滿洲紀行(1)」, 『동아일보』, 1930.12.5, 4면.

북군벌의 중심 도시인 펑톈에서도 만철이 일본의 치외법권 지역으로 광대한 '만철 부속지'를 보유하고 있었기 때문에 조선인들은 여행에 부담이 없었다.[16] 따라서 이 시기 조선인들의 만주행은 당시 일본의 철도 제국주의라는 물적 토대를 기반한 일본 '식민지 투어'[17]에 포섭된 초기 형태를 이미 가졌다고 볼 수 있을 것이다.

1931년의 '만주사변'과 그 이듬해 만주국 건국이라는 전환점을 전후(前後)하여 조선인의 만주행과 이들에 의해 창출된 만주 담론은 성격상으로 근본적인 차이가 있었다는 점도 유의해야 한다. 만주국 건국 이후 조선인의 만주행은 같은 제국 안에서의 이동이라는 성격을 가지게 되었으며 이 시기 생산된 기행문들은 자발적 선택과 판단에 따라 씌어진 자유로운 것이 아니라 모종의 의도와 목적에 맞춰 제작된 시국 선전물이라는 혐의가 강했던 것이다.[18] 이와 대조하여 1932년 이전의 일부 만주 지역은 일본의 치외법권 지역이지만 아직까지 일본 제국에 완전히 예속되지 못하였다. 따라서 이때의 만주행은 일본제국의 영향력이 어느 정도 미쳤지만 아직 제국의 영향권에 완전히 포섭되지 못한 공간, 즉 여전히 중국이 주권을 행사한 지역으로의 이동이라는 성격을 갖고 있었다. 따라서 이 시기의 만주 담론은, 만주국 건국과 1937년 총력전 체제에 들어간 이후의 시대적 분위

---

16   조정우, 「만주의 재발명」, 『사회와역사』 107, 한국사회사학회, 2015, 223~224쪽.
17   김백영·조정우에 따르면, 제국일본의 식민지 투어리즘은 그 자체로 철도 제국주의의 역사라 할 수 있다는 것이다. 김백영·조정우, 「가이드북이 그려 낸 제국의 문화지리—일본여행협회의 선만(鮮滿) 공식 관광루트」, 서정완 외편, 『제국일본의 문화권력』 2—정책·사상·대중문화, 소화, 2014.
18   장영우, 「만주 기행문 연구」, 『현대문학의 연구』 35, 한국문학연구학회, 2008, 404쪽.

기 속에서 대량 생산된 일본 국책에 협조하는 만주 담론과는 성격상으로 차이가 있었다. 이런 의미에서, 1920년대 조선 지식인들의 만주행은 개별적인 것이었고 원자화되어 있던 경향이 강했기 때문에, 오히려 제국의 권력에 의해 강제되거나 유도된 요인을 최대한 피하고 '제국/식민지' 체제에 의해 쉽게 탐지되지 않는 '유동성'을 추적할 수 있으리라고 본다.

3. 중국 인식의 서곡序曲─월경越境의 체험

1920년대의 조선은 압록강과 두만강을 통해 중국과 국경을 접하고 있었다. 20세기 초부터 과거에 느슨하게 관리되던 조·중 국경 부근이 양국의 민족주의의 발흥으로 인해 매우 견고한 단속을 하기 시작하였다. 1920년대 만주와 관련 담론에는 조선 지식인들이 국경을 넘어선 체험을 적지 않게 담고 있다. 국민국가를 단위로 한 근대적인 세계질서를 상징하는 국경國境에 익숙치 못하거나 다소 불평하는 이들이 가끔 있었지만, 그 경계의 존재는 결코 외면될 수가 없었다.

춘파春坡는 1923년 압록강을 건널 때, "그저 사람 사는 세계世界"라며 '외국'과 '국경'의 의미에 의문을 제기한다. 그러나 "말이 다르고 의복衣服이 다르고 풍속風俗이 다른" 그곳을 확실히 "이국異國 이민족異民族"이라고 인식하고 있다.[19] 이와 비슷하게, 1925년 만주를 방문한 이돈화李敦化에

---

19 春坡, 「一千里 國境으로 다시 妙香山까지」, 『개벽』 38, 1923.8, 54쪽.

그림 2 안동과 신의주를 연결하는 압록강 철교(1917)(Thomas Cook Ltd, *Peking and the overland route*, London: Cook & son, 1917, p.144)

게는 국가 간 경계란 역시 '사람의 장난으로 나온 네 나라와 내 나라'일 뿐이며 지극히 인위적인 것이다. 그럼에도 불구하고 그가 신의주에서 안둥현安東縣(현 단둥시)으로 넘어갈 때 "새삼스럽게 주의注意"를 할 만큼, 시계를 고치고, 중국인 승객이 늘고, 중국말을 듣게 되고, 가옥구조가 달라지는 것으로 "이것이 외국이라는 것"[20]임을 확인한다. 춘해春海[21]는 또한 '중국인이 사는 거리에 들어가면 외국의 분위기가 나며 시계는 한 시간 늦게 고쳐야 한다'[22]며 시계 시간을 수정하는 것부터 월경한 것을 실감한다. 이렇게 국경의 존재에 대해 다소 불평하지만, 이를 분명히 의식

20   이돈화, 「남만주행(1)」, 『개벽』 61, 1925.7, 105~106쪽.
21   '춘해'는 방인근의 호다. 방인근(1899.12. 29~1975.1.1)은 소설가이며, 『조선문단』의 발행인이다.
22   춘해, 「만주여행기」, 『조선문단』 9, 1925.9; 허휘훈·박이정 편, 『20세기 중국조선족 문학사료전집』 14, 연변인민출판사, 2013, 660쪽에서 재인용.

한다는 것은 1920년대 조선인에게 만주가 분명히 조선의 경계 바깥이라는 것을 의미한다.

이때 국경은 민족의 정체성을 규정하는 주요한 인계점이자 만주 또는 중국에 대한 첫인상을 형성하게끔 한 출발점이 되었다. 그러나 인식 주체에 따라 국경을 통과한다는 것의 의미가 사뭇 달랐다.

우선, 만주에 대한 강력한 고토의식은 1910년대 신채호 등 민족사학자들의 고대사 연구를 통해 조선 지식인 만주 인식에 깊이 심어 놓았으므로, 1920년대의 만주 담론에서는 하나의 보편적인 정서로 되었다. 예컨대, 뒤에서 자세히 논의할 「백두산근참기」(1926~1927)라는 글에서 최남선은 백두산 의식을 다루면서 국경지대를 통과할 때의 인식도 언급하고 있다. 그는 압록강 상류 건너편으로 보이는 이쪽과는 전혀 다른 중국 쪽의 입성과 집 모양, 밭 다스리는 규모 등을 바라보며, 민족의 고대사에 대한 회한에 휩싸인다. 그는 국경 지대인 간도가 역사적·민족적으로 조선의 땅이었지만, 현실적으로 남의 땅이라는 점에 대해 눈물이 핑 돌 정도로 슬퍼한다.

더구나 우리 民族의 震域에 잇는 搖籃地로 어떠한 意味로는 到底히 남의 손에 버려두지 못할 저 땅이거니하면 하염업는 눈물이 핑그르 돌기도 한다. 생각으로는 아모래도 남의 땅이라고 할수 업건마는 어느 모로 보아도 우리 땅은 아니다.[23]

---

23   최남선, 「白頭山觀祭(14)」, 『동아일보』, 1926.8.11, 1면.

이처럼, 최남선의 눈으로 보이는 국경 저쪽의 만주는 중국이 아니라, 중국으로부터 빼앗긴 '민족의 진역에 있는 요람지'이다. 그의 슬픔은 바로 고토가 상실되었다는 데서 비롯된다.

이념적으로 만주에 대한 고토의식을 표출하는 것 외에, 현실적으로 재만조선인에 대한 막대한 근심과 우려는 1920년대 만주를 찾는 지식인들이 공유하는 또 하나의 보편적인 정서였다. 1924년에 만주를 방문한 김시영金始榮은 역시 압록강 철교를 통과한 그 순간부터 슬픔을 감출 길이 없다. 그러나 최남선과 달리, 그의 슬픔은 만주에 대한 고토의식에 기인한 것이 아니라, 현실적으로 거기에 사는 백만 명의 조선 동포들이 조선이라는 '고토'에 돌아가지 못한다는 데서 비롯된 것이다.

余가 鴨綠鐵橋를 往來함은 架橋當年부터인데 渡去渡來에 그러케 激切한 感懷는 업섯다. 그러나 今回는 이 橋上에 臨함애 形言치 못할 感想이 胸中에 얼키인다. 오늘날이 橋頭에는 日本帝國과 中華民國의 境界를 뚝 가르는 곳이다. 東京과 北京의 時計는 一時가 相違하야 北京이 晩하고 江을 隔하야 言語와 風俗이 大異하며 政治는 帝國과 民國이 對立하얏다. (…중략…) 이 橋頭에 立하면 東은 故園이요 西는 滿洲이다. 넷날 우리 祖先이 中國을 往來할 時에 (…중략…) 歡喜渡江하던 곳이다. 그러치만 오늘날 나는 이곳에서 발거름이 遲々하야 徘徊치 아니치 못하겟다. 百萬의 同胞를 荒野에 두엇다 幽谷에도 두엇다 天災인 凶年도 念慮이다. 暴虐한 馬賊도 可畏이다. 饑餓에 死한 者 幾人이며 凍寒에 死한 者 幾人이며 兵刃에 死한 者 또한 幾人인가. (…중략…) 나는 이 鐵橋를 참아 渡過치 못하겟다. "臨表涕泣不知所雲"이라 함은 實境을 當한 者라야 알 것이다. (…중략…) 오 千苦萬難은 이미 覺悟한 바이다. 陷之死地然後生이다. 이곳도 우리의 집이다. 活動만 잘하면 될 수 잇다. (…중략…) 나는 이제야 비로소 在外同胞의 將來의 光榮을 期待하면서 雄壯한 滿洲에서 秀麗한 故園으로 歸來하엿노라.[24]

이렇듯 저자는 과거 조상들이 중국을 왕래했을 때 즐거운 마음으로 압록강을 건너갔던 기억을 떠올리면서, 느낌은 마치 삼국지의 제갈량諸葛亮이 「출사표出師表」에 적은 "臨表涕泣不知所雲"[25]이라는 기분과 흡사하다는 것이다. 그의 슬픔은 두 가지 현실에 기인한 것이다. 하나는 국가로 존재하지 못한 조선의 식민지 현실이다. 이것은 그에게 압록강 철교는 조선과 중국 간 경계가 아닌, 일본제국과 중화민국의 경계라고 인식한다는 점에서 엿볼 수 있을 것이다. 조·중 간 경계였던 압록강은 이제 중·일 간의 경계가 되어버린 현실이었다. 또 하나의 현실은 현재 동포들이 만주에서 생활고에 시달리는 것이다. 그러나 그가 간절히 바라는 것은 동포들이 만주라는 '고토'를 회복시키거나 거기서 새로운 터전으로 만드는 것이 아니라, 만주에서 활동 잘 해서 나중에 '수려秀麗한 고향으로 돌아가'는 것이다. 이런 의미에서, 그에게 진정한 '고토'는 만주가 아니라, 조선임은 분명한 것이다. 만주에 대한 역사 인식보다 현실 인식이 더 앞서는 셈이다.

---

24 김시영, 「滿洲란 엇던 곳(續)」, 『동아일보』, 1924.3.10, 4면.
25 원문은 "今當遠離 臨表涕泣 不知所言"인데, "지금 멀리 떠나게 되어 표문(表文)을 대하고 눈물이 흘러내려 아뢸 바를 알지 못하겠다"는 뜻이다.

위와 같이 만주를 역사적·현실적으로 조선과 결부되어 있던 특수한 지역으로 간주하지 않고, 조선과 긴밀히 연결되어 있는 이웃나라인 중국의 일부라고 보는 시각도 엄연히 존재한다. 일례로, 양명梁明은 1927년에『조선일보』기자 신분으로 압록강 철교를 건널 때 만주에 대한 언급조차 하지 않았다.

鴨綠江鐵橋는 나의 國境通過가 今番이 여섯번째다. (…중략…) 그러나 건너는 때마다 늘 나에게 特異한 感想을 가지게 하는 것은 이 鐵橋이다. 鐵橋自體가 宏大하다는 것도 한 理由가 되려니와 中國과 朝鮮을 聯結시키고 있다는 點에서 언제든지 그대로 지날 수 없게 한다.

이쪽은 朝鮮이요, 저쪽은 中國이다. 이쪽에는 힌옷 입고 朝鮮말 하는 二千萬의 倍達族이 살고 저쪽에는 푸른옷입고 中國말 하는 四億의 漢民族이 산다. 그들은 다 같이 가장 오랜 文化種族이요 '君子之國', '禮儀之邦'임을 자랑하지만 現在는 다 같이 不遇한 處地에 있다.[26]

위와 같이 양명에게 압록강 철교는 역사적으로 유사한 문화과 현재로서 불우한 처지를 공유하는 조·중 양국이 서로 연결되어 있는 상징이다. 이러한 중국에 대한 '동병상련' 또는 '동반자'라는 의식은 한편으로 그가 베이징에서 6년 동안 유학하던 개인적 경험에서 비롯된 인식일 것이다. 다른 한편으로 1920년대 일부 조선 근대 지식인들의 중국 인식의

---

26   양명,「動亂의 중국을 향하며(3)」(전11회),『조선일보』, 1927.2.11, 1면.

한 중요한 패턴을 대변하고 있다.

그런가 하면 많은 이들은 '식민지 조선인'이라는 이중적인 신분에 대한 실감은 국경을 통과할 때부터 느끼게 되었다. 1915년에 중·일 남만동몽조약에 의거하여 남만에 있는 조선인은 일본 법률에 따라 취체를 받아야 한다는 법령이 공포된 이래, 조선인은 동시에 중·일 양국의 취체와 감시의 대상으로 전락되었다. 만주에 대한 이들의 첫인상은 따라서 감회보다 실제로 형사대와 군사들에게 신분과 여행 목적에 대해 취체를 당하는 경험으로 시작되곤 하였다. 이와 관련하여 1927년 만주 취재의 길을 오른 『조선일보』 기자 이종정은 다음과 같이 언급하고 있다.

서울잇슬때부터 國境警察의 取締가 嚴重하다는 것은 이미 들은 바 잇섯지마는 정말 어느 程度까지 嚴重하다는 것은 아지 못하엿던 것이다. 平北龍川郡南市驛에서부터 하나식 둘식 오르기 시작한 刑事隊는 어느덧 十數名에 達하엿다. 밉살스러운 눈동자를 左右로 굴리면서 警戒監視하고 잇는 양은 서울 잇슬때에 共産黨公判廷에서 본 廷內의 警戒와 조금도 다른 感이 업섯다. 한가지로 안즌엇던 親友의 말을 듯건대 조금만 行色이 殊常하여 보여도 警察署行次를 하여야 된다고 한다. 鴨綠江鐵橋上에서 나는 그들에게 原籍, 住所, 氏名, 年齡, 職業滿洲行의 目的等을 뭇는대로 일러바첫다.[27]

윗글에서 국경지대를 지나면서 시작된 중국과 일본 경찰의 취체 과정

---

27   이종정, 「滿蒙踏査旅行記(2)」, 『조선일보』, 1927.10.16, 4면.

은 공산당 공판정에서 심문을 받는 것으로 비유되며, 조선인은 죄인의 이미지로 묘사된다. 이것은 당시 중국과 일본에 의해 이중의 감시장치에 놓여 있는 재만조선인의 실상을 여실히 드러내고 있다. 일본의 식민지인으로서 중국을 여행한다는 것은 중국 경찰 측의 배일 감정에 의한 공격 대상이 된다는 것이고, 일본 경찰 측으로는 항일운동과 연류된 '불량선인'의 잠정적인 대상으로 지목된다는 것이었다.[28]

이상으로 살펴본 1920년대 국경을 넘어설 때에 조선 지식인의 상이한 인식들은 만주를 어떻게 인식하느냐에 달려 있으며, 다음 부분에서 논의할 이들의 폭넓고 다층적인 중국 인식의 서곡序曲과 같은 것이다.[29]

---

28 홍순애, 「만주기행문에 재현된 만주표상과 제국주의 이데올로기의 간극」, 『국제어문』 57, 국제어문학회, 2013, 416쪽.
29 이렇게 다양한 월경의 인식들은 1932년에 만주가 일본 제국에 포섭됨에 따라 한없이 희미해졌다. 만주와 한반도의 북쪽 경계는 더이상 조·중 간 경계나 일본제국과 중화민국 간의 경계가 아니게 되었기 때문이다. 과거 시계를 고쳐야 하게 했던 시차도 만주국 설립 이후 1936년 일본에 의해 경제적·정치적인 이유로 동경 시간과 통일되었다.

제4장

민족의 외연적 지대로서의 만주

1. 상상의 지리학 — 고토에서 민족을 호출하기

제2장에서 논한 것과 같이, 1910년대부터 만주는 한편으로 독립운동의 새로운 근거지로서 민족의 존립 문제와 연결되어 담론화되었으며, 다른 한편으로 이에 대한 고토의식은 망국을 계기로 조선 민족사의 영역으로 다시금 부상하게 되었다. 유인석, 이승희 등 전통 유림들은 만주를 중국의 일부로서 중화의 맥을 유지할 수 있는 땅이라는 성격을 부여하였던 반면에, 신채호, 박은식, 이상룡 등 민족사학자들은 만주에 대해 단군강역 의식과 함께 단군 후예 의식을 가지면서 만주를 민족의 기원이라고 보며 만주에 대한 고토의식을 형성하였다. 특히 후자의 경우는, 중국 중심의 사대주의적 역사관으로부터 벗어나 조선의 고대사를 주체적인 시각에서 보고자 하던 근대계몽기에 보였던 민족주의적 태도를 이어받은 측면이 강하였다. 만주에 대한 고토의식을 생성함으로써 민중

들의 민족의식을 일깨우고, 국권을 유린하는 일제에 대한 저항 의식을 고취시키고자 한 것은 1910년대 망명 지식인들의 만주 인식의 주류적인 경향이었다. 그 과정에서 '단군의 성지'로서의 만주가 다시 '발견'되었다.

이러한 만주에 대한 역사적 인식은 1920년대 만주행을 택한 조선 지식인들의 의식과 무의식을 통해서 다양한 형태로 작동되어 있었다. 그리고 1910년대 민족사학자들은 주로 추상적·이념적으로 민족사 쓰기 작업을 통해 만주에 대한 고토의식을 고취시켰던 바와는 달리, 1920년대에 이르러 여행이나 답사를 통해 성지 또는 유적 등 현장에서 고토의식을 입증하고 강화시키고자 하는 경향이 두드러졌다. 또한 1910년대 개별 민족사학자들에 의해 창출된 민족의 상징적 공간으로서의 만주 이미지는 1920년대『동아일보』와『조선일보』등 민족지 언론사가 기획한 수 차례의 백두산 탐방[1] 등 조직적인 행위에 의해 더 공고화되었고, 언론 보도를 통해 대중들이 공유할 수 있는 '집단적 인식'으로 승화되었다.

---

1 『동아일보』는 1921년 들어 함경남도에서 모집한 백두산 탐험대에 전『동아일보』기자 민태원과 사진기자 한 사람을 특파원으로 보내 기행문과 사진을 연재하였다. 그리고 두 사람이 백두산을 다녀온 이후에 동아일보사는 이를 기념하는 강연회, 사진전시회, 웅변대회 등을 개최했다. 백두산 탐험 내지 등산은 이후 함경남도와 조선일보사 등에 의해서 계속 이어졌다.『조선일보』는 1930년 당시 부사장이었던 안재홍이 백두산을 방문하고「백두산등척기」를 1930년 8월 30일부터 9월 3일까지 신문에 연재했다. 장원석,「민족의 상징, 백두산의 탄생」, 김정배 외,『백두산—현재와 미래를 말한다』, 한국학중앙연구원출판부, 2010. 389쪽 참조.

1) 민족의 순수성을 찾는 여정 – 최남선의 백두산 기행

1910년대 중국을 방문한 전통 유림들에게 성지순례의 목적지는 취푸였다면, 1920년대 조선 지식인들에게 성지순례의 목적지는 백두산이 되었다. 서로 다른 분야에서 활동하던 다양한 지식인들이 전면적으로 백두산을 민족적 상징으로 탐구하기 시작한 것은 곧 1920년대부터였다. 신문사에 의해 기획된 백두산 탐방은 단순한 등산이나 탐험의 의미가 아니라, '단군 탄강誕降'의 성지로서의 만주와 백두산을 민중의 의식 속에 널리 심어주기 위함이었다. 그 과정에서 백두산에 대한 수많은 낭만적 기행문들이 출판되었는데, 백두산이 단군과 조선 민족의 성지로 강조됨에 따라 만주에 대한 고토의식이 한층 강화되었다. 그중 가장 대표적인 글은 1926년 7월 28일부터 그 이듬 해 1월 23일까지 총 89회나 『동아일보』에 연재된 최남선의 「백두산근참기白頭山覲參記」였다.

만주는 단군의 강역이라는 점에서 최남선은 신채호 등의 역사 인식을 공유하였다. 1920년대 단군 연구를 중심으로 한 조선학 연구자로 임하던 그에게 가장 중요한 것은 단군의 실재성과 역사성을 입증하는 것이었다. 무엇보다 단군의 실재성을 부정했던 일본의 역사학자의 논리를 반박하는 것은 절실하였다.[2] 이것은 곧 그가 백두산 기행을 택한 근본적

---

2   1926년 총독부 산하 조선교육협회 월간 일본어 기관지 『문교(文教)의 조선』 2월 호에 경성제국대학 예과부장 오다 쇼고(小田省吾) 교수의 논문 「소위 단군 전설에 대하여」가 실렸다. 단군 전설을 비하하고 부인한 이 논문은 당시 조선 지식인들의 민족감정으로 묵과할 수 없는 글이었다. 이에 최남선은 2월 11일과 12일에 걸친 『동아일보』 사설 「단군 부인(檀君 否認)의 망(妄) – 문교의 조선의 광론(狂論)」에서 그 논문의 이면에는 단군을 조선의 역사에서 제거하려는 일제의 계획적인 조선정신 말살 음모가 숨어 있다고 통박하였다.

인 계기였다.

최남선이 조선교육협회에서 주관하는 백두산 박물탐사단의 일행으로 백두산을 향해 서울을 떠난 것은 1926년 7월 24일의 일이었다. 탐사의 목적에 관하여, 6월 22일에 『동아일보』에 개제된 「사고社告」는 다음과 같이 밝히고 있다.

白頭山은 朝鮮人이 國土的 歷史的으로 憾省과 激憤을 요할 때에 아모것 보담 압서서 또 深切히 想起되고 歡仰되는 것입니다. (…중략…) 그러나 歷史舞台의 上에 白頭山만큼 큰 俳優도 업는 同時에 일변 그만큼 暗黑과 沈默에 封鎖된 者도 업습니다. (…중략…) 本社는 여긔 感함이 잇서 朝鮮意識이 바야흐로 飛躍的 發展을 遂하려 하는 此際로써 白雲香徒 崔南善 石顚山人 樸漢永 兩氏를 驅하야 久遠劫來의 그 沈默을 깨뜨릴 양으로 白頭山突破를 決行케 하엿습니다.[3]

이렇듯 탐사의 주된 목적은 백두산의 역사적 의미를 환기시킴으로써 '조선 의식'의 비약적 발전을 도모하고자 한다는 것이다. 최최남선에게는 백두산 기행은 단군의 흔적을 검증하고 그동안 연구해 온 단군론을 검증하는 역사 작업의 일환이기도 한다. 이은상李殷相은 나중에 그의 기행문을 읽고 평가한 것처럼, "『백두산근참기白頭山觀參記』는 기행문紀行文이다. 사가史家의 기행문紀行文"[4]이라는 것이다. 이 점은 최남선이 백두산의

---

3   「社告 – 白頭山參觀隊派送 七月中旬出發」, 『동아일보』, 1926.6.22, 1면.
4   이상은, 「六堂의 近業『白頭山記』를 닑고(二)」, 『동아일보』, 1927.9.9, 3면.

정계비定界碑에 대한 학술적 고증에서 엿볼 수 있을 것이다.[5]

그러나 백두산은 최남선이 그 당시에 단군조선의 성지로 생각했던 곳[6]이었을 만큼, 백두산 기행은 그에게 학술적 탐방보다 민족의 기원을 향해 가는 순례의 길이었다. 종교적인 의미를 지니는 '근참覲參'이라는 제목을 통해 알 수 있듯이, 그에게 백두산 기행은 '종교적 순례'의 성격은 강하였다. 따라서 「백두산근참기」에서 드러낸 최남선의 모습은 역사가보다는 문학가에 더 가깝다. 백두산 기행에서 그는 근대사학적 방법론보다 더 우선적인 것으로서 '신념'의 중요성을 거듭 강조하기 때문이다. 만주를 조선의 고대사와 긴밀히 연결시키고 백두산에 민족 기원으로서의 순수성authenticity을 부여하고자 한다는 신념이다. 이를 위해 그가 택한 방법은 역사학이 아니라, 문학과 신화학의 방법이다.

89회나 연재된 긴 글에서 최남선이 거듭 강조한 핵심적인 관점은 곧 백두산은 '단군의 탄생지요. 조선의 출발점'[7]이다. 그 구체적인 공간은 바로 '신시神市'이다. 그는 백두산 밑의 '천평天坪'이라는 곳이 바로 그 '신시'일 것이라고 추정한다. 그 이유는 먼저 '천天' 자가 들어가 있다는 것이다. 그런가 하면 현지답사를 해 보니, 그는

---

5   최남선은 백두산록의 고원을 걷다가 정계비를 발견했고, 그것이 숙종 때 조.청 간의 정계비라는 사실을 알고 깊은 감회에 잠겼다. 그에게 1712년 조.청 간의 국경 감계 사건의 의미는 곧 청이 조선으로부터 백두산을 빼앗아가고자 했다는 것, 곧 백두산의 소유권을 둘러싸고 벌어진 싸움이었다는 것이다. 최남선, 「白頭山觀參(59)」, 『동아일보』, 1926.10.11, 1면 참조.

6   그후 그는 단군조선의 강역이 평양 근처로 비정되게 되었다. 최남선, 「壇君神典에 들어잇는 歷史素(3)」, 『중외일보』, 1928.1.4, 1면 참조.

7   최남선, 「白頭山觀參(34)」, 『동아일보』, 1926.9.8, 1면.

그 幽秘平衍함이 原始國家의 發生地로 最適恰好함은 勿論이오. (…중략…) 그 廣大雄麗함이 近代國家의 長成地로도 가장 優越한 條件을 具備하엿슴을 봄에 밋처 이 天坪이 古傳의 上에서 國家의 搖籃地로 擬定됨이 과연 偶然한 것 아님을 깁히 늣기지 안치 못하엿다[8]

고 하며, 거기가 충분히 국가의 요람이 될 만한 공간이라고 주장한다. 그리하여 '조선의 국가 탄생이 백두산에 있었다는 것이 다만 전설적 가설傳說的擬想에서 나온 것이 아니라, 대부분 잡아떼기 어려운 사실적 배경(또는 근거)의 있음을 짐작하기 어렵지 않다'고 확신한다. 이렇게 확신하는 데에 '사실적 배경이나 근거'로 든 것은 그가 백두산 산록 허항령의 사당에서 발견된 "국사대천왕지위國師大天王之位"라는 신주의 문면이다. 수많은 '천왕' 중의 한명일 수는 있어도 하필 조선에만 한정된 존재일 리가 없었겠지만, 그에게는 '천왕'이란 곧 단군이고, 그 문면은 곧 단군을 숭배하는 상징이라는 것이다. '국사國師'라는 말 자체가 불교식 용어이지만, 최남선의 주장에 따르면 이런 불교적 색채는 후대에 덧씌워진 것일 뿐, 본래 국사라는 한자어는 '신神'과 관련된 의미를 지니고 있다는 것이다. 따라서 그는

桓雄의 天降地라 하는 이곳에 와서 傳說이 如合符節한 것을 보매 특히 이런 方面의 注意와 用力이 오래 澌滅喪盡하야 거의 이러한 顯證明據를 期待

8　위의 글.

치 못할 곳에 滄海의 遺珠같은 이 大證迹이 구태 남아잇는 것을 보매 當然하고도 神奇스러움을 形喻할 길이 업다[9]

고 하며, 백두산은 곧 단군의 탄생지라는 '현증명거顯證明據'를 찾았다는 감격을 금치 못하였다.

이처럼 백두산은 최남선에게 실체보다 철저한 정신적 영역에 속하는 상징물에 가깝다. 이는 그가 그동안 학습하고 소개하던 근대 지리학과는 상충된다는 사실을 그가 스스로 자각하지 못했을 리가 없을 것이다. 그래도 터무니없는 '증거'들에 의해 흥분된 것은, 1920년대 단군 연구에 임하는 그가 직면하였던 근본적인 딜레마, 즉 증명할 수 없는 것을 증명해야 한다는 점에 기인한 것으로 보인다. 그 근본적인 목적은, 탐방을 떠나기 전에 이미 정해진 것과 같이, 조선 민족의 정체성을 말살하려 했던 식민지 시기에 민족혼의 상징으로서의 백두산을 호출하기 위함이었다. 국가가 부재하는 상황에서 민족성을 유지하기 위해 '상상'으로써 신념과 현실 간의 간극을 매우는 그 방법밖에 없었기 때문이다. 그 '상상'은 곧 민족주의 이데올로기로서의 환상이다.

이와 유사한 인식은 동시대 만주를 방문한 조선인의 글에서 종종 발견될 수 있다. 1925년 이함李涵과 정윤鄭潤 부부의 만주 기행문을 예로 들자. 이 글은 만주 일대가 단군의 강역이었고, 송화강 이동 지역이 고려에 이르기까지 '우리 땅'이었다며, 조선족과 만주족은 '동족'이라고 주장한

---

9   최남선, 「白頭山觀祭(26)」, 『동아일보』, 1926.8.29, 1면.

다. 그것을 입증하기 위하여, 이들은 오길밀烏吉密(하얼빈의 관할 지역) 부근의 "태평령상太平嶺上 상공당上公堂"에 있는 『호삼태야지위胡三太爺之位』라는 위폐가 바로 단군을 기념하는 신위라고 한다. '만주인들이 단군檀君께서 일신삼화一身三化와 삼신일체三神一體이신 그 은덕을 부여, 숙신, 여진, 발해, 요, 금, 청까지 함께 기념해서' 모신 위폐인 것이다. "호삼태야지위"는 실제로 당시 만주 지역 사는 한족이 호선狐仙을 모신 신위였음[10]에도 불구하고, 그것을 만주인들이 단군을 기념해 온 증거라는 설명은 역시 의식적이든 무의식적이든 상상으로 신념과 현실을 봉합하기 위한 것이었음을 짐작케 한다.

2) 민족의 영광을 찾는 여정 – 고구려 유적 답사기

민족의 기원을 찾기 위한 백두산 탐방 외에, 만주에서 고구려 시기 유적들에 대한 답사는 이 시기 조선 지식인 만주 기행문에 중요한 부분을 차지하고 있다. 민족의 영광을 되살리기 위한 이들의 유적 답사는 1910년대 유학자들이 만주의 유적들을 답사하면서 종종 삼학사나 병자호란을 떠올리던 심정과는 구별되었다. 1932년 1월 27일부터 3월 9일까지 총 30회 걸쳐 박노철朴魯哲이 『동아일보』에 연재한 「만주유기 – 고구려유지滿洲遊記 – 高句麗遺址」는 그 대표적인 예로 들 수 있다.

박노철은 만주에서 여행하면서 랴오닝성과 지린성 등 지역은 조선의

10　중국 민간신앙에서 선술을 깨달아서 신통력을 터득한 여우를 이르는 말. 호선의 상(像)은 일반적으로 의관을 갖춘 모습으로 묘사되며, 북방에서는 호삼태야(胡三太爺)라고 일컫는다. 烏丙安, 葉大兵, 『中國風俗辭典』, 上海: 上海辭書出版社, 1990, 737쪽 참조.

옛땅이라는 증거를 현지인이 쓰는 언어에서 찾고 있다. 그는 '패륵貝勒'이라는 만주의 흔한 지명을 주목한다. '이는 곧 비리卑離, 비이卑耳, 패리稗離를 음역音譯한 만주어인데 곧 부여라는 뜻'[11]이라고 설명한다. 다시 말해, '패륵'은 '부여'에서 나온 만주어의 지명이므로, 만주는 곧 부여의 땅이라고 판단하는 것이다. 그는 또한 만주 현지인들이 "발해渤海, 여진女真, 동간등東幹等의 유적遺迹"들을 일컬어, "고려성高麗城, 고려비高麗碑, 고려구高麗터, 고려족高麗銇, 고려정高麗井, 고려총高麗塚, 고려보高麗堡"라 하는 데서 그 유적들은 모두 조선과 관련된 것이라고 지적한다. 그것이 '보통 조선에 관한 것은 무엇이나 고려로 칭하는 그들(중국인)의 버릇'[12]이기 때문이다. 요컨대 그가 보기에는, 만주에 '패륵'과 '고려'로 된 지명이 많기 때문에 '만주는 모두 고대 부여 부락의 보금자리며 또는 졸본고구려의 활무대'[13]였다.

박노철의 논증에는 역시 부실한 면이 없지 않다. '패륵'은 만주어에서 청나라 만족의 귀족 칭호를 뜻하는데 실제로 '부여'와는 관계가 없는 말이기 때문이다. 현지인이 쓰는 말을 '증거'로 삼은 것도 역시 억지스러운 면이 존재한다. 이에 그는 '현지인의 말에 의해 떠돌아다니는 전설이니 만큼 물론 역사적 사실에 부합되지 않는 것도 간혹 있지 않을 수 없다[14]며 스스로도 인정한 바이다.

다른 한편으로 박노철은 기행문에서 옛 전쟁터를 비롯한 고구려 유적

---

11   박노철, 「滿洲遊記 高句麗遺址(10)」, 『동아일보』, 1932.2.6, 5면.
12   박노철, 「滿洲遊記 高句麗遺址(25)」, 『동아일보』, 1932.3.4, 5면.
13   박노철, 「滿洲遊記 高句麗遺址(10)」, 『동아일보』, 1932.2.6, 5면.
14   박노철, 「滿洲遊記 高句麗遺址(25)」, 『동아일보』, 1932.3.4, 5면.

들을 자세히 소개하면서, 수隋나라와 당唐나라에 대한 고구려의 승리를
반복적으로 강조하곤 한다.

① 나는 張台子驛을 떠나 遼陽을 바라볼때 문득 高句麗의 古戰地를 더욱
늣기게 되다. (…중략…) 高句麗가 隋를 破할때에도 大部分遼東城을 中心삼
아 奇功을 세윗다. (…중략…) 나는 遼陽城을 지나며 그일호숨긴 神將의 奇
功을 다시한번 念慕할 때 句麗當時武威를 더한층 敬仰하게된다.[15]

② 이 땅은 일즉 安市城主楊萬春將軍이 唐宗李世民의 十萬精兵을 손쉽
게 물리친 곳으로 우리 史上에 일흠높은 古戰地중의 한아이다. (…중략…)
당시 唐太宗은 楊萬春將軍이 城을 굿게직혀 끗까지 抵抗함을 보고 도로혀
그 絕勇에 畏服되어 마감으로 그 殘卒를 거두어 떠나가는 길에 갑진 비단
百匹를 楊將軍에게 삼가 禮物로 드리운 바가 잇엇다. 지금 시속 말로 말하
자면 高唐兩國간에 平和條約을 締結하야 戰敗者인 唐이 戰勝國인 高句麗
에게 賠償金을 물은 세음이다. 비단 百匹은 마치 賠償額으로 볼수잇다.[16]

위와 같이 최남선은 상상이나 신화로써 백두산에서 민족의 순수성을
찾는다면 박노철은 만주 실제의 고구려 유적을 답사함으로써 민족의
영광을 되살리고자 하였다. 이러한 '영광의 과거'를 되찾는 것은 오랫동
안 조선에게 잊혀진 고구려, 발해 등 조상의 위대한 역사에 대한 '초혼招
魂'인 셈이다. 이것은 물론 근대계몽기에 보였던 탈중국 운동의 연장선

---

15 박노철,「滿洲遊記 高句麗遺址(8)」,『동아일보』, 1932.2.4, 5면.
16 박노철,「滿洲遊記 高句麗遺址(11)」,『동아일보』, 1932.2.7, 5면.

상에서 해석될 수 있지만, 그보다는 3·1운동 직후 문화통치하에 점차 쇠진해 가는 민족 정기를 고취하기 위한 성격이 더 강한 것으로 보인다. '영광의 과거'의 맞은편에 '비참한 현재'가 분명히 자리 잡고 있기 때문이다. 한때 강한 당나라와 수나라를 물리쳤던 고구려의 정신과 무위武威는 바로 일제 지배 하의 조선인이 가장 필요한 것 아니었는가.

'영광의 과거'에 대한 추억과 감회는 이 시기 만주를 방문한 조선 지식인의 글에 흔히 드러나는 정서였다. 1920년 6월 24일부터 7월 3일까지 총 11회로 『동아일보』에 연재된 「만주 가는 길에」라는 기행문에 역시 고구려의 유적들에 대한 서술들이 많이 담겨 있다. 과거 조상의 영광스러운 역사를 자랑스럽게 회고하는 박노철과 달리, 저자 공민公民은 '욕심나는 것보다도 슬픔이 간절하'[17]다.

이 땅은 原來三韓의 一되는 辰韓의 領土로 其後 高句麗의 版圖가 되얏슬 때 唐太宗이 三代를 이어 海陸精兵을 大擧하야 侵略하얏스나 交戰할 때마다 大敗하야 當時의 激戰하얏든 形迹이 到處에 散在하고 高句麗後에도 渤海의 領土이든 것이 曆然하니 우리祖上의 功績을 破壞하기 前에 우리 古人의 遺迹을 掩蔽하기 前에 우리 靑年曆史家는 한거름에 뛰여오시오.[18]

---

17 공민, 「만주 가는 길에(4)」, 『동아일보』, 1920.6.26, 1면. 공민은 1920년부터 1923년까지 『동아일보』 객원기자로 활동하였던 나경석(羅景錫, 1890~1959)의 필명이다. 그는 1920년 6월 24일부터 7월 3일까지 총 11회로 『동아일보』에 「만주 가는 길에」라는 기행문을 연재하였다.

18 공민, 「만주 가는 길에(5)」, 『동아일보』, 1920.6.27, 1면.

윗글에서 공민은 다롄에 가는 길에서 석양에 물든 만주 벌판을 보면서 민족사의 복원을 위해 유적지의 보호와 재건을 청년 역사가의 노력을 간절히 호소하고 있다. 6년 후에 '백두산 의식'을 되살리기 위해 '역사가, 철학가, 시인이 필요하'[19]고 호소한 최남선의 초조한 심정과는 궤를 같이하는 것이다. 이러한 긴박감은 외적으로는 일제에 의해 추진하는 조선 민족정신을 말살하기 위한 계획, 그리고 당시 내전 중인 중국의 혼란스러운 시국에 기인한 것으로 보인다. 내적으로는 국가를 잃은 상태에서 '영광의 과거'를 보존하기조차 힘들다는 무력함에서 비롯된 것이다.

'영광의 과거'는 만주 땅에서 고스란히 산재해 있는 유적들에서뿐만 아니라, 박물관에서 전시된 고구려 유물들에서도 확인된다.

炭礦에서 나와서 撫順陳列所란 곳을 觀覽하얏는데 陳列品의 大部分은 撫順炭山의 高麗塚에서 掘得한 高句麗磁器이옵데다 그 磁器가 開城等地에서 나는 것과 種類가 異하야 實用品의 形體도 더욱 巧妙하고 多數는 兒童의 장난깜으로 制造한 磅器의 牛, 馬, 家屋等이라 이 땅에 살든 朝鮮 사람은 工藝가 더욱 發達되얏섯고 物質의 余裕가 充分하든 證據인가 하나이다. 그 無盡藏으로 나는 石炭山 우헤서 우리 넷날 사람이 數千年을 사라왓소 그 磁器를 暫間 나의 손으로 붓잡고 追憶하니 萬感이 交至하더이다.[20]

19　최남선, 「白頭山觀參(37)」, 『동아일보』, 1926.9.11, 1면.
20　공민, 「만주 가는 길에(7)」, 『동아일보』, 1920.6.29, 1면.

그림 3 노천 채굴하는 푸순 탄광(1940년) (より塩崎伊知朗が, 南満洲鉄道株式会社編集, 『満鉄一覧』, 1941)

위와 같이 공민은 푸순撫順 진열소에서 전시된 고구려 도자기磁器를 바라보면서, 그것이 '이 땅에서 살던 조선 사람은 한반도에서 산 사람보다 공예가 더욱 발달되었었고 물질의 여유가 충분했던 증거'로 여기고 있다. 무엇보다 고구려인들은 자연자원이 빈약한 반도에서가 아니라 "그 무진장無盡藏으로 나는 석탄산石炭山" 위에서 살았던 사실은, 그를 하여금 만주 땅을 '포기'한 조상에 대한 원망을 하게 하였다.

國家主義를 無視하고 國家의 統治者되얏든 李朝는 遼東七百裏벌을 廢屣와 가치 抛棄하얏소. 그리하야 淸太祖가 此地를 最初發祥地로 明國을 政府한 後에 奉天으로 還都한 것이외다. 至今은 우리 貧弱한 農夫가 좀 그 땅을

만저보자기만 하야도 堂堂한 中華民國政府는 號令을 하오.[21]

이와 같이, 공민은 현재 만주 조선 이주민들의 막심한 생활고의 근원을 '국가주의를 무시'하였던 조선 왕조에서 찾고 있다. 다시 말해, 그가 조선 '비참한 현재'의 뿌리를 조상으로 인한 만주 고토의 상실에 두고 있다. 이러한 논리는 현재의 일제 식민지 현실을 은폐하였고, '비참한 현재'를 탈출하기 위한 출구를 고토 만주에서 찾게 된다. 결국 '민족의 순수성'와 '영광의 과거'를 간직한 만주에 대한 역사적 인식은 '희망의 터전'이라는 현실 인식과 결부되고 말았다.

2. '희망의 터전'으로서 만주의 가능성

위에서 살펴본 민족의 순수성과 영광을 만주에서 되찾는 작업은 실제로 당시 조선인의 만주 이주에 민족적 기원이자 역사적 고토로의 회귀라는 성격을 부여하였다. 이와 함께 신화나 역사 속에 있는 만주뿐 아니라, 현실의 만주, 특히 민족 '희망의 터전'으로서 만주의 가능성은 또한 주목받는 대상이 되었다. 이러한 희망은 식민지 현실을 탈출하여 만주에서 새로운 삶의 터전을 구축할 가능성을 의미한다. 만주는 이런 의미에서 식민지 조선인에게 억압과 결핍을 보상받는 욕망의 공간으로 상

21　공민, 「만주 가는 길에(4)」, 『동아일보』, 1920.6.26, 1면.

상되었다.

'희망의 터전'으로서 만주의 가능성은 일차적으로 그 넓은 땅과 풍부한 자원에서 비롯된다. 만주는 일본의 3.5배, 조선의 5배에 달하는 면적이다. 이 시기 만주 기행문을 보면, 기차 안팎 대륙의 광대함에 놀라하면서 좁은 반도에서 넓은 대륙으로 가는 통쾌함을 느낀다는 내용이 종종 나온다. 이에 따라 '그 벌판이 내 손에 쥐여진 것 같고 그 광야가 내 입에 들어간 것 같다'[22]는 낭만적 판타지도 형성된다.

> 사람은 흙에서 나고 흙으로 도라갈 物質이니 흙이 貴하고 땅이 우리의 生命糧食일 것이외다. 그러한 땅이 朝鮮에는 적습니다 업습니다. 그러나 여긔는 그 귀한 흙 땅이 만코도 만습니다. 침이 꿀걱꿀걱 넘어갈 만치 욕심납니다. 우리에게도 이러한 땅을 주어 애타는 우리를 즐겁게 하소서하는 祈禱가 제절로 나옵니다.[23]

위와 같이, 방인근方仁根은 흙과 땅의 중요성을 유난히 강조하고 있다. 1910년대부터 실시된 토지조사사업으로 조선의 땅이 일제에 의해 대규모로 약탈되었던 현실을 염두에 둔다면, 그가 만주의 땅을 조선인에게 주었으면 하는 욕심이 난 것은 식민지 조선의 현실을 개선시킬 가능성을 만주의 넓은 벌판에서 찾고자 한 것이다. 같은 해(1925) 그가 춘해라는 이름으로 『조선문단』에 발표한 「만주여행기」에서도 비슷한 언급이

---

22   朴熙道, 「내가 十八歲時節에 滿洲曠野를 밟고 高喊칠 때」, 『별건곤』 21, 1929.6, 65쪽.

23   방인근, 「南滿洲 벌판에서」, 『동아일보』, 1925.8.17, 3면.

나온다. 그는 창춘에서 하얼빈까지 가는 가치에서 '그 기름지고 넓은 벌판을 싫증도 내지 않고 자꾸 쳐다보'면서, '조선에서 땅 난리가 나고 땅 귀해서 애쓰고 땅 없어서 가난한 그 보배의 땅이 여기는 어찌 그리도 많은가 하나님을 저주하는 생각 모든 것을 원망하는 생각이 치민다'[24]고 한탄하고 있다. 같은 맥락에서, 1927년 6월 구미 유학길에 오르면서 만주를 경유하였던 나혜석羅蕙錫도 하얼빈에서 만주리滿洲里까지 가는 기차창 안팎의 아름다운 황무지荒蕪地의 풍경을 바라보면서 "쓰고 남은 땅이거든 우리나 주었으면……"[25]이라는 심정을 토로하고 있다.

만주 땅에 매장된 풍부한 광물 자원은 또한 '희망의 상징'으로 반복적으로 언급되는 대상이다. 그중에서 만철이 경영하는 당시 동양 최대 광산인 푸순 탄광에 대한 언급이 가장 많다. 당시 만철의 안내를 받은 조선 지식인의 경우, 푸순 탄광은 시찰의 필수 코스였기 때문이다. 그러나 대부분 이들의 눈길을 끈 것은 만철이 보여주고자 하는 '만철 왕국의 위용'[26]이 아니라, 풍부한 만주의 자원이다. 1922년『매일신보』의 기차 목춘은 푸순탄광을 구경할 때, '푸순 탄광의 매장량이 매우 풍부하여 현재와 같은 시설로 현재와 같은 분량으로 채취한다면 앞으로 200년을 채취할지라도 150년의 수명은 걱정 없이 보유한다는 것에 기자는 놀라움

---

24 춘해, 앞의 글; 허휘훈·박이정 편, 앞의 책, 663쪽에서 재인용.
25 나혜석,「쏘비엣露西亞行, 歐米遊記의 其一」,『삼천리』4-12, 1932.12.1, 63쪽.
26 김백영·조정우의 연구에 따르면, 당시 "'다롄-펑톈 간 코스'는 관광객들이 '만철본선-안산제철소-푸순탄광'이라는 만철의 3대 사업을 모두 견학하여 '만철왕국'의 위용을 확인하도록 하"기 위해 설계된 것이었다. 김백영·조정우,「제국 일본의 선만(鮮滿) 공식 관광루트와 관광안내서」,『일본역사연구』39, 일본사학회, 2014, 39쪽 참조.

을 금하지 못하였으며, 하늘의 은혜가 적은 조선에 비하여 만주의 토지가 무한한 축복을 향유한 것이 부러웠다'[27]고 토로한다.

앞에서 언급한 공민은 푸순 탄광의 거대한 매장량을 감탄하는 동시에, 거기서 발굴된 석탄으로 만들어진 가스가 조선 경성의 공업 원동력을 제공한다는 사실을 같이 거론하고 있다.[28] 만주의 광물자원이 직접 조선의 공업원동력이 된다는 현실의 근저에는 만주국이 수립되기 이전부터 일제가 대륙침략을 합리화하기 위해 '선만'을 하나로 묶은 물리적·이념적 차원에서 작동된 노력이 깔려 있다.[29] 이렇듯 역사적 차원을 넘어, 현재라는 차원에서도 '만철왕국'을 매개로 하여 조선과 만주는 하나로 묶게 되었다.

『조선일보』의 특파원 신영우申榮雨는 곧 현재의 관점에서 조선에게 만주의 중요성을 강조하고 있다. 그는 1932년 초에 연재한 「만주기행」이라는 글에서 '과거의 자취를 찾아서 감회적 애착을 모은 관심을 가지는 것보다도 현실의 여러가지 만주의 중대성이 우리의 관심을 더욱 끌고 주목을 집중케 한다'고 주장한다. 특히 경제적 차원의 중요성을 다음과 같이 지적한다.

---

27 목춘, 「滿蒙遊行記(33)」, 『매일신보』, 1922.8.13, 1면.
28 공민, 「만주 가는 길에(7)」, 『동아일보』, 1920.6.29, 1면.
29 일본과 조선, 만주, 몽골은 지리상으로나 역사상으로 분리될 수 없는 관계를 가졌다는 것으로 일제가 대륙침략 이전부터 치밀하게 준비를 하고 있었다. 일제는 이런 문제의식을 일반인들에게 주입시키기 위해 『매일신보』 신문사설을 통해 조선과 만주뿐만 아니라 일본까지도 포함시킨 '日鮮滿統一'의 필요성을 강변하기도 했다. 당시 표면적으로는 정치·군사적 통일이 아닌 경제적으로 긴밀하게 연결하는 것을 우선시했다. 이에 대해 송규진, 「일제하 '선만 관계'와 '선만일여론'」, 『한국사연구』 146, 한국사연구회, 2009, 249쪽 참조.

만주는 비옥무류(肥沃無類)한 평야가 그야말로 망막하게 버려져 있고 지하에 묻힌 보고가 한없이 쌓여 있으니 가량(假量) 세계 총산액의 66퍼센트를 점령하는 대두(大豆), 수십억 톤의 매장량을 가진 석탄, 천고미답의 대삼림, 기타 등등 무진장한 물산과 그것을 이용하여 얼마든지 일으키고 발달시킬 수 있는 상공업, 아직도 수억 인구를 증식시켜도 오히려 생활 자료가 남을 그 여력 등 세계인의 열렬한 식욕을 자아내기에 충부하다 할 것이외다.[30]

이처럼, 그가 유난히 주목하는 것은 역시 땅, 광물 자원 등 근대국가와 긴밀히 결부되는 물질적·경제적 영토로서의 '자연'이다. 동시대 다른 해외 기행문에서 종종 나오던 이국적인 풍경 등 '자연'에 대한 인식과는 엄연히 성격이 다른 것이다. 이러한 자연관은 만주가 이 시기 조선인들에게 결코 관광의 공간이 아니었음을 보여준다. 대신 자원이 빈약한 반도에서 땅을 잃은 조선인이 정착하여 정주할 새로운 터전, 나아가 조선의 미래와 연결될 만한 희망의 공간으로 인식되었다.

이러한 인식은 『조선일보』 간도 특파원 이종정이 만주와 몽골을 돌아보고 나서 1927년에 발표한 「만몽답사여행기」의 서두에서 분명히 밝히고 있다. 그는 이 글에서 과거, 현재 및 미래의 세 개의 차원에서 조선에게 만주의 특수성을 논하고 있다. 구체적으로 만주는 과거의 차원에서는, '조선 조상의 안주지'였다는 역사적 사실로 민족의 영토적·역사적 연속성을 보여주는 공간으로, 현재의 차원에서는, '현재 수백만 조선

---

30 신영우, 「滿洲紀行(1~8)」, 『조선일보』, 1932.2.26~3.11; 허휘훈·박이정 편, 『20세기 중국조선족 문학사료전집』 14, 연변인민출판사, 2013, 768쪽에서 재인용.

인이 주거하는 지대', '지사의 찾는 활무대'로 조선인의 삶의 근거지 역할을 하는 공간으로, 미래의 차원에서는, '만대 자손이 이 땅에서 나서 이 땅에서 번영할 억만 년 미래'를 담보할 공간으로 묘사된다. 이 글이 궁극적으로 도달한 것은 곧 만주는 조선의 '연장'이라는 결론이다.

> 이것은 決코 野心에서 나옴도 아니오. 滿洲는 우리半島의 延長地域이오. 이땅에 住居하는 同胞의 生命이 또한 內地同胞의 生命延長이니까 우리는 우리의 生命을 더욱 延長시키기 爲하야 이땅의 開發에 最善의 努力을 다할 것이며 合理한 手段과 方法으로써 國際的地位에 處하야 모든 權利를 擁護 伸張하기에 專心하여야 할 것이다.[31]

위의 인용문에서 만주는 "반도의 연장 지역"으로 과거, 현재, 미래의 세 차원에서 조선과 특수한 친연성을 갖는 공간으로 인식·서술되고 있다. 바로 이런 논리로 출발하여 이종정은 조선인이 '어느 민족보다도 이 만주와 몽골 연해 일대에 대한 사정을 잘 연구하여야 할 것이며, 모든 생존권도 확립하게 하도록 노력해야 할 것'이라고 주장하고 있다.

만주를 조선의 '연장선'이라고 여기는 인식은 일부 글이 만주에 대해 조선을 '내지內地'로 자칭하는 경우를 통해서도 엿볼 수 있을 것이다. 예컨대 위에서 인용된 이종정의 글에서는 '이 땅에 주거하는 동포의 생명이 또한 내지 동포의 생명연장'[32]이라고 서술한 바가 있다. 차상찬車相瓚

31 　이종정, 「滿蒙踏查旅行記(1) – 奉天에서」, 『조선일보』, 1927.10.15, 4면.
32 　위의 글.

은 조선인의 만주 이주를 '조선인은 조선 내지에서 쫓겨내 자연스럽게 조선의 유지遺地인 만주를 점유하게'[33] 된다는 것으로 인식하고 있다. 당시 조선에서 '내지'라는 말은 일반적으로 일본 본토를 의미하였다는 사실을 감안한다면, 만주에 대해 조선을 '내지'로 칭한 것은 조선 대 만주의 관계는 조선 대 일본의 관계를 유사한 방식으로 서사를 전개한 것으로 보인다. 물론 1920년대에는 이러한 경향은 결코 흔하다고 볼 수는 없을 것이다. 나중에 1937년 중일전쟁이 발발한 후 조선이 대륙병참기지가 됨으로써 공식적으로 '제2의 내지', '내지의 분신'[34]이 된 이후에야, '내지'라는 자칭은 조선 지식인들에 의해 더욱 널리 쓰이게 되었다.

위에서는 1920년대 만주를 인식하고 표상한 조선 지식인의 욕망을 고찰하고 그러한 욕망의 발현 속에서 재장소화된 민족의 지식인들은 백두산 또는 고구려 유적을 직접 탐방함으로써 만주를 역사적 · 민족적 인접성 등 이유로 조선과 친연성이 깊은 특수한 공간으로 그렸다. 이와 동시에 풍부한 자연자원을 보유하는 만주가 조선의 현재, 미래와 직결되는 외연적 공간으로 간주되는 시선도 강하게 표출되었다. 과거와 현재, 나아가 미래라는 차원에서 긴밀히 연결된다는 논리의 바탕에서 만주는 조선과 하나로 묶게 된다. 이러한 인식에는 비루한 식민지 현실을 보상하거나 탈출하려는 기대감이 깔려 있었음은 분명하다. 그러나 외부에 투사한 욕망은 조선의 '비참한 현재'에 대한 진정한 사유와 저항

---

33   차상찬, 「戰亂過中에 入한 在中七十萬同胞」, 『개벽』 52, 1924, 77쪽.

34   鈴木武雄, 「大陸兵站基地論解說」, 『今日の朝鮮問題講座』 2, 綠旗連盟, 1939; 조경달, 정다운 역, 『식민지기 조선의 지식인과 민중 – 식민지 근대성론 비판』, 선인, 2012, 195쪽에서 재인용.

의식을 실제로 억제하였다. 무엇보다 만주를 중국과 관계 없는 공간으로 탈영토화시켜 조선의 외연적 지대로 인식한 것은, 무의식적으로 일제가 내세운 '선만일여'라는 대륙침략 논리에 일조하는 역할을 하였다. 1932년 만주국 건국 이후 대동양공동권을 극찬하는 친일적 논리로 쉽게 변모된 것이 바로 그 결과로 볼 수 있다.[35]

---

35 예컨대 1937년 9월에 다시 만주 여행길을 오른 최남선은 국경을 넘어설 때, 고토의 상실로 인해 눈물을 흘리도록 슬픔을 환기하지 않게 되었다. 대신 일제 "국경 경비의 노고(勞苦)"가 그의 시야에 들어왔다. 불과 11년 전만 해도 조선의 고토로 만주를 간절히 바라보았던 그는 이제 만주국을 '북지(北支)의 특수 지역화를 실현'함으로써 '전 동양의 문화와 평화와 진정한 행복을 위하는' 대동양공영권의 교두보로 인식하게 되었다. 최남선, 「松漠燕雲錄」, 『매일신보』, 1937.10.29 4면; 최남선, 「北支那의 特殊性(7)」, 『매일신보』, 1937.10.10, 2면. 참조.

제5장

중·일 사이의 '재만조선인 문제'

제4장에서 논의한 것처럼, 1920년대 만주를 방문한 일부 조선 지식인의 글들은 만주를 조선의 외연적 지대로 중국과 분리시켜서 인식하는 경향이 강하였다. 그러나 만주는 아무리 고조선, 고구려, 발해의 고토였다고 해도 중국의 땅이 된지 오래되었다는 게 현실이었다. 정확히 말해, 1920년대의 만주는 조선을 뒤이어 일본 제국의 공간 질서에 점차 편입되어 가고 있지만, 여전히 중화민국이 주권을 갖는 지역이었다. 그것도 재만조선인들이 힘들게 생존을 도모하는 온갖 혼돈으로 가득 찬 중국의 일부였다.

1. 무법천지 만주

이 시기 만주를 찾은 기자나 특파원들에게 재만 동포들의 생활상을 살피고 그들의 근황을 전달하는 것이 만주행의 주요 목적이었다. 특히

1920년대 초중반부터 만주에서 종종 발생한 재만조선인에 대한 중국인과 관헌의 구축, 폭행, 살해 등 극심한 박해 등 이른바 '재만조선인 문제'에 대한 원인 규명 및 해결책 모색은 이들의 최대 관심사였다. 예컨대 1923년 간도에 사는 조선인 최창호가 중국 군인에 의한 피살사건은 당시 재만조선인의 열악한 생존 조건을 단적으로 보여주는 사례로서 조선 언론에 대대적으로 보도되었다.

따라서 이 시기 언론인을 포함한 대부분 조선인의 만주 관련 담론에 재만조선인이 처한 비참한 상황을 서술하는 데 지면을 많이 할애하였다. 그 과정에서 이념적으로 '희망의 공간'이었어야 할 만주를 현실적으로 '수난의 공간'으로 변모시킨 이유가 '중국인' 때문인 것으로 귀결되기가 일쑤였다.

1920년대에 발표된 많은 기행문에서 '가해자로서의 중국인' 이미지가 노골적으로 그려지고 있다. 일례로 ㅅㅅ생은 1924년 『개벽』에 게재한 기행문에서 재만 동포들의 궁핍한 생활상에 개탄하며, 그 원인을 "중국인의 세력"에서 찾고 있다.

中國人의 勢力에 눌리여 氣運에 밀니어 엇지할줄을 모르고 밤, 낫 苦生이다. 그들의 입에는 쌀밥이 들어가지 못하다. 이들의 몸에는 무명옷도 발나 맛는다. 그들은 中國집 한 間을 빌어서 數三戶食口가 接食한다.[1]

---

1   ㅅㅅ생, 「남만을 단녀와서」, 『개벽』 49, 1924, 93쪽.

1924년 만주에서 독립운동을 했던 김홍일金弘壹은 만주에 사는 동포들의 생활상을, '관리에게 토민土民에게 도적에게 구축驅逐받고 욕먹고 매 맞고 약탈을 당하여 다만 한숨을 쉬고 눈물을 흘리는 속아픈 정경'[2]이라고 묘사하고 있다. 여기서 그는 재만조선인을 착취하고 압박하는 '중국인 세력'을 첫째, 관리, 둘째, 토민(지주, 일반 민중), 셋째, 도적으로 세분화하고 있다. 이 세 가지 정형화된 중국인 이미지는 동시대 다른 조선인의 만주 기행문에도 자주 등장하였다.

그중에 특히 중국인 지주의 횡포에 대한 고발이 가장 많다. 박석윤朴錫胤은 간도에서 거주하는 조선인들은 "죽을 지경의 생활고生活苦에 빠져가면서 영원히 중국인 지주를 위해 미간지未墾地를 옥토로 만들어주는 데 피땀과 모든 힘을 희생해 왔어도 누구 하나 돌아보아 주는 사람이 없다"[3]고 한탄한 바가 있다. 『조선일보』 기자 김기림金起林은 1930년 6월 경성에서 열차를 타고 만주로 떠나는 길에, 그곳에서 사는 조선 유랑민들의 "지옥의 생활"을 공감하면서, 그들의 생활난을 역시 "중국 지주의 폭려暴戾한 착취와 압박"[4]으로 인한 것으로 지적하고 있다.

돈밖에 모르는 탐욕스럽고 무정한 중국인 이미지는 이돈화의 만주 기행문에도 나온다.

건너便床에서 또 霹靂챠는 소리가납니다. 그것은 다른 緣故가안이라, 나

---

2   김홍일, 「北滿奧地旅行記(1)」, 『동아일보』, 1925.6, 3면.
3   박석윤, 「간도의 인상(5)」, 『동아일보』, 1928.10.30, 1면.
4   김기림, 「간도기행(3)」, 『조선일보』, 1930.6.14, 4면.

와 同行하는 상투쟁이同胞가, 五六歲되는 딸년을 다리고가는길인데, 路費가 不足하야, 밥을 한 床만식엿는데, 딸에게 밥 한술을 멕이다가 使喚軍한데 들켜 야단봉변이 난 것입니다. 中國客主에는 제밥을 남을 주게 되면 主人에게 損害라하야, 그것을 嚴禁하는 것이, 맛치 監獄의 罪囚가 밥을 서로 논아 먹지 못하는 法則과 한 가짐니다. 아— 人間이냐 짐승이냐, 이러고도 萬物의 靈長이라는 自信도 업슴니다. 다만 돈입니다. 돈, 돈, 돈, 돈이면 그만입니다.[5]

밥 한상만 시켰다고 해서 어린 아이에게 밥 한술을 먹이는 것까지 허용하지 않은 여관 주인의 이미지는 '인간이냐 짐승이냐' 한탄하게 할 정도로 도덕적인 측면이 전혀 없었다.

'가해자'로서의 중국인 이미지는 무엇보다 폭력적이다. 당시 조선인과 원주민들의 갈등은 물론 마적의 습격을 받는 경우가 허다하였다. 김의신金義信이 표현한 것처럼, 만주에서 여행하면서 '중국 사람만 하나 만나면 저게 마적이나 아닌가? 하고 의심을 하게' 될 정도였다. 그는 만주에 와서 아버지를 찾다가 인신매매를 당한 어떤 조선 여자의 비참한 경험을 연민을 어리면서 다음과 같이 서술하고 있다.

그놈과 철모를 때부터 6년 동안을 가치 살다가 어느해 이월에 도망을 햇슴니다. 도망을 하다가 고만 중도에서 붓들이여서 밤낮 나흘 동안이나 옷을 벌거벗기우고 그 지독한 매를 마젓슴니다. 그것도 부족하던지 불젓가락으로

5   이돈화, 앞의 글, 109쪽.

사람의 전신을 지집듸다. 그러니 기절을 하고 기절을 하고 몃번이고 기절을 햇슴니다. 그런지 한 1개월 후에 지금 나와 가치사는 中國 사람의게 팔아서 그 사람과 지금까지 삽니다.[6]

위와 같이, 지주, 여관 주인, 마적 등 특정한 중국인에 대한 인식은 전체 중국인에 대한 인식으로 확대되는 경우가 흔하다. 예컨대, 목춘은 중국인 지주를 "눈에는 돈만 있고 사람이 없는 흡혈귀吸血鬼"라고 비유하며, 한발 나아가 중국인들에게 '인간의 도리를 논하는 것은 악마에게 성서聖書를 말하는 것과 같이 아무 소용이 없는 일'[7]이라며 분개한다. 박영철은 역시 '일년 내 고생 끝에 조선인의 고혈膏血은 온통 지나 지주에 의해 빨아먹히고 말았다'고 하며, '눈에 돈만 보이며 인간을 보이지 않는 민족을 꼽히자면, 세계적으로 지나인이 으뜸인데, 지나에서도 만주에 있는 중국인이 가장 심하다'[8]고 지적한다. 그는 또한 '도박을 즐기고 재물을 탐하는 것은 지나인의 특성'이라며, '생활을 위해 돈을 추구하는 것이 아니라, 돈을 추구하기 위해 생활하는'[9] '지나인'의 속물성에 대한 극도의 반감을 드러낸다.

이러한 표상을 통해 속물성과 비인간성은 마치 전체 중국인이 지니는 국민성으로 집약되게 되었다. 목춘이 만몽 여행이 끝난 후에 작성한 글

6　김의신, 「大滿洲踏破記」, 『별건곤』 26, 1930.2, 135쪽.

7　목춘, 「滿蒙遊行記(21)─移住同胞(其2)」, 『매일신보』, 1922.7.17, 1면.

8　"眼中有錢不知有人 世界中支那爲最 支那中滿洲尤甚 終歲辛苦之農民膏血 盡入于支那財主之吮吸" 박영철, 『아주기행』, 奬學社, 1925, 175쪽 참조.

9　"嗜賭博貪貨財 是支那人之特性 (…中略…) 支那人 非爲生活而有金錢熱 爲金錢熱而生活者也" 위의 글, 165~166쪽 참조.

에 따르면, 중국인의 국민성은 다름 아닌 '돈과 미인'만을 추구하는 '호화好貨와 호색好色'으로 집약된 것이다. 그중에 특히 이기주의와 금전만능주의가 가장 강하되, 그것만이 '없어지지 않은 한에 중국의 국민성은 개조하지 못할 것으로 보는 것이 정당한 견해'[10]라고 지적하고 있다.

중국 국민성에 관한 그의 주장은 중국인과의 직접적 대면을 통해 얻어낸 결과라기보다는, 오히려 같은 해에 발표된 이광수의 「민족개조론」과는 일맥상통한 면이 있다. 이광수가 중국인과 영국인의 국민성에 대한 비교를 통해, 중국은 문명성이 부재한 야만 국가인 반면 영국은 문명성을 담보한 문명국가임을 입증하는 작업[11]과 비슷하게, 목춘은 중국인의 국민성을 일본인과 대비하고 있다. 결론적으로 중국인이 세계에서 '국민적으로는 낙제생에도 맨끝'[12]이 된 이유는 바로 그 낙후된 국민성에 있다는 주장이다. 이처럼 3·1운동의 좌절을 경험하면서부터 1920년대 초에 조선의 중요한 사회적 의제로 본격적으로 부상한 조선 민족성 담론은 일본이 생산하고 유통시킨 조선인의 열등성을 부각시켜 식민화의 정당성을 확보하는 동시에, 조선 지식인에 의해 받아들여져 유사한 양상인 중국 민족성 담론을 창출해 냈다. 선천적으로 '이기적이고 비인간적인' 중국인 때문에 재만조선인들은 가난과 고통에 빠지게 되었다는 논리도 이로써 성립되게 되었다.

---

10 목춘, 「滿蒙遊行記(40)−齊宣王이 關雲長에게 跪拜하는 光景」, 『매일신보』, 1922.9.7, 1면.
11 "앵글로색슨족은 자유를 좋아하고 실제적이고 진취적이며 사회적인 국민성을 지녔다. 반면 중국인은 이기적이요 개인주의적 민족성을 지녔다." 이광수, 「민족개조론」, 『이광수전집』 17, 三中堂, 1962, 181~182쪽.
12 목춘, 앞의 글.

이와 유사하게, 조선인을 향한 중국인의 폭력 또한 단지 지주나 마적 등 개별적 중국인에게만 한정된 것이 아니라, 군인과 관리까지 동참하는 집단적인 핍박이라고 인식되는 경향이 강하였다. 이에 춘해는 중국 군인들이 온갖 횡포를 저지른 만주를 '무법천지'[13]라 규명한다. 박노철은 지린에서 살펴본 조선인의 살림살이를 "중국 육군은 무시로 와서 가축을 약탈하므로 하루 한때 마음 놓고 살 수 없다"[14]고 묘사하고 있다. 이돈화는 돈이 없는 조선인에게 마적이 아무 침해가 없다며, '무서운 것은 마적馬賊이 아니오 관군이라'[15]고 지적한 바가 있다. 그가 당시 조선인이 많이 이주한 흥경興京에서 들은 이야기로, 중국 군인은 돈을 위해서 어떤 일이라도 감행하며, 심지어 무기를 탈취하기 위해 조선 독립군을 습격하기도 했다는 것이다. 그는 '중국관청의 행사가 또한 그러하다'며 타락한 중국관청에 대한 재만조선인의 분노를 여실히 전달하고 있다. 궁극적으로 개개인으로서의 개별 중국인의 측면을 떠나, 군인, 관청을 포함한 정부 측면에 이르기까지 "구한국시대舊韓國時代의 장정葬政"보다 더 염치없었다는 인식에 도달하게 된다.[16]

중국인이 '가해자'가 된 것은 이들의 낙후된 국민성과 타락한 정부에서 비롯되었다고 본 자가 있는가 하면, 조선인에 대한 중국의 일반 민중의 멸시적인 태도 및 조선에 대한 귀화 강요에 기인한다고 본 자도 있었다. 김의신金義信은 만주 농촌에서 '조선 사람이라고 그간에 업신여겨서

---

13 춘해, 앞의 글; 허휘훈·박이정 편, 앞의 책, 666쪽에서 재인용.
14 박노철, 「장백산 줄기를 밟으며(3)」, 『동아일보』, 1927.8.4, 3면.
15 이돈화, 「남만주행(2)」, 『개벽』 62, 1925.8.1, 90쪽.
16 이돈화, 「남만주행(1)」, 『개벽』 61, 1925.7.1, 114쪽.

손가락질을 하면서 '꺼우리방즈'라나 등 멸시적 말만 한다'[17]는 장면에 가슴이 터지는 듯한 쓰라림을 느꼈다고 한다. 이수형李壽衡은 만주에서 도보 여행하면서 수없이 조선인에 대한 '대국大国'인 중국 민중의 멸시와 차별을 종종 당하는 바람에 차라리 자기가 운남雲南성 사람이라고 거짓으로 하였다고 한다. 그는 소국인小國人이라는 소리를 들을 때마다 조상이 어찌하여 이 땅을 버려 자손들로 하여금 이와 같은 소리를 듣게 하는가 하며 원망하며, 재만조선인들이 차별을 당하는 이유를 고민하였다.

① 그때에 엇떠한 客이 또한 드러오더니 나의 朝鮮人임을 듯고 甚히 下視하야 "哥五裏"를 連하야 부르며 네가 哥五裏지 哥五裏도 文字를 아나냐 하며 甚히 苦勞하게 하는지라 내가 그 자를 핀잔하여 日 現在에는 哥五裏가 아니니라 하엿다. 그 자는 日 現在哥五裏가 아니오 무엇이뇨. 古時에 네 나라이 大國의 屬國일 時에 稱하든 바가 哥五裏니 現在에도 나는 大國의 屬國으로 認치 아니하노라. 余는 크게 憤悲하야 가젓든 短杖으로 그 자의 腦平板을 치니 그자도 亦是我를 毆하려 하엿스나 主人의 仲裁로 平和가 되엿다.[18]

② 彼輩新募된 騎兵은 余를 向하야 日 汝가 何國人인고 余答日 余는 朝鮮人이로라하얏다. 彼輩는 甚히 嘲弄하야 日汝의 國이 日本에 屬하얏스니 汝亦日本人이라하며 諸般行動이 甚히 醜陋함을 感할너라.[19]

③ 朝鮮人이라면 누구나 言語間이라도 差別을 두고 動靜間이라도 嘲笑를

17　김의신, 「대만주답파기」, 『별건곤』 26, 1930.2, 133쪽.

18　李壽衡, 「吉林에서 北京에」, 『동아일보』, 1921.5.30.

19　李壽衡, 「吉林에서 北京에」, 『동아일보』, 1921.6.23.

하는 터이라 그러함으로 이곳에 드러온 우리 朝鮮人은 自來로 祖先이 입든 조흔 衣冠도 衣冠 다이하지 못하고 검은데데하고 푸르덩덩한 中國衣服을 입고 動作하는 須臾間이라도 아못조록은 朝鮮人의 態度도 내지 아니 하려 한다. 이곳에 來한 朝鮮人은 中國에 入籍한 것을 甚히 자랑한다. 中國에 入籍한 者는 勿論이어니와 中國에 入籍치 아니한 者라도 이를 瞞하야 入籍하엿다 한다. 그러면 萬一 中國衣裳을 입지 아니하면 옷더냐하면 지나가는 尋常한 路上客이라도 嘲弄함을 마지 아니하며 甚至于 嚴冬雪寒에 客店에를 드러 一夜를 쉬더라도 맛뜻한 곳을 어더 자기는 어렵다.[20]

위의 글을 살펴보면, 당시 만주에 있는 중국인이 조선인에 대한 차별은 크게 세 가지 요인에 기인한다고 볼 수 있다. 첫째는, ①에 언급된 바와 같이 대국으로 자처하여 과거 속국屬國이었던 조선에 대한 멸시적인 태도, 둘째는, ②에서 보이듯이 '일본에 속하였으니 당신도 일본인'이라는 식으로 식민지 조선인에 대한 조롱 및 혐오, 셋째는, ③에 언급된 바와 같이 '중국옷을 입지' 않고 중국에 귀화하지 않은 재만조선인에 대한 차별이었다. 그중에서 두 번째와 세 번째 요인은 모두 그 시기 중국인의 강력한 배일적 민족주의에서 비롯된다고 집약될 수 있을 것이다.

이와 관련하여 1930년에 김기림은 『민성보民聲報』[21]의 중국인 편집장

---

20 李壽衡,「吉林에서 北京에」,『동아일보』, 1921.5.15.
21 『민성보』는 1928년 2월에『동아일보』가 용정에서 간도에 있는 중국인사들의 의지로 매일 4면, 그중 조선어 1면으로 발간되었다. 중국인 사장의, 대부분 공산당원 중심의 중국인, 조선인 합작 신문이었다. 강렬한 배일 논조로 말미암아 1931년 일제의 탄압에 의해 강제폐간되었다.

주동욱周東郁과 만난 후에, '그의 혈관은 모든 세관細管까지 배일 감정으로 끓고 있다. 이 감정은 실로 중국 한 명의 지식인만 가진 것이 아니고 전 민족적으로 공유한 감정의 흐름'[22]이라고 감탄한 바가 있다.

이러한 사회적 분위기 속에서, 1919년 5·4운동 이후로부터 배일적 민족주의가 날로 고조된 중국에서는 재만조선인이 일본의 만주 침략의 첨병으로 되는 것을 방지하기 위해서 중국 정부 측은 이들에게 중국 국적으로 귀화할 것을 권장하였으며, 그 수단은 바로 귀화를 한 사람에게만 토지소유권과 상조권을 인정해 주는 것이었다. 이것은 즉 ③에 기술된 일부 조선인이 중국에 적극적으로 귀화하게 된 시대적 배경이다. 입적하지 않거나 중국옷을 입지 않은 조선인에 대한 중국 민중의 차별 의식이 컸다는 현실은 또한 당시 중국 정부 차원의 의지를 다수 반영하였다고 볼 수 있다.

이러한 조선인의 중국 국적 입적入籍 요구는 일부 조선 지식인에게 민족 감정으로 결코 용답될 수 없는 것이었다. ③에서 이수형은 역시 일부 재만조선인이 '중국에 입적한 것을 매우 자랑'하는 현상을 못마땅하게 바라보고 있다. 중국에 귀화하여 중국인으로 동화된 재만조선인에 대한 안타까움과 분노는 김의신의 기행문에서도 유사하게 표출된다.

이곳부터는 朝鮮 사람의 생활방식은 純中國式이다. 밥床도 中國式! 젓가락도 中國式! 의복도 中國衣服! 주택도 中國式! 말까지도 中國말을 사용한다![23]

---

22   김기림, 「간도기행(11)」, 『조선일보』, 1930.6.25, 4면.
23   김의신, 「大滿洲踏破記」, 『별건곤』 26, 1930.2, 135쪽.

이렇듯 당시 일부 지식인들이 재만조선인의 중국입적을 중국 측의 압력에 강요된 것으로 인식하며, 이에 대한 불만이 매우 컸음을 엿볼 수 있다.

여태까지 살펴본 것과 같이, 이 시기 만주를 방문한 조선 지식인들은 '재만조선인의 문제'를 초래하게 한 근본적인 원인을 대개 중국인의 낙후된 국민성, 타락한 정부, 그리고 조선인에 대한 중국 일반 민중의 멸시와 입적 요구에서 찾곤 하였다. 그 와중에 '가해자'로서의 중국 인식이되었다. 이러한 '가해자'로서의 중국인 이미지는 동시대 만주와 관련된 소설에도 흔히 표출되었던 만큼,[24] 당시 조선인 지식인 내지 조선 민중의 일반적인 시각을 대변했다고 해도 과언이 아니다. 1931년에 만주에서 발생한 만보산 사건萬寶山事件과 평양, 인천 등지에서 화교에 대한 집단 학살 사건[25] 등 양국 민간의 충돌 사건은 바로 이러한 집단적 피해의식의 정점頂點이자 결과였던 것으로 이해할 수 있을 것이다.[26]

그러나 이러한 중국 인식은 대개 중국인과 조선인의 상호 관계 속에

---

24 이에 표언복, 「해방전 중국 유이민소설 연구」, 건국대 박사논문, 2004; 김성욱, 「1920년대 한국소설에 나타난 중국인」, 『한국언어문화』 34, 한국언어문화학회, 2007 등 참조.

25 이 사건의 도화선은 1931년에 만주의 장춘(신경) 교외의 만보산에 이주한 조선인 농민과 현지 중국 농민이 충돌한 만보산사건이었다. 양국 농민 간에 인명 피해는 없었으나 조선에는 『조선일보』의 오보로 조선인 수백 명이 희생당했다고 알려져, 조선 국내의 민족감정을 자극하여 조선 내에 거류하는 중국인을 적대시하는 운동을 도발시켰다. 이 때문에 인천을 필두로 경성·원산 등 각지에서 화교 배척 운동이 일어났으며, 평양에서는 대낮에 중국인 상점과 가옥을 파괴하고 구타 학살하는 사건이 며칠간 계속되는 등 잔인한 폭동으로 확산되었다.

26 이런 의미에서 기존 일부 연구에서 만보산사건 등 조·중 간의 충돌을 일본 측의 간계에 의해 발생한 것이라는 지적은 지나친 단순한 해석일 것이다. 앞서 논의한 중국인에 대한 조선인의 집단적 피해의식 등 내재적 요인을 간과해서는 안 될 것이다.

서만 파악한다는 문제점을 안고 있다. 즉, 조·중 민중 간 대립을 파악하는 데 일본의 존재와 역할을 간과하였다. 그 결과 식민지 조선 내부의 '가해자로서의 일본인-피해자로서의 조선인'이라는 대립구도가 만주에서 마치 '가해자로서의 중국인-피해자로서의 조선인'이라는 유사한 인식 구도처럼 전환되고 말았다. 바로 이러한 이분법적 도식 아래 일제의 만주 지배는 결국 재만조선인들을 '가해자로서의 중국인'으로부터 해방시키는 친일적인 논리로 도달하게 되었다. 1922년 '해관생海觀生'이라는 필명의 저자의 만주 기행문은 조선인에 대한 중국인의 압박을 고발하면서,

그러나 時運은 變遷하여 朝鮮은 日本帝國의 統治下에 在하게 됨에 間島在住朝鮮人은 生命의 曙光이 現하였다. 支那人의 壓迫도 受치 안 할 것은 勿論이요, 日本帝國의 臣民으로 日本人과 同一한 聖代下에 在하여 同一한 待遇를 受하리라 思하고 非常히 喜悅하였다[27]

고 하며, 결국 일본제국의 지배를 '생명의 서광'으로 칭송한다는 친일적인 논리로 귀결되었다. 이러한 인식은 일제가 만주 땅을 확보하여 치안을 유지하고 문명화시켜야 한다는 제국 논리와 자연스럽게 결부되었다. 윤치호는 1931년 9월 18일의 만주사변을 전해 들으면서 그 다음날의 일기에서 '일본이 일을 벌이고 나선 이상, 수백만에 달하는 재만조선인

---

27   海觀生, 「六鎭踏破記(13)-間島思想界」, 『매일신보』, 1922.11.5, 1면.

들이 안정을 보장할 만한 명확한 조치가 취해지길 원한다'[28]고 서술하고
있다. 이어서 만주국 건국을 앞에 둔 1932년 2월 22일 일기에서는 '한
사람의 조선인 애국자로서 나는 일본이 만주정책에서 성공을 거두기를
바란다'고 밝히고 있다. 그 첫 번째 이유는 곧 '일본의 만주 점령은 그 광
활한 지역에서 수백만의 조선인 정착자들에게 그들의 생명과 재산의
안전을 보장해 줄 것'[29]이라는 것이다. 이렇듯 그동안 조선 언론에 의해
강화되어 온 '수난의 공간'으로서의 만주, 그리고 '가해자로서의 중국인'
이라는 인식은 결국 일제의 만주 침략을 정당화하고 있는 면도 부인할
수 없을 것이다.

2. 중·일 사이에서 사라진 조선인

현실의 만주는 조선 지식인에게 '수난의 공간'으로 그려지는 동시에,
근대의 시각으로 미개의 공간으로 재현되기도 하였다. 이상 언급한 것
처럼, 1920년대 만주에 대한 일본의 지배는 흔히 '점點'과 '선線'의 지배였
다. 이러한 지배 방식은 당시 조선인들의 만주 인식과 중국 인식에도 깊
은 영향을 미쳤다. 이 시기 발표된 기행문을 살펴보면, 일본이 장악한 만
철 연선 주요 도시나 철도 부속지 등 이른바 '점'과 '선'은 일본에 의해 구
축된 문명화된 공간으로 재현되는 반면에, '면面'으로서의 나머지 만주

---

28   윤치호, 「1931.9.19」, 『윤치호 일기』 9, 국사편찬위원회 한국사데이터베이스.
29   윤치호, 「1932.2.22」, 『윤치호 일기』 10, 국사편찬위원회 한국사데이터베이스.

지역은 미개의 공간으로 재현되는 경향이 강하였다. 근대계몽기 조선 근대 지식인들이 흔히 중·일 대비 담론을 많이 생산하여 개화의 필요성을 입증하였던 것처럼, 1920년대 만주 담론에도 '문명화된 일본(인)-미개한 중국(인)'이라는 이분적인 인식이 극면하게 나타나고 있었다.

1905년 러일전쟁에서 일본이 승리한 이후 지속되어 개발해 온 '점'으로서의 다롄大連은 흔히 전형적인 근대 도시의 모델로 인식되었다. 이에 대해 『동아일보』 기자 박찬희는 '도시 전체를 연결하는 도로와 시설 등 모든 것들이 조선에서는 물론 일본 어느 도시에서도 이와 같이 완비한 곳은 발견하지 못할 것'[30]이라고 감탄한다. 『매일신보』의 기자 목춘은 다롄의 근대적인 모습에서 일본 제국의 영광을 발견한다. 그는 '30여 년 전에는 서너 개의 어가와 시골집만 있었던 더러운 항구에 불과'하였던 다롄이 '이와 같이 대도시가 된 것은 물론 관동조계지關東租借地가 일본에 속하게 된 이후의 일'[31]이라며, 일본에 의한 만주의 산업화와 근대화를 극찬한다. 따라서 '오늘 만주의 발전은 그 전부가 일본 투자의 결과'[32]라며, 만약 일본이 만주로부터 철수한다면 제일 큰 피해자가 중국인이라고 주장한다. 이러한 문맥에서 다롄에 대한 일제의 식민지 지배는 침략이 아니라 근대화의 시혜로 보는 의식을 분명히 읽어낼 수 있다.

'선'으로서의 만철 열차는 역시 '완전히 일본에 간 분위기가 나'는 공간이었다. 1926년 프랑스에서 유학하다가 조선에 돌아가는 길에 만주

---

30   朴贊熙, 「大連行(6)」, 『동아일보』, 1925.9.8, 1면.
31   목춘, 「滿蒙遊行記(29)」, 『매일신보』, 1922.8.2, 1면.
32   목춘, 「滿蒙遊行記(4)」, 『매일신보』, 1922.6.25, 1면.

그림 4 다롄 시내(1917)(Thomas Cook Ltd, *Peking and the overland route*, London: Cook & son, 1917, p.132)

를 거친 김재은金在殷은 거의 전부 일본인이 타는 만철 열차에서 "땅은 중
국中國 땅이면서도 중국인 기분氣分이 아니다"[33]고 감탄하면서, 만주에서
일본의 세력을 새삼 확인한다.

　이에 반해 아직 일본의 지배력이 미치지 못했던 광대한 만주 농촌 지역
이나 도시 중의 중국 관할 지대는 온갖 혼돈으로 가득 차고 낙후된 전근
대적인 공간으로 묘사되며, 만철 관할지와 이분법적으로 재현되는 양상
은 두드러진 것이다. '코를 찌르는 아편 냄새 섞인 강렬한 악취',[34] '무엇으

33　김재은, 「巴里에서 開城까지(30)」, 『동아일보』, 1926.12.27, 3면.
34　김기림, 「간도기행(4)」, 『조선일보』, 1930.6.15, 4면.

든지 땅에 닿는대로 먼지가 펄썩펄썩 나는'[35] 비위생적인 전근대 풍경은 이 시기 만주 기행문에서 중국인 관할 지역에 대한 일반적인 서술이다.

不潔이라니 말이나가야 不潔不不潔을 말하지요. 馬場의 말똥이 廚房의 飮食와 結婚이되야잇고, 마당의 몬지가 자리우에 몬지와 接吻을 하고 잇슴니다. 게다가 노전 자리는, 열조각 스무조각으로, 懸鶉百結도 오히려 誇張의 말이 안입니다.[36]

위의 인용문은 이돈화가 묘사한 만주 농촌 지역 중국인의 집이다. 중국 집안의 불결함을 보는 그의 시선 속에 역겨움과 혐오감이 가득하다. 이어서 그는 만주 길에서 목격한 죽은 아이를 길바닥에 그대로 놓는 끔찍한 광경을 기술하여, 중국인의 악습惡習과 혹독酷毒한 미신에 대해 개탄을 금하지 못하며, 미신과 야만으로 가득한 비인간적인 공간으로서의 만주를 표상하고 있다.

이 시기 기행문에 등장한 중국인은 역시 더럽거나 '무지', '미개'로 귀결되는 경우가 태반이었다. 이러한 시선은 그들이 등장할 때마다 '마약'이나 '아편'은 늘 묘사 대상이었던 점을 통해 포착이 가능할 것이다. 심지어 어린 아이까지 아편을 피우는 장면이 묘사되며 중국인의 '미개함'을 한층 입증한다.

---

35   공민, 「만주 가는 길에(4)」, 『동아일보』, 1920.6.26, 1면.
36   이돈화, 「남만주행(1)」, 『개벽』 61, 1925.7, 109쪽.

어린 아이들까지도 피워 문 후에 연방 침을 토하면서 빨고 있다. 미개인일수록 알콜과 니코친(니코틴) 등 독물을 기호한다더니 이 사실을 가장 잘 설명한다.[37]

중국(인)의 비문명성에 대한 조선 지식인의 인식은 1920년에 『서울』에 개제된 「개원開原에서 침촌沈村까지」라는 글에서 적나라게 드러나고 있다. 이 글에서 저자 꽃뫼가 만주에서 조선으로 돌아가기 전에 여행증명의 수속을 기다리는 동안 중국(인)에 대한 인식을 적고 있다. 만주를 목적지로 삼은 대부분의 기행문과는 달리, 이 글은 거꾸로 만주에서 조선으로 가는 여정에 관한 내용이다.

우선, 저자는 근대의 표상으로서의 학교, 도서관, 극장, 공원, 신문 등이 부재하는 펑텐을 비문명적 사회로 인식하며, 이에 대해 '중국인을 위해서 크게 애석할' 것이라고 한다. 차실에서 만난 중국인들 중에 '떠드는 모든 말은 다 돈에 관한 말뿐'이며 '신문이나 잡지 등을 읽는 사람은 물론 한 사람도 없다'는 것이다. 저자는 '전 세계가 다 개조니 데모크라시니, 노동 문제니, 여자 문제니, 멘세비키니 블세비키니 하고 떠들지만 그들에게는 아무 상관이 없는 모양'이라며 정체된 중국을 한심하게 바라본다. 또한 중국인들이 유흥과 아편에 빠지고 그들 중 대부분이 화류병자라는 소문에 대해 '전율'까지 느껴진다고 한다. 끝으로 그는 중국에 대한 전체적인 인상을 다음과 같이 단호하게 규정하고 있다.

---

37   김홍일, 「北滿奧地旅行記(3)」, 『동아일보』, 1925.10.8, 3면.

어두컴컴한 滿洲山河 더욱 黃塵이 하늘을 가리우는 그 街路, 藍黑色의 野
陋한 衣服下에 더러운 검은 때를 가득 실은 기다란 손톱에 등을 弧形으로 굽
히고 蒼白色 얼굴(阿片中毒으로)에 屍身 다니 듯하던 中國人의 社會에 섞여
있다가 畫伯의 손으로 그린듯한 明媚한 山河, 白雪같이 흰 衣服으로 天使 같
이 端裝한 鮮美한 우리 사람의 姿態, 뚜렷뚜렷한 검은 눈동자 輕快한 모든
擧動을 처음 볼 때에 無限한 愉快味를 얻겠다. 꼭 浸濕陰鬱한 黑窟에서 生活
하다가 淸秀美麗한 花園으로 入하는 듯한 感이 不無하다.[38]

이처럼 저자에게 중국은 더럽고 열등하며, 벗어나야만 할 '시체가 다
니는 듯한 사회'이고, 중국인은 병자病者로 그려지는 미개인의 대명사이
다. 이러한 인식은 근대계몽기로부터 형성된 중국에 대한 부정적인 인식
을 그대로 이어받은 양상을 보인다. 청일전쟁 이후로부터 중국을 '동아
시아의 병자東亞病夫'라고 조롱하면서 '지나화支那化'하려는 일본의 대중국
관을 무의식중에 차용한 측면이 또한 강한 것으로 보인다.

이 시기 조선 지식인에 의해 생성한 많은 만주 관련 담론에 있어, 신
구新舊의 범주를 가르는 근대적 시각에 의해 중국(인)과 일본(인)을 비
교하는 척도를 종종 마련한 표상 구조를 특별히 주목할 필요가 있다. 이
것은 일차적으로 안둥, 펑톈 등 도시에 있는 만철 부속지라는 '신시가新
市街'와 중국인이 사는 거리, 즉 '구시가舊市街'에 대한 비교를 통해 드러나
있다. 다른 인용문을 살펴보자.

---

38 꽃뫼, 「開原에서 沈村까지」, 『서울』 8, 1920.12, 30~31쪽.

그림 5 선양 시내 한 구시가(1917)(Thomas Cook Ltd, *Peking and the overland route*, London: Cook & son, 1917, p.144)

(펑톈의) 鐵道附屬地와 十間房은 거의 日本人의 市街地로 化하얏다. 얼는 보기에 租借地로 일흠난 大連과 가티 日本風이 濃厚하다. (…중략…) 城內 中國人市街는 殷盛한 곳도 잇스나 대개는 지저분한 곳이 만타.[39]

이 城內는 純然히 中國人市街로서 舊市街라고 부른다. 舊市街를 巡回하면서 注目되는 것은 街路에 줄고섯는 中國巡察과 市街地의 店頭裝飾이란 目不忍見의 慘景이엇다. 巡查月給은 一個月六圓이란 말이엇다. 六圓짜리 巡警에 中國正體가 斟酌되고도 오히려 남는다. 곳곳에 잇는 飮食店에는 蠅群

39   박노철, 「滿洲遊記 高句麗遺址(5)」, 『동아일보』, 1932.1.31, 5면.

의 飛躍이 巡察보다 勇敢히 活動하고잇다.[40]

案內者를 딸어서 舊市街로 向하엿다. 衰頹한 氣分과 寂寞한 空氣가 漲溢
한 舊市街를 거처 한편끗 不潔한 中國街를 지나서[41]

윗글에서 알 수 있듯이, 일본의 신시가의 근대적인 모습과 대조되어, 중
국 관할 지역인 구시가舊市街는 '지저분하다', '불결', '퇴폐' 등 수식어가 항
상 붙을 만큼, 그야말로 "목불인견目不忍見의 참경慘景"이었다. 이러한 신구
新舊 공간의 대비는, 박영철의 표현을 빌리자면, 마치 월나라 사람이 진나
라 사람의 수척함을 본다는 것 같다秦瘠越視는 것이다.[42] 또한 춘파는 근대
적 시간에 맞춰서 평가한 것처럼, '크게는 백 년, 적게는 10년 차이가 되어
보인다'[43]는 것이다. 신구新舊 공간 간의 현저한 공간적 차이는 결국 중·일
양국 근대적 시간상의 차이를 측정하는 가시적인 지표가 되고 말았다.

'청결-불결'이라는 대비는 역시 문명한 일본인과 미개한 중국인을 구
분하는 잣대가 되었다. 목춘은 펑톈의 어떤 공장을 시찰할 때 목도한 일
본인 전용 변소를 '흥미있게' 소개하면서, 일본인 전용 변소가 존재한
다는 것 자체가 불결하기로 유명한 지나인이 결벽을 자랑하는 일본인
을 불쾌하게 만들 수 있기 때문이라고 해석한다.[44] 같은 맥락에서 1922

---

40 김종근, 「滿洲紀行(3)」, 『동아일보』, 1930.12.7, 4면.
41 朴瓚熙, 「大連行(10)」, 『동아일보』, 1925.9.13, 1면.
42 "惟滿鐵附近新市街一帶地 不管于中國主權故 人情晏然 有秦瘠越視之態" 박영철, 『아
    주기행』, 獎學社, 1925, 159쪽.
43 춘파, 「一千里 國境으로 다시 妙香山까지」, 『개벽』 38, 1923.8, 56쪽.
44 목춘, 「滿蒙遊行記(3) - 潘陽의 印象」, 『매일신보』, 1922.6.24, 1면.

년 『신생활』 기자 자격으로 만주를 순유한 독립운동가 김원벽은 단정한 일본인 상점에 비하여, '컴컴하고 밖이 불결하여 악취가 심한 중국인 상점'들, '불결한 것이 특색인' 창춘의 중국인 거리, '앞머리 깎은 것에 정 떨어지'[45]는 느낌을 주는 중국인의 모습을 묘사하고 있다.

이러한 중·일 국민을 대조시키는 시각은 불평생不平生의 글에서 더욱 극대화하고 있다. 길지만 인용한다.

長春에서 묘車를 타고 吉林을 向하는 동안에는 中日兩國女子의 아이 젓 먹이는 것을 比較하여 보았습니다. 中國아이의 옷감은 비단이지만은 얼굴 에는 때가 다닥기리었으며 日本아이의 옷은 木棉이나마 깨끗하게 시처입힌 것이며 기저귀를 五六個나 번가라가며 채어주어 오줌 한 방울이 떨어지지 않습니다. 그러나 中國女子는 手巾인지 기저귀인지 분간없이 아이 밑구멍도 씻고 코도 씻어줍니다. 더군다나 젓먹일 때에는 日本女子는 四面을 두루 살 피다가 살짝 분동가튼 젓부리를 내어놓고 한번 짜서 젓부리를 씻고는 아이 입에 물닙니다. 그런데 中國女子는 아이가 젓먹자면 한편으로 때려주면서 젓을 먹입니다. 그리고 긴 담뱃를 물고 煙氣를 풀풀 피울 때에는 아이가 그 煙氣를 삼키고는 기층을 캑캑합니다. (…중략…)

그리고 日本男子는 文藝雜志의 五月號를 보고 中國男子는 三國志를 보고 있습니다. 이 讀物에도 아주 落後되었습니다. 이런 것이 中國은 半殖民地에

45 김원벽, 「만주여행기 – 四星期間」, 『신생활』 9, 1922.9, 90~106쪽; 유선영, 「제국의 지 정학적 공간과 '이등신민'의 정치학」, 유선영·차승기 편, 『'동아' 트라우마』, 그린비, 2013, 241쪽에서 재인용

서 日本의 壓榨을 當함이 偶然한 일이 아니라고 합니다.[46]

윗글에서 저자는 중·일 양국 여자가 아이에게 젖 먹이는 것과 양국 남자가 책 읽는 것을 대비함으로써, 일본인은 문명적·진취적 이미지로, 중국인은 야만적·낙후된 이미지로 풍경화하고 있다. '문명-미개'의 이분법적 구별을 통해 일본인과 중국인을 인식하고 있었음은 분명하다. 그 과정에서 일본이 '미개국' 중국을 선도하고 '교도'해야 할 필요성은 자연스럽게 부상하게 되어, '반식민지半殖民地에서 일본의 착취를 당하는 것이 우연한 일이 아니라'는 논리로 귀결된다. '문명'에 대한 집착에 사로잡힌 나머지, 일본의 제국주의 행위에 대해서는 오히려 눈감게 된 것이다.

문명 간 위계질서는 만주에서 실제 목도된 중·일 국민 간 현실적 위계질서에서도 확인된다. 그 와중에 반半식민지로서의 만주에 있는 중국인들은 자기의 땅에서 주인이 되지 못하며 무력하게 당하고 마는 피지배자의 이미지로 재현되곤 한다. 꽃뫼는 다롄행 만철 열차 내에서 목격한 사건을 다음과 같이 기록하고 있다.

十八九歲 가량되는 어느 專門學校體의 日本靑年一人이 국다란 사구라 집팽이를 철철 끌면서 두 입술을 꼭 담을고 두 눈을 똑 부르뜨고 오드니 나의 옆에 서 困하게 누어 자는 四十內外의 中國紳士 한 사람의 몸을 흔들면서 『늬야 나-벤춰바』(이 사람 저편으로 가오) 한다. 그 中國紳士는 얼굴에 憤慨

---

46   불평생, 「一週旅行記(1) - 海港에서 上海까지」, 『시대일보』, 1925.6.8, 4면.

한 表情을 强하게 하면서 徐徐히 일어나서 몇 번 反抗을 한다. 그러다가 終
是 못견디고 입살을 뾰죽이하고 눈살을 쥬면서 日本靑年의 命令대로 건너
편 中國人專用의 車室로 간다.[47]

1등칸에 타고 있던 중국 신사를 일본 청년이 아무 이유없이 내쫓는데,
중국 신사는 분개한 표정으로 반항하다 마지못해 '중국인전용 차실'로
건너간다는 것이다. 이것은 저자가 말하는 대로 '누구나 만철 기차 중에
서 종종 목격하는' 일본이 중국을 차별하고 유린하는 장면이다. '중국인
전용 차실'에 대한 언급은 정낙승의 만주 수학 여행기에도 나타난다.

二個의 電車를 連續하얏는데 압흔 特等車, 뒤는 普通車로 分別하야 特等에는
日鮮人과 其他外國人이 타고 普通車에는 中國人勞動者專用이라고[48]

특등차에 일본인, 조선인과 다른 외국인이 타고, 뒤에 있는 일반차에
는 중국인 노동자가 전용이라는 서술은 당시 만주 중국 노동자의 피지
배자 신세, 그리고 만주 땅에 현실적으로 자리 잡은 민족적 위계가 반영
되어 있음은 두말 할 나위가 없다.

만주의 중국인이 조선인만큼 못한 최하층에 있었다는 인식은 김원벽
의 기행문에도 드러나고 있다. 그는 창춘에서 만난 일본 영사관 형사의
만주에서 일선융합日鮮融合이 조선보다 더 잘되는 것 같다는 말에 동의하

---

47 꽃뫼,「開原에서 沈村까지」,『서울』8, 1920.12, 28쪽.
48 정낙승,「滿洲까지의 修學旅行記(二)」,『매일신보』, 1931.1.28, 4면.

며, '일본인 태도가 (조선에서보다) 좀 다른 것 같다. 만주에선 일선인日鮮人의 악惡 관계가 배치되지 않는 점이 많고 조선인보다 더 천대할 청인이 무수하니 청인을 싫어하는 심정으로 조선인에게 좀 호감을 두는'[49] 것이라고 답변한다. 독립운동가임에도 불구하고 중국인을 '청인淸人'이라고 부르며 일본이 조선인에 호감을 더 갖는 것을 당연하게 받아들이는 김원벽의 반응을 통해, 민족 간의 위계를 합리화하는 논리가 당시 조선 지식인에게 얼마나 내면화되었는지를 엿볼 수 있다.

위에서 살펴본 것처럼, 이 시기 만주 관련 담론에 중·일을 대비시키는 담론이 반복적으로 나왔다. 그것은 일본을 근대의 기준으로 삼아 만주/중국을 평가하는 것일 뿐만 아니라, 미개에서 문명으로, 무질서에서 질서로 나아가야 한다는 당위성을 설파하기 위한 포석이었다. 나아가 중·일 간 문명의 위계질서와 일본적 근대에 대한 확신을 공고히 하여 일본인에게 식민 지배자로서의 정당성을 부여하였다.

뿐만 아니라, 이러한 중·일 대비 담론을 통해, 흔히 '서구-동양', '제국-식민지'라는 구도에서 논의되어 온 오리엔탈리즘 시선은 '식민지-반半식민지'라는 구도에서도 유사하게 드러나는 양상을 새삼 확인할 수 있을 것이다. 다만 서구인/일본인의 식민주의적 응시colonial gaze[50]와 달리, 중·일을 대비하는 시선에는 다른 타자를 바라보는 시각 주체로서

---

49 김원벽, 「만주여행기─四星期間」, 『신생활』 9, 1922.9, 90~106쪽; 유선영, 앞의 글, 242쪽에서 재인용.

50 이른바 "원시적인" 비서구인들을 야만적인 "이국적 타자"로 만드는 서구인들의 시각을 "식민주의적 응시"라고 할 수 있다. 이에 대해 Elleke Boehmer, *Colonial and postcolonial literature*, Oxford : Oxford University Press, 1995, p.71 참조.

의 '조선인'이란 자아 인식이 거의 존재하지 않았다. 만주에서 중국인보다 조선인이 더 우월하다고 자각하는 경우도 간혹 존재하였지만, 위에서 언급한 대부분 조선 지식인에 의해 강화된 '문명화된 일본(인)-미개한 중국(인)'이라는 지평에는 조선(인)의 위치가 늘 부재하였다. 여기서 문명의 위계적 질서에서 조선인을 어떻게 위치시킬 것인가라는 고민을 차단하면서, '문명인'이라는 보편적인 주체성을 가지려는 일부 조선 지식인의 내면을 엿볼 수 있다. 그로 인해 '조선인'의 시선은 사라지고 '문명인'이라는 익명의 시선만이 남게 되고 말았다.

이렇게 철저한 '근대'의 인식틀에서 '문명인'이라는 시선으로 중국인을 바라보고자 하지만, 가끔 조선 지식인에게 중국인과 같은 근대의 낙후자이자 피식민 주체로서의 자기 위치를 극명하게 깨닫게 된 순간이 다가오기도 하였다. 그럴 때 자기 분열의 과정을 겪을 수밖에 없었고, 미개한 중국인에 대한 인식은 또한 '연민'과 '증오'라는 양가적인 감정 사이에서 흔들리는 상황이 종종 발생하였다.

목춘은 선양의 길에서 만난 음식을 빌어먹는 중국 아이를 한없이 가엾이 여기는 동시에, 그것은 '300년 전에 조선인을 약탈하여 노예로 삼던 청의 후손'이 받은 보응報應이라 생각하여 통쾌함을 느꼈다고 한다. 그리고 '보따리를 지고 마차와 함께 경주하면서 머리를 조아려 절을 하는' 여자들의 모습을 경멸에 가까운 냉랭한 시선으로 바라보고 있다. 이들의 비참함은 "그 철저한 어리석음에다가 나태함"[51]으로 인한 것으로 본다.

---

51   목춘, 「滿蒙遊行記(5) - 瀋陽雜感(1)」, 『매일신보』, 1922.6.26, 1면.

이러한 양상은 춘해의 기행문에서 더욱 선명하게 드러나고 있다. 그는 1925년에 서울을 출발하여, 목적지인 하얼빈에 도착하기까지 열차 안에서 러시아인의 촌락을 보면서 '중국인을 볼 때마다 불쌍한 생각이 치밀어 못 견디겠다'고 하며,

제해는 남의게 뺏기고 우둑허니 구경만 하고 서서 보는 것이 가엽기 한량 업다. 鐵道其他 모든 寶庫를 제맘대로 못하고 두손길마조 잡고 잇는 꼴은 볼 수록 同情이 간다. 그리고 미웁다.[52]

고 토로한 바가 있다. 다름 아닌 '연민 어린 증오'의 시선이다. 이와 동시에 그는 열차 안에 중국인들의 모습을 다음과 같이 기록하고 있다.

車안에는 中國人으로 꼭찻다. 보통이를 들고 떼를지여 드러온다. 한다듸 모을 말을 귀가아푸게 떠든다 (…중략…) 停車場마다 中國軍人과 警官이 만 히뵈인다. 그러나다 허리가굽우러지고 洋服은 큼직하게 해닙어 格에맛지안 는데다가 脚伴아래 淸鞋를신고 척느러트리고 阿片장이처럼누리퉁퉁 한 얼 골에 精神氣 하나업시 멍-하니 서잇는 꼴은 勞動者랄지 病者랄지 섭섭하지 마는 한손접어 볼수박게업다. 나는 中國 사람의게 好感을 가지랴고 애를쓰 면서도 우리도 未開한 나라지만은 그未開한 꼴을보면 구역이 나올것갓고 웃는것 갓해서 맛치 내- 나라 사람이 모욕을 當하는것갓흔 붓그럼과 不安이

---

52   춘해, 앞의 글; 허휘훈·박이정 편, 앞의 책, 663쪽에서 재인용.

생기는것을 抑制치 못하겠다.[53]

'근대'라는 인식틀은 벗어나기가 결코 쉬운 일이 아니다. 윗글은 바로
이러한 인식틀을 자각하고 성찰하면서도 쉽게 벗어나지 못하는 상황을
생생하게 보여주고 있다. 춘해의 눈에 비치는 중국인의 모습은 시끄럽고
촌스러우며, 아편쟁이처럼 정신이 하나 없이 멍한 미개한 꼴이라는 점에
중국인에 대한 동시대 다른 조선인 지식인의 멸시관과는 크게 다름이 없
었다. 그러나 특이한 것은 그는 자신의 시선을 분명히 자각하고 있는 것
이다. 그 와중에 복잡하기 짝이 없는 중국인 인식을 형성하게 된다.

한편으로 '우리도 미개한 나라'임을 자각하면서 중국인에게 어느 정
도 동질감을 느끼는데, 한편으로 그들의 '미개한 꼴을 구역이 나올' 정
도로 도저히 용납할 수가 없다고 한다. 그는 중국인을 '미개'에 편입시
킨 자기 시선의 문제를 의식하면서 그들에게 '호감을 가지려고 애를 쓰'
지만 끝내 차별의식을 금치 못한다. 그는 이러한 자신을 한심스러워하
고 '마치 내 나라 사람이 모욕을 당하는 것 같은 부끄러움과 불안이 생
기는 것을 억제치 못한'다면서 끝내 죄책감까지 느끼게 된다. 이처럼 근
대/문명에 대한 강력한 강박감은 '조선인'이라는 자아 인식과 맞물려,
그의 중국인 인식에 균열을 일으키고 말았다. 무엇보다 타락하고 미개
한 중국인을 바라본 자신의 시선이 식민지 조선인인 자신과 조국에도
향할 수 있다는 불안감에서 오는 심리적 동요의 표출이다.

---

53 춘해, 앞의 글; 허휘훈·박이정 편, 앞의 책, 660~661쪽에서 재인용.

이렇게 '미개한 병자'의 불행을 동정하는 동시에 미워한다는 '연민 어린 증오'라는 분열된 의식은 실제로 당시 조선 지식인에 국한되지 않고, 동시대의 중국 근대 지식인들도 공유하였던 '선각자'들의 보편적인 정서로 해석되어야 할 것이다.[54] 표면적으로 '미개인'으로서의 타국인(또는 본국인)을 향한 시선이었지만, 그 내면에 이들과 비슷한 처지에 있었던 자민족(또는 자신)에 대한 애원, 그리고 그러한 처지를 벗어나지 못하는 무력함에 대한 분노가 어렴풋이 반영되고 있다. 타자에 대한 응시는 결국 자신에게로 반사되어 자기 응시가 되며, 그 근저에 자리 잡은 것은 다름 아닌 '민족'과 '근대'라는 인식틀 간 치열한 인식 투쟁이었다. 이때 드러난 분열된 인식 그 자체가 곧 이러한 인식 투쟁이 빚어낸 결과였다.

여태 논한 것과 같이, 현실의 만주에서 환멸을 느낀 지식인들은 '재만 조선인의 문제'를 초래하게 한 근본적인 원인을 중국인의 낙후된 국민성, 타락한 정부 등 비근대적인 모습에서 찾곤 하였다. 그 와중에 '가해자로서의 중국인', '문명화된 일본(인)-미개한 중국(인)'이라는 인식 구조가 형성하게 되었는데, 근대계몽기로부터 형성된 중국에 대한 부정적인 시각을 그대로 이어받은 양상을 보였다. 그러나 근대계몽기에 조선 지식인들의 반중국 정서는 궁극적으로 민족 주체성을 확립하기 위

---

54 "노예 같은 이들을 보며 그 불행은 슬퍼하지만 그들이 투쟁하지 않는 것에는 분노한다 (哀其不幸, 怒其不爭)"라는 표현은 중국 사상가 루쉰(魯迅)이 중국인을 비판하는 가장 유명한 표현으로 1907년에 쓴 비평문 「摩羅詩力說(악마파 시의 힘)」에서 처음 나왔다. 왕원주의 연구에 따르면, 중국 근대 지식인들은 그 당시 한국인에 대해서도 비슷한 태도를 갖고 있었던 것이다. 王元周, 「認識他者與反觀自我 - 近代中國人的韓國認識」, 『近代史硏究』 2007.2, 中國社會科學院近代史硏究所, 2007.

한 것이었던 반해, 1920년대 조선인의 만주 담론에서 반복적으로 생산된 중·일 대비 담론에는 문명화된 일본과 야만으로서의 비非일본이라는 이분법을 통해 만주의 중국인을 타자화하는 일본 중심의 논리가 담겨 있었다. 그리고 '보는 자'로서의 조선인의 주체성이 상실되어 있었다.

'가해자로서의 중국인'이나 '미개한 병자로서의 중국인' 인식은 만주에서 일제의 제국주의 행위를 간과하면서 오히려 이의 '문명성'을 긍정하는 역할을 하였다. 이것은 본의 아니게 일본의 만선지배와 대륙침략의 당위성을 긍정하는 역할을 하는 동시에, 일제에 대한 비판 및 독립운동을 무력화시키거나 차단하게 하는 역설적인 상황을 초래하고 말았다. 중·일 대비에서 흔히 드러난 일부 근대 지식인들이 무의식적 측면에서의 자아/민족 주체성의 상실은 나중에 '내선일체' 논리로 쉽게 귀결되어 결국 민족 주체성이 소멸하는 지경에 이르렀다. 그것은 궁극적으로 일본을 근대의 모델로 삼으면서 몰주체적인 근대를 추구하는 길을 택한 결과인 셈이다.

한발 나아가 이러한 상실되거나 분열된 자아 의식은 1930~1940년대 대량 생산된 만주 담론에는 제국의 '이등 국민'으로서, 그것도 식민화의 주체로서의 자아 인식으로 재탄생되었다.[55] 함대훈, 채만식, 이기영, 이태준 등에 의해 생성된 만주 담론을 살펴보면, 중국인에 대한 우월함을 전면에 내세운 '의사擬似제국주의자의 시선'[56]이 무척 강하였다. 이

---

55 곽은희, 「틈새의 헤테로토피아, 만주」, 『인문연구』 70, 영남대 인문과학연구소, 2014, 92~93쪽.

56 자세한 논의는 이경훈, 「만주와 친일 로맨티시즘」, 『한국근대문학연구』 4-1, 한국근대문학회, 2003; 정종현, 「제국, 민족 담론의 경계와 식민지적 주체-1940년대 이태준

러한 하위제국주의자 의식은 최소한 '대등한 민족'으로서의 중국을 인식하던 1920년대 조선 지식인의 만주 담론에 아직 크게 개입되지 않았지만, 사상적 기미가 부분적으로 드러났다는 점에서 만주국 건국 전후 일종의 일관된 연속성을 보인다.

3. '중국인이 되라' — '재만조선인 문제'의 쓸쓸한 해결책

1920년대 중·일 사이에 끼어 진퇴양난의 상황에 처해 있는 '재만조선인 문제'의 해결책으로 일부 민족지 언론인들은 중국입적을 거론하였다. 이러한 사유는 앞서 논의한 만주 담론에 비해 꽤 독특하다 할 만한 인식이었다. '민족' 또는 '근대'라는 인식틀에서 만주에 대해 흔히 가졌던 욕망 또는 환멸을 넘어서, 이들은 그동안 간과하였던 만주와 관련된 중국적 맥락을 직시하고 있었기 때문이다.

얼핏 모순처럼 들리겠지만, 『조선일보』, 『동아일보』 등 민족주의 계열의 언론들이 '재만조선인 문제' 해결에 있어 '민족'이라는 인식틀을 깨는 노력을 보였다. 이들은 깨고자 하는 '민족'의 인식틀이란, 과거·현재·미래 차원에서 만주를 조선과 결부시키려는 인식, 그리고 조·중이

'문학'에 나타난 혼종성」, 『상허학보』 13, 상허학회, 2004; 서경석, 「만주국 기행문학 연구」, 『어문학』 86, 한국어문학회, 2004; 권성우, 「이태준 기행문 연구」, 『상허학보』 14, 상허학회, 2005; 한민주, 「일제 말기 전선 기행문에 나타난 재현의 정치학」, 『한국문학연구』 33, 동국대 한국문학연구소, 2007; 차혜영, 「동아시아 지역표상의 시간.지리학 ―『문장』의 기행문 연구」, 『한국근대문학연구』 20, 한국근대문학회, 2009 등 참조.

라는 이항적 구도에서 수난 서사를 생산하여 중국인에 대한 적대심을 강화시키는 인식을 의미한다. 나아가 이들은 첫째, 조·중 간 갈등의 배후에 일본이라는 존재를 의식하면서 조·중 연대의 필요성을 제기하며, 둘째, 재만조선인의 이중ᅳ重국적과 중국의 배일적 민족주의야말로 '재만조선인 문제'의 근원적인 원인이라고 주장하면서 재만조선인의 중국 입적을 요구하는 것으로 기존의 '민족'이라는 인식틀을 깨뜨리는 시각을 보였다.

우선, 1920년대 '조선-중국'이라는 이항적인 구조를 넘어서, '조선-중국-일본'이라는 삼자 관계 속에서 만주에서 조·중 민중 간 대립의 심층적인 원인을 통찰하고 해결책을 모색하기 위한 민족지 언론인들의 시도가 계속되고 있었다.

1924년 3월 『동아일보』는 6회에 걸쳐 「쫓겨가는 조선인」이라는 기사를 연재하면서 '재만조선인 문제'를 초래하게 한 근원적인 원인을 전적으로 중국에 있는 것이 아니라, 일본에 있다고 주장한다. 이 논설에 따르면, 300년 이전의 조선인의 만주 이주는 '자기 본국의 생활난 혹은 세력 침해에 의해 이주한 것이 아니었고, 자기의 세력을 확장하고자 하는 동기에 의한 이주였다'[57]는 것이다. 그러나 현재의 만주 이주는 옛날과 같은 자주적인 이주가 아니라, 인구 과잉의 상태에서 일본인 38만 명이 조선으로 이주한 대신 그 두배인 74만 명의 조선인이 국외로 쫓겨 나가는 결과였다. 곧 '일본인의 이주자 한 사람 때문에 조선인은 두 사람씩 쫓겨

---

57   「쫓겨가는朝鮮人(1)─戶數及人口(上)」, 『동아일보』, 1924.3.25, 4면.

나갔'[58]던 셈이다. 이 논설은 이어서 일본 당국이 자기에 의해 쫓겨난 재만조선인들의 권리를 보호하는 대신, '불령선인不逞鮮人의 명칭을 붙여 이 주민들의 행동을 조사하며 사상을 금지하는 것에 전념하는 것은 사실'[59] 이라고 고발하며, '재만조선인 문제'에 있어 '일본책임론'을 전면적으로 제기한다.

'일본책임론' 외에, 1920년대의 『조선일보』를 비롯한 민족지는 '재만조선인 문제'의 뿌리를 조선인의 이중국적 문제[60]를 비롯한 애매한 법적 지위, 그리고 일부 재만조선인의 친일 행위에 두는 경우가 많았다. 이것은 대개 기자나 특파원들은 만주에서 직접 관찰하거나 중국 현지인과 직접 접촉해서 얻은 관점이었다.

1924년 만주를 방문한 『조선일보』의 '일기자'는 조선인과 중국인의 관계는 일본과 주구 세력에 의해 왜곡되었음을 밝히고, '적'이 아니라 '친'한 관계를 유지하기 위해서는 조·중 서로의 과실을 경계하며, 대립을 초래하는 데 일본인이 차지하는 그 무시할 수 없는 '한 몫'을 주목할 것을 요구한다. 한발 나아가 그는 두 달 전에 만주 대부분 지역을 장악한 펑톈군벌 수장 장쭤린張作霖이 『조선일보』 '봉직전선 특파원' 이상철

---

58   「쫓겨가는朝鮮人(2)-戶數及人口(下)」, 『동아일보』, 1924.3.26, 4면.

59   「쫓겨가는朝鮮人(4)-生活의槪况(上)」, 『동아일보』, 1924.3.28, 4면.

60   만주국 건국 전에 중국 측은 재만조선인을 귀화시키려고 이들의 입적과 동화를 적극 추진하였던 반면에, 일본 측은 조선인이 중국에 귀화를 하든 하지 않든 일본의 국적을 상실할 수 없다고 하였으며 그들에 대한 법적 지배를 관철하려 하였다. 조선인은 귀화하는 경우에도 실제로 '이중국적' 신분을 벗어나지 못하였으므로, 중국의 입장에서는 재만조선인의 배후에 일본인이 있다는 경계심을 항상 잃지 못하였다. 이러한 경계심은, 앞에서 살펴본 것처럼, 중국 배일적 민족주의의 부상에 따라 재만조선인뿐만 아니라 실제로 여행자를 포함한 모든 조선인에 대한 일반적인 정서로 전환되었다.

과의 인터뷰[61]에서 한 말을 빌려, 재만조선인 문제의 근원은 이들이 "국제상國際上 순전純全한 조선인朝鮮人으로 할는지 또는 일본인日本人으로 할는지가" 명확하지 않다는 점에 있다고 제시한다.[62] 나아가 '전에 조선인에게 대하여 모든 것이 너그럽던 중국인의 태도가 최근 10년 이래 정반대로 향하게 된 것이 누구의 죄냐'[63]고 독자에게 질문을 던지며, 재만조선인 문제를 재고할 것을 요구하고 있다.

『조선일보』 기자 이종정은 역시 만주 탐방 끝에, 중국인들이 재만조선인에 대하여 압박을 가하는 가장 큰 원인은 일본 세력 침입에 대한 반감으로 분석하고 있다. 그 동시에, 일부 재만조선인의 친일 행각이 중국인의 박해를 불러왔다는 사실을 거론하면서, 재만 동포들의 반성을 촉구하기도 한다. 그것이 "우리의 활동活動할 무대舞台가 만주滿洲벌판이라고 하면 우리는 결決코 그들(중국인)의 감정感情을 상傷하거나 그들과 반목反目하여서는 안 될 것"이기 때문이다.[64]

1927년 5월 25일 『중외일보』에 개재된 「왜 중국인을 경멸해?」라는 사설도 비슷한 입장을 견지하고 있다. 저자는 조선 내에서 화교를 경멸하는 태도를 거론하면서, 그가 만주에 머물면서 직접 목격한 것으로 '해외 조선인이 중국인에 대한 태도 역시 그렇다'고 비판한다. 특히 만주에

---

61 1924년 10월에 『조선일보』의 기자 이상철은 입사한지 한 달도 안되어 '봉직전선 특파원'으로 만주에 파견되는데, 장줘린(張作霖)을 방문하여 전후 처리의 전망 및 재만 조선인 문제 등에 대해 집중 취재하였다. 이상철, 「張作霖씨를 訪하고」 『조선일보』, 1924.10.28, 1면 참조.

62 일기자, 「滿洲管見(8)」, 『조선일보』, 1924.12.8, 1면.

63 일기자, 「滿洲管見(10)」, 『조선일보』, 1924.12.11, 1면.

64 이종정, 「滿蒙踏査旅行記(8) – 奉天에서」, 『조선일보』, 1927.10.29, 4면.

재류하는 조선인이 "일본영사가 보호해 준다는 그 권세權勢를 믿고 함부로 중국인을 경멸하며 구타"하였다며, 재만조선인의 '책임론'을 전면적으로 제기하고 있다. 끝으로 저자는 "문화적으로 민족의 국제적 지위로 또는 경제적 · 정치적으로 우리 조선인은 중국인을 경멸하지 못할 처지에 있다"며, 같은 약소민족인 중국을 "동병상련同病相憐하며 협력해서 정치적 미래를 개척하기에 노력할"[65] 것을 호소하고 있다.

1925년 9월에 『동아일보』 기자 박찬희朴瓚熙는 '재만조선인 문제'에 대한 중국 정부의 입장을 당시 동삼성교섭서장東三省交涉署長 가우칭흐高清和[66]와의 인터뷰에서 확인하였다. 즉 순수한 조선인이나 중국입적한 조선인에 대해 힘이 미치는 대로 보호하겠다는 것은 중국 정부의 일관된 입장인데, 친일 조선인들이 탄압의 대상이 된 것은 그들을 조선인이 아니라 일본인으로 여겼기 때문이라는 것이다.[67] 일본 영사관의 소개를 받아 온 기자 박찬희에게 가우칭흐는 처음에 '당신이 조선 사람의 자격으로 왔는가 그렇지 않으면 일본 사람의 자격으로 왔는가'라고 물을 만큼 경계심을 풀지 못하였다. 박찬희는 '조선 사람의 자격으로 왔'다고 주장하고, '동아일보의 정신과 그의 역사를 설명한 후'에야 오해를 풀었다. 그후 가우칭흐는 후회하듯이 박찬희에게 다시 손을 잡았다.

이야말로 世上에서 傳하는 所謂따뜻한 握手이엇다. 中國人과 朝鮮人의

---

65 「사설 – 왜 중국일을 경멸해?」, 『중외일보』, 1927.5.25, 1면.
66 원문에서는 "高清相"으로 잘못 적었다. 朴瓚熙, 「大連行(15)」, 『동아일보』, 1925.9.21, 1면.
67 朴瓚熙, 「大連行(14)」, 『동아일보』, 1925.9.20, 1면.

意志가 相通되는 感慨無量한 握手이엇다. (…중략…) 그리고 "根本精神이 朝鮮과 殆히 갓흔 處地에 잇는 中國人으로서 無端히 朝鮮 사람의 行動을 抑壓치 안을 것이다" 하고 附言하엿다. 이만하면 나는 모든 것을 理解할 수 잇섯다. 中國의 現在國際的地位와 氏의 不得已한 情勢는 도히려 同情할 만하엿다.[68]

박찬희는 연재된 다롄 기행문의 마지막 회에서 가우칭흐와의 '오해 에피소드'를 자세히 기술한 것은, 조·중 민중도 그들처럼 오해와 갈등을 풀어 손잡고 화해와 연대를 도모하기를 바란다는 소망을 전달하기 위한 것으로 보인다.

『조선일보』 기자 이관용李灌鎔[69]은 1927년에 '재만조선인 문제'에 대한 본격 취재를 위해 펑톈에 갔을 때, 조선인이라는 이중적인 신분을 실감하게 되었다. 당시 배일적 정서가 농후한 펑톈으로 향하는 열차에서 같이 탔던 일본 사람들이 위험하다고 그에게 경고하였지만, 그는 스스로 '나는 내가 제국주의자가 아니라는 것만 믿고 나섰다'며 안심하였다. 그러나 '무엇으로 비제국주의非帝國主義를 밝히는가가 문제였다'. 이때 그가 내세울 수 있는 것은 '조선인'이라는 신분일 뿐이었다. 그러다가 '양복

---

68 朴贊熙, 「大連行(15)」, 『동아일보』, 1925.9.21, 1면.
69 이관용(李灌鎔, 1894~1933)은 일제 강점기의 독립운동가, 언론인, 교육자이다. 1913년에 옥스퍼드 대학에서 정치사를 전공하고 학사과정을 졸업하였다. 1917년 스위스 취리히대학에 입학하여 1921년 철학박사학위를 취득하고 조선에 돌아온 그는 연희전문학교에서 짧은 시기(1924~1926) 동안 재직하였고, 『동아일보』와 『조선일보』의 특파원으로 활동하였다.

입은 나를 일본인으로 잘못 알면 격분한 군중이 무슨 일을 할지 모르'기 때문에, '조선옷 입는 인사도 못한 동포 두 분을 모셔 자동차로 같이 이동하기로 하였다'[70]고 한다. 그러나 그들이 탄 차에서 친일 선전비라가 발견되자 격분한 중국 현지민과의 갈등 상황에 빠지게 되었다. '그래도 우리『무죄無罪』의 유력한 증거는 조선옷과 조선말'[71]이라는 자각하에 그는 중국인을 설득시키고 겨우 위기에서 탈출할 수 있었다. 재만 조선인뿐만 아니라 모두 조선인들이 중국에서 '일본제국 신민'과 '비제국주의자'라는 이중적이고 모순적인 신분을 동시에 지니고 있었음을 보여준 사례이다. 바로 그 자리에서 이관용은 '재만조선인 문제'를 이러한 이중적인 신분과 연관지어서 고민하기 시작하였다.

이관용은 '재만조선인 문제'의 본질을 1년 뒤인 만주 취재에서 장쒜량張學良을 비롯한 중국 요인들과의 인터뷰에서 다시 확인하였다. 그는 당시 보안총사령부 비서인 타오상밍陶尙銘에게 재만조선인 문제에 대한 생각을 물었다. 타오상밍은 "조선 사람들이 여기 와서 외교 문제를 일으키지 않는 범위 안에는 우리가 무슨 까닭으로 그들의 경제적 활동을 방해하겠습니까? 다만 외교 문제가 따라오니까 우리도 귀찮아합니다"[72]고 입장을 밝혔다. 그가 말하는 '복잡한 외교 문제'란 곧 재만조선인의 애매한 법적 지위, 즉 이중국적 문제였다.

이러한 시각은 인터뷰 3일 후 이관용이 발표한 「재만在滿동포의 제

---

70 이관용, 「排日의 奉天에서 (2)」(전3회), 『조선일보』, 1927.9.20, 1면.

71 이관용, 「排日의 奉天에서 (3)」(전3회), 『조선일보』, 1927.9.21, 1면.

72 이관용, 「東三省 총사령부 방문 張學良씨 회견기 – 신진 외교가 陶尙銘씨와 기타 인물」, 『조선일보』, 1928.10.25, 1면.

諸 문제」라는 논설에 고스란히 담겨 있다. 논설의 서두에서 '작년 이래도 중국 관민들이 재만동포를 압박하기 시작하였다는 것은 무슨 까닭인가?'라는 날카로운 의문부터 던지고 있다. 그가 보기에는 지난 30~40년간 조선인에 대한 중국의 박해가 다소 있었지만, 그것이 '개인적 또는 부분적이었던 것에 비해 작년 말로부터 금년 초까지의 박해는 조직적이고 일반화'된 상황이다. 이 판단 자체가, 앞에서 논의한 낙후된 국민성, 타락한 정부 등에서 비롯된 '가해자로서의 중국인'이라는 보편적인 인식에 대한 반발이다. 이에 이관용은 원인으로 몇 가지 측면을 지적하고 있다. 그 첫 번째로 꼬집은 것은 곧 재만조선인의 이중국적의 문제에서 발생한 정치적 갈등이다. 재만조선인이 처한 정치적 입지에 대해서 그는 "조선 사람에게는 중국에 있어서 웬 주제넘는 치외법권이 있다"고 표현하고 있다. 즉 이들의 '이중적인 신분' 때문에, 조선인이 만주에서 산업에 종사하는 것이 일본의 세력확대(영사관 설치와 경찰력의 확대)를 동반하게 됨으로써 부당하게도 "일본제국주의日本帝國主義 세력勢力의 선봉先鋒"으로 인식된 것이고, 이것이 가열하는 중국의 이권회수운동 과정에서 정치적 표적이 되었다는 것이다.

재만조선인의 '이중적인 신분'에서 파생된 분쟁을 해결하기 위해서 이관용이 내놓은 해결책은 중국 현지 당국의 입장과는 궤를 같이하는 것이다. 그것이 '입적', 즉 귀화인 것이다.

살자면 이러한 迫害를 避하여야하겟고 이것을 避하자면도 모지 中國에 入
籍하야 中國 사람이 되어버리어서 한편으로 그 주저넘은 治外法權을 떼어버

리고 中國法律에 服從하는 同時에 다른편으로는 中國法律의 保護를 바들것
이다.[73]

이는 이관용뿐 아니라 실제로 당시 민족지 언론의 공통된 주장이었
다. 『동아일보』는 1931년 1월 5월에 발표된 「재만동포문제在滿同胞問題」에
서 재만 동포들에게 중국입적의 시급성을 재론하면서 '입적'뿐만 아니
라, 중국(인)과의 동화까지 독촉하고 있다. 이 논설에는 '재만동포는 단
순히 조선 사람이라는 생각으로써 중국인과 친밀한 관계를 맺고 그들
의 믿음을 얻고 그들과 동화'되는 것이 재만조선인 문제 '해결책의 핵
심'이라는 주장을 분명히 밝히고 있다. '단순한' 조선 사람이 되기 위해
서는 '조선 사람이 중국 사람이 되어가'야 한다는 역설이다. 그리고 일
부 조선인의 친일적 행적에 대하여 '동포의 대부분은 이와 반대되는 뜻
을 가지고 있다는 것을 밝히는 것은 매우 필요한 것'이라고 지적한다.
이와 동시에

　在滿同胞들이 中國의 風俗習慣을 잘 理解하고 在滿同胞들이 中國의 風俗
習慣을 잘 理解하고 中國語에 精通하도록 努力하는 것이 必要할 것이니 그
와 가티함에는 子弟를 普遍的으로 教育시킬 必要가 잇는 것이다[74]

고 재만조선인의 자발적인 중국 동화를 호소하고 있다.

73　이관용, 「在滿동포의 諸 문제−21일 봉천에서」, 『조선일보』, 1928.10.28, 3면.
74　「在滿同胞問題」, 『동아일보』, 1931.1.5, 1면.

민족의식을 내세우는 데 온갖 힘을 기울여 오던 민족지 언론이 중국 입적론을 제기한 것을 어떻게 이해해야 하는가? 그 논리의 근저에는 일제에 대한 저항적 민족주의를 지닌 중국인에 대한 공감이 깔려 있었음은 분명하다. 그보다는 근본적으로 '제국/식민지' 체제 내에서 식민지 조선인이 도저히 독립적인 민족, 이른바 '단순한 조선인'이 될 수 없었던 씁쓸한 현실에 기인한다. 제국의 신민이 되거나 제국 밖으로 스스로 추방됨을 택하거나 할 수밖에 없었던 현실이다. 중국입적론은 곧 이런 의미에서 '제국/식민지' 체제 속에서 강요된 선택이자, 민족지 언론인들이 진퇴양난의 처지를 냉정하게 파악한 후 제기한 생존 전략이기도 하였다. 제국의 신민이라는 신분을 거부하는 재만조선인의 입장에서는 '이중적인 신분'을 벗어나게 한 유일한 방안이기 때문이었다. 목적은 "살자"는 것이었고,[75] 그 대가는 '동화'를 통한 민족성의 상실이었다.

1920년대의 만주는 바로 이 지점에서 조선 지식인에게 민족의 뿌리를 두고자 하는 공간이었던 동시에, 중·일 사이에서 자아 및 민족성 상실을 동시에 경험하게 된 공간이 되었다.

그러나 현실적으로 일본은 조선인의 탈적을 허용하지 않았고 그대로 이중국적인 상태로 방치하는 편을 택하였다. 조·중 민중 간 거세지는

75 　채관식의 연구에 따르면, 당시 조선 내 민족주의자들의 입적론은 재만조선인을 항일 투쟁 세력으로 끌어들이고자 하는 만주의 무장운동 세력의 주장과도 입장을 달리한 것이었다. 안정적인 생활 기반을 마련하여 생존 문제를 해결하고 장기적 발전을 준비하도록 한다는 현실적 이익 확보의 관점은 민족주의 계열의 중국입적론에 내재하고 있었다. 채관식, 「만주사변 전후 국내 민족주의 계열의 재만조선인 국적 문제 제기와 민족 인식의 논리」, 『한국근현대사연구』 69, 한국근현대사학회, 2014, 116쪽 참조.

민족적 갈등과 적대, 혐오, 폭력을 방관하고 오히려 그것을 이용했다. 두 민족 간의 분규와 폭력은 일본이 자국민 보호를 들어 국제법상 합법적으로 군대와 경찰을 중국에 파견하고 군사작전을 수행할 수 있는 빌미가 되었기 때문이다. 따라서 재만조선인 문제의 해결책으로 민족지 언론인들에 의해 제기된 중국입적 요구는 결국 백지화될 수밖에 없었던 것이다.[76] '재만조선인 문제'에 대한 민족지 언론의 적극적 관심과 사색은 또한 1932년 만주국의 건국을 계기로 하여 단절되고 말았다. 이것은 일차적으로 중국과의 연대 인식을 형성하게 한 핵심이었던 '재만조선인 문제'은 만주가 일본제국에 포섭됨에 따라 저절로 해결되었던 까닭이다. 재만조선인들은 본격적으로 일본제국의 신민으로 거대한 제국의 척식 네트워크[77]에 포섭되었다. 이때의 만주는 더 이상 '수난의 공간'이 아닌, 오족협화五族協和와 왕도낙토王道樂土의 이상향, 무엇보다 중국과는 이질적인 곳으로 인식되었다. 따라서 1931년 만주사변 이전까지는 중국으로의 입적과 일본 국적의 탈적은 민족지 언론인의 주된 주장이었다면, 만주사변 이후에는 만주국 공민권 획득론이 제기되었다.[78]

76　1928년 난징국민정부가 수립된 이후로, 조선인에 대한 귀화정책을 추진했으나 1928년 봄에서 1930년 3월까지 약 14%만이 귀화하는 등 성과가 부진했다. 또 귀화인 중에도 여전히 일본의 보호를 기대하고 협력하는 조선인이 적지 않았다. 유선영, 『식민지 트라우마』, 푸른역사, 2017, 258쪽 참조.

77　조정우, 「'척식'이라는 비즈니스」, 유선영·차승기 역, 앞의 책, 188쪽.

78　채관식, 「만주사변 전후 국내 민족주의 계열의 재만조선인 국적 문제 제기와 민족 인식의 논리」, 『한국근현대사연구』 69, 한국근현대사학회, 2014, 106쪽.

제3부

상하이

동·서양 인식이 경합하는 공간

제3부에서는 1920년대 상하이의 역사적 장소성을 주목하여 이 시기 조선 지식인들이 상하이를 바라본 시선, 그리고 상하이라는 식민지 근대 공간에서 형성된 동·서양 인식이 경합하는 상하이/중국 인식을 세 가지 측면에서 살펴본다.

제7장은 조선 지식인들은 '모던 상하이'에서 직면한 서구적 근대와 이에 대한 예찬, 제8장은 조선 지식인들은 '암흑 상하이'에서 실감한 서구적 근대의 이면, 그리고 그 과정에서 더욱 공고해진 동·서양의 대립적 인식, 제9장은 상하이에서 벌어진 중국의 반제국주의운동, 국민정부의 출범 등을 지켜보면서 서구적 근대의 이면을 극복하고자 한다는 동아시아적 근대에 대한 조선 지식인의 사색을 다룬다.

제2부에서 살펴본 조·중이나 조·중·일이라는 양자 또는 삼자 구도에서 형성된 만주/중국 인식과는 달리, 제3부에서는 '서구'라는 관계항이 새로 추가하게 되었다. 따라서 중국 인식에 대한 고찰은 같은 시공간에서 표출된 조선 지식인의 서구 인식, 그리고 '서구'라는 타자와의 대면을 통해 구축된 동아시아 인식에 대한 파악이 동시에 진행될 것이다.

제6장

1920년대 조선인의 상하이행

1. 상하이의 역사적 장소성

20세기 초의 상하이는 "자유의 땅", "동방의 낙토", "모험가의 낙원"으로 세계에 널리 알려진 국제 도시였다. 1920년대의 상하이는 대개 구영조계舊英租界, 미조계米租界 등 기타 각국 거류민의 국제적 통치지대인 공공조계公共租界와 프랑스조계, 그리고 구상하이성舊上海城인 화계華界 등 세 부분으로 구성되었다.[1]

상하이가 중국의 가장 중요한 근대 도시로 성장할 수 있었던 것은 지리, 역사, 문화, 경제, 정치 등 여러 요소가 종합적으로 작용한 결과이다. 역사적으로 상하이는 중국의 가장 부유한 지역이자 전통문화 중심지였던 양쯔강 하류 지역, 즉 지앙난江南에 위치하고 있다.[2] 1842년 중국이 아

---

1   陳伯海·袁進, 『上海近代文学史』, 上海人民出版社, 1993. 참조
2   포메란츠에 따르면, 상해가 위치한 양쯔강 하류 지역은 중국 가장 부유한 지역으로

편전쟁의 패배로 남경조약南京條約을 체결하게 됨에 따라 상해는 개항하게 된 다섯 항구 중의 하나였다. 개항을 계기로 상해는 세계적인 국제도시로 도약함과 동시에 여러 강대국들의 이권쟁탈 근거지가 되기도 하였다. 그 동시에 상하이는 1921년 중국 공산당이 창립된 역사적인 장소로, 당시 중국혁명의 핵심 거점이라는 역할도 담당하였다.

20세기 초의 상하이는 중국의 경제·문화의 중심이었을 뿐만 아니라, 동시대의 도쿄나 경성 등 다른 동아시아 근대 도시와 비교해 볼 때, 매우 특이한 성격을 가지고 있었다.

우선, 상하이는 동아시아에서 서구적 근대를 직접 경험할 수 있는 월경지越境地와 같은 공간이었다. 흔히 '동방의 파리', '동양의 런던'이라고 불린 데서 알 수 있듯이, 상하이는 주변 아시아 국가들에게 서구적 근대문명을 경험하고 이해하며 수용하는 중요한 통로로서의 기능을 갖고 있었다. 환언하자면 당시 식민지 조선과 가장 근접한 '서구'였다고 해도 과언이 아니다.

둘째, 상하이는 식민/탈식민이 곤존하는 역설적인 성격을 지니는 식민지 근대 공간[3]이었다. 상하이가 일찍부터 청의 지배력의 변경에 위치

19세기 초까지 유럽의 최선진 지역인 영국과 비슷한 수준이었다는 것이다. Kenneth Pomeranz, *The Great Divergence : China, Europe, and the Making of the Modern World Economy*, Princeton : Princeton University Press, 2000, pp.107~165. 또한, 양쯔강 하류 지역인 강소성과 절강성은 명청 시기 이미 중국에서 학술과 사상이 활발히 꽃피는 곳이었다. 이곳의 사상가, 학자, 작가는 전국적으로도 유명하여 중국의 사상, 학술, 문화를 이끌었다.

3   해방 후 1910~1930년 상하이(이른바 'Old Shanghai')에 대한 중국 국내의 연구는 '혁명 사관(革命史觀)'의 영향력이 지배적이었다. 20세기 90년대 이후, 해외 '상하이 학(上海學)'의 영향을 받아 '올드 상하이'에 대한 담론이나 연구가 붐이 일었다. 그러나 해외의 '상하이학'연구는 상하이의 '근대성'에 지나치게 치중함으로써 이의 '식민

해 있었던 이유로 개항 후에는 각국 조계의 치외법권으로 인해 사상적, 정치적 자유의 공간이 활짝 열리게 되었다. 이런 의미에서 태생부터 중국의 반半식민지 상황을 단적으로 나타내는 대표적 공간이었던 상하이의 조계는, 역설적이게도 중국 정부나 어떤 단일한 제국주의 세력으로부터 직접적인 간섭을 피할 수 있는 정치적인 자유가 보장되는 공간이 되었다. 곧 상하이는 서구 식민주의의 상징이면서 탈식민을 지향하던 세계 각국의 혁명가들을 불러모으는 정치적 해방구의 역할을 하였다.

셋째, 1920년대의 상하이는 중국 반제국주의운동(이하 '반제운동'으로 약칭)의 소용돌이 중심에 위치하고 있었다. 중국공산당의 창당, 5·30운동五卅運動,[4] 노동자총파업 등의 중국 운명을 좌우했던 중요한 사건들은 모두 상하이를 배경으로 하였다. 상하이의 중국인들은 상하이의 도시적 발전 과정에서, 초기에는 학습자의 위치에서 조계의 존재를 인정하였으며, 학습을 통해 역설적으로 주체의 위상을 각성하게 되었음에 따라 상하이의 주도권 회복의 필요성을 느끼게 되었다. 리어우판李歐梵이 지적한

지 근대성'이라는 본질을 간과했다는 비판을 받았다(Arif Dirlik, 「全球化, 現代性與中國」, 『讀書』 7, 2007, 5쪽). 한편으로 중국 국내 문학계에서 일었던 '민국붐(民國熱)'이나 '올드 상하이'에 대한 향수는 '半식민지 근대성'의 일종의 현재적 연속성을 보이고 있다는 지적도 있다(Shih, S. M., *The Lure of the Modern: Writing Modernism in Semicolonial China, 1917~1937*, Univ of California Press, 2001, p.8~9).

4   5·30운동은 상하이의 일본계 방적 공장에서 한 일본인 감독이 중국인 여공을 학대한 것을 발단으로 시작되었다. 중국인 노동자의 파업이 각지에서 일어나고 이를 진압하려는 권력과 충돌했다. 5월 30일 상하이에서 배일운동을 하다가 체포된 학생의 석방을 요구하던 시위대를 향해 영국 관리는 인도인 경관에게 발포를 명령해 13명이 사망했다. 이 사건 이후 전국 각지의 상인·노동자·학생들이 경찰의 충돌이 계속되어 민족주의적인 시위가 잇따랐다.

바와 같이, 상하이의 반#식민지성을 제국주의의 문화 침략이 아닌 문화 혼종성으로 재편함으로써, '식민자＝주체', '피식민자＝타자'라는 탈식민이론의 도식을 허물었다. 그리하여 피식민자는 식민자의 문화를 수동적으로 받아들이는 타자가 아니라, '모방mimicry'을 통해 양자간의 위계를 교란하고 전복하는 주체로 새롭게 의미부여되었던 것이다.[5] 바꿔 말하면, 서구인에게 배웠던 근대적 사상은 거꾸로 그들을 공격하는 무기로 사용되었다. 이러한 서구에 대한 수용과 저항의 사이에서 빚어낸 긴장감은 상하이라는 식민지 근대 공간에서 가장 첨예하게 표출되어 있었다.

바로 이러한 특수성들로 인해, 1920년대 상하이는 동시대의 도쿄나 경성과 같은 아시아 국가의 전통 공간이 근대적인 공간으로 변모하는 양상과는 또 다른 차원의 혼종성을 담지하고 있었다고 하겠다. 이 시기 조선 지식인들이 그 공간에서 표출한 중국 인식은 바로 상하이가 지니는 이러한 특수한 역사적 장소성과 긴밀히 연계되어 있었다.

2. 1920년대 조선인 상하이행의 양상

조선인과 상하이의 관계는 19세기 말부터 교류의 물길을 트기 시작하여 점차 확대되었지만,[6] 조선인의 상하이 여행이나 이주가 상당 규모

---

5   리어우판, 장동천 외역, 『상하이 모던』, 고려대 출판부, 2007, 488쪽.
6   1882년 조선과 청나라는 「朝淸商民水陸貿易章程第7項」에 의거 상해윤선초상국(上

로 증가했던 것은 1910년대 일본의 조선 강점 이후부터였다. 그 때로부터 신규식, 신채호, 박은식, 김규식 등 애국지사들을 비롯한 망명객들이 만주를 거쳐 상하이로 이주하여 정착하게 되었다. 특히 1919년 3·1운동 이후 대한민국 임시정부(이하 '임시정부'로 약칭)가 상하이에서 수립되면서, 더 많은 정치인과 지식인들이 상하이로 결집하였다. 상하이에 상주하는 조선인의 경우, 통계를 따르면 1919년 말은 총 688명, 1925년에 795명, 1930년에 937명, 1935년에 1723명이었는데,[7] 그 대부분이 프랑스조계에 살았다. 관광 목적으로 상하이로 찾아온 자도 많았을 것이다. 이것은 1923년에 발간된 상하이를 소개한 책자『상해흥업지침서 －부남경소주항주지남 上海興業指南－附南京蘇州杭州指南』의 수요에서 확인된다. 이 책은 간행된 지 얼마 되지 않아 재판을 발행할 정도로 인기가 많았고,[8] 이는 상하이에 거주하는 그리고 상하이를 여행하는 이들이 많았다

海輪船招商局) 기선의 정기 운항방침에 관한 협의를 진행하여, 1883년 11월 마침내 조선통리각국사무아문(朝鮮統理各國事務衙門)과 상해윤선초상국 간에 기선의 정기 항운에 대한 협약을 정식으로 체결했다. 이에 양국을 왕래하는 최초의 기선이 11월 13일 상해를 출발해 연대를 경유, 11월 18일 인천에 도착했다. 윤선초상국의 항운은 오래 유지되지 못했지만, 이후 조선-상해 간의 항로는 점차 확대되어갔다. 특히 러시아, 일본 해운회사의 주도 하에 구축된 항로들이 활발히 운영되었다. 김승욱, 「20세기 초반 韓人의 上海 인식」, 『중국근현대사연구』 54, 중국근현대사학회, 2012, 123~124쪽 참조.

7 손과지, 『상해한인사회사』, 한울, 2001, 27쪽. 실제로 상하이에 거주하는 조선인의 숫자가 통계보다 많았을 거라고 추측한다. 1932년 2월 19일 『중앙일보』에 게재된 「戰辭渦中의 上海이야기 東洋의 巴里, 上海의 表面과 裏面(二)」라는 논설에 따르면, 당시 많은 조선인은 일본인과 혼동시되는 상황에서 통계 숫자에 나타나지 못했던 것이다.

8 「廣告－발셔 再版 上海興業指南」, 『독립신문』, 1923.9.1, 4면. 이 책은 상하이 출신 이윤갑의 저술·편집·발행인 최신간으로 상공업·정치·학술계의 지침서였다. 「신간소개」, 『신한민보』, 1923.8.23.

는 사실을 말해 준다.

1919~1932년은 곧 임시정부가 상하이에 존재했던 시기이기 때문에, 무엇보다 이 시기의 상하이는 조선에 있어 해외 독립운동의 중심지로서의 지역적 의미가 제일 큰 것이었다.[9] 독립운동가들에게 상하이는 동산재기東山再起의 발판으로 삼게 되며, 식민지 현실을 탈출할 수 있게 하는 자유의 터전이었다. 이들은 비교적 안전하게 은신할 수 있었던 프랑스 조계를 거점으로 항일운동을 전개해 나갔다. 그러나 1932년 제1차 상하이사변 이후, 상하이에 대한 일제의 침략정책이 한결 강화됨에 때라 임시정부가 항주로 옮겨가지 않을 수밖에 없었고, 그 후로부터 상하이 조선인의 수가 급증하였지만, 친일 성향이 지닌 자들의 비중이 훨씬 높아졌기 때문에 상하이의 조선인 사회는 완전히 친일적인 사회로 전락했다.[10]

1920년대의 상하이는 오직 조선 독립운동의 터전만이 아니라, 근대 문물을 동경하던 조선 청년에게 '간접적 문명secondhand civilization'[11]으로

---

9 물론 상하이의 독립운동가들은 실제로 실천적 독립운동을 전개해 보이지 못하고 내분과 노선 갈등에 시달려 오는 반면에, 적극적인 항일 투쟁의 성과는 오히려 만주나 연해주 방면의 독립운동가들에 의해 실현되었다는 주장이 있다. 그럼에도 불구하고 상하이에 임시정부가 들어서고 해외 독립운동 중심지로서의 역할을 담당할 수 있었던 것은 초기 상하이 이민사회가 망명지사 중심이었던데다, 그들이 대부분 당대 한국 사회의 최고 엘리트 계층들이었다는 점과 관련이 있다(표언복, 「해방전 중국 유이민소설 연구」, 건국대 박사논문, 2004, 333~334쪽).

10 孫科志, 「上海韓人社會性質的變遷」, 復旦大學歷史系 編, 『切問集』 下, 復旦大學出版社, 2005, 791쪽.

11 조선 지식인들에게 '일본적 근대'나 일본의 '문명'은 서구와 같은 수준이 못 된다는 것을 일찍부터 잘 알고 있었다. 1883년 4월 일본에서 개종하여 세례받은 이수정(李樹廷)은 일본에서 만난 미국 선교사에게 일본 선교사가 아닌 미국 선교사를 조선에 파견해 줄 것을 요청하면서, 일본을 지칭하여 '간접적 문명'이란 표현을 사용하였다고 한

서의 일본적 근대가 아닌 서구적 근대를 접할 수 있는 가장 근접한 공간이었다. 1924년에 경성제국대학이 설립되기 이전까지 조선에 대학이 없었고, 경성제대 설립 이후에도 민족의식을 말살하는 식민 교육정책이 중심이었기 때문에, 민족의식의 정립과 독립 사상의 고취를 목표로 삼았던 조선 청년들은 해외 유학을 떠날 수밖에 없었다. 이때 서구 선교사들에 의해 설립된 상하이 소재 대학으로의 유학은 민족과 독립의 정신을 지키면서도 근대문명과 서구 학문을 습득하는 아주 유효한 방안이 될 수 있었다. 상하이는 일본 외에 서구로 나아가는 새로운 통로로 인식됨에 따라, 금릉대학金陵大學에 입학한 여운형呂運亨, 호강대학滬江大學에 다녔던 주요섭朱耀燮, 주요한朱耀翰 형제, 피천득皮千得, 진단震旦대학에 다녔던 임창복林昌福, 상하이 인근 항저우 지강대학之江大學을 다녔던 심훈沈熏, 남양의과대학南陽醫科大學의 김광주金光洲 등을 비롯하여 상하이 지역 여러 대학에서 상당히 많은 조선 유학생들이 수학하였다.[12]

그러나 많은 이들에게 상하이는 최종의 목적지라기보다 서구로 갈 때 경유하는 '중간 기착지'[13]의 성격이 강하였다. 1924년 『동아일보』에 개제된 보통학교를 졸업한 영남이가 형을 따라 상하이로 유학을 떠나 미

다. 류대영, 『한국근현대사와 기독교』, 푸른역사, 2009, 56쪽.

12 상하이에서 유학하였던 조선인에 대한 연구로는 趙誠煥, 「韓國 近代 知識人의 上海體驗」, 『中國學』 29-12, 대한중국학회, 2007, 183~190쪽 참조.

13 손과지, 『상해한인사회사』, 한울, 2001, 59쪽. 구체적인 예로, 독립투사이자 한글학자인 이극로(李克魯, 1893~1978)도 1921년에 상하이 동제대(同濟大學) 예과를 졸업하고, 1922년 베를린대 철학부에 입학하여, 1927년에 베를린대에서 박사학위를 받았다. 민족사학자 안호상(安浩相, 1902~1999)도 1924년에 동제대 예과를 졸업한 뒤, 독일에 유학하여 1929년 독일 예나대에서 철학박사 학위를 받았다.

국이나 독일에서 박사학위를 받아오는 꿈을 꾼다는 내용의 동화는 당시 조선 청년들의 상하이 유학에 대한 판타지를 자극했다.[14] 1925년 11월 주요한이 『동아일보』에 기고한 글에서 제시하는 것처럼, "1919년 후 국내 각지에 혈기 많은 청년들이 다수 상해에 집중되엇'으며, 그들의 '반은 구미를 향하여 떠나고 반은 상하이, 난징 등지의 각 학교에 산재하게 되'[15]었다. 그 외에 구미로 유학가려는 사람이 조선에서 여행권旅行券을 얻지 못하는 경우에, 상하이로 가서 중국에 입적하여 중국인이 되어 구미 유학을 가는 자들도 많았다.[16] 요컨대 상하이는 당시 조선인에게 서구를 몸소 체험할 수 있는 공간이었을 뿐만 아니라, 서구로 나아가는 관문이자 발판이기도 하였다.

이상에서 살펴본 1920년대 상하이의 역사적 장소성 및 조선과의 관계를 감안하여, 같은 시기 조선인의 상하이행의 양상을 만주행과 비교해 볼 때 여러 지점에서 구별되는 특징을 보인다.

우선, 당시 상하이는 조선 독립운동가의 주요 활동 무대였던 것은 분

14　上海에서 在鎬, 「상해로 유학한 영남이」, 『동아일보』, 1924.2.18, 4면.

15　송아(주요한), 「中國留學 過去現在將來(2)」, 『동아일보』, 1925.11.22, 3면.

16　여운형은 금릉대학 영문과를 졸업한 뒤에 상하이에서 미국인이 경영하는 협화서국 (協和書局)에 고용되었다. 그는 그곳에 대해 "대개 여행권 없이 미국으로 가려는 사람이나 또는 사진결혼으로 미국으로 건너가려 하는 사람들을 미국기선회사와 관계당국에 교섭하여 주는 일종 周旋기관이었는데, 매년 수백 명 씩 지원자가 있어 일이 몹시 분주하였다"고 회상한 바가 있다. 여운형, 「자서전(2) – 나의 상해 시대」, 『삼천리』, 1932.10, 21쪽. 유광렬도 "후로 朝鮮人으로 外國留學가는 사람이 朝鮮에서 旅行券을 맡지 못하면 上海로 가서 中國에 入籍하여 가지고 中國人이 되어 歐米留學을 가는 일이 종종 잇어 上海는 우리에게 퍽 친한 이름이 되엇고 또 현재 留學하는 청년도 많다"고 밝힌 바가 있다. 유광렬, 「上海와 朝鮮人」, 『동광』 31, 1932.3, 18쪽.

명했지만, 상하이는 조선인의 주요 여행 및 이주 공간은 아니었다. 조선인의 상하이행은 만주행이나 이주와 비교하면 매우 짧은 역사에 불과한 것이다. 지리상으로도 상하이는 만주와 달리, 한반도와 당시 조선인들의 주요 이주 공간과 상대적으로 거리를 멀리 둔 지점에 위치하기 때문에, 상하이에 있는 조선인의 규모는 만주보다 훨씬 적었다.

둘째, 1920년대 언론인을 비롯한 대부분 조선 지식인들의 만주행은 동포의 근황을 전달하는 데 주요 목적을 두었던 반면에, 상하이를 방문한 지식인들은 다양한 동기를 갖고 있었다. 단순한 관광에서부터 식민지 현실로부터의 도피, 독립운동, 유학 등으로 다양하였다. 그중에서 비교적 신분이나 학력이 높은 계층 출신의 엘리트 지식인들이 많이 차지한다는 점은 만주행의 경우와 또한 다르게 구별되었다. 따라서 재상하이 조선인의 규모가 재만주 조선인보다 훨씬 적었음에도 불구하고, 상하이와 관련된 담론들은 만주 담론에 못지않게 많았다. 상하이 지역에서 활동한 대표적인 지식인들로는 이광수, 주요한, 주요섭, 홍양명, 피천득 등이 있었다. 그 외에 여행, 취재, 유학 등으로 상하이에 왔다가 글을 남긴 지식인들까지 헤아리면 무려 수십 명에 이르렀다. 특히 상하이에 조선 신문사의 상주 특파원들[17]이 있었기 때문에, 이들의 상하이 체험과 인식은 『동아일보』, 『조선일보』 등 민족지 언론은 물론이고 다양한 매체를 통해 조선 국내에 고스란히 전달되었다.

셋째, 재상하이 조선인은 일제와 중국 사이에서 이중적인 배제와 탄

---

17 『동아일보』 및 『조선일보』 기자로 신언준, 주요한, 조덕진, 홍양명, 전무길 등이 상하이에서 특파원으로 활동한 적이 있었다.

압을 받아야 했던 재만 조선인들의 처지에 비해 상대적으로 안정되고 자유로운 편이었다. 1920년대의 상하이에는 일본의 영향력이 강했지만 그렇다고 해서 그 통치력이 관철되었던 것은 아니었다. 일제는 국제도시 상하이에서 서구 열강을 포함한 수많은 외국인들의 이목을 의식하지 않을 수 없었고, 특히 조선인을 체포하는 과정에서 '일본제국의 체면'이나 '위신'이 손상되거나 '관대한' 제국의 이미지가 추락될까 우려하였다.[18] 따라서 조선인들은 상하이에 머물렀던 동안 '일본 군대의 손이 미치지 못해 만주에 있는 사람들보다는 안심'[19]하였던 것이다.

넷째, 같은 시기 중국 다른 지역과의 가장 큰 차이점은 상하이에서 분출된 조선 지식인들의 중국 인식에 있어 '서구'라는 함수가 새로 추가되었다는 점이다. 조선 지식인들이 상하이에서 접해본 것은 서구적 근대와 서구 제국주의였다는 점에서, 조선 국내에서나 만주에서 일제를 매개로 형성된 굴절된 근대적 경험과는 서로 다른 차원에서 논의할 필요가 있을 것이다.

1920년대 조선인의 상하이행은 여러 노선이 있었다. 송아(주요한)의 소개에 따르면, '첫 번째 노선은 평톈을 지나 경봉京奉선이나 진포津浦선을 거쳐 육로로 난징에 가는 것이오. 두 번째 노선은 안둥현安東縣에서 배를 타고 상하이에 오르는 것이오. 세 번째 노선은 나가사키長崎에서 배로

---

18 김광재, 「1910~1920년대 상해 한인과 조계 공간」, 『역사학보』 228, 역사학회, 2015, 368쪽.

19 "佛租界在留의 朝鮮人이 日本法律이 抵觸되는 사람이 잇으나 租界내니 만큼 日本軍隊의 손이 미치지 못할 터이니 滿洲에 잇는 사람들보다는 안심일 것이다." 유광렬, 앞의 글, 19쪽 참조.

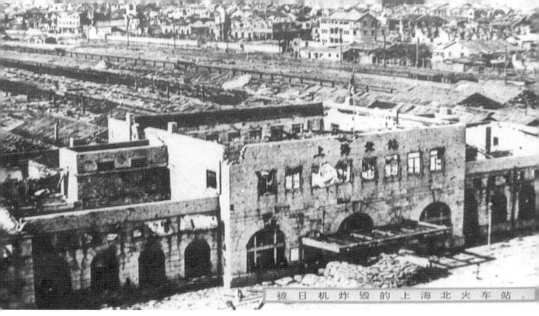

그림 6 1937년에 일본군에 의해 수 개월간 전투와 폭격을 거친 상하이북참역(上海北站驛)(출처: 상해송호항전기념관 https://commons.wikimedia.org/wiki/File:Shanghai_North_Railway_Station.jpg?uselang=ko)

상하이로 향하는 것이오. 네 번째 노선은 인천이나 부산에서 배로 상하이를 향하는 것이라 그 외에 잉커우(營口)나 다롄에서 수로로 상하이를 향하거나 모지(門司)에서 배로 상하이에 갈 수도 있[20]었다. 이처럼, 조선인이 상하이에 도착하는 교통편은 대개 선박이었고, 기차도 간혹 이용되었다. 선박을 이용한 경우에는, 조선에서 직항으로 가는 것과, 일본을 거쳐서 가는 노선들이 있었다.[21] 기차를 이용한 경우는 만주를 거쳐서 가는

---

20   송아(주요한), 「中國留學 過去現在將來(9)」, 『동아일보』, 1926.1.17, 3면.

21   1923년 임창복의 상하이행은 인천에서 출발한 사례이다(임창복, 「인천에서 상해까지(전8회)」, 『조선일보』, 1923.9.27~10.8, 1면). 이광수 1913년의 상하이행은 용암포에서 배를 타고 잉커우(營口)-다롄(大連)-옌타이(煙台)-칭다오(靑島)를 거쳐서 상하이에 도착한 사례이다(이광수, 「上海에서」, 『삼천리』 6, 1930.5.1). 홍양명이 1931년의 상하이행은 부산에서 출발한 사례이다(洪陽明, 「상해기행-보헤미안 항해 기록(1~6)」, 『조선일보』, 1931.4.6~4.11). 일본 나가사키 항에서 상하이행 선박을 탄 사례로

노선이었다. 1925년에 필명이 '불평생不平生'이라는 작가의 상하이행은 바로 이 경우에 해당한다. 그는 조선에서 기차를 타고 '러시아와 중국의 국경에 위치하는 역인 오참五站으로 중동선中東線을 지나 하장선哈長線으로 길장선吉長線을 한번 휘돌아서 다시 호녕선滬甯線으로 상해북참역上海北站驛'에 도착했다. 그는 '옛날에 동분서주하며 올지라도 몇 해가 걸렸을' 상하이행은 '오늘날 기차의 힘으로 겨우 일주일 동안에 도착하게 된다는 것은 과학 덕분이라는 것을 누구든지 부인할 수 없다'[22]며, 기차 여행의 편리함을 자랑하였다. 그 외에 일부 이들이 유럽에 여행이나 유학을 가거나, 유럽에서 조선으로 돌아가던 길에, 상하이를 경유하거나 일정 기간 머물었던 경우도 많았다.[23] 이들은 기행문, 수필, 논설 등을 통해 상하이에 대한 인식, 그리고 상하이에서 형성된 중국에 대한 인식을 직접적으로 드러내고 있다.

　　는, 전무길, 「중국암행기」, 『조선일보』, 1931.3.24~4.19; 공성학(孔聖學), 『中遊日記』, 1923; 樹洲, 「南游汗漫草(2~3)」, 『동아일보』, 1930.1.15~16 등이 있다.

22　不平生, 「一週旅行記(1)－海港에서 上海가지」, 『시대일보』, 1925.6.8, 4면 참조.

23　이에 해당되는 사례는 金俊淵, 「獨逸가는 길에(2~3)」, 『동아일보』, 1921.12.16~12.17(北九州門司港－上海); 이갑수, 「歐洲行(1)」, 『매일신보』, 1922.07.25(北九州門司港－上海); 박석윤, 「渡英紀行(1)」, 『동아일보』, 1925.1.4(北九州門司港－上海); 김재은, 「巴里에서 開城까지(19~23)」, 『동아일보』, 1926.10.27~11.30 등을 들 수 있다.

3. 마도魔都 ― 상하이 첫인상

만주를 처음 방문한 조선 지식인들의 시선을 먼저 사로잡은 것은 압록강 철교 및 만주의 넓은 벌판이었다면, 당시 인천이나 부산 등 항구에서 배를 타거나, 만주를 거쳐 안둥이나 톈진에서 배를 타거나, 일본에서 우선郵船을 타고 상하이로 도착한 조선인들의 시선을 압도적으로 사로잡은 것은 '황포탄黃浦灘'이었다. 황포탄은 황포강변을 지칭하는 지금의 외탄外灘, The Bund의 옛 이름으로, 당시 항구 도시인 상하이의 관문이자 해외 금융 자본의 중심지였다. 꼬리에 꼬리를 물고 항구에 출입하는 각국의 상선, 황포강에 가득 정박하는 열강의 군함들, 황포강변에 즐비하게 들어선 고층 빌딩과 서양식 건축, 넘쳐나는 인파 등 이미지로 가득찬 황포탄은 조선 지식인들이 상하이에 대한 첫인상을 형성하게 한 물리적 공간이었다. 바다와 강, 대륙과 세계, 서양과 동양, 제국과 식민지, 옛 것과 새 것, 인종, 계급 등 모든 충돌의 경계 및 혼합의 이 공간[24]은 처음부터 그들에게는 충격과 혼돈 그 자체였을 것이다. 배가 황포강黃浦江[25]을 따라 부둣가로 들어설 때는 예외 없이 감탄과 감격의 순간이었다. 다음 인용문을 살펴보자.

① 午後二時가 지나서 吳淞港이 보이며 그 沿岸에 櫛比하게 늘어있는 工場 會社等의 家屋의 宏大한 것도 보이며 各工場으로부터 煙突에서 吐하는

---

24   김미지, 「上海와 한국 근대문학의 횡단(1)―상해의 조선인들과 '황포탄(黃浦灘)의 감각」, 『한중인문학연구』 48, 한중인문학회, 2015, 267쪽.
25   양쯔강의 지류.

黑煙은 하늘을 덮혔으며 江을 通하여 往來하는 汽船들은 聯絡不絶하다. 可謂東洋의 倫敦이라 할만한 大都會이었으며 初行者로 하여금 感歎하는 感想을 안 주지 못하겠더라.[26]

② 揚子江! 어느덧 四面의 燈台불이 찬란하게 이곳저곳에서 暗夜의 海路를 照明하는 揚子江口에 이르기는 午後十二時頃이다. 暗黑에 싸인 大陸도 江岸도 보이지 않으나 數千數萬의 燈光이 四面에 빛나는 것을 볼 때 彼女는 벌써 揚子江의 넓고 부르러운 품 안에 報擁된 것을 알았다.[27]

③ 果然十余分後에는 吳淞港이 보인다. 東西로 뻐친 기다란 都市다. 그곳에는 높다란 煙突이 보이고 煉瓦와 石造의 高層빌딩이 보이고 黑瓦黑壁의 舊中國式建物도 보이고 煙草니 石油니 酒類니…… 하는 廣告板이 뻔하게 보인다. (…중략…) 벌써 敏感한 乘客中에서는 『上海다! 上海!』 이렇게 외친다. 果然 그리고 그리던 上海의 大都港은 眼前에 가로놓였다. 各國의 商船이 各其 色다른 旗를 달고 우둑우둑 서 있다. 오— 리들(謎)의 上海![28]

④ 이제는 산 都會의 奔走雜踏한 빗과 소리가 亂鳴하는 악기모양으로 大氣에 錯雜한 色形와 파동을 니르키나이다. 한복판에 倨慢하게 웃둑 선 米, 英, 法의 鐵甲艦을 스처 그리로서 나오는 유呼한 군악을 들으면서 우리 배는 江南岸埠頭에 조심히 그 右舷을 다히엇나이다.[29]

---

26 임창복, 「인천에서 상해까지(8)」, 『조선일보』, 1923.10.8, 1면.

27 홍양명, 「상해기행 – 보헤미안 항해 기록(5)」, 『조선일보』, 1931.4.10(석간), 1면.

28 전무길, 「중국암행기(4)」, 『조선일보』, 1931.3.27(석간), 4면.

29 이광수, 『上海에서』, 『삼천리』 6, 1930.5.1, 72쪽. 이광수는 1913년 12월에 세계 여행을 목적으로 상하이에 첫 발을 디뎠다. 거기서 한 달 동안 머물렀고, 1914년 1월 러시아 해삼위로 떠났다. 『上海에서』는 상하이의 첫 인상을 기록한 기행문이다.

그림 7 상하이의 황포탄(1920년대 후반의 사진 엽서)(출처: https://commons.wikimedia.org/wiki/
File:Shanghai_Bund_seen_from_the_French_Concession.jpg)

①은 임창복林昌福이 1923년 진단震旦대학으로 유학하러 상하이에 갔
을 때 목도한 첫 광경이다. 강변을 따라 늘어서 있었던 수많은 공장, 회
사, 가옥들과 각국의 무수한 기선들로 가득 정박한 '동양의 런던이라 할
만한 대도시'인 상하이는 화자를 하여금 감탄을 금치 못하게 하였다. ②
는 1931년 3월 16일 부산에서 기선에 몸을 실은『조선일보』상하이 특
파원 홍양명洪陽明이 상하이에 대한 첫인상이다. 어둠 속에서 수천만의
불빛이 빛나는 장면은 마치 당시 동아시아 최대 도시인 상하이를 압축
할 수 있는 상징적인 이미지였다. ③은 같은 해『조선일보』기자 전무길
全武吉이 상하이에 대한 첫인상이다. 승객들이 "상해다! 상해!"라고 외치
며 감격하였던 장면을 통해, 동시대 사람들은 상하이에 대한 동경을 엿
볼 수 있을 것이다. 그의 시선을 끈 것은 색다른 깃발을 달고 우뚝 서 있

는 각국의 상선들이었다. 이와 비슷하게 ④에서 이광수가 배를 타고 상하이에 도착했을 때 제일 먼저 눈에 띤 것은 "한복판에 거만하게 우뚝 선 미국, 영국, 프랑스의 철갑함鐵甲艦"이었다. 황포강에 가득 떠있는 각국의 상선이나 철갑선들은 단적으로 당시 상하이의 반半식민지 신세를 말해주고 있다.

이처럼 상하이에 처음 도착한 조선인들에게 상하이는 '어둠 속 빛나는' 화려한 근대 대도시이자, 서구 제국주의가 기세를 떨치는 공간이었다. 이들은 도착하자마자 강을 따라 남북으로 곧게 뻗은 황포탄에 은행과 증권거래소 등 고층빌딩들이 마주보였다. 서양의 각종 양식을 갖춰 지은 마천루들이 가져다 준 황홀함에 정신이 팔려 신기하게 쳐다보는 사이에 곧바로 "메뚜기와 같이 모여드는 황포차黃包車(인력거)"[30]에 둘러싸여 쟁탈 대상이 되곤 하였다. 그리고 "등 사듸팡취아(상하이 사투리로 어디 가세요?)"라는 소리와 함께 "무수한 황포차들의 무질서한 경쟁"[31]에 휩싸여 "분주한 세상"[32]에 진입하게 되었다.

복잡하고 시끄럽기 짝이 없는 거리였다. "교통순경의 '고-, 스톱'을 잘못 지키고 눈치 없이 걸어가다가 십중팔구는 10분 뒤에 병원의 한 구석에 외롭게 신음하고 있는 자기 자신을 발견할 것"[33]이며, 길거리의 미인에게 순간적으로 눈을 팔리면 거리를 왕래하는 사람의 "팔꿈치와 어깨

30 홍양명, 「상해기행 – 보헤미안 항해 기록(6)」, 『조선일보』, 1931.4.11(석간), 1면.
31 홍양명, 「楊子江畔에 서서」, 『삼천리』 15, 1931.5, 10쪽.
32 이광수, 「上海에서」, 『삼천리』 6, 1930.5, 74쪽.
33 홍양명, 「楊子江畔에 서서」, 『삼천리』 15, 1931.5, 10쪽.

의 포위를 면치 못할"[34] 지경이었다. 곳곳에서 '전화와 전보기에 불이 생기고, 타자기 주판 소래 귀가 아플'[35] 정도였다. 한마디로, 상하이는 그야말로 '난장판'[36]이었다.

이러한 '난장판'으로서의 상하이에 대한 조선 지식인의 인식은 일치하지 않았다. 거기로부터 방 안에서 낮잠 자거나 바둑 장기 두는 이는 하나도 없으며, 사람마다 분주하는 근대 도시로서의 활기찬 모습을 읽어낸 자가 있었던 반면,[37] 중국 사회의 '무질서'와 '비통치성非統制性'[38]을 읽어낸 자도 있었다. 또한 그 혼잡함을 '무엇보다도 전쟁 와중에 (상하이가) 안전지대가 된 것이 원인'[39]이라며, 당시 중국의 혼란된 시국을 꼬집어 해석한 자도 있었다.

이처럼 어떤 공유되거나 일관된 '상하이 인식'이 처음부터 형성되기가 거의 불가능한 일이었다. 보는 사람에 따라서 다양한 얼굴을 가지고 있는 상하이는 그들이 익숙한 어떤 유형 속에 귀납시킬 수 없었던 '리들謎'의 도시[40]이자 마도魔都[41]였던 곳이다. 이러한 첫인상은 1920년대 조선 지식인들의 상하이 경험과 중국 인식의 다층성을 예시해 주고 있다.

---

34 金世鎔, 「印度特輯, 上海의 印度人 示威運動光景」, 『삼천리』 17, 1931.7, 47쪽.
35 장독산, 「上海雜感」, 『개벽』 32, 1923.2, 74쪽.
36 김재은, 「巴里에서開城까지(20) – 香港을것처상해는난장판이다」, 『동아일보』, 1926.10.30, 3면.
37 장독산, 「上海雜感」, 『개벽』 32, 1923.2, 74쪽; 이광수, 「上海에서」, 『삼천리』 6, 1930.5, 73쪽.
38 홍양명, 「楊子江畔에 서서」, 『삼천리』 15, 1931.5, 10쪽.
39 주요한, 「大上海의 新과 舊 名狀할수 업는雜踏」, 『동아일보』, 1928.11.7, 1면.
40 전무길, 「중국암행기(4)」, 『조선일보』, 1931.3.27(석간), 4면.
41 "마도(魔都)"라는 별칭은 일본 작가 무라마쓰 쇼후(村松梢风)가 상하이를 여행하고 쓴 소설 『魔都』(1923)에서 유래한 것으로 전해진다.

제7장

'모던 상하이'

서구적 근대에 대한 예찬

1. 코스모폴리탄이라는 착각

상하이의 '모던'은 이국의 방문객들을 처음 도착했을 때부터 압도하고 있었다. 특히 조선 식민지에서 온 지식인들에게 상하이는 조선의 낙후된 현실을 극복하는 근대적 공간과, 식민지 현실을 넘어서는 자유의 공간으로서의 면모를 동시에 지니는 매력적인 도시로 인식되곤 하였다. 이 점은 1910년대 상하이를 방문한 이병헌 등 전통 유림들은 지앙난江南으로서의 상하이의 전통적인 모습을 더 주목하였던 것과는 확실히 구별된다.[1]

상하이의 근대적인 도시 공간은 조선인들에게 상당히 매혹적 위력을

---

1   『중화유기』에는 이병헌이 당시 동아시아 최대 도시 상하이의 고층 건물에 엘리베이터를 타고 옥상에 올라 옥상의 화려한 노천 카페를 즐기며 상하이 전경을 구경한 일이 기록되어 있지만, 이에 대한 특별한 비평은 없었다. 오히려 도서로서의 상하이보다 그는 고전을 통해 익숙해진 지앙난으로서의 상하이의 전통적인 모습을 더 주목하였다. 李炳憲, 「湖山遊汎錄」, pp.3~4 참조.)

발휘하였고, 심지어 어떤 이를 하여금 '산간벽촌'에서 왔다는 자괴감을 불러일으키기도 하였다. 1920년에 중국 남북 지역을 구경하고 「중국유기中國游記」를 쓴 유학자 김정호金正浩는 상하이에 관하여 "시내 잘 정돈된 도로와 빽빽하게 늘어선 건물들이 참으로 웅장하고 아름다워 시골에서 자라온 나를 놀랍게 하였다"[2]고 감탄한 바가 있다. 1929년 겨울에 여행하러 상하이에 온 변영로卞榮魯는 역시 "길 이쪽에서 저쪽으로 건너가려면 여간 주의를 하지 않으면 안 될 만큼 늘어서서 가는 자동차 행결의 광경에는 조선에서 자라온 촌뜨기로 놀라지 않을 수 없었다"[3]고 한다.

서구식 건축, 은행, 회사, 정비된 도로, 자동차 행렬 등 시각적·물리적 구현물들은 근대 도시의 상징물로 받아들여, 그것들이 곧 '문명'과 동일시되곤 하였다. 이광수는 1913년에 상하이에 처음 왔을 때 "이제 문명의 정수의 한 방면을 유감없이 본 듯하"[4]다는 기분이 들었다. 1924년에 박영철[5]은 역시 조계지의 화려한 서구식 건물, 깨끗하게 정돈된 거리를 보며 그곳을 곧 "문명세계라고 할 수 있구나"[6]라고 감탄한다.

1920년대의 상하이는 또한 전 세계 50여 개 이상의 국가에서 이주

---

2   김정호, 『中國游記』(謄寫本), 刊寫地未詳, 1921, 30쪽.

3   樹洲(변영로), 「南游汗漫草(3)」, 『동아일보』, 1930.1.16, 4면. 변영로(卞榮魯, 1898~1961), 시인, 영문학자, 대학 교수, 수필가, 번역문학가이다.

4   춘원, 「上海印象記」, 『신인문학』, 1935.4, 119쪽.

5   박영철이 1924년 3월 17일부터 4월 17일까지 상하이를 포함한 중국 남북부 지역을 유람하고 쓴 여행 기록들은 그의 『아주기행』에 수록되었다. 그는 당시 전라북도 참여관으로 있었는데 경성상업회의소가 주최한 중국시찰단 15인으로 참여하여 부단장을 맡았다.

6   "租界之建築 無非洋制 宏樓傑閣 櫛比玲瓏 商店旅館銀行會社之美麗 市街海岸之整頓 淸潔 可謂文明世界." 박영철, 『亞洲紀行』, 獎學社, 1925, 225쪽.

해 온 각양각색의 인종을 수용하는 이민의 도시였다.[7] 식민지 조선의 상황에 억눌려 있던 조선 지식인들은 상하이라는 코스모폴리탄적 공간의 성격에 매료되어 찬사를 보내기가 일쑤였다. 이들에게 상하이는 '인종전람회人種展覽會'[8]와 같은 공간이었다. 백계 러시아인, 유태인, 서구인 등 어울려 사는 아파트에 한때 머물렀던 홍양명은 상하이를 '약 수십 종의 인종이 잡거하고 있으니 국제 도시란 점에 있어서는 서양에도 수가 없는 도시일 것'[9]이라고 평가한 바가 있다. 그가 상하이에서 머물렀던 아파트부터 백계 러시아인, 유태인, 서구인 등 어울려 사는 '코스모폴리탄'적이었다.

상하이에서 사용되는 언어의 혼종성도 주목의 대상이었다. 이와 관련하여, 홍양명은 '국제 도시인 이곳은 각국인의 습속이 섞여 하나의 칵테일 문화를 이루고 있'으며, '상하이의 비즈니스로 사용되는 것은 상하이 말과 영어인데 중국 하급 상인간에 유행되는 변태적인 영어는 포르투갈어로써 영어에 전와된 것'으로 '이른바 양징뺑洋涇浜영어'[10]라고 국내 독자에게 흥미있게 소개하고 있다. 그는 상하이의 최대 번화가인 난징로南京路의 한구석에 가만히 서서 왕래하는 행인들을 관찰해 본 적도 있었다.

---

7 통계를 따르면, 공공조계와 프랑스조계는 영국인, 미국인, 프랑스인, 러시아인, 유태인, 일본인 등 많을 때는 58개 국가에서 온 사람들로 붐볐다. 上海租界誌編纂委員會 編, 『上海租界誌』, 上海社會科學院出版社, 2001, 90쪽 참조.

8 「戰鬪渦中의 上海이야기 東洋의 巴里, 上海의 表面과 裏面(二)」, 『중앙일보』, 1932.2.19, 2면.

9 홍양명, 「動亂의 都市 上海의 푸로필」, 『삼천리』 4-3, 1932.3, 33쪽.

10 위의 글, 35쪽.

그림 8 상하이의 황포탄공원(Arnold Wright ed. "Shanghai", *Twentieth century impressions of Hongkong, Shanghai, and other treaty ports of China*, London : Lloyd's Greater Britain Pub. Co. 1908)

紳士風 내고 능청맞고 코 놉흔 上海의 特權階級인 英國人, 장난 잘 치고 蠻勇한 아메리카 水兵, 驕慢한 佛人, 너절한 露人, 慾心 사나운 猶太人, 양키 흉내 내는 뿌릿빈人, 印度人 安南人, 日本人 各種 各樣의 色 달느고 말 달느고 行色 다른 人間들이 양키化한 多數의 中人, 東洋風 그대로의 無數의 保守黨에 석겨 混然한 人種展覽會를 이룬다.[11]

조선에서 접할 수 없었던 '세계cosmo'는 이처럼 상하이에서 조선 지식인 인식의 지도에 그려넣게 되었다. 물론 각국인에 관한 윗글의 언급은 저자가 실제로 관찰한 결과라기보다는, 1920년대 유행하던 각국 국

---

11   홍양명, 「楊子江畔에 서서」, 『삼천리』 15, 1931.5 10쪽.

민성/민족성 담론의 스테레오타입을 그대로 답습한 면이 없지 않았다.[12] 물론 그 외에 이국적인 정서를 일부러 살림으로써 국내 독자의 흥미를 불러일으키는 데 목적을 둔 상업주의적 글쓰기의 성격도 다소 지녔다.[13]

여러 인종과 언어가 혼재하는 상하이는 익명성을 담보해 주기 때문에 최대한 자유를 보장할 수 있었다. 1920년 『개벽』지에 실린 「상해의 해부」라는 글에 '상해우객上海寓客'이라는 필명의 화자는 상하이의 발전상을 정비된 도로, 발달한 교통 등 물리적 측면에서뿐만 아니라, 정치적 자유가 보장된다는 측면에서도 확인한다. 그는 그러한 상하이를 "동양에서 유일하게 진보를 이룬" 도시며, "평화한 세계적 자유 도시"라고 극찬한다.[14] 그러므로 당시 조선 국내에서는 심지어 "삼척동자까지도 상하이를 그리워했으니, 그것은 우선 상하이가 서울보다 크고 화려했을 뿐만 아니라, 거기에는 자유가 있었고 그 꼴 보기 싫은 일본 놈들이 없었고, 게다가 우리의 임시정부가 있는 광복의 보금자리"[15]였다는 인식이 강했다. 여운형은 회고록에서 편벽한 만주 대신 상하이를 목적지로 결정하게 된 것은, 그곳이 교통이 편하고 각국의 문화와 정보를 빨리 접할 수 있었기 때문이라고 밝힌 바 있다.[16] 이광수도 1932년 1월 『삼천리』에 게

---

12 같은 맥락에서, 필명이 上海寓客이라는 작가는 역시 "고로 上海에 在하야는 世界各國民의 國民性을 比較硏究함에 容易하"기 때문에 상하이는 세계적으로 어느 나라의 국민이 "優勝의 지위를 점할 여부의 試金石"이라고 규명한 바가 있었다. 上海寓客, 「上海의 解剖」, 『개벽』 3, 1920.8, 106쪽.

13 당시 신문사나 잡지사는 기본적으로 기업의 성격을 지니고 있었기 때문에, 경제적 수익성은 고려하지 않을 수 없는 문제였기 때문이다.

14 上海寓客, 앞의 글, 107쪽.

15 이경손(李慶孫), 「상해 임정 시대의 자전」, 『신동아』, 1965.6, 276쪽.

16 여운형, 「나의 上海時代, 自敍傳 第二」, 『삼천리』 4-10, 1932.10, 20쪽.

재된 상하이 회고록에도 그가 프랑스 조계지에서 조선과 관련된 소식을 영어로 번역하여 상하이에 있는 외신에 보내며, '조선의 독립국임과 조선인의 자주민임'을 알리기에 주력하였던 경험을 담고 있다.[17]

이렇듯 국제적인 정보 수집과 여론 형성이 용이했던 코스모폴리탄 공간으로서의 상하이는, 나라를 잃고 해외에서 돌파구를 찾으려던 조선 지식인들에게 전 세계를 향해 조선 독립의 정당성을 발신하는 외교와 정치의 중심지로 인식되었다. 바로 이러한 특성으로 인해, 초기 임시정부 시절 해마다 3·1절 기념식을 공공조계에서 개최할 수 있었고, 기념식이 끝난 후 반일 시위까지 감행할 수 있었다.

數臺 自働車에 分乘하고 國旗를 高懸한 後 霹靂갓흔 萬歲聲으로 霞飛路를 疾走하고 西藏路를 經하야 英大馬路에 出하야 「獨立萬歲」를 더욱 高唱하며 黃浦灘方面으로 出하야 日人의 市街인 虹口方面으로 突進하야 夜深까지 示威를 繼續하엿는대 俄人은 「우라」를 부르고 英美人은 帽子를 두르며 中人은 拍手로 歡迎하는데 日人은 비슬비슬 보기만 하엿다고.[18]

同行列은 上海의 最大市街인 南京路를 經하야 日人들의 多數 居住地인 虹口에 至하여 일부러 倭領事館前에서 보아라 하는 듯이 萬歲를 부르며 示威運動을 하엿다. (…중략…) 經路의 人民들은 모다 놀낸 眼光으로 바라보며 日人들은 엇절줄을 모르고 비슬비슬 避하는것이 가장 壯觀이엇더라.[19]

17   李光洙,「나의 海外 亡命時代, 上海의 2년간」,『삼천리』4-1, 1932.1, 30쪽.
18   「雨中의 行進」,『독립신문』, 1920.3.4, 4면.
19   「上海와 三一節」,『독립신문』, 1921.3.5, 3면.

위의 인용문은 1920년과 1921년에 상하이 3·1절 기념식 후의 반일 시위를 재현하고 있다. 청년들로 구성된 자동차 시위대는 공공조계의 중심인 난징로에서 태극기 시위를 하고 더 나아가 홍구 지역 상하이 일본 영사관 앞에까지 가서 시위를 계속하였다.[20] 시위는 일본인을 제외한 모든 나라 사람의 성원과 지지를 얻었다. 그 자리에서 "일본인에게 대하여는 우리를 보아라 하는 뜻하고 다른 외국 사람에게 대하여는 우리는 이족異族의 통치를 받지 않을 대한인大韓人"[21]이라는 것을 선언하였다. 3·1운동 이후로부터 더이상 국내에서 할 수 없게 된 반일 시위는 상하이에서 전 세계인 앞에서 당당하게 감행될 수 있었던 것은 바로 상하이가 지니던 코스모폴리탄적 특성에 기인한 것이다. 일본인은 경악했지만 어쩔 수 없었던 것은 역시 국제 도시 상하이에서 '일본제국의 체면'을 유지하기 위해 수많은 외국인들의 이목을 의식하지 않을 수 없었기 때문이다.

상하이는 바로 이 지점에서 상대적으로 폐쇄된 조선 식민지에서 온 조선 지식인들에게 코스모폴리탄적 감각을 만끽할 수 있었던 가장 가깝고 이상적인 공간이 되었다. 이들은 이 공간에서 식민지 현실을 탈출하여 '세계'와 직접 대면할 수 있었다는 탈경계적 상상력을 찾게 되었다. 그 와중에 마치 '코스모폴리탄'이라면 그 공간에서 모두 평등하게 지낼 수 있을 것 같다는 낭만적 코스모폴리탄이란 착각에 빠지게 된 경우도 종종 있었다. 그러한 착각은 당시 조선인이 많이 찾은 조계지 공원

---

20 참고로 당시 상하이에 일본조계지가 없었지만, 1915년에 이르면 일본인이 공공조계 거주민 중 가장 많은 외국교민이 되었다. 일본인이 많이 거주했던 공공조계 홍구는 '리틀도쿄(小東京)'로 불렸으며 사실상 '일본조계'나 마찬가지였다.

21 「上海와 三一節」, 『독립신문』, 1921.3.5, 3면.

에 대한 묘사에 반영된다.

白人의 사내와 계집애의 작란터가 되도다
遺傳的인 적은발 노둥거리는 中國「아마」(乳母)나
或은 얼골에 粉바른 日本 계집의 손에 끌녀
잔듸 밭을 발바 문지르는 어린애들의
아라사, 프라쓰, 아메리카 色色의 말을 짓거림도
殖民地인「샹하-이」의 氣風을 드러내도다.
『낫』검은 幕 친 테니쓰 코-트에
遊戲하는 男女는 잠잠히 움즈기는 그림가트며
락켓트 쥔 팔을 놉히 드러 공을 밧는 少女의
自然한 아름다운 姿勢는 夕陽에 떠오른 彫刻인가 하도다.[22]

　위의 글은 당시 상하이에서 유학 중인 주요한이 작성한 『블란서 공원』이라는 시이다. 이 시에서 그려진 프랑스공원의 모습은 중국 '아마乳母', 일본 여인과 아이들, 러시아인, 프랑스인, 미국인 등 여러 민족과 각양각색의 언어가 뒤섞여 있는 이국적 풍경이다. 무엇보다 주요한이 보기에 '식민지인 상하이의 기풍을 드러낸' 그 공간은 식민지의 부정적인 모습이 아니라 오히려 자유로움이 구가되는 다국적인 모습이다. 특히 석양이 비치는 저녁의 풍경은 테니스를 즐기는 남녀의 모습과 "조각"과

22　주요한,「블란서 공원」,『창조』4, 1920.2, 10쪽.

같은 소녀의 아름다운 모습을 통해 매우 낭만적으로 그려지고 있다.

김성金룡은 상하이의 여름을 소개하면서 미국인은 베이스볼을 즐기고, 영국인은 크리켓, 인도인, 일본인 등은 테니스를 치며 놀고 때로는 경마 대회를 열었다고 소개한다. 그에게 무덥고 긴 상하이의 여름을 피서 찾아 나선 만국공원萬國公園은 '세계 각국 사람을 다 볼 수 있고 세계 각국 방언을 다 들을 수 있는 이름 그대로 만국인萬國人의 집합처集合處'다. '적어도 여름날 저녁마다 몇 시간 동안만'은 아무런 민족적 차별이나 국제적 질서가 존재하지 않고, 만국 사람이 세상사를 잊고 다 같이 춤추고 즐기는 평화의 공간이다.[23] 이러한 순간적으로 누렸던 '평등과 평화'라는 환상 자체가, 실제로 상하이는 결코 평등하거나 평화하지도 않은 식민지 공간이라는 현실을 역설하고 있다. 동양인이자 식민지 조선에서 온 지식인에게 상하이에서 잠시나마 향유하는 코스모폴리탄적 감각은 결국 '모래 위의 집'과 같은 허상에 불과한 것이다.

2. 서구인의 얼굴을 한 근대

위에서 살펴본 것처럼, 1920년대 상하이를 방문한 조선 지식인들은 상하이를 근대적 공간 지배가 정점에 이른 공간이면서 일본 제국주의의 지배로부터 벗어날 수 있는 코스모폴리탄 공간으로 인식하는 경향

---

23   김성, 「상해의 녀름」, 『개벽』 38, 1924.8, 45쪽.

이 강하였다. 1920년대의 상하이는 중국의 한 도시보다, '작은 공화국小 共和國',[24] 또는 '일종의 소규모의 변체국가變體國家'인 'Impirium in imperio' 로 인식되곤 하였다. '중국 영토의 일부분임은 물론이지만 각국 조계는 모두 정치적·경제적으로 중국 국가통치에 바깥'[25]에 있기 때문이다. 한 마디로 상하이는 '중국 정부의 주권으로 독립한 하나의 공화국의 상태 와 같'[26]으며, 이른바 '상하이공화국'인 셈이었다.

이러한 인식에는 중국 인식이 은폐되거나 부재하는 양상이 두드러지 게 나타났다. 모던 상하이에 대한 조선 지식인의 예찬에는 중국이 늘 부 재하였고, 중국인이 역시 마치 투명인간과 같은 배경적 존재에 불과하 였다. 즉, 상하이와 관련된 '중국적 맥락' 또는 '로컬의 맥락'을 무시한 채로 일종의 탈중국적인 상하이 담론을 창출해낸 셈이다. 제2부에서 다 룬 같은 시기에 만주가 일부 조선 지식인에 의해 마치 중국과 관계없는 탈영토적인 공간으로 재현된 것과는 유사한 양상을 지니고 있다. 상하 이의 '중국적 맥락'이란, 이와 갈라놓을 수 없는 지앙난의 경제·문화적 배경을 의미한다. 또한 당시 공공조계나 프랑스 조계에서 절대 다수를 차지한 인구가 중국인이었던 사실을 의미한다.[27] 동시대에 어떤 서구 여

---

24 上海寓客, 앞의 글, 106쪽.

25 홍양명, 「楊子江畔에 서서」, 『삼천리』 15, 1931.5, 11쪽.

26 이갑수, 「歐洲行(1)」, 『매일신보』, 1922.7.25, 1면.

27 엄격하게 내국인과 외국인의 분리, 이른바 '화양분거(華洋分居)'를 실시하는 동시대 의 중국 여타 조계와 달리, 상하이의 조계 당국은 중국인의 조계 내 거주를 허용함으로 써 '화양잡거(華洋雜居)'의 특징이 두드러졌다. 상하이의 조계의 외국인 인구는 생각 처럼 그렇게 많았던 적이 없다. 외국인 인구가 최고조에 달한 1930년대조차 외국인 인 구는 6만 명이 채 되지 않았던 반면에, 공공조계와 프랑스 조계의 중국인은 거의 150 만 명에 달하였고 조계주변 지역에는 약 400만 명의 중국인이 살고 있었다. 鄒依仁,

행자가 난징로에서 자신의 예상과 달리 중국인이 넘쳐 나는 것에 놀랐던 만큼,[28] 실제의 상하이 조계지는 코스모폴리탄 공간보다 중국인들의 삶의 터전이란 성격이 더 강했다. 그러나 조선 지식인의 인식에는 '중국인의 상하이'보다 '서구인의 상하이'라는 인식이 훨씬 강하였다.

이러한 인식은 상하이의 '중국적 맥락'을 무시하여, 이른바 '처녀지 발견' 식의 서구 식민주의 담론과 유사하게, 상하이는 서구인에 의해 '발견'된 도시라는 담론에서 읽어낼 수 있다. 예컨대, 유광렬柳光烈은 상하이는 '100여 년 전에 영국인 누군가가 발견하였다는 곳'[29]이라고 국내 독자들에게 소개한다. 『동아일보』의 특파원 국순엽鞠淳葉은 역시 '상하이의 중요성을 발견한 사람은 중국인은 아니다. 이것은 역시 근대문명의 조국이자 해외침략의 원조적 지위에 있는 영국이 발견된 것'[30]이라며, 상하이를 영국인에 의해 '발견된 대상'으로 인식하고 있다.

이 땅의 주인은 분명히 서구인, 그중에서도 영국인이라는 사실은 이 도시에서 직접 목도한 영어와 양복의 패권을 통해 쉽게 확인될 수 있다. 이광수는 상하이에서 '가장 세력 있는 자는 영국인'이라는 점이 분명하다고 지적한다. 그것은 영국인의 조계지가 가장 번화한 곳에 위치한다는 점과, '모든 것은 자국어로 쓰는 법인도 필수한 용문이나 고시는 모두 영문

『舊上海人口變遷的研究』, 上海人民出版社, 1980, 141쪽 참조.

28 Reverend C. E., *Darwent, Shanghai : A Handbook for Travellers and Residents*, 臺北 : 成文出版公司重印, 1973, 10~12쪽; 리어우판, 장동천 외역, 『상하이 모던』, 고려대 출판부, 2007, 55쪽에서 재인용.

29 유광렬, 「上海와 朝鮮人」, 『동광』 31, 1932.3, 18쪽.

30 국순엽, 「上海의 經濟的地位(二)」, 『동아일보』, 1932.4.3, 5면.

으로'[31] 할 만큼 영어가 패권을 가지는 데서 확인하였다. 그의 상하이 회고록에 또한 그가 처음에 상하이에 도착했을 때, 동행한 친구가 발을 구르고 주먹을 둘러메며 '꼿 껫 아웨!'를 소리쳐 중국인 쿨리를 쫓아냈던 장면을 생생하게 기록하고 있다. 그 자리에서 친구가 '영어로 욕을 해야지 저희 말로 하면 우습게 본다'[32]는 충고까지 해 주었다. 상하이에서 국어로서의 중국어가 언어 주권을 확립하지 못할지언정 "하면 우습게 본다"는 인식은 이광수가 이 땅을 밟자마자 품게 된 인식이다. 영어는 문명의 언어이자, '정복자' 또는 '다스리는 자'[33]로서의 서구인의 언어이기 때문이다.

서구인의 복장으로 양복의 세력은 또한 컸다. 당시 조계지 공원을 방문한 여러 조선 지식인들은 양복 차림을 원칙으로 한 출입 규칙에서 양복의 세력을 확인하였다. 일본옷까지 거절당한 사실은 거듭 강조되는 점이다.

① 中國服이나 日服을 닙고는 1年 내내 불란서 공원에 못 들어간다. 불란서 공원에 들어가려면 반듯이 洋服을 닙어야 한다.[34]

② 公園入口 巡捕立直 不納中國人 某公園以日文 書揭 和服之日本人 不著 禮服 毋得入場[35]

③ 공원의 출입예복 양복이란다.

---

31 춘원, 「上海印象記」, 『신인문학』, 1935.4, 121쪽.
32 이광수, 「上海에서」, 『삼천리』6, 1930.5, 73쪽.
33 이광수, 「海參威로서」, 『청춘』6, 79~81쪽.
34 김성, 「상해의 녀름」, 『개벽』38, 1924.8, 43쪽.
35 박영철, 『亞洲紀行』, 獎學社, 1925, 226쪽.

동양복(일본복)도 거절을 당해

양복의 그 勢_과연 크도다.그러나 고려복은 어듸나 자유.

이로보아 우리 옷도 公認이 넓고

어지간한 세력을 차지하엿다.[36]

윗글에서 보여준 것처럼, 고려복(한복)을 입은 조선인은 오히려 출입이 자유로웠다는 사실은 조선 지식인에게 미묘한 느낌을 주었다. 1차대전 후 일본은 국제적 지위가 급승하며, 조선 국내나 만주에서는 서구와 등식으로 성립시켜 '근대의 모델'로 받아들였는데도 불구하고, 상하이에서는 여전히 '약자'의 대명사인 '동양'에 편입되고 있었던 상황이다. 조선 지식인에게 이것은 동·서양의 위계질서를 확인하는 순간인 동시에, 조선의 식민지 현실을 잠시나마 탈출하여 서구인으로부터 '인정'을 받은 기분을 향유하는 순간이기도 하다.

상하이에서 영어와 양복의 지위를 확인함으로써 '서구인의 상하이'라는 인식이 더욱 공고해졌다. 같은 시기 만주 담론에서 종종 드러냈던 '문명인으로서의 일본인-미개인으로서의 중국인'이라는 인식구조와 구별되는 '문명인으로서의 서구인-미개인으로서의 동양인'이라는 인식구조가 형성되었다.

이러한 인식구조는 특히 이광수의 상하이 관련 담론에 분명히 반영되어 있다. 그가 1915년에 해삼위로 가기 위해 상하이를 떠나던 그 날을

---

36   장독산, 「上海雜感」, 『개벽』 32, 1923.2, 74쪽.

기록한 『해삼위海參威로서』의 인상적인 대목은 부두로 가는 길과 배에서 만난 서구인에 대한 극심한 열등의식과 결핍감을 표현한 부분이다.

> 자연히 洋人은 富貴의 氣象이 있고, 나는 빠들빠들 洋人의 흉내를 내려는 불쌍한 貧寒者의 氣象이 있는 듯하여, 羞恥의 情이 저절로 생김이로소이다. 과연 나는 아무 目的도 없고 事業도 없는 遊客이요, 그네는 私事公事에 눈뜰 사이가 없이 奔走한 사람이니 이만하여도 내가 羞恥의 情이 생김은 마땅할까 하노이다 (…중략…) 그네는 과연 征服者요, 治者인 지위에 서서 宇內 도처에 橫行闊步하는 분네들이니 그네의 이마의 주름과 머리의 센 터럭도 다 무슨 鬪爭에의 痕迹과 重大한 意味가 있는 듯하여 自然이 엄엄하게 보이더이다. 이렇게 그네를 보고 한편 구석에 쭈그리고 앉은 얼굴에 핏기없는 우리 일행의 身勢를 보오매, 未嘗不 凄凉한 心思를 비길 곳이 없어 저절로 고개를 돌리었나이다.[37]

위와 같이 이광수는 상하이에서 해삼위로 향하는 배 위에서, 부유하고 '정복자'로서의 서구인과 양복을 입고 서구인을 흉내내기에 급급한 불쌍하고 가난한 자신을 직시하고 있다. 그 자리에서 말할 수 없는 열등감을 느낀다. 열등감은 자기가 부자연스럽게 입은 양복이 그들의 옷이어서만은 아니다. 서구인들은 뚜렷한 목적을 가지고 중국에 나와 있었으나, 자신을 포함한 식민지에서 온 조선인 일행은 특별한 목적도 없이

---

37   이광수, 「海參威로서」, 『청춘』 6, 1915.3, 79~81쪽.

중국과 러시아, 만주를 배회하고 있었기 때문이다.

이렇게 서구인을 문명인으로 동일시한다는 인식은 이광수가 1919년 이후 상하이에서 『독립신문』의 사장과 주필로 임하던 시절에 관한 한 에피소드에도 담겨 있다. 회고에 따르면, 그가 어느날 상하이에서 중국인의 인력거를 타고 교외로 가는데, 인력거부는 갑자기 가기 싫다고 차에서 내리라고 야단이었다. 이광수는 성이 난 김에 그 인력거부를 때렸는데, 어떤 서구인이 지나가다가 싸움을 말리려고 나섰다. 이광수는 싸움을 중재하기 위해 나선 교양 있는 서구인의 이미지를 '멘토'처럼 재현한다. 싸우지 말고 경찰서에 가자고 하며, 약자를 때리는 것이 좋지 않다고 타이르는 그 서구인 '멘토' 앞에서 이광수는 덜 문명화된 자신을 뒤돌아보며 "양심상 매우 부끄러웠다"고 한다. 또 그 서구인이 가르친 대로 "모든 일에 자중自重하고 수양修養을 하였다"[38]고 한 것은 서구인의 얼굴을 곧 문명의 얼굴로 내면화한 결과였다. 이러한 인식은 서구인을 모범으로 삼아 조선의 타락한 민족성을 개조해야 한다고 주장하는 3년 후에 그가 집필한 『민족개조론』에 그대로 이어졌던 것이다.

이렇게 모든 면에서 서구인을 따라 배우면서 문명화된 주체로 되고 싶어했던 이광수는 상하이에서 영국인에게 모욕당한 경험이 있었다. 돈이 떨어진 궁핍된 상황에서 그는 어떤 영국인이 경영하는 큰 상관商館으로 가서 일자리를 달라고 부탁하게 되었다.

---

38   이광수, 「北京호텔과 寬城子의 밤」, 『新人文學』 2-6, 1935.8.

"영어와 일어를 할 줄 아니 나를 무엇에나 써주시오" 하고 부탁하엿더니 그는 나를 한참 보다가, "칼라-나 새것을 끼고 와서 이야기하라"고 핀잔을 준다. 아닌 게 아니라 내 목에 둘닌 칼라는 東京서부터 치든 것으로 배에 부댓기고 차에 둥그는 사이에 때가 까맛케 무덧고 양복은 바지주름이라고 잇슬 까닭이 업는 마치 보리자루 모양이엇다. 廉潔과 예의를 제 하래비 위패 직히듯 하는 英人이 나를 보고 눈쌀을 찝흐린 것은 당연하다 할가. "칼라와 옷은 내가 먼 곳에서 온 뒤 돈이 업서 빨지 못하여 이러치만 나를 써주면 당신에게 만흔 부조되는 일을 하겟소이다" 하고 또 다시 한번 청하엿더니. "내 몸도 잘 거두지 못하는 분이 엇더케 남의 몸을 보아주겟소!" 듯고보니 그네 일류의 논리가 그럴듯도 하다. 나는 苦笑하면서 구직을 단념하고 도라나왓다.[39]

무례한 영국인 앞에서 이광수의 반응은 앞에서 언급한 대로 성이 난 김에 인력거부를 때릴 때의 태도와는 확실히 대조가 된다. 영국인의 거만하고 무례한 요구에 대해서 그는 불쾌하지만 그것이 '당연하다'고 이해해 주었다. '내 몸도 잘 거두지 못하는 분이 어떻게 남의 몸을 보아주겠소!'라는 억지 논리도 "그럴듯도 하다"며 쓴 웃음으로 넘어갔다. '모던 상해'는 이렇듯 그에게 서구적 근대를 경험하고 습득하는 동시에, 문명이라는 이름으로 자신을 포함한 '비문명'한 모든 것에 대한 모욕을 스스로 합리화하는 것을 내면화하는 공간이 되었다. 그리고 자신들이 받는 모욕과 수치를 보상받기 위해 자신보다 열등한 집단을 찾는 '모욕의 악순환'

---

39 이광수, 「나의 海外 亡命時代, 上海의 2년간」, 『삼천리』 4-1, 1932.1, 30쪽.

에 빠졌다.[40]

이러한 '모욕의 악순환'이라는 양상은 이광수의 다른 글에도 여실히 반영되어 있다. 앞서 언급했듯이, 이광수가 탄 기선이 부두에 닿자, 동행한 친구가 중국인 쿨리를 향해 "꺗 껫 아웨!" 하고 발울 퉁 구르며 주먹을 둘러메더니, 중국인 쿨리가 '고개를 푹 숙이고 뭐라고 중얼거리며 달아났'다. 그 장면을 목격한 이광수는 '불쌍한 그 동포를 위하여 매우 속이 불편'하였다고 한다. 다만 그 '불편'은 쿨리를 향한 친구의 행동에 의해 생긴 것이 아니라, '그네(중국인)가 왜 그리 염치를 잃었나'는 데서 비롯된다. 이어서 그는 중국인이 서구인, 심지어 같은 동양인인 조선인에게 모욕을 당할 수밖에 없는 이유를 다음과 같이 분석하고 있다.

이러케 부패타락한 第1原因은 농촌이라는 고향을 떠나 都會의 화려한 안일을 탐함이오. 둘재 원인은 그네가 現世에 양반의 표준되는 强國民이라는 문벌이 업슴이며 셋재는 그네가 도회생활-문명생활의 자격이 문명의 교육을 바듬에서 나오는 줄을 모르고 아모든지 문명한 도회에만 나오면 문명인이 누리는 화려한 안일을 바들 줄로 忘想함이로다. 이밧게도 上海시내에서 과도한 노동과 榮養과 위안이 부족으로 靈을 獸化케 하고 건강과 목숨을 주리는 수만명 人力車夫와 주야로 도적할 자리만 찾고 돌아다니는 사람들이다 「耕鑿」을 니저바린 罪障으로 밧는 벌인가 하노이다.[41]

---

40 유선영, 앞의 책, 250~251쪽.
41 이광수, 「上海에서」, 『삼천리』 6, 1930.5, 73쪽.

224   제3부 • 동·서양 인식이 경합하는 공간, 상하이

이렇듯 이광수가 보기에는 농사를 포기하고 농촌을 떠나 도시의 화려한 안일을 탐한다는 것은 쿨리들이 '이렇게 부패타락한 제1원인'인 것이다. 따라서 이들이 받은 모욕은 교육받지 못했기 때문에 문명인의 자격이나 능력이 부족한 자로서 당연히 "받는 벌"인 셈이다. 한 마디로, '문명인'이 되지 못하면서 '경작耕鑿'을 잊어버린 것은 곧 이들의 '원죄原罪'이다. 아니, 모든 비서구인의 원죄일지도 모른다. 문명에 의해 모욕당하는 그 원죄를 씻기 위해 그들과 같아지는 방법 외에 다른 길이 보이지 않는다.

3. 서구적 근대 수용의 딜레마

위에서 살펴본 바와 같이 '모던 도시' 상하이의 근대적인 모습에 대한 예찬의 근저에는 서구적 근대는 보편적 문명이라는 인식이 깊이 깔려 있었다. 서구인이 모든 동양인의 문명성을 재단하는 기준이 되면서, 이광수를 비롯한 일부 조선 지식인들은 서구인을 동경하는 동시에 극심한 열등감을 경험하게 되었다. 그러한 열등감과 모욕에서 벗어나기 위해, 서구적 근대는 유일한 문명의 기준으로 설정되었다. 따라서 중국뿐만 아니라 조선을 포함한 모든 비서구 사회가 걸어야 할 길을 이들은 상해에서 찾게 된 것이 매우 자연스러운 일이었다.

'상해우객'은 상하이를 중국을 서구와 결부한 중심지로 간주하여, '물질뿐 아니라 지식, 감정, 사상과 정치적 영향, 문화적 세력 등을 운반하는 중요한 곳'이라고 평가한 바가 있다.

上海는 保守的되는 支那人이 현대 思想과 접촉하야 능히 此를 소화하는
여부 又 支那 장래의 운명을 개척함에는 여하한 理想方法, 決心, 노력을 요
할 만한 거의 根本的 問題를 學할 最好適例의 地가 되리라. 이 점에서 吾人
은 말하되 장래 산출할 만한 新支那의 特性及 그의 강건의 정도는 上海 금후
의 경과에 의하야 대체-此를 卜得하리라 하겠다.[42]

위의 인용문을 통해 알 수 있듯이, 화자는 중국의 미래는 "보수적인 지
나인"이 상하이라는 '서구의 관문'을 통해 얼마나 "현대 사상"을 접촉하
여 소화하는가에 달려 있다고 인식하고 있다. 바꿔 말하면, 중국의 미래
는 상하이를 매개로 한 서구적 근대에 대한 수용에 달려 있다는 관점이
다. 당시 조선 국내에서 교육과 실업의 진흥을 통한 국권 회복을 꾀하고
자 한 민족주의 우파 계열들의 실력양성론과는 궤를 같이하는 입장이다.
이러한 입장에 서 있는 조선 지식인들은 상하이의 발달한 출판과 번
역 사업을 특별히 주목한 것이 자연스러운 일이었다. 임시정부에서 활
동하던 차이석車利錫은 출판사 상무인서관商務印書館[43]을 견학하면서 '어느
나라 인쇄계에 비해서라도 조금도 손색이 없다'며, 상무인서관이 갖춘
인쇄력에 경이로울 따름이다. '우리 조선에는 이런 기관 하나만 있었으

---

42 上海寓客, 앞의 글, 108쪽.
43 상무인서관(商務印書館)은 1897년 상해에서 창립되어 잡지·교과서·사서류·지도
    와 번역물 등의 출판과 함께 중국 고문헌의 복각(復刻)에 주력하였다. 청나라 후기부
    터 혁명기에는 특히 신사조(新思潮)의 도입, 국민문화 개발의 제1선에서 활약하였다.

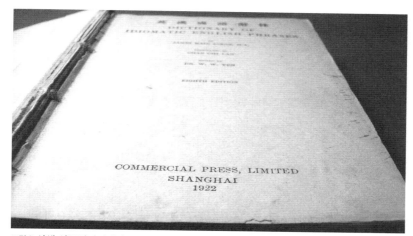

그림 9 상해 상무인서관에서 1922년에 출판된 『영중사전』(출처 : https://commons.wikimedia.org/
wiki/File:Commercial_Press_Shanghai_1922.jpg?uselang=ko)

면 넉넉하겠다'[44]라는 부러움을 표한다. 그는 방문한 그날 인쇄하는 근
대 잡지『동방잡지東方雜誌』의 부수가 무려 3만 7천 부인 것으로 중국의
식자층이 얼마나 넓은지를 확인하여 감탄이 저절로 나오기도 한다.

　이광수는 역시 상무인서관을 방문할 때, 차리석과 같이 '그 설비의 완
전함'에 크게 놀라하였다. 그곳에서 이루어지는 출판과 인쇄 작업에서
그는 '지나에 자각과 노력의 정도'를 알아차렸다고 한다. 그의 시선의
초점은 주로 외국 서적의 보유량과 번역사업에 맞춰져 있다.

　　대개 어떤 民族의 文明의 初期는 外國書籍의 翻譯과 辭典의 編纂으로 비
　롯하나니 現今 支那의 이것이 必要함은 勿論이로소이다. 書架를 즉 둘러보

44　차이석,「上海商務印書館 中國事業界의 一瞥」,『동광』12, 1927.4, 37쪽.

건댄 初等, 高等의 諸般 科學書類, 哲學, 文學, 思潮에 關한 書籍이 거의 數十百種이나 支那文으로 翻譯되였으며 辭典類 거의 完備하리만큼 編成되었더이다. 西洋人의 손을빌어 겨오 韓英字典 한 卷을 가지고 全世界가 떠드는 톨스토이 오이켄 베륵손이며 飛行機, 無線電信에 關한 四, 五百글도 못가진 朝鮮人된 나는 남모르게 찬땀을 흘리었나이다.[45]

이렇듯 이광수는 어떤 민족의 문명의 초창기는 대개 외국 서적의 번역 및 사전의 편찬으로 비롯된다고 여긴다. 그렇기 때문에, 번역과 사전 편찬 사업을 통해 적극적으로 서구의 과학, 철학, 문학, 사상 등을 수용하는 상무인서관에서 그는 '서구인의 손을 빌어' 겨우 한영사전 하권만을 보유한 조선을 떠올리며 '남모르게 찬땀을 흘리'게 되었다. 그 부끄러움 자체가 서구적 근대를 수용함으로써 발전을 도모하는 근대화 모델에 대한 그의 믿음에서 비롯된다.

조선 지식인들은 또한 1920년대 전후 벌어진 신문화운동과 국민혁명의 확산에 힘입어 중국이 근대로의 이행을 상하이의 근대 여성이라는 표상을 통해 민감하게 포착하였다. 근대 여성이란, 공간적으로 가정에서 사회로 진출한 여성, 시간적으로는 전통에서 근대로 진입한 여성을 말한다. 여학생, 여군 등 대표되는 근대 여성들이 조선 지식인 관심의 대상이 되었던 것은 궁극적으로 이들과 근대 간의 긴밀한 관계에서 비롯된다. 김진송이 지적한 것처럼, 여성에 관해 드러난 현상이나 논쟁들 그리

---

45   춘원, 「上海印象記」, 『신인문학』, 1935.4, 121쪽.

고 그 활동을 주목한다면 어쩌면 현대는 여성들로부터 시작되었기 때문이다.[46]

여학생을 비롯된 중국 근대 여성은 구舊생활에 대한 철저한 부정과 신생활에 대한 강렬한 지향을 품은 진취적인 모습으로 재현되곤 하였다. 조선에서 온 여성인 오은숙吳恩淑[47]의 눈에 비친 상하이의 여학생은 '이해 이상의 것'이었다. 그녀가 보기에는 '전족纏足의 지나 미인, 바람에 쓰러질 듯한 걸음거리' 등 중국 여성의 옛 모습은 '오늘 중국의 여학생들 손으로 한 역사적 그림자로 말살될 것'이다. 그 대신 '전통과 극열한 투쟁을 하면서 해방의 길을 걸어 나가'는 근대 여성이 탄생되었다.[48] 유사한 맥락에서 피천득은 상하이 유학 시절을 회상하면서, 역시 중국 여학생들에 대한 칭찬을 아끼지 않았다.

中國 대학 중에서 맨 먼저 공학을 시작한 것이 滬江이오 지금은 학생 수 3分之 1 이상이 女同學이다. 이 여학생들은 대부분이 中西女塾이나 聖마리아 학교를 거처온 부유한 가정의 따님들노서 그들이 넘어 사치하기 때문에 滬江으로 하야금 귀족 대학이란 말을 듣게 한다. 그러나 그들은 놀낼만치 머리가 좋고 또 勤하다. 하로 왼종일 실험실에서 현미경을 들여다보고 있는 여학생도 있었고 도서관 문을 열 때 들어가서 닫을 때야 나오는 얼굴 햇슥한 여성들도 있었다. 그들의 英語는 회화만 유창할뿐 아니라 저서까지 할 수 있는

46 김진송, 『서울에 딴스홀을 許하라』, 현실문화연구, 2004, 202쪽
47 오은숙의 신원은 미상이지만, 당시 상하이에서 유학하던 조선 여성인 것으로 추정된다.
48 오은숙, 「性의 解放을 부르짖는 中國 女學生」, 『만국부인』 1, 1932.10, 89쪽.

실력을 가졌다. 그들은 딴스도 하고 활도 쏘고 토요일 날이면 활동 사진 구경도 간다.[49]

이처럼 학생 수 3분의 1을 차지할 정도로 인원이 많은 여학생들이 놀랄 만큼 똑똑하고 부지런하며, 사용하는 언어부터 여가생활까지 서구화되어 있는 명랑한 모습이다. 당시 남녀공학이 거의 없었던 조선에서 온 남성 지식인에게는 감탄하지 않을 수 없는 현실이다.

그뿐만 아니라 조선 지식인의 눈에 비친 중국 여군은 또한 놀라운 용기로 국난을 타개하는 데 일조하는 이미지였다. 최독견崔獨鵑[50]은 이들의 활동이 아름답다고 평가한다. 특히 '머리 깎고 동맹한 여자동맹단'은 '국가의 일과 사회에 몸바치려'는 "서광曙光"[51]과 같은 존재였다고 칭찬한다. 이여성李如星은 남자보다 더 기우가 헌앙한 여자 기병을 기술하면서, 그 자리에서 '이상한 감격'[52]을 받았다고 찬탄하고 있다. 그의 아내인 성악가 박경희朴慶姬는 격전이 벌이고 있는 거리에서 본 '국민당의 여성 편의대便衣隊'를 다음과 같이 묘사하고 있다.

그네들은 男子便衣隊와 가티 보통 입든옷에 다만 총자루를 메엇더이다.

---

49 피천득, 「上海滬江大學 留學時代 李勳求 외, 教授로 大學生으로 支那 諸大學 時代의 回想」, 『삼천리』 12-6, 1940.6, 130쪽.
50 최독견(1901~1970)은 식민지 시기부터 활동한 소설가 겸 극작가이다. 1921년부터 장독산(張獨山)이라는 필명으로 일본인이 간행한 『상해일일신문(上海日日新聞)』에서 기자생활을 시작하였다.
51 장독산, 「上海雜感」, 『개벽』 32, 1923.2, 75쪽.
52 이여성, 「上海寶山路」, 『삼천리』 2, 1929.9, 19쪽.

육혈포, 長銃, 곤봉들를 가지엇더이다. 그네의 사격이 얼마나 숙련되엇는지는 알길이 업지마는 총뿌리가 향해지는 곳곳마다 軍閥孫傳芳의 土卒들이 꺼구러지더이다. 그네의 일골에는 여성이나마 慄慄한 기개가 잇더이다. 다름질은 다 잘하고 위선 용감하더이다. 아, 異邦은 여성까지 이와가티 용감하더이다.[53]

이처럼 서구식 교육을 받고 전통적 가족제도 및 사회적 억압으로부터 해방된 여학생과, 남자 못지 않게 국가에 몸을 바치는 여군들은 '모던 상하이'의 일부로 중국의 새로운 근대적 주체로 인식되고 재현되었다.

여태까지 본 것처럼, 조선 지식인들은 상하이의 활발한 출판·번역 사업과 근대 여성 등 '새로운' 것들을 목격하고 경험하며, 거기서 중국인이 서구화를 함으로써 근대화의 주역이 될 가능성을 읽어내고 있었다. 그러나 이러한 '모던 상하이'를 조선 지식인은 언제나 좋게 보았던 것이 아니다. 서구의 모방에 급급한 중국인의 '자각과 노력'은 인정을 얻은 동시에 가끔 반감을 불러일으키기도 하였다. '인정'과 '반감' 사이에서 빚어낸 긴장감은 심지어 동일한 화자의 글에서 함께 표출된 경우가 있었다.

오은숙은 상하이 여학생들의 진취성을 긍정적으로 바라보는 동시에, 이들이 서구를 지나치게 모방하거나 추종하는 모습을 또한 다음과 같은 풍자하는 말투로 묘사하고 있다.

---

53 박경희, 「動亂의 上海, 一音樂家가 愛兒屍體를 안고 울든 記錄」, 『삼천리』13, 1931.3, 36쪽.

책상에는 洋書 짬북 싸엿다. 그러나 중국 문자의 서적은 보히지 안는다. 그들은 고국의 책은 학교 책상에 노아 두고 보지 안는 것이다. 벽에는 "밤마다 당신의 얼골에 꿈에 보인다"라는 것을 영어로 써서 모로부처 노앗다. 이것이 그들의 自修室이다. 그리고 寄宿舍이다. 화장품도 피-우 코데르 피빠-가튼 외국 제품만을 쓴다. 그러고 자국인 경영의 데파-트에서는 사지 안코 英人 경영의 데-파트에서 사는 것을 크다란 자랑으로 안다. 그들의 생활은 이것만으로도 충분히 상상된다.[54]

유학자 김정호는 중국인의 서구화 정도가 심지어 일본이 영국을 배우는 것보다 훨씬 더 심하다고 지적한다. 상하이 곳곳은 영문만 적혀 있다면 대접 받는다는 것, 학생들은 일본 유학보다 서구 유학을 더 선호한다는 것, 학과를 선택할 때도 중국어보다 서구 어학을 더 선호한다는 등 서구를 일방적으로 모방하고 추종하는 중국 "신진소장新進少壯(근대 지식인)"을 그는 썩 좋지 않은 시각으로 바라보고 있다.[55]

자국의 문물을 부정하면서 서구의 문물을 맹목적으로 추종하는 중국인에 대한 비판은 이광수의 글에도 의외로 드러난다. 그는 상하이에서 어떤 학교를 방문할 때, 중국인이 자국의 언어를 사용하는 것보다 초중학교에서 영어로만 교육받는 모습을 보고 마음이 매우 아팠다고 한다. 한발 나아가 '자기 나라말도 모르고 자기 국수國粹를 잃어버린다'고 해서, '지나인도 아니고 서양인도 아닌 말하자면 사이비 양혼似而非洋魂에 물

---

54 오은숙, 앞의 글, 86~87쪽.
55 김정호, 앞의 책.

든 것'이라는 비판을 가한다. 이와 동시에 그는 거의 모든 것들이 서구화로 변모된 상하이에서 일부 중국인들이 전통 및 고유정신을 지키는 모습을 오히려 긍정적으로 바라보고 있는 것이다. 그에 눈에 비친 상하이의 한 복판에서 장사하는 중국 상인들은 서구인과 당당하게 경쟁하면서도 자기의 뿌리인 중국문화와 정신을 쉽게 버리지 않는 모습이다. 그 자리에서 이광수는 자신을 돌아보며 '원숭이 나라에서 자라온 나는 이에 수치한 생각을 금치 못하였'[56]고 자책까지 느낀다.

개조론의 급진적인 신봉자로서의 이광수는 조선에서 근대화의 모델을 서구로 설정하고 서구적 기준에 부합하지 않는 조선의 모든 행위와 관습은 부정의 대상으로 삼았다는 점을 감안한다면, 상하이 시절의 그는 서구 중심적이라는 일관된 시각을 언제나 견지하는 것이 아니었음을 알 수 있다. 서구화를 주장하면서 국수를 지키지 못한 '사이비 양혼'을 비판한다는 그의 모순된 모습을 어떻게 이해해야 하는가?

이것은 동시대 동아시아 근대 지식인들은 서구적 근대와 자국문화를 대변하는 '전통'을 이분법적·대립적으로 파악할 때 흔히 직면하던 딜레마인 것으로 보인다. 같은 시기에 중국에서 신문화운동의 지나친 서구화가 민족의 고유 문화가치를 훼손하여 민족적 정체성을 부정했다는 우려도 깊었다. 고유의 국수를 보존하고자 하는 당시 국수파들의 활동 및 1920년대 전후 들끓었던 '신구 논쟁新舊之爭'[57] 등은 바로 그 연장선상

---

56 춘원, 「上海印象記」, 『신인문학』, 1935.4, 121~122쪽.
57 1920년대 초 신문화운동을 이끄는 신청년 그룹 지식인과 보수적 지식인 사이에 갈등과 논쟁을 가리킨다. 초기의 신문화운동은 공가점타도(打倒孔家店)라고 하여 유교 사상에 대한 공격으로 이어졌다. 이것을 받아들이지 못한 문화보수주의자 및 신전통주

에 위치하고 있었다.

조선도 마찬가지였다. 김진송이 지적한 것처럼, 1920~1930년대 근대에 대한 조선 지식인들의 인식 초점은 두 개 있는 타원형의 궤도와 같은 것으로, 그 하나는 서구화의 모델이며, 다른 하나는 민족에 대한 주체의식이었다는 것이다. 말하자면 한편에서는 '서구=산업화=도시화=발전된=훌륭한 것' 대 '민족=비산업적=농촌=저개발=나쁜 것'이라는 표상체계가 한축을 이루어진 반면, 다른 한축에서는 '민족적=전통적=주체적=소중한=좋은 것' 대 '서구적=현대적=비주체적=천박한 것=나쁜 것'이라는 모순된 표상체계가 자리 잡았던 것이다.[58] 이러한 '근대냐 전통이냐'라는 이분법적 근대 인식은 겉보기에는 모순되지만, 서구적 근대성을 근대의 단일한 기준 또는 유형으로 삼는다는 점에서는 실제로 별 차이를 갖지 않는 것이다. 즉, 서구라는 타자의 보편성을 내면화하는 순간 주체는 해체의 길을 걸을 수밖에 없기 때문에, 이때 '전통'을 지키는 것은 곧 주체를 재정립하기 위한 유일한 길이라고 인식되는 경향이 생긴다. 이렇듯 주체의 해체와 정립, 보편과 특수 사이를 어지럽게 오가며 비서구 지식인들은 혼돈의 과정 겪기가 일쑤였다.

서구적 근대에 대한 '타원형의 궤도'와 같은 유동적인 인식과 혼돈은 조선 지식인들이 중국을 바라볼 때, 특히 '서구인의 도시' 상하이에서

의자들의 강렬한 비판을 초래하였다. 신구논쟁은 연령대와 무관하게 전통에 대한 태도와 사상적 성향의 차이의 문제라고 볼 수 있다. 동시대 인들은 전면적 서구화를 추구하는 지식인을 '신지식인', 반대파를 '구지식인'이 라 칭하고 구문화와 신문화의 대립으로 인식하였다.

58 김진송, 『서울에 딴스홀을 허하라』, 현실문화연구, 1999, 16~18쪽.

더욱 극명하게 표출된 것으로 보인다. 이것은 식민지라는 상황에서 조선의 근대를 모색하는 과정에서 생기게 된 지식인의 사상적 고뇌와 인식투쟁은 비슷한 처지로서의 중국에 그대로 투영된 결과였다. '찬란한 전통'을 가졌지만, 현재로서 '근대의 낙오자'이자 피지배자라는 신세를 겪고 있었다는 점에서 조선과 중국을 동일선상에서 바라보고 있었기 때문이다.

위에서 살펴본 바와 같이 '모던 도시' 상하이의 근대적인 모습에 대한 일부 지식인들의 예찬의 근저에는 서구적 근대는 보편적 문명이라는 인식이 깊이 깔려 있었다. 서구인이 중국인을 포함한 모든 동양인의 문명성을 재단하는 기준이 되면서, 일부 조선 지식인들은 이들을 동경하는 동시에 극심한 열등감도 경험하게 되었다. 서구인에서 받은 열등감과 모욕에서 벗어나기 위해, 서구적 근대를 유일한 문명의 기준으로 설정하였다. 그 과정에서 적극적으로 서구적 근대를 수용하는 중국인의 '자각과 노력'에 대한 부러움을 표하는 동시에, '전통'을 잃어버렸다는 점에 대해서는 아쉬워하며 딜레마에 빠지게 되었다.

제8장

'암흑 상하이'

서구적 근대에 대한 회의적 시각

1. '식민 도시'—문명의 위선적인 얼굴

위에서 본 것과 같이 '모던 상하이'에 대한 조선 지식인들의 예찬의 근저에는 서구적 근대는 보편적 문명이라는 인식이 깊이 깔려 있었다. 서구적 근대를 수용하는 과정에서 '국수'를 잃는 것에 대한 우려도 있었지만, 그것이 서구적 근대 자체에 대한 근본적인 회의가 아니었다. 그러나 '모던 상하이'에 투영된 근대지상주의적인 시선은 서구적 근대에 동반된 식민성과 자본주의적 근대의 과잉으로 초래된 근대의 이면들과 맞닿아서 접어둘 때도 있었다.

우선, 상하이에서는 일부 조선 근대 지식인들이 만주에서 종종 가졌던 익명적인 '문명인'이라는 인식과는 다른 자아 인식을 가지게 되었다. 그것이 곧 '동양인'이라는 새삼스러운 자각이다. 바로 이러한 자각으로 이들은 문명적 주체로서의 서구인 앞에서 열등의식을 느끼는 한편에

'제국주의자'로서의 서구인의 야만성에 대한 분노를 또한 감출 길이 없었다. 서구의 식민 지배를 받은 적이 없는 조선인이 서구 제국주의에 대해 분노를 느낀 것은 근대계몽기에 한때 유행하던 인종적 관점에 입각한 백인종에 대한 적대 감정을 이어받은 측면이 없지 않았다. 그보다는 상하이에서 실제로 목도된 중국인의 지위는 서구 중심의 세계 질서에서 조선을 포함한 동양인의 위치와 충분히 서러움을 나눌 수 있을 정도로 크게 다르지 않았다는 인식이 더욱 강하게 자리 잡고 있다. 상하이에서 중국인의 지위를 가장 극적으로 보여준 것이 바로 당시 황포공원(일명 '만국공원'이나 '프랑스공원')에 붙어 있던 "중국인과 개는 들어오지 못한다"는 간판이다. 이에 대한 언급은 1920년대 상하이행을 택한 조선 지식인의 글에 종종 등장하였다. 1922년에 김성은,

> "中國人과 개는 들어오지 못한다." 이것이 황포탄 萬國公園 문간에 써붓친 패쪽일다. 녀름의 만국공원은 有名한 것이다.[1]

라고 소개한 바가 있다. 그 간판이야말로 이광수가 말하는 "파산멸망에 빈瀕하는 노대국의 정경"[2]을 압축하는 가시적인 이미지였을지 모른다. 중국인에 대한 조계지 공원의 출입금지는 1927년 난징 국민정부(이

---

1   김성, 「상해의 녀름」, 『개벽』 38, 1924.8, 44쪽.

2   이광수, 「上海에서」, 『삼천리』 6, 1930.5.1, 73쪽. 참고로 이광수의 글에 중국에 대한 '노대국(낡은 대국)'이라는 표현이 종종 나온다. 그가 1918년 베이징을 방문한 경험을 바탕으로 쓴 『그의 자서전』에도 "바람결에 불어오는 것은 큰 나라가 썩어 문드러지는 냄새"라는 비슷한 표현이 있다. 이광수, 『이광수전집』 6, 1936, 삼중당, 393쪽 참조.

하 '국민정부'로 약칭)가 수립한 후 그 다음 해인 1928년 6월 1일에 폐지되었지만, 그후로 황포공원을 방문한 조선인들은 여전히 그 유명한 간판 이야기를 반복적으로 꺼내곤 하였다. 주요한은 1929년에 발표한 글에 "상해에 있는 만국공원의 '개와 중국인은 들어오지 못한다'라는 금지 간판은 작년까지도 그냥 붙어 있었던 것"[3]이라고 소개한다. 홍양명은 역시 1931년에 쓴 글에서

'中國人과 개는 드러오지 말나'고 '노-틔스'를 써 부첫다는 歷史를 有함으로써 有名한 佛蘭西 公園도 이제는 一年一元也의 入園券만 사면 누구든지 드러간다. 本國人인 中國人은 드러 오지 못한다 하는 것도 녯날 말슴이요[4]

라고 감탄한 바가 있다. 1885~1888년, 1893~1895년에 상해에 합쳐서 총 5년 동안 살았던 경험이 있었던 윤치호[5]도 몇십 년이 지나도 상하이를 회상하면서 그 간판을 몇 번 언급했을 정도로 이에 대한 기억은 강렬하다.

上海 때 일은 너무 오래전 일이기 기억에 잘 떠오르지 안는 것도 잇스나

---

3   주요한, 「新興中國의 將來(一)」, 『동아일보』, 1929.1.1, 10면.
4   홍양명, 「楊子江畔에 서서」, 『삼천리』 15, 1931.5, 11쪽.
5   윤치호는 상해에서 최초로 기독교 세례를 받은 한인으로 알려졌다. 그는 1885년 1월 중국에 가서 상해에 있는 감리교대학 중서서원(中西書院, The Anglo-Chinese College) 에서 3년 동안 수학 후, 1888년 미국으로 건너갔다. 이후 윤치호는 1893년 모교인 중서서원에서 교편을 잡고 영어를 가르쳤고 2년 후인 1895년에 안창호와 함께 개성에 중서서원과 유사한 한영서원(The Anglo-Korean School)을 설립해 영어를 가르쳤다.

그 때 인상밧은 일중 한 가지 이처지지 안는 것은 萬國공원 입구에 '개와 支那人은 드러오지 말나' 하는 문패가 부터 잇든 것이엇다. 그것도 영어로 쓴 엽헤 누구나 읽으라고 한문으로 크다라케 이러케 써 잇섯다.[6]

나는 예전에 영국인들이 상해 공원으로 들어가는 문에다가 한자와 영문으로 '개와 중국인 출입금지'라고 크게 써서 걸어둔 현수막을 보았을 때 얼마나 서글펐는지 지금도 극심한 분노를 느낀다.[7]

이처럼 윤치호에게 그 간판 자체가 "떠올리면 지금도 치가 떨릴" 만큼 치욕적인 기억이었다. 그것이 중국인과 같은 동양인이라는 입장에 서서 느낀 분노였음은 분명하다.

주목할 만한 것은 동시대의 중국 지식인들도 그 간판을 반半식민지 신세를 전달할 수 있는 가장 상징적인 이미지로 자주 언급하여 서구 제국주의에 대한 민중의 저항을 호소하고 있었다는 것이다. 쑨원은 1924년 11월 25일 일본 고베神戶에서 '중국내란지인中國內亂之因(중국내란의 원인)'을 주제로 한 강연에서 중국의 식민지 현실을 고발하기 위해 그 간판을 특별히 언급한 것은 대표적인 예로 꼽을 수 있다.[8]

그러나 그 간판의 실존 여부 자체가 의문이다. 1990년대 중반부터 영어나 중국어로 쓴 '중국인과 개는 들어오지 못한다'는 간판이 실제로 존

---

6   윤치호, 「上海 생각」, 『삼천리』 10-5, 1938.5, 66쪽.
7   윤치호, 「1939.6.15」, 『윤치호 일기』 11, 국사편찬위원회 한국사데이터베이스.
8   "上海的黃浦灘和北四川路那兩個公園, 我們中國人至今還是不能進去. 從前在那些公園的門口, 並挂一塊牌說: '狗同中國人不許入'!" 孫中山, 「中國內亂之因」, 『孫中山先生由上海過日本之言論』, 廣州 : 民智書局, 1925, 35~63쪽.

재하지 않았다는 주장[9]은 해외 학계나 중국 학계에서 제기되어 상당한
설득력을 얻고 있다. 그 간판과 관련된 사진이나 실물 증거를 아예 못
찾았기 때문이다. 연구자들에 따르면, 이는 실제로 당시 황포공원을 비
롯된 조계지 공원의 여러 규칙들을 압축시켜 재구축된 하나의 상징물
에 불과한 것이었다.[10] 환언하자면, 당시 중국 민족주의와 서구 제국주
의 간 힘겨루는 과정에서 창출해낸 상상의 결과물이었다.[11] 당시 중국
민중의 민족의식을 고양시키고자 하는 데 그 목적이 있었다. 해방 후에
도 이 '신화'가 계속 유지되어 중국 근대의 '역사적 치욕'의 대표적인 상
징물[12]로, 중국인의 집단적인 피해의식의 일부가 되고 말았다.

그렇다면 왜 당시의 조선 지식인들은 이들의 상하이 기행문이나 회고

---

9   薛理勇, 「揭開"華人與狗不得入內"的流傳之謎」, 『世紀』2, 1994; Bickers, R. A.·Was-
    serstrom, J. N., "Shanghai's "Dogs and Chinese not admitted" sign : Legend, history and
    contemporary symbol", *The China Quarterly* 142, 1995, pp.444~466; 蘇智良·趙勝, 「民
    族主義與殖民主義的較量－外灘公園 "華人與狗不得入內" 文字資料的歷史解讀」, 『甘
    肅社會科學』4, 2009, 180~183쪽 등 참조.

10 리어우판에 따르면, "1916년에 반포된 규정은 제2조 개와 자전거는 들어올 수 없다.
    제3조 백인을 시중드는 중국 고용인을 제외한 중국인은 들어올 수 없다. 제4조와 제
    5조에서는 인도인(고급스러운 복장을 한 자는 제외)과 일본인(양복을 입은 자는 제
    외)까지 배제시켰다"는 것이다. 즉, '중국인과 개는 들어오지 못한다'는 것은 제2조와
    제3조의 뜻을 합친 것이었다. 리어우판, 장동천 외역, 『상하이 모던』, 고려대 출판부,
    2007, 75쪽. 예샤오칭(葉曉青)을 따르면, 1919년에 반포된 6개 규정 중 4개는 서구인
    에 대한 규칙이며, 나머지 2개는 중국인 출입에 대한 규칙이었다. 「중국인과 개는 들어
    오지 못한다」는 것은 실제로 반포된 규정 중 제1조("개와 자전거는 들어올 수 없다")와
    제5조("백인을 시중드는 중국 고용인을 제외한 중국인은 들어올 수 없다")의 뜻을 합
    쳐서 조작된 것이었다. 葉曉青, 「民族主義興起前後的上海」, 汪暉·余國良 編, 『上海－
    城市, 社會與文化』, 香港 : 香港中文大學出版社, 2011, 38쪽 참조.

11 蘇智良·趙勝, 앞의 글, 182쪽.

12 Bickers, R. A.·Wasserstrom, J. N., op. cit., pp.448~449.

록에 그 실제로 존재하지 않았던 간판을 직접 목격했다고 주장했을까? 심지어 "그것도 영어로 쓴 엽헤 누구나 읽으라고 한문으로 크다라케 이러케 써 잇섯다"[13]고 상세히 묘사하고 있었던 말이다. 이와 관련하여, 유학자 이병헌이 1916년에 출판된 『중화유기』에는 황포공원을 유람한 기록도 담고 있지만, "공원 간판에 써 있는 문자가 무슨 뜻인지 잘 모르겠다"[14]고 언급한 바가 있다. 윤치호가 말한 대로 중국어까지 써 있었다면 이병헌이 모를 일이 없었을 것이다.

이런 의미에서, 1920년대 이후 조선 지식인의 상하이 담론에서 종종 나타난 그 간판은 실제로 같은 시기 중국 민족주의자들이 창출해낸 서구 제국주의에 대한 저항적 민족주의 신화에 기꺼이 동참한 가능성이 많은 것으로 보인다. 다시 말해, 그 현장에서 직접 목도한 것이 아니라, 중국에서 이미 생산·유통된 서구인으로 받은 치욕과 관한 '기억의 재조합rebuilding memories'을 재생산하여 국내 독자들에게 전달한 것이었다. 바로 그 지점에서 20세기 초 동아시아 내에서 역사적 기억의 재생산은 국경 안에서 진행되는 데 그치지 않고, 국경을 넘어서 유동되었던 양상을 확인할 수 있다.

이러한 중국의 반서구적 정서에 동참함에 따라 더욱 공고해진 서구 제국주의에 대한 비판의식은 조선 지식인들을 하여금 근대계몽기부터 형성된 '동양인'이라는 정체성을 새삼 불러일으킨 역할을 하였다. 중국

---

13 윤치호, 「上海 생각」, 『삼천리』 10-5, 1938.5, 66쪽.
14 "二十九日除外遊玩至黃埔灘公園 則揭板之文字莫省其意." 李炳憲, 「遼塞見聞錄」, 『中華遊記』 2, 1916, 南通:翰墨林書局, 3쪽.

인을 포함한 모든 동양인의 문명성을 재단하는 기준으로 삼던 서구인에 대한 환멸은 문명에 대한 환멸로 이어지게 마련이었다. 그 결과 일부 조선 지식인들은 동양에 대한 서구의 지배는 실제로 '문명'의 이름으로 행했다는 위선적인 특성을 의식하게 되어, 문명 그 자체에 대한 회의적인 인식을 드러냈다.

최독견은 서구 제국주의자들을 '황모귀黃毛鬼(노랑머리 귀신)'라 지칭하면서, 힘의 논리를 내세워 남의 땅을 점령한 이들에 대한 비판의식이 뚜렷했다. 그는 상하이 거리에서 목격한 '홍건적紅巾賊 같은 인도의 순경'과 '청삿갓 쓴 안남의 순경'의 웃긴 모습을 묘사하면서, 그것은 그들을 골동품으로 만들어 보고 웃고자 하는 '영국인의 이상한 마음' 때문이라고 고발한다.[15]

김성은 무더운 여름에 손님을 싣고 달리는 인력거꾼이 더위를 먹어 푹푹 길바닥에 거꾸러지는데 '그 인력거를 타고 가던 백인종은 벌떡 일어서서 혀를 가로 물고 죽은 불쌍한 시체를 발길로 한번 툭 차고 저 갈 길을 간다'는 장면을 보고 아연실색하였다. 그는 황포탄에 있는 노천 수영장을 소개하면서, '땅의 주인인 중국인'은 물론이거니와 일본인을 포함한 동양 사람들 대부분이 주체적 모습을 완전히 잃어버린 채 서양 사람들의 '변태적 쾌락'과 유희를 구경하기만 해야 하는 처지로 전락한 현실을 고발한다. 또한 '가는 곳마다 삼색기가 춤추고 있'는 7월 14일 프랑스혁명 기념일 축제를 열린 프랑스공원에서, '자유, 평등, 박애를 말 높

---

15   장독산, 「上海雜感」, 『개벽』32, 1923.2, 74~75쪽.

이 부르면서 남을 착취한 돈으로 잘들 논다'[16]는 프랑스를 비롯한 서구 제국주의의 위선을 신랄하게 풍자하고 있다.

김세용金世鎔은 상하이에서 벌인 인도인의 시위운동 현장에서 '영국인의 신사적 관대성과 무관심과 그리고 미소의 배후에' 숨어 있었던 것이 곧 '1분 동안 1,500발을 발사하는 기관총'[17]이라는 사실을 확인하여, '문명'라는 베일에 싸인 폭력의 본질을 폭로하고 있다.

상하이에서 경험한 이른바 '문명인'의 위선적인 본질을 전면적으로 비판을 내세운 글은 주요섭이 상하이 유학 시절에 쓴 「문명文明한 세상世上?」을 들 수 있다. 그는 길거리에서 노동자 두 명이 피투성이 된 12, 13세밖에 안 된 소녀를 들고 온 것을 보았다. 일본인 공장에서 일하다가 너무 피곤하여 손이 기계 치륜에 휩쓸리어 들어가 팔이 부러져 일본인 공장감독에게 발길로 차이고 내버려진 소녀였다. 소녀가 죽기 전에 집에 보내기 위해 중국인 노동자가 잠깐 문을 열어 달라고 파수 보는 인도병印度兵에게 청했는데 거절당했다. 그때 마침 영국 장교가 탄 자동차가 지나는데 주요섭은 부탁하러 나섰다.

자동차는 멋었음니다. 나는 문 가까이 앉은 將校를 붓잡고 절을 굽실굽실하여 가며 사정을 알외었음니다. 나 같은 놈은 여섯시 아니야 밤 열시까지라도 기다리어도 상관없겠으나 방금 죽는 아이는 특별히 생각을 하여서 어서 좀 나가도록 하여 달라고 빌었음니다. 장교는 빙그레 웃더니 말대답도 없이

---

16 김성, 「상해의 녀름」, 『개벽』 38, 1924.8, 43쪽.
17 金世鎔, 「印度特輯, 上海의 印度人 示威運動光景」, 『삼천리』 17, 1931.7, 49쪽.

운전수에게 가라고 손짓을 하자 자동차는 푸르르르하며 떠나아 가았읍니다. 나는 얼결에 주먹을 부르쥐었읍니다.

　자동차가 저편 모퉁이를 돌아 보이지 않게 된 때 애를 메이고 있던 젊은 사람이 『글세 쓸데 있나요? 그것들이 누구라구. 돌이어 창피하지요!』하고 그들이 오랜 동안 경험으로써 얻은 철학을 끄내 놓읍니다. 나는 단박 몸부림도 하고 싶고 철조망을 부수고도 싶고 印度놈을 한 놈이라도 죽여 놓고 싶었으나 별수 없었읍니다. (…중략…) 사람들은 영국은 문명한 나라이고 일본은 동양에 선진국이라구들 합니다![18]

　위와 같이 주요섭은 소위 '문명인'으로 자처하는 영국인과 일본인의 비인간성을 고발하고 있다. 바로 이러한 심정으로 그는 글의 끝부분에서 '사람들은 영국은 문명한 나라이고 일본은 동양에 선진국이라고들 한'다는 현실에 환멸을 느끼게 된다. 그의 분노는 영국을 넘어서 일본을 포함한 '문명국'으로 자처하는 모든 나라를 향하고 있었음은 분명하다. 「문명文明한 세상世上?」이라는 글 제목처럼, 그는 '문명' 그 자체에 대한 근본적인 의문을 던지고 있다. 동시대 조선 지식인의 만주 담론에 종종 드러나던 근대에 대한 확신과 서구적 근대의 모범생으로서의 일본을 모델로 삼는다는 인식과는 확실히 구별되는 인식이다.

18　요섭, 「文明한 世上?」, 『동광』 15, 1927.7, 33쪽.

2. '범죄 도시'—자본주의적 근대에 대한 비판

1920년대 좌파적 성향을 지닌 일부 조선 지식인의 글들에 상하이는 온갖 범죄가 넘치는 '범죄 도시'로 재현되는 경향도 존재한다. '모던 도시'라는 화려함과 자유상은 상하이를 '마도'로 만드는 데 일조하고 있었지만,『조선일보』의 특파원 강성구姜聖九가 지적한 대로 '이것들만으로 상해의 진정한 모습을 안다고 할 수 없다. 그것은 오직 베일에 싸인 상해의 가면이오. 상해의 일부분에 불과한 것'[19]이다. 아나키스트 국순엽은 현세에서 가장 암흑 도시暗黑都市로 불리는 미국의 시카고와 못지 않게 상해는 '근대문명이 잉태한 동양의 유일한 죄악 도시'[20]라고 하며, 1920년에 주요한은 거지, 갈보, 도박, 아편, 도적 등 만연된 이 '나라가 망하지 않으면 기적이라 하겠다'[21]고 감탄한다. '범죄 도시'의 주인공으로 매춘부, 거지, 소매치기, 강도, 납치범, 살인범 등 중국인 이미지가 자주 등장하였다.

그러나 '범죄 도시'로서의 상하이에 대한 조선 지식인의 인식은 동시대에 같은 '무법천지'로 여겼던 만주와 관련된 인식과 분명한 차이가 존재한다는 점을 주목할 만하다. 제5장에서 거론되듯이, 마적, 인신매매, 돈을 위해서 어떤 일이라도 감행한 군인 등이 만연된 만주는 일부 근대 지식인들에게 무질서한 전근대적인 공간으로 여겨졌다. 즉, '무법천지'

19 陽子江人,「상해 夜話. 惡의 華 피는 大상해의 밤(1)」,『조선일보』, 1932.3.9, 2면.
20 국순엽,「上海의 經濟的地位(1)」,『동아일보』, 1932.4.2, 5면.
21 벌꽃(주요한),「상강어구에서」,『창조』, 1920.3, 375쪽.

로서의 만주는 '근대의 결여'의 결과라고 인식되었다. 그 와중에 '피해자로서의 조선인'이라는 강한 피해의식과 더불어, 나중에 일제가 그 땅을 확보하여 치안을 유지하고 문명화시키는 것이 급선무라는 논리에 이르게 되었다. '범죄 도시' 상하이를 향한 사회주의자를 비롯한 좌파 계열 지식인의 시선에는 역시 혐오와 공포가 겹쳐져 있었지만, 그것이 자본주의적 근대 및 제국주의에 대한 비판적 의식과 결부되어 있었다. 즉, '무법천지'로서의 상하이는 '근대의 결여'가 아닌 오히려 '근대의 과잉'의 결과로 간주된 셈이다.

첫째, '범죄 도시' 상하이는 자본주의 소비문화가 초래한 환락과 퇴폐가 가득한 '밤의 도시'로 형상화되곤 하였다. 홍양명은 '밤의 상하이'는 '그야말로 백귀야행百鬼夜行의 파노라마가 펼쳐지고 모든 사회의 악은 어떠한 다른 곳보다도 가장 심각하게 연출된다'[22]며, 이 도시의 극한 타락성을 비판하는 입장을 견지한다. 변영로卞榮魯는 '여러 추억과 사모의 기분'을 가지고 조선과 인연 깊은 상하이에 찾아왔는데, '밤의 상하이'의 환락생활로 인해 도시생활에 대한 혐오를 오히려 부추겼다고 고백한다.[23] 김홍성天友 역시 '일없이 헤매는 방랑객도 많고 음란한 악풍속도 많고 많'은 상하이의 환락한 모습을 냉랭한 시선으로 바라보고 있으며, '아마 중국이 이렇게 약해진 것도 이와 관계가 없지 않았다'[24]며 거기서 중국이 쇠락한 원인을 찾고 있다.

---

22 홍양명,「楊子江畔에 서서」,『삼천리』15, 1931.5, 13쪽.
23 樹洲,「南游汗漫草(3)」,『동아일보』, 1930.1.16, 4면.
24 天友,「上海로부터 漢城까지」,『개벽』4, 1920.9, 116쪽.

'밤의 도시' 상하이는 또한 매음이 성행하는 공간이었다. 국순엽은 '상해에 고유한 이른바 야계제도野雞制度(공창제)'에 대해 '전대미문의 대추태大醜態를 연출하고 있'[25]다고 비판하고 있다. 『별건곤』은 어느 외국어든 다 할 수 있는 절세미인이 주머니에 돈푼이나 있어 보이면 그 나라 말로 유혹을 하여 끌고 가서 가진 돈은 물론이고 시계, 만년필 같은 것까지도 빼앗다며 상하이를 방문할 독자에게 주의를 당부하고 있다. 멋모르고 호젓한 곳을 다니다가는 미인에 유혹되어 자칫하다가는 생명까지도 위태롭게 될 수 있는 곳, 다름 아닌 "미인의 지옥地獄 미인의 마굴魔窟"[26]이었다.

좌파 지식인은 아니지만, 이광수도 상하이에서 자본주의적 근대의 이면을 직시하고 있었다. 그는 상하이에 만연된 매음굴 및 화류병花柳病을 물질적 문명의 이면이라고 지적한다. '지나의 남쪽 지방은 지나의 색향色鄕'이며, 그중에서는 상하이는 색향의 중심이라고 한다. 그러나 그에게 상하이라는 '색향'은 남성의 로망을 불러일으키는 곳이 아니라, '향이 나는 곳에 독이 있는 자연의 모순'처럼, '독'이 있는 공간이다. 그는 상하이 거리나 골목에 붙이는 수많은 매독 등 화류병에 관한 약물 광고를 보며, '문명은 매독Civilization is syphilzation이라는 속담'을 새삼 떠올리면서, 그것이 바로 '물질문명이 산출하는 생활난과 도덕적 부패'의 결과라고 지적한다.[27]

이처럼 조선 남성 지식인들은 '밤의 도시'나 '색향'으로서의 상하이에

---

25   국순엽, 「上海의 經濟的地位(1)」, 『동아일보』, 1932.4.2, 5면.
26   柳不秋, 「世界大誘惑 밤에 피는 꽃, 各國女子生活의 秘密」, 『별건곤』 15, 1928.8, 168쪽.
27   춘원, 「上海印象記」, 『신인문학』, 1935.4, 122쪽.

던진 시선은 거의 한결같이 비판적이었다. 이것은 동시대 일본 남성 지식인들은 식민지 조선의 '색향'으로서의 평양을 섹슈얼리티의 대상으로 형상화시켰던 '제국의 시선'[28]과는 분면한 차이점을 보인다. 상하이는 대부분 조선 지식인들에게 관광지나 욕망의 대상이 아니라, 망명의 장소였기 때문이다. 망국자로 자각한 이들은 상하이의 환락을 향유할 만한 물질적·정신적 여유를 가지지 못하며, 구국救國이라는 사명감 하에 더더욱 스스로를 소비의 주체라는 위치에 놓을 수가 없었다. 이것은 당시 공공조계 난징로의 휘황찬란한 야경에 도취되어 탈락된 일부 조선인들에 대한 임시정부의 비판적인 시각에서도 확인이 된다. 예컨대 당시 '첨구자尖口子'라는 필명의『독립신문』기자는「군소리」라는 칼럼에서 일부 조선인들이 비싼 양복에 밤이면 공공조계의 고급 요리점을 다니며 양주에 취하는 것을 보여주면서 사치와 환락을 일삼는 이들에게 비판을 가한다.[29]

둘째, 일부 조선 지식인들은 근대 자본주의의 도입으로 인해 생긴 극심한 빈부격차 및 중국 빈민의 열악한 노동 및 생활조건은 상하이를 '범죄 도시'로 변모시킨 주요 원인이라고 인식하고 있다. 김성은 여름의 상하이의 환락한 모습을 소개한 다음, '상해의 여름은 어떤 계급에게는 놀기 좋은 시절이다. 그러나 또 상해의 여름은 다른 한 계급(다수의 사람을 포함한)에게는 병사病死, 땀, 눈물, 코레라, 페스트, 불경기를 가져오는 악마

---

28 오태영,『오디푸스의 눈-식민지 조선문학과 동아시아의 지리적 상상』, 소명출판 2016, 75쪽.

29 尖口子,「군소리」,『독립신문』, 1919.10.4, 3쪽.

인 것을 가슴에 더 한번 새겨볼 필요가 있'[30]다고 지적한다. 이처럼 상하이는 돈 있는 자의 낙원이지만, 돈없는 빈민들에게는 '개미와 같이 정처 없이 출입하는'[31] 지옥이나 다름없는 곳이었다. 이에 1922년 독일에 가기 위해 상하이를 경유한 박승철은, '중국은 거지세계'라는 소문을 눈으로 직접 확인하여 '참으로 놀랐다'[32]고 한 바가 있다. '불평생'이라는 저자는 '빈부격차가 너무 심한' 이 도시를 '만악萬惡의 상해'라고 칭하며, 한발 나아가 '현대 상해는 멸망해야 우리의 신생활이 실현되리라고 믿'[33]는다고 한다.

이에 홍양명은 상하이에 악마성을 부여한 장본인은 바로 '자본주의의 침입'[34]라고 해석한다. 국순엽 역시 '상해의 죄악은 확실히 중국에 수입된 근대문명이 초래한 하나의 산물'이라고 밝히고 있다.

近代文明의 侵入으로 因하여 農村經濟에 破綻이 惹起되자 生命線에서 失脚케된 鄕村婦女는 上海에 集中하여 公開的暗娼生活을 營하게 된 것이며 또 同一한 環境에 處하게 된 農村農夫는 上海에 集中하여 非人間的暗黑生活을 營하게 된 것으로 볼 수 있다.[35]

---

30   김성, 「상해의 녀름」, 『개벽』 38, 1924.8, 46쪽.
31   上海寓客, 「上海의 解剖」, 『개벽』 3, 1920.8, 106쪽.
32   박승철, 「獨逸가는 길에(1)」, 『개벽』 21, 1922.3, 74쪽.
33   불평생, 「一週旅行記(續) 海港에서 上海가지」, 『시대일보』, 1925.7.6, 4면.
34   洪陽明, 「上海風景, 누-란 事件」, 『삼천리』 3-12, 1931.12, 38쪽.
35   국순엽, 「上海의 經濟的地位(1)」, 『동아일보』, 1932.4.2, 5면.

위와 같이 국순엽은 도시 빈민의 열악한 생활의 원인을 자본주의 도입으로 인한 농촌 경제의 피폐에서 찾고 있다. 제7장에서 논한, 도시의 화려한 안일을 탐하지만 문명인의 자격이 부족한 자로서 당연히 받은 처벌이라는 이광수의 해석과는 대조적인 주장이다. 이와 유사하게, '호상거인'이라는 화자는 '납치범, 공산단, 해적, 토적, 암살단, 유괴범, 아편 밀수자, 무기 밀매자, 악덕의 정치가' 등이 들끓고 있는 '양쯔강의 탁류濁流'와 같은 상하이의 높은 범죄율을 소개하고 있다. 그 원인에 대하여, 그는 세계 대공황 하에 경영난으로 공장이 연달아 폐쇄된 탓으로 배출된 16만의 실업자들이 범죄 도시를 만드는 데 일조했다고 분석한다.

그리하야 격렬한 호흡기병 환자의 방적공, 식컴한 肺臟의 소유자인 철공 땀과 몬지와 내음새의 고기 덩어리인 쿠-리, 영양 불량과 수면 부족의 상점원, 燐毒의 廢疾者 석냥工 등 무지와 궁핍과 자포자기의 失業群은 구구한 생을 위하야 최후의 전선에 나서는 것이다.

그들은 살인과 약탈과 게집을 목적으로 하고 병정兵丁이 된다. 비적匪賊에 몸을 던지고 공산당의 한 이용물이 되고 인질마人質魔의 엑스트라로 化化한다. 그리고 용긔조차 업는 무리는 그만 거지떼에 몸을 던지고 마는 것이다.[36]

이처럼, 자본주의 도입과 더불어 생긴 높은 실업률과 극심한 빈부격차가 사회적 불안을 일으키며, '세계의 환락장인 대상해大上海'를 낮밤없

이 썩어들게 만들었다.

셋째, 조계지의 존재는 상하이를 무법천지로 만들었던 주요원인이라고 인식된 자도 있었다. 이에 『중앙일보』의 한 기자는 상하이의 조계지들을 "범죄자의 피신망避身網"이라고 규명한 바가 있다.

> 법계에서 죄를 짓고 화계로 드러가도 법계공부국에서 화계관활공안국(公安局)에 정식교섭이 업는한에는 체포하야 주지 안코 또 공공조계에서 죄를 범하고 법계境界線-량계의 표는 검은 빗과 흰빗의『쎄멘트』로 알거나 혹은 標幟로 구별에 발만 드러놋는때는 범죄發生地의 當轄警官이 보고도 감히 남의 조계경계선 안에 발을 드러녹치 못하게 된다. 이것이 범죄자를 誘致하는 主原因이요.[37]

프랑스조계, 공공조계와 화계가 국경처럼 분립된 특징이야말로 범죄를 증폭시킨 주된 원인이라는 주장이다. 바로 이러한 맥락에서,『조선일보』의 특파원 전무길은 1931년 상하이의 아편굴과 매음굴을 탐방한 뒤, 중국정부가 정치적 의미에서든 경제적 의미에서든 조계를 회수해야 될 필요성을 제기한다. 조계의 존재로 인해 범죄자를 마음대로 체포할 수 없었다는 이유 외에, '프랑스 사람이든 영국 사람이든 자기네의 수입을 증가시키기 위하여는 온갖 죄악의 영업도 다 허가하고 세를 받아먹'는다는 측면도 강하였다. 따라서 전무길은 '인도적인 입장에서도 조계지

---

37 「戰亂渦中의 上海이야기 東洋의 巴里, 上海의 表面과 裏面(六)」, 『중앙일보』, 1932.2.23, 2면.

를 회수하지 않을 수 없을 것'[38]이라고 주장한다.

　이처럼 좌파적 성향을 지닌 지식인들은 상하이의 타락성과 범죄를 초래한 근본적인 원인을 자본주의의 도입 및 제국주의 체제하에 설치된 조계지 등 서구적 근대의 이면인 '식민지 근대'의 결과라고 인식하고 있었다. 만주라는 '무법천지'에서 우파적 성향이 강한 지식인들은 근대문명을 도입할 필요성을 절실히 느끼는 반면에, 상하이라는 '무법천지'에서 좌파적 시각을 견지하는 지식인들은 근대문명에 감춰진 이면을 직시하고 있었다. 앞서 '식민 도시' 담론에서 드러난 문명의 위선적인 면에 대한 성찰과 더불어, 서구적 근대 자체에 대한 회의적인 인식이 형성하게 되었다. 동시대 오리지널 문명으로서의 서구문명이 식민지 조선인의 무의식과 욕망 안에서 신화화되었던 현실[39]을 감안한다면, 이렇게 나라 밖에서 형성된 회의적 시각은 희귀한 것이었다.

38　전무길, 「중국암행기(8)」, 『조선일보』, 1931.4.10, 4면.
39　유선영, 「대한제국 그리고 일제 식민 지배 시기 미국화」, 『아메리카나이제이션』, 푸른역사, 2008, 50~84쪽 참조

제9장

동아시아적 근대의 (불)가능성

여태까지 살펴본 조선 지식인들의 상하이 관련 담론은 단기 체류자의 단편적인 기록이 대부분이다. 따라서 파편적인 경험으로 국내 독자의 흥미를 자극하기 위해 상하이의 화려함 또는 어두움을 양극단으로 재현하는 상업주의적 글쓰기의 경향을 가끔 보였다. 본 장에서는 상하이에 상대적으로 장기간 체류한 경험이 있었던 유학생이나 특파원을 비롯한 지식인들의 글을 중심으로 분석할 것이다. 여행자를 비롯한 단기 체류자에 비해 상하이에서 더 오래 머물렀던 이들은 중국 문제에 대해 훨씬 많은 관심을 가졌다. 또한 중국인과 직접 대화나 교류의 기회를 기질 수 있었기 때문에, 중국의 현실을 더 깊이 살필 수가 있었다. 무엇보다 조선 식민지에서 온 그들은 반半식민지로서의 중국에서 진행된 5·30운동 등 반제·반자본주의운동, 신흥 중국의 출범 등 일련의 과정에서 조선을 포함한 약소민족의 해방과 동아시아적 근대의 가능성을 탐구하고자 하였다. 동아시아적 근대에 대한 추구는 곧 상하이에서 경험하게 된 서구적 근대의 이면을 시야에 넣고 이를 극복하려고 하는 움직임이다.

1. 반제국주의 물결 속의 조선인

1920년대에 들어 조선에서는 3·1운동의 열기가 지나 문화통치 시기로 접어둔 반면에, 중국에서는 5·4운동의 영향력이 계속 유지되며 반제적 민족주의와 사회주의 사조가 고양되었다. 국내에서 공적으로 반제적 민족주의나 사회주의의 실천 공간이 전적으로 허용되지 않았기 때문에, 조선 지식인들에게 상하이에서 목도된 중국의 실천의 의미가 더욱 의미심장이었다.

1920년대 『조선일보』, 『동아일보』, 『개벽』 등 민족지 언론들은 세계정세와 국제기사에 상당히 많은 지면을 할애했으며, 그중에서 일본을 제외하고 중국의 정세에 대한 보도나 논평이 압도적이었다. 특파원도 일본보다 중국에 보낸 경우가 더 많았다. 그 이유는 첫째, 중국의 현실이 조선인의 생존에 여러 방식으로 관련되어 있었다는 점, 둘째 민족지로서의 사명감 속에 국권 회복의 열망이 깔려 있었다는 점에서 중국이 중요한 참조사항으로 여겨졌다.[1] 민족지 언론의 특파원들은 상하이를 중심으로 벌어진 새로운 운동의 흐름과 의미에 대해 유난히 관심을 기울이며, 중국인을 무기력하고 수동적인 피식민지인으로 간주하지 않고, '투쟁의 주체'로서 중국인의 능동성을 주목하였다.

1920년대에 들어서면서 상하이에서의 반제적 민족주의는 조계의 특

---

[1] 김세호, 「북벌 직후 '新興中國'에 대한 한국 언론의 일 시각-조선일보 특파원 李灌鎔의 취재(1928.10~1929.2)를 중심으로」, 『중국근현대사연구』 61, 중국근현대사학회, 2014, 73~75쪽.

권적 지위를 더 이상 용납하지 않는 분위기로부터 본격적으로 표출되었다. 이것은 1925년 쑨원이 상하이에 상륙해서 발표한 선언을 통해 쉽게 짐작할 수 있을 것이다. '상해는 중국의 주권에 의하여 통치되는 중국 땅일 것'이며, '중국에서 외국인의 세력을 모조리 쫓겨날 날이 멀지 않을 것'이라는 쑨원의 선언에, 당시 영국 케임브리지대학에 유학하는 도중에 상하이를 경유한 박석윤은 '통쾌하다! 말만이라도 속이 시원하다'고 감격을 감추지 못한다. 그는 그것을 통해 '중국인은 위대하다는 생각은 더욱 굳어진다'며 '동양의 빛을 세계에 자랑할 자'[2]가 중국인밖에 없다고 감탄하고 있다.

상하이의 반제적 분위기는 5·30운동으로 정점에 이르렀다. 이 사건은 1925년 5월 30일에 상하이에서 일어난 반제운동을 일컫는다. 일본인 경영한 공장에서 일어난 작은 파업이 크게 확산되면서 결국에는 전국 노동자들의 동맹 파업으로 이어져 조계지의 영국, 일본 경찰과 대대적으로 충돌한 사건이었다. 따라서 반제·반자본주의라는 이중적 성격을 지닌 운동이었다.

사회주의적 경향이 강한 주요섭은 호강대학을 다니면서 5·30운동 당시 중국 학생들과 함께 상하이 노동자들의 총파업을 동참하였다. 그는 5·30운동이 지난 지 10년이 다 되어가던 1934년에 자신이 목격하고 경험했던 당시 상황을 회고하면서 여전히 중국 학생들의 희생 정신과 동맹파업의 대규모와 철저함에 대해 찬탄하고 있었다. 사건 당일 밤

---

2   박석윤, 「渡英紀行(第一信)」, 『동아일보』, 1925.1.4, 4면.

에, 그는 마닐라에서 열린 7회 극동 올림픽대회에 참가했다가 중국선수 일행과 함께 상하이에 돌아왔다. 그러나 도착해서 환영을 받기는커녕 '부두는 쓸쓸하기 끝이 없었'다. 총을 가진 군인으로 가득한 거리 분위기가 또한 이상하였다. 대학 기숙사로 들어가도 '웬지 기숙사가 전시 분위기에 싸여 있고 학생들의 흥분이 여간한 것이 아니었'으며 '처참한 기분과 살기가 등등하였다'. 그 다음날 대대적으로 시위운동이 일어났으며, 주요섭은 현장의 모습을 다음과 같이 기록하고 있다.

유설대(遊說隊)는 대개 八인一대로 조직되였는데 대장의 인솔하에 十리고 二十리고 가서 다제금 맡은 구역으로 돌아다니며 거리 모퉁이마다 민중을 모도아놓고 중국의 현상과 제국주의국가와의 관계등을 연설해 들려주는 것이었다. 十자길거리에 민중을 수십명 내지 수백명 모도아세우고는 위선 중국국가로써 시작하였다. 국가는 물론 유설대 八인뿐의 합창이 되었다. 민중은 국가를 할줄 아는 사람이 한 사람도 없는 모양이었다.

국가가 끝나면 한두 사람이 비누상자우에 올라서서 비분강개한 열변을 토하는 것이었다. 흔히는 말하든 사람이 너무 흥분하여 열설을 채 마치지 못하고 가슴을 두드리며 울고 쓸어지었다. 그리하면 또 다른 대원이 대신 들어서서 연설을 계속하고 이런 형편이었다.[3]

---

3   주요섭, 「1925년 오삼십운동」, 『신동아』, 1934.5.

인용문을 통해 알 수 있듯이, 당시 중국 민중들의 실상은 국가國歌조차 부를 줄 모르는 속수무책의 처지였다. 따라서 상하이의 대학생들은 제국주의 타도를 외치며 민중들에게 애국심을 길러주는 계몽주의자로서의 역할을 담당하고자 했다. 식민지 조선에서 온 유학생에게 중국 대학생들의 이러한 반제 실천은 중국만의 문제에 국한된 것이 아니라 제국주의의 폭력을 경험하는 식민지 국가들의 공동의 문제로 공감되기가 쉬웠다. 중국말을 잘하지 못한 주요섭은 중국 학생과 같이 연설에 동참하지 못해 아쉬워하였지만, 그는 5·30운동과 잇달아 발발한 20만 명 노동자들의 총동맹파업, 그리고 학생들이 노동자들을 적극적으로 지지하는 광경을 현장에서 지켜보았고, '지금도 눈에 선연하게 나타난다'[4]고 밝힌다.

주요섭뿐만 아니라, 그의 형 주요한도 5·30운동에 동참하였다. 당시 졸업반이었던 주요한은 상하이의 노동자 파업에 동조하는 학생들의 스트라이크와 데모 행렬에 휩쓸리게 되고 나아가 호강대학 학생위원회의 선전부장으로 뽑혀 영문으로 선전문을 작성, 살포하는 등으로 적극적으로 운동에 참여하였다.[5] 같은 시기에 베이징 조양대학에서 유학하던 아나키스트 유기석柳基石도 마찬가지였다. 그가 5·30운동 한 달 후 6월 31일 베이징 천안문天安門에서 열린 5·30 학살사건을 규탄하는 국민대회

---

4 위의 글.
5 김세호, 「1920년대 한국어론의 중국국민혁명에 대한 반응-『동아일보』 특파원 주요한의 『 신중국 방문기』 취재 (1928.10~1929.1)를 중심으로」, 『중국학보』 40, 한국중국학회, 1999, 416쪽 참조.

에서 한 대중연설은 『조선일보』에까지 실리게 되었다.[6]

유학생들과 달리 상하이에 있는 조선 언론의 특파원들은 5·30운동 현장에 직접 뛰어들어 현장감을 국내 독자들에게 생생하게 전달할 뿐만 아니라, 운동의 원인, 경과, 의미 등에 대해 심도있는 분석들을 해 놓았다. 5·30운동에 대한 동정과 성원은 당시 특히 사회주의 계열 언론인이 보편적으로 가진 시각이라고 해도 무방하다.

상하이 주재 특파원 중에 장기간에 걸쳐 기사와 인터뷰, 연재를 통해 5·30운동을 보도한 것은 『동아일보』의 특파원인 조덕진趙德津[7]이 처음이었다. 이 운동은 그에게 중국을 다시 보게 된 계기가 되었다. 그가 쓴 일련의 기사의 서두에서 밝혀지듯이, 그는 원래 '중국 사정을 쓰려고 붓을 들 때마다 추태와 악평만 나오며 비판과 실망만 생기'더니, 5·30운동을 직접 목격한 후 붓을 들 용기가 나오기 시작했다고 고백한다. 그는 거기서 '옛중국의 유산인 관료군벌의 비속한 행동'이 아닌, '새로운 중국의 주인공인 청년들의 진취적인 분투'를 보았기 때문이다.

노동자 집회에 참가한 그는 '문 밖 광장에 큰 비를 무릅쓰고 서서 있는 민중들의 광경'을 구경하며 '그 격앙된 태도와 지르는 어조는 목석木石이 아닌 이상에는 누구든지 감동할'[8] 것이라고 묘사한다. 동맹파업의 첫날, 그는 난징로에서 조계 경찰이 민중들에게 두 번째로 발포한 것을

6　「북경 국민대회에서 대중을 흥분 식힌 동포 조양대학에 재학중인 류군 벽두에 등단하야 일장 연설」, 『조선일보』, 1925.7.10.

7　조덕진은 1924~1927년 『동아일보』 상하이 특파원이었고, 재상해 춘정생(在上海 春艇生), 춘정(春艇) 등 필명으로 장기간에 걸쳐 상하이에서 기사와 인터뷰, 연재를 전담하였다.

8　조덕진, 「上海實見記猩風 血雨悽慘한 이 光景(一)」, 『동아일보』, 1925.6.12, 1면.

직접 목격하기도 했다. 그 자리에서 그는 다음과 같이 '자유의 대가'로 흘린 피의 가치를 절실히 깨닫게 되었다고 한다.

自由安樂의 別乾坤이라고 떠들든 界租안에서 第二次의 銃聲이 낫섯다. 武裝警察은 長銃을 三十余發이나 群衆에게 向하고 노아서 無辜한 工人과 學生이며 甚至于十二歲의 小兒까지 千余人의 死傷이 나고 말엇다. 펄펄 뛰면서 救國을 부르지지든 天亮은 强暴한 者의 無情한 飛彈에 마저서 죽게 되엿스니 그때에 그 光景을 본 나는 連發되는 銃소리에 놀내기도 하엿지만은 그의 一滴의 流血은 一滴만한 自由의 代價라도 되는 價值잇는 피인것을 늑기엿다.[9]

시위 현장을 직접 목격한 조덕진은 5·30운동에 대한 깊은 동정을 보인다. 뿐만 아니라, 이 운동은 일본의 "제국주의적 강권"에 정면으로 대항하는 중국 민중의 투쟁인 것을 거듭 강조하고 있으며[10] 당시 영국과 일본의 언론에 만연된 운동에 대한 냉소적인 시각이나 의도적인 오보 등을 정면적으로 비판을 가하기도 한다.

中國의 最近運動에 對하야는 사람마다 그 良心으로 判斷하면 中國側에 同情하겟지만은 帝國主義의 國家와 밋그中에 더욱이 英日等은 直接 그 先首의 當注捧을 맛게되는 故로 第三國을 漩渦中에 引入하기 爲하야 百方으

---

9   조덕진,「上海實見記猩風 血雨悽慘한 이 光景(三)」,『동아일보』 1925.6.14, 1면.
10   春艇生(조덕진),「擴大되는 上海風雲」,『동아일보』, 1925.6.8, 1면.

로써 計劃을 쓴다. 그래서 모든 文字上으로는 "赤化" "排外"의 標題를 서서 天下의 耳目을 가리려고 하며 面貌가 近似한 나라의 사람은 中國人으로 變裝하고 第三外國人에게 加害하야 그 禍를 中國에 嫁하려 하는 等의 惡性이 잇섯슴은 이미 여러번 報道한 바이다. 그래서 中國事情에 對한 研究와 常識이 업는 사람은 別로히 惡意를 아니 가진 사람이라도 通信이나 新聞만 보고서는 赤化向의 共産主義的國家가 排外의 獨我主義的思想으로 알게 된다.[11]

위의 기사는 조선인 독자를 상대로 쓰였다는 점을 감안한다면, 글에서 밝히지는 않았지만, 조덕진이 비판하는 대상은 영 · 일 언론뿐만 아니라, 당시 5 · 30운동에 '적화赤化', '배외排外', '폭동暴動' 등 누명을 씌운『매일신보』등 조선 국내의 친일 언론들이었음을 짐작할 수 있다.[12] 국내 독자들의 냉정한 판단을 구하기 위해서, 조덕진은 영국 학자인 버트런드 러셀Bertrand Russell[13]의 논문을 번역하여 실림으로써, 영 · 일 제국주의적

---

11 조덕진,「中國運動에 對한 英人『루소』氏의 正論」,『동아일보』, 1925.8.19, 1면.

12 『매일신보』의 경우, 5 · 30운동을 '폭동(暴動)'이라고 규명하고 중국 학생들을 '폭도(暴徒)'라고 칭하는 반면에, 이들을 진압하는 조계지 경찰을 '의용군대(義勇軍隊)'라고 불릴 만큼 이 사건의 반동성(反動性)을 끝까지 강조하고 있었다. 이것은 당시 사건과 관련된 기사들의 제목만으로도 확인할 수 있다. 예컨대「上海暴動險惡」(1925.6.3);「上海暴動學生團 義勇軍隊와 衝突」(1925.6.4);「上海暴徒 電車에 投石」(1925.6.5);「支那中學의 學生에는 赤化思想이 深刻」(1925.6.9) 등이 있었다.

13 버트런드 러셀(Bertrand Russell, 1872~1970)은 철학자, 수학자, 사회운동가, 교육자이자 노벨상 수상자로 정의된다. 신문화운동이 전개된 1920년대에는 듀이, 러셀 등을 포함해서 당시의 이름 있는 서구 · 미국의 석학 · 사상가들은 중국 지식계의 초대로 몇 해씩 중국을 방문, 중국 지식인 · 학생의 열광적인 환영 속에 전국 각지에서 강연을 했다. 러셀은 1920년 10월부터 이듬해 7월까지 1년이 조금 못 되는 기간 동안 중국 베이징대학에서 초빙교수로 철학을 강의한 체험을 바탕으로『중국의 문제』를 펴냈다.

행적을 저항하는 중국의 민족 해방운동의 정당성을 호명해 주고 있다.[14]

상하이 민족주의 청년운동에서 핵심적인 역할을 수행하면서 청년동맹의 사회주의적 전환을 추진하는 등[15] 사회주의 계열 지식인으로 알려진 조덕진은 5·30운동에 반제적 관점에서 접근할 뿐만 아니라, 노동운동으로서 계급투쟁이라는 성격도 함께 읽어낸다. 그것은 제국주의의 혹심한 착취와 압박은 실제로 자본주의의 모순에서 나온다는 판단에 따른 것이다. 따라서 5·30운동 및 그 후에 중국에서 고조된 일련의 민중운동들의 성격에 대하여, 그는 그것이 '한편으로 애국운동인 동시에 피착취계급이 불평등 차별에 대한 저항운동'이라고 규정한다. 한발 나아가 그는 '앞으로는 중국에 있는 자본국뿐 아니라 국내 자본가의 공포와 불안도 날로 늘어날 것'[16]이라고 전망한다. 피착취계급이 착취계급에 대한 저항은 '세상에 이곳저곳을 물론이고 모두 공통된'[17]다는 점에서, 그는 반제운동뿐만 아니라 반자본주의운동으로서의 계급투쟁이라는 차원에서 5·30운동을 조선의 식민지 현실과 연결시키고 있다. 일제의 지배로 인해 조선인들이 정치적으로 노예가 되었고 총제적인 무산자가 된 현실은 그가 '식민 도시' 상하이에서 목도한 중국인의 처지와 다름없었기 때문이다.

상술하듯이, 상하이에서 오래 머물던 유학생과 민족지 특파원들을 비

---

14   조덕진, 「中國運動에 對한 英人『루소』氏의 正論」, 『동아일보』, 1925.8.19, 1면.

15   최선웅, 「1924∼1927년 상하이 청년동맹회의 통일전선운동과 대한민국임시정부」, 『한국근현대사연구』 44, 한국근현대사학회, 2008, 196쪽.

16   조덕진, 「中國運動의 趨向」, 『동아일보』, 1925.9.5, 1면.

17   위의 글, 1면.

롯한 좌파 계열 지식인들은 1920년대 중반에 일어난 5·30운동을 직접 목격하면서 이가 단지 외국의 일이 아니라 자신의 일처럼 지대한 공감과 연대감을 보였다. 그 연대감은 피지배 약소민족 간 연대와 무산계급의 연대라는 이중적인 성격을 함께 지니고 있었다. 이와 동시에, 당시 중국의 반제운동이 배일적 색채가 유난히 짙었던 점을 감안한다면, 5·30운동에 대한 성원 자체가 조선 국내에서 금지되던 일제에 대한 비판을 가능하게 해주는 역할을 담당하기도 하였다. 환언하자면, 5·30운동에 대한 논의가 이들에게 항일을 표명하는 하나의 통로가 되었던 셈이다. 그러다가 상하이에 만연되는 배일적 민족주의에 대해서 이들은 감정의 측면에서 심히 공감하고 지지하였으나, 현실적 측면에서는 이로 인해 오히려 위기에 몰리게 된 경우도 종종 있었다. 같은 시기 만주 관련 담론에서 보여주듯이, 일제에 대한 중국인의 분노는 언제나 일본의 식민지인으로서의 조선인에게 전이될 위험을 안고 있었기 때문이다. 특히 1920년 중반부터 배일적 민족주의와 영·일 제국주의가 가장 격렬하게 충돌한 상하이에서, 조선인이 가지던 애매한 신분은 그들을 이중적인 위기로 내몰 가능성이 매우 큰 것이었다.

이여성은 아내와 상하이의 거리에서 중국 민중들에게 살기 어린 눈총을 받은 경험을 다음과 같이 기술하고 있다.

紛糾하게 떠들고 잇든 4, 50人이 넘을 듯한 中國人 피난객들은 모다 시선을 우리의게로 돌닌다. 『好像東洋人』(日本人과 近似하다)이란 소리가 이 입 저 입에서 나오게 될 때 우리의 발자최는 점점 무거워지는 것 갓텃다. 南京

事件을 지난 今日 中國人거리에서 『東洋人』[18] 면모와 近似한 면모를 가지고 闊步하기는 너무 대담한 일이기 때문이다.[19]

이렇듯 일본인과 비슷한 외모를 가진 조선인은 배일적 민족주의가 만연된 중국 거리에서 걷는 것 자체가 '대담한 일'이었다. 전쟁 때는 더욱 위험하였다. 가장 극적인 예로 피천득은 1932년 발발한 상하이사변 와중에 중국 편의대便衣隊에게 일본인이라 오인되어 총살까지 당했을 뻔한 아슬아슬한 경험이 있었다.[20]

위협은 언제나 중국 쪽에게서만 받은 것이 아니었다. 5·30운동을 보도하기 위해 시위 현장에 뛰어든 조덕진은 중국인과 일본인으로부터 이중적인 위협을 받았다.

余는 그때에 群衆의 속으로 들어가서 자못 危險하엿다. 이는 警察의 流彈에 마줄 念慮가 잇는것은 고만두고래도 日本人이라고 誤認을 바더서 群衆에게 傷害를 當할 念慮가 잇는 것이며 또 警察은 나를 朝鮮 사람인줄로 알면 排日排外에 雷同하는 사람으로 알고 더욱 甚히 하게 할 것이다.[21]

말하자면 일본인이라고 오인을 받았다면 중국인 민중에게 피해를 당

---

18 당시 상하이인들은 일본인을 "동양인"이라고 일컬었다.
19 이여성, 「上海寶山路」, 『삼천리』 2, 1929. 9, 15쪽.
20 피천득, 「上海大戰回想記」, 허휘훈·박이정 편, 『20세기 중국조선족 문학사료전집』 14, 연변인민출판사, 2003, 434~439쪽.
21 조덕진, 「上海實見記猩風血雨 悽慘한 이 光景(二)」, 『동아일보』, 1925. 6. 13, 1면.

할 수 있었는가 하면, 조계지 경찰에게 배일적 성향을 지니는 조선인인 줄로 알게 된다면 탄압을 받을 수 있었다는 이중적인 위기의 상황이다. 이러한 상황은 같은 시기 재만조선인이 중국과 일본 사이에서 받은 이중적인 탄압과 일맥상통한 측면을 지니고 있다.

그러나 상하이에서 일본인이라고 오인받기 쉬운 조선인이라는 애매한 신분은 언제나 그들을 위기로 빠지게 한 것이 아니라, 가끔 그들에게 유리하기도 하였다.

주요섭은 북벌전쟁北伐戰爭 시기 '북벌군의 상하이 진주사건'때(1927. 봄)에는 호강대학 내에서 은신했던 공산당원들의 피신을 도운 적이 있었다. 그가 1932년 2월에 발표한 「상해관전기上海觀戰記」[22]라는 글에 그 당시 발생한 하나의 에피소드를 담고 있다. 그 글에 의하면, 전쟁 때문에 조계지 간 통로가 모두 봉쇄된 바람에 중국인 출입은 금지되었다. 그러나 주요섭은 양복을 입었기 때문에 일본인으로 보았는지 조계지의 영국인 군인은 그를 막지 않고 통과시켰는데, 같이 가던 중국옷을 입은 중국인 동무들은 넘어가지 못했다.

거의 같은 시기에 독립운동가 이상정李相定은 역시 주요섭과 비슷한 경험을 겪었다. 그가 중국에서 망명하여 표류한 5년 동안에 쓴 생활수기 『중국유기中國遊記』를 따르면, 북벌전쟁 시 조계지의 영국 군인은 지나가는 중국인을 수색하는 자세나 태도가 완전히 모욕적이었는데, 그 자리에서 같은 동양인으로서 이상정은 그것이 '수색이 아니고 협박이었

---

22 여심생(주요섭), 「上海觀戰記」, 『신동아』, 1932.2.

다'며 "인종적 분노"를 금치 못하였다. 그러나 그는 끝내 무사히 통관되었다. 역시 입은 양복 덕분이었다.

한 軍人이 나를 아래위로 훑어보더니 나의 衣服이 古物이나마 洋服이요. 거럼거리가 中國 사람과는 달리 보았던지 "알유 째패니스?" 하기에 금시에 不快感이 머리에 치미는 것을 다시 생각하고 "예쓰" 하였더니 搜索은 그만두고 붓들지도 않았다. 그리하야 警戒線을 無事突破하였다.[23]

이렇듯 일본인이라고 오인을 받은 그 순간 독립운동가로서의 이상정은 불쾌감이 치밀었지만, 모욕적인 상황을 빨리 벗어나기 위해 잠시나마 '일본인'이라는 신분을 묵인할 수밖에 없었다.

'당신은 일본인인가, 조선인인가?' 이것은 일본제국의 식민지인으로서의 조선인들은 중국에서 항상 직면해야 할 일상적인 물음이었다. '제국/식민지'라는 체제 안에서 그들은 '단순한 조선인'이 되기가 어려웠고, 늘 제국과 분리될 수 없는 '식민지인 조선인'으로만 존재할 수밖에 없는 씁쓸한 처지를 새삼 보여주는 물음이었다. 늘 불신을 초래할 가능성을 안고 있었던 조선인의 애매한 신분은 반제, 특히 반일反日을 매개로 한 조·중 민중 간 광범위적인 연대를 실제로 어렵게 만든 현실적 요인으로 작용되었을지 모른다.

---

23   이상정, 『중국유기(中國遊記)』, 청구출판사, 1950. 33~36쪽.

2. 주요한의 '신흥 중국'론

이상에서 살펴본 것처럼, 국민정부 수립 이전인 1920년대 초·중반에 유학생과 특파원 등 상하이에서 장기간 체류한 조선 지식인들은 중국 내부에서 일어난 제국주의와의 대결을 통해 '투쟁의 주체'로서 중국인의 능동성 및 가능성을 주목하고 있었다. '반제 도시'로서의 상하이는 이래서 이들에게 해외 조선 독립운동의 총본부였을 뿐만 아니라, 중국혁명의 핵심 거점, 나아가 동아시아 약소민족의 해방이라는 삼중적인 성격을 지니고 있었다. 그 과정에서 생긴 중국에 대한 기대감은 국민혁명을 완수하여 국민정부를 수립한 시점인 1927년 이후로부터 '신흥 중국新興中國'이란 인식으로 본격적으로 전환되며, 근대 이후로부터 조선인이 흔히 가지던 제국주의 억압에 당하기만 한 '노대국(낡은 중국)'이라는 전형적인 중국 인식과는 대조가 되었다.

1927년에 베이징 군벌정권을 대신하여 수립된 통일의 국민정부는 조선 언론의 중대한 관심사였다. 국민정부 치하의 중국은 비록 일본의 대륙 침략 위협에 직면하고 있었지만, 1911년 신해혁명 이후 일관된 반제·반군벌·반봉건의 혁명 과업을 어느 정도 달성하고 전국 통일을 이뤘기 때문이다. 무엇보다 통일된 국민정부의 수립과 이에 대한 서구 열강들의 인정은 동아시아 약소민족의 각성을 의미하는 동시에 중국의 완전한 독립을 예언하고 있다[24]는 인식하에, 조선의 민족지 언론들은 그

---

24   함상훈,「新興民族의 現勢(四)」,『동아일보』, 1929.1.6, 3면.

것으로 조선 독립의 희망을 읽게 되어 흥분하였다. 1928년 이후 수도가 베이징에서 난징으로 옮겼음에 따라, 중국의 정치적 중심은 난징·상하이를 중심으로 된 양쯔강 하류 지역으로 이전되었다. 따라서 그해 『동아일보』와 『조선일보』는 새로운 정부의 출범을 심층 취재하기 위해 모두 특파원을 중국의 새로운 정치적 중심 지역인 난징·상하이에 파견하였다.[25] 유럽에서 박사학위를 취득한 『조선일보』의 특파원 이관용은 정치학의 관점에서 만주문제, 난징 국민정부의 미래, 국민정부의 '혁명외교'에 대해 장문의 기사를 기고하였다.[26] 그에 비해, 상하이에서 7년간 유학 생활을 보내며 중국의 반제운동까지 직접 참여했던 주요한은 "중국 사정에 정통하고 그 지식이 풍윤豐潤"하므로, 중국의 '신흥함'을 관찰하는 데 더 유리한 지점에 있었다.[27]

　주요한은 1925년에 호강대학을 졸업하고 귀국했다가 1928년에 『동아일보』의 편집국장대리의 신분으로 '신흥 중국'을 보도하기 위해 상하이를 다시 방문했다. 그가 떠나기 전에 쓴 기사가 밝힌 것처럼, 국민정부의 출범은 중국 민족의 영광일뿐 아니라 세계역사에서도 놀랄 만한 일

25　『동아일보』의 경우, 특파원 주요한이 난징, 상하이에 파견되어 국민당의 각계 인사들을 탐방하였다. 1928년 11월 16일부터 12월 17일까지 28회 걸쳐 「新中國訪問記」를 게재하였다. 『조선일보』는 이관용을 파견했는데, 1928년 12월 24일부터 1929년 1월까지 17회 걸쳐 「新興中國硏究」를 게재하였다. 이에 '누가 먼저 1보를 보내느냐'를 두고 이 양사 간에는 상당한 취재 경쟁의 분위기가 있었다. 김세호, 「북벌 직후 '新興中國'에 대한 한국 언론의 일 시각─조선일보 특파원 李灌鎔의 취재(1928.10~1929.2)를 중심으로」, 『중국근현대사연구』 61, 중국근현대사학회, 2014, 83쪽 참조.

26　위의 글.

27　주요한의 파견을 알리는 예고 기사에서 나온 그에 대한 평가이다. 「新興中國訪問 記者 朱耀翰特派」, 『동아일보』, 1928.10.16, 1면.

이었으며, 무엇보다 중국과 가장 밀접한 문화적 관계를 가진 조선으로
서는 한층 더 감흥을 끌 만한 일이다. 그가 상하이를 다시 방문한 목적
은 곧 "면목面目을 일신一新하려 하는 신흥 중국의 역량과 시설"을 탐지하
기 위함이었다.[28]

3년 만에 다시 상하이를 향하는 여정에서 주요한은 상하이에 있었던
시절을 회상하면서 "스스로 감개무량함을 금치 못한다"고 한다.

> 前날에 벼개미테 銃소리로 萬裏遠客의 魂을 놀래게하든 國土는 統一을 祝
> 하는 爆竹聲으로 누리를 마질것이다. 千裏原野의 大自然이 그 變함 업슴을
> 자랑할진대 新興氣氛이 撥剌한 人文은 그 變遷이 速함을 더욱 자랑할 것이
> 아니냐. 우리는 異常한 感興과 期待에 가슴을 두근거리며 하로ㅅ밤꿈을 매즈
> 려한다.[29]

중국으로 가는 길에 '넓은 벌판의 자연'에 변함이 없었지만, 전란이 끝
나고 새로 통일된 중국이 신흥의 분위기가 넘칠 거라는 그의 기대감이
충만한 것이다. 그가 상하이에 도착하자마자 즉시 그러한 분위기를 오
송항吳淞港에서 확인했다고 한다.

> 海關屋頂에는 青天白日滿地紅의 新國旗가 바람에 휘날리고 있다. (…중
> 략…) 이미 단지 해가 넘은 旗라하지만은 面目一新新中國의 氣象을 象徵함

---

28   주요한, 「新興中國訪問」, 『동아일보』, 1928.10.16, 1면.
29   주요한, 「夕陽은 바다를 朱紅으로 우리의 배는 西로 西로」, 『동아일보』, 1928.10.24, 1면.

과 같이 보이는 것은 어찌보는 사람의 主觀뿐이랴. 마주오는 長江航路의 中國배들도 아츰해에 靑天白日旗를 자랑스러히 달고 지나간다. (…중략…) 英國旗, 伊太利旗, 佛蘭西旗, 日本旗, 여기는 旗빨의 交響樂이 열렸다. 그 中에서 滿地紅의 白日旗가 가장 많다. 또 有心한 客의 눈에 가장 띄운다.[30]

이렇듯 1927년 이전까지 상하이를 방문한 여행자들이 흔히 가졌던 '서구 제국주의가 기세를 떨치는 공간'이라는 첫인상은 1927년 이후로부터 변화가 확실히 생기게 된다. 각국의 국기 가운데 중화민국의 청천백일만지홍기靑天白日滿地紅旗가 가장 많은 것은 주요한과 같은 '뜻 있는 자의 눈에 가장 띄운'다는 광경이다. 그것은 신흥 중국의 새로운 면모의 가시적인 상징인 것으로 받아들여지기 때문이다.

'낡은 중국'은 이미 과거사가 되었고 주요한의 눈에 비친 '신흥 중국'은 모든 면에서 젊고 새로웠다. '중국인 납세자가 시청에 발언권을 얻게 된 것과 사법 기관의 중국인 심판권을 중국인 손에 회복한 것'이라든지, '노동자의 태도가 전에 비해 강경해진 것'이라든지, '서점마다 쑨원의 초상과 삼민주의 독본三民主義讀本을 파는 것'이라든지, 그는 상하이의 곳곳에서 전과 다른 새로운 분위기와 마주치게 된다. 당시 국민정부의 기관지인 민국일보사民國日報社를 방문했을 때 역시 '기자들은 모두 30살 이하의 청년으로 신흥 분위기를 풍기는 것은 실로 반가웠다'고 감탄한다. 모든 면에서 활기가 넘치는 신흥 중국에서 그는 '빈약한 조선인이 어찌 중

---

30   주요한, 「飜揚하는 白日旗 常綠의 景닐운南國」, 『동아일보』, 1928.10.25, 1면.

국인의 복福을 안 부러워할 수 있으랴[31]는 감격을 금치 못한다.

그중에서 그는 특히 정치적·경제적·문화적 차원에서 자주권을 적극적으로 요구하는 '이권회수利權回收'의 움직임을 주목한다. 새로 출범한 국민정부가 기존 불평등조약 개정을 통한 이권 회수운동은 일제에 국권을 빼앗긴 식민지 조선에서 온 언론인을 가장 민감하게 자극하는 관심사였다. 주요한은 그러한 분위기를 취재 차 다시 방문한 모교 호강대학에서 포착하였다. 1906년에 미국 선교사들에 의해 세운 호강대학은 서구식 교육을 실시하는 학교로서, 중국 엘리트들은 물론 다수의 조선 지식인들을 배출한 대학이기도 하였다.[32]

赤色煉瓦로 지은 十座의 敎師及宿舍는 米國人이 中國敎育界를 爲하야 貢獻한 好個의 紀念物이다. 時體의 말을 빌자면 文化的侵略의 殘骸다. 여긔도 敎育權回收의 風潮의 影響으로 校長校監이 中國人으로 改任되고 董事會도 中國人을 半數以上으로 改組되엇다 한다. 每周一回國旗獻旗式이 잇고 講堂 中央에는 孫中山肖像이 걸리게 되엇다. 敎授의 數로보다도 中國靑年學者의 數가 붓적 늘엇고 宗敎課目은 隨意科로 變하얏다. 侵略이엇거나 아니엇거나 中國을 爲하야는 害보다 益이 만흔 것은 否認치 못할 것이다. 圖書館開幕典禮의 簡單한 儀式에도 國粹主義의 色彩를 管見할수잇다. 昔日에 英語가 通用語이든 講堂에 中國語가 비롯오 主人이 된 것이 먼저 눈에 띄우는 것이다.[33]

---

31 주요한, 「大上海의新과 舊 名狀할수 업는雜踏」, 『동아일보』, 1928.11.7, 1면.

32 주요한 이외에도 소설가 주요섭, 소설가 현진건, 시인 피천득, 연극인 이해랑, 정치인 김준섭 등이 모두 이 대학에서 나온 것으로 기록되어 있다.

33 주요한, 「新中國訪問記(27)-演壇上의 王正廷」, 『동아일보』, 1928.12.16, 1면.

위와 같이, 주요한의 눈에 비치는 국민정부 수립 이후 "교육권회수教育權回收의 풍조風潮의 영향影響" 하의 호강대학의 분위기는 한 마디로 '국수주의国粹主义'로 집약될 수 있을 것이다. 그러한 분위기 속에서 그 전에 중국에서 서구적 근대를 수용하는 데 중요한 역할을 담당하였던 호강대학 등 서구식 교육기관들은 이제 '문화적 침략'으로 인식되게 되었다. 외세를 배척하고 자주성을 강조한다는 당위성 하에 교수진 중 중국 학자의 비중이 부쩍 늘어났고 강의하는 언어도 영어에서 중국어로 바뀌었다. 이러한 '국수주의'가 넘치는 신흥 중국의 변화상을 주요한은 긍정적으로 바라보고 있다. '국수주의'는 중국의 주체성을 정립하는 데 '해보다 득이 많은 것은 부인하지 못할 것'이기 때문이다.

주요한이 이해하는 신흥 중국은 군벌정치에 대신하여 신흥 부르주아를 대변하는 국민당에 의해 이끄는 독립된 자본주의 국가를 의미한다는 점을 주목할 필요가 있다.[34] 이것은 '민족주의 우파'라는 그의 정치적 입장과는 일치한 주장이다.[35] 따라서 그는 부르주아를 대변하는 국민당 정권에 대한 기대가 매우 크며, 신흥 중국을 깨닫자면 국민당을 먼저 알아야 된다고 한다. 또한 중국 민족의 정도가 현저한 민권주의를 실현하

---

34 비슷한 시기에 '신흥 중국'을 탐방하러 중국에 온 『조선일보』 특파원 이관용은 역시 주요한과 유사한 시각을 갖고 있다. 『삼천리』 제2호에 실린 논설에서 그는 '신흥 중국'을 "辛亥年 이후로 北洋軍閥이 割據相戰하든 中國을 쇄신하야 民族資産階級을 중심으로 한 新中國"이라고 정의한다. 이관용, 「신흥 중국을 보고」, 『삼천리』 2, 1929.9.

35 주요한은 상하이 유학 시절에 안창호가 이끄는 흥사단(興士團) 이념에 공명하여 이광수에 이어 2호로 입단하였다. 말년의 친일적 행각을 제외한다면 일생을 통해 그의 정치적 사상적 입장은 대체로 안창호 계열의 '민족주의 우파'의 범위에 머물러 있었다고 할 수 있다. 김세호, 「1920년대 한국어론의 중국국민혁명에 대한 반응」, 『중국학보』 40, 한국중국학회, 1999, 415쪽 참조.

기에는 아직 유치한 과도기에는 강력한 권력 집중이 필요하다고 하여 국민당의 '이당치국以黨治國' 방침, 즉 '국민당의 독재정치'를 응호하고 있다. 뿐만 아니라, 국민당의 총수 장제스야말로 유일한 지도자이고, 평화로운 자본주의 발전이 가능한 대안이라고 평가한다. 난징에서 장제스를 인터뷰한 후, 잠깐 만났고 별다른 대화를 나누지 않았음에도 그는 장제스에 대한 인식이 매우 긍정적이다. '진지할 대로 진지하면서도 정에 넘치는 대인 태도 때문에 군관학교 학생에게 자애로운 아버지와 같이 흠모를 받고 국민당 각 파 갈등에 유일한 조화자가 된'다며, 쑨원의 웅대한 스케일은 갖지 못했지만 쑨원 사후 국민당의 중심이 되었다고 높이 평가한다.[36]

신흥 중국에 대한 주요한의 기대는 당시 조선 민족주의 우파 계열의 관점을 잘 대변하고 있으며, 직접 언급되지 않았지만, 그 배후에 그 모델로 한 '신흥 조선'의 청사진도 함께 그려져 있었음을 쉽게 짐작케 한다. 그래서인지 1928년 말 내지 1929년에 『동아일보』에 개제된 약 50여 편에 달하는 난징·상하이 탐방기에서 그가 다룬 주제들은 주로 중국과 거래하거나 장차 중국에 진출하고자 하는 부르주아들이 반드시 알아야 할 정보들이었다. 우선 만나야 할 실력자가 누구인지, 정책은 어떤지, 권력 핵심과 통할 수 있는 조선인들은 누구인지를 일일이 밝혀 놓고 있었다.[37]

36 　주요한, 「新中國訪問記(17)—蔣介石印象記(2)」, 『동아일보』, 1928.12.4, 1면.

37 　이기훈, 「1920년대 『동아일보』의 중국 인식—계몽과 혁명, 식민주의와 탈식민주의 시각의 부침과 교차」, 『동방학지』 178, 연세대 국학연구원, 2017, 88쪽.

무엇보다 주요한은 신흥 중국의 출범은 조선을 포함한 모든 동아시아 약소민족의 미래를 좌우할 거라는 깊은 믿음을 가지고 있다. 따라서 1928년 12월 국민정부기념주國民政府紀念周에 쑨원의 유언을 읽는 장제스의 발언을 묵묵히 들으면서, 그는 감격스러움을 감추지 못하였다. 그 자리에서 근대 이후 동아시아가 겪은 수많은 좌절과 수모를 회상하면서, '동아시아 100년 장래의 이상향을 꿈꾸'[38]게 되는 것이다. 특히 1919년에서 1928년까지라는 10년 간에 중국이라는 잠자던 "동아시아의 사자는 그 잠을 깨트리고 분열에서 통일로, 우매에서 각성으로, 쇠패에서 신흥으로, 파괴를 지내 건설로 힘차게 뛰어났'[39]다고 하며, 동아시아의 미래를 신흥 중국의 미래와 동일선상에서 추상하고 있다.

果然 中國은 어대로가는가 推想하건대 四千年傳來의 東方的文化와 西洋의 科學的資本的機械的文化와 新時代의 新興的風潮와의 三者가 混然混合하야 어떠한 새로운 制度, 새로운 文物, 새로운 經濟, 새로운 生活을 開拓할 것이 아닌가. 그리하야 人類進化史上에 劃時期的文明을 創造하는 것이야말로 東方民族新興運動의 世界的役割이요. 新興中國의 歷史的使命이 아니런가.[40]

위에서 보듯이, 그는 신흥 중국의 출범을 "동방민족 신흥운동"의 일환으로 파악하고 있다. 한발 나아가 중국에서 동양적 문화, 서구적 과학,

---

38 주요한, 「新中國訪問記(15) – 國府의 紀念週」, 『동아일보』, 1928.12.2, 1면.
39 주요한, 「新興中國의 將來(1) – 破壞十年에서 建設十年으로 以黨治國實現如何」, 『동아일보』, 1929.1.1, 1면.
40 주요한, 「新興中國의 將來(14)」, 『동아일보』, 1929.1.30, 1면.

자본적 문명, 그리고 신시대의 신흥적 풍조가 혼합된 획기적인 문명을 창조되리라고 기대하고 있다. 즉 서구적 근대의 긍정적인 점을 살리면서 부정적인 점을 극복하는 동아시아적 근대를 상상하고 있는 것이다. 직접 언급되지는 않았지만, 조선 지식인으로서의 주요한은 동아시아적 근대에 대한 상상 속에서 식민지 조선의 미래를 같이 꿈꾸고 있는 것을 어렵지 않게 짐작할 수 있을 것이다. 이러한 인식은 그가 상하이로 향하는 배에서 적은 다음 글에서도 여실히 반영되어 있다.

> 蔣介石이 出現하야 "人類의 搖籃인 亞細亞"는 國際的舞台에 새로운 地位를 나날이 獲得하게 되엇다. 目前에 흰거품을 물고 平和스러히 날뛰는 東支那海는 一目浩然太平洋의 굵은 물결과 未嘗不連續하얏스리라. 太平洋아 世界의 中心은 네게로 옴겨왓다 깨어난 東方을 向하야 너의 힘센 底浪은 무엇을 准備하고잇는가.[41]

위의 글에서, 주요한에게 태평양은 더이상 과거 서구 제국주의자의 무대가 아닌, 해방된 자세로 "세계의 중심"으로 진출할 준비가 되어 있는 "깨어난 동방"의 상징으로 인식되고 있다. 태평양의 물결과 연결되어 있는 것이 다름 아닌 바로 "동지나해東支那海"라는 점에서, 중국은 "깨어난 동방"을 이끄는 주체로 인식되고 있었음은 분명하다. 즉, 반제라는 명제 하에 신흥 중국을 중심으로 된 새로운 동아시아 연대론을 거론하

---

41 주요한, 「夕陽은 바다를 朱紅으로 우리의 배는 西로 西로」, 『동아일보』, 1928.10.24, 1면.

고 있는 것이다. 이것은 1910년대 망국 초기 신규식, 박은식 등 독립운동가들에 의해 제기된 반제적 조·중 연대론과 같은 뿌리를 두고 있으면서, 그 외연은 조·중이라는 두 나라를 넘어 제국주의 억압을 받는 모든 동아시아 약소민족으로 확장되었다. 이러한 인식은 주요한 뿐만 아니라 1928년 이후 '신흥 중국'을 탐방하러 온 민족지 언론인들이 공유하는 일종의 낙관적인 정서라고 해도 과언이 아니었다.[42] 그들은 중국 내부에서 일어나는 외세와의 대결에 초점을 맞추어 바라보고 있으며, 그것을 조선을 포함한 동아시아 약소민족들이 국권을 회복하는 중요한 모델과 희망으로 여겼다. 그렇다면 이 새로 구성된 '반제적 동아시아'라는 범주에 동양에 속하면서도 제국주의 국가로서의 일본의 위치가 어떻게 설정되어 있었는가? 직접 언급하지는 않았지만, 배일적 색채가 짙은 중국의 반제운동에 대한 조선 지식인들의 기대 자체가 일본이 그 범주에서 배제되어 있었음을 보여주고 있는 것으로 보인다.

---

42 예컨대, 『동아일보』의 특파원 신언준은 1929년에 신흥 중국에 대한 취재에서, "中國의 將來는 이미 黑暗을 벗어 光明界로 들어왔다. 모든 新興하려는 弱小民族에게 여러가지 暗示를 주고 敎訓을 주며 將來에도 모든 新興民族의 永遠한 注意點이 될 것이다"고 지적한 바가 있다. 신언준, 「新興中國의 外交的奮鬪(十二) 不平等條約廢止運動進展」, 『동아일보』, 1929.8.26, 1면.

3. 동아시아적 근대 상상의 허구성

앞에서 살펴본 것처럼, 상하이에서 조선 지식인들은 예전에 책을 통해서만 접했던 서구인과 직접 대면할 수 있게 되었으며 그 과정에서 서구인이 대변하는 근대문명을 습득하고 재고할 수 있는 기회를 가지게 되었다. 따라서 만주 관련 담론에서 '근대'라는 인식 틀 안에서 종종 드러난 중·일을 대비시키는 인식 구조는 상하이 관련 담론에서는 '동양-서구'라는 대비 구조로 전환되었다. 그 과정에서 서구 제국주의와 자본주의적 근대의 모순에 대한 비판적 인식은 조선 지식인들을 하여금 피지배자로서의 '동양인'이라는 자각을 더욱 강화시켰다. 따라서 이들은 중국에서 진행되는 반제 실천, 신흥 중국의 출범 등을 통해 서구적 근대의 이면을 극복하는 대안으로서의 동아시아적 근대의 가능성을 읽어내고자 하였다. 이 시기 조선 지식인들이 중국을 언급할 때 종종 함께 나온 '동아시아의 잠 깬 사자'[43]라는 표현은 중국에 대한 기대를 고스란히 전달하는 동시에 '동아시아적 근대'의 청사진을 그려내기도 하고 있었다.

그러나 주지하듯이 1920년대 중국을 통해 서구적 근대의 이면을 극복하는 동아시아적 근대에 대한 상상은 1930년대 이후로부터 점점 접어 두게 되었으며, 1930년대 말부터 본격적으로 일제가 내세운 '대동아'라는 새로운 동아시아적 근대에 의해 대체되었다. 결과적으로 서구

---

43   예컨대『시대일보』의 특파원 일파생(一波生)은 5·30운동을 지켜보면서 옛날에 자던 '늙은 사자'였던 중국은 이제 '깬 사자가 되었다'며, '이로부터 이 분노한 사자를 누가 감히 압박할 수 있겠느냐'며 중국의 미래는 오직 광명뿐이라고 하였다. 一波生,「上海風雲八面觀(七)」,『시대일보』, 1925.7.8, 1면.

제국주의를 답습하면서 일본의 중국/동남아시아 침략을 묵인 내지 긍정하는 제국 논리에 그치고 말았던 대동아공영론은 실제로 동아시아적 근대 상상의 허구성을 제시해 주고 있다.

이것은 일차적으로 1930년대 이후 조선 언론 환경의 변화와 관련이 있다. 만주사변이 발생한 1931년 이후 일본의 대륙 침략이 빨라짐에 따라 언론정책 역시 대륙병참기지화와 황국신민화 정책의 영향을 받아 강력한 통제를 실시했다. 그 와중에 『동아일보』, 『조선일보』 등 대표적 민족지는 민족지의 정신이 퇴영하고 중일전쟁 이후에는 일제의 정책에 협력하는 '친일보국시대親日報國時代의 언론言論'[44]으로 변신하였다. 이러한 상황에서, 동아시아 반제 연대론은 중국에서 항일투쟁을 지속한 독립운동가들을 제외한 대다수의 조선 국내 지식인에게 공유되거나 표출되기가 불가능해졌다.

그보다 동아시아적 근대 상상의 허구성은 서구 제국주의에 대한 비판이 인종적 관점에 입각하기가 쉬웠던 점에 기인한다. 백인에 대한 조선 지식인의 적대 감정은 러일전쟁 이전 시기로부터 형성되기 시작하여 1941년 아시아-태평양전쟁이 발발 전후 시기에 절정에 이르렀다.

대표적인 사례로는 상하이에서 '중국인과 개는 들어오지 못한다'는 간판에 대해 '동양인'이라는 입장에서 분노하였던 윤치호를 들 수 있겠다. 그는 1939년 6월 15일에 일본군에 의해 톈진天津의 조계가 '접수'되어 영국인이 지배자로서의 지위를 상실했다는 기사를 읽고, "옷을 벗지

---

44 최민지 · 김민주, 『日帝下民族言論史論』, 일월서각, 1978, 7쪽.

않으면 안 되는 수모를 당해도 고분고분 복종한"다는 영국인의 모습을 상상하면서 "조금 심하다고 생각"하지만, 그것이 "영국인들이 중국인들과 동양 인종에게 참을 수 없이 교만하게 굴었던 데 대한 죄 값을 치르는 것"[45]이라며 통쾌해 한다. 그동안 '오만방자한 앵글로색슨족'에서 받은 서러움은 결국 일본군에 의한 조계지 점령으로 인해 풀리게 되었기 때문이다. 이렇듯 '눈에는 눈, 이에는 이'라는 식으로 거만한 영국인에게 치욕을 안기는 일본인은 영국인과 똑같은 제국주의 행세를 했음에도 불구하고, 그것이 황인종의 '해방'이나 '승리'라 여겨져 이에 대한 성찰은 차단되고 말았던 것이다. 나중에 아시아-태평양전쟁이 본격적으로 터지자 윤치호가 '진정한 인종 간의 전쟁, 즉 황인종 대 백인종의 전쟁'[46]이며 '인류 역사상 가장 위대한 전쟁'[47]이라고 칭송한 것은 역시 같은 맥락에서 이해할 수 있을 것이다. 서구 제국주의에 대한 비판과 더불어 굳어진 '동양인'이라는 자각은 결국 일본이 제창하는 서구 제국주의를 몰아낸다는 '대동아공영권'을 지탱하는 친일 담론으로 귀결되고 말았다. 바로 이 지점에서, 러일전쟁 직전에 일본의 '대아시아주의'에 포섭당했던 『황성신문』 편집진을 비롯한 지식인들의 인종적 '동양연대론'과 유사한 함정에 1940년대 전후에 또 한번 빠지게 된 양상을 확인케 한다. 이렇게 재삼 일본의 제국 논리에 포섭당한 조선 지식인들의 동아시아 인식은 실제로 동아시아적 근대 상상의 허구성을 시사하는 것으로

---

45   윤치호, 「1939.6.15」, 『윤치호 일기』 11, 국사편찬위원회 한국사데이터베이스.
46   윤치호, 「1941.12.8」, 위의 자료.
47   윤치호, 「1941.12.9」, 위의 자료.

보인다.

　더 근본적인 이유는 동아시아적 근대에 대한 조선 지식인들의 상상은 흔히 서구적 근대의 이면에 대한 경험적 인식에서 비롯된 것이지만, 정작 후자를 극복하기 위해 제기된 이론적인 사유가 아니었기 때문이다. 대신 어떤 특정한 국가를 '맹주'로 삼아 조선이 직면하고 있던 위기적인 상황을 타개하고자 한다는 도구적인 인식에 그치는 경우가 많았다. 근대에 들어 '동아시아'라는 범주 자체가 '서구'라는 타자와의 대면을 통해 구축되어 온다는 점은 일관적이지만, 인식의 주체나 외부적 환경에 따라 그 내포와 외연이 끊임없이 변화하는 유동적인 개념이다. 다양한 주체에 의해 창출해낸 '동아시아'와 관련된 담론 공간은 일관된 내적 논리 위에 기초해 있지 않았을 뿐더러, 생산된 담론들이 심지어 모순적이기조차 하였다. 예컨대 근대 일본에게 있어 '동양/동아시아'는 제국주의 사업을 시작했음을 알리는 개념이면서, 동아시아에 내습한 아편전쟁 이래 서구 제국주의를 몰아낸다는 반서구주의, 반근대주의를 내세우기 위해 고안해낸 개념이었다. 즉 '동아시아'는 제국주의적 개념이 될 수도 있고 반제국주의적 개념이 될 수도 있는 기만적 개념이었다.

　이와 대조하여, 앞서 살펴 본 것처럼 조선 지식인에게 '동양/동아시아'는 처음부터 외세를 대항하기 위해 일종의 방어적이며 절충적인 개념으로, '외세의존적 동아시아 인식'이라는 성격이 매우 강한 것이었다. 조선 지식인들이 근대계몽기에 제기한 동양연대론이든지, 1920년대에 제기한 중국 중심적 동아시아 반제 연대론이든지, 1930년대에 동참한 대동아공영론이든지 '동양/동아시아'의 범위가 각각 다르게 설정하고 있었다. 그 근저에는 늘 유사한 인식 구조를 자리 잡고 있었던 것이다. 그것이 '민족'보다 더 큰 주체인 동아시아에 대한 자기 동일시적 욕망을 드러낸다는 점과, 어떤 특정한 국가를 동아시아의 중심 또는 '맹주'로 설정하여 외부에 대한 저항의 수단으로 삼았다는 점이다. '외세의존적 동아시아 인식'은 스스로 지킬 힘이 없다는 판단하에 다른 강력한 세력에 붙어서 국가 존립을 유지하고자 하였던 조선 시대의 사대주의와는 일맥상통한 면을 지니고 있다. 주체성을 배제한 이러한 인식은 특정한 시기에 현실을 타개하기 위해 내놓은 현실적 전략으로서는 유용하겠지만, 일종의 사고방식이나 인식구조로서는 분명히 취약성을 지니고 있는 것이다. 어떤 의미에서, 일본의 '대아시아주의'나 '대동아공영론' 그 자체가 바로 조선인의 이러한 '외세의존적 동아시아 인식'을 이용하여 이를 극대화시킨 결과물인 셈이다.

정세 등 외부적 환경에 따라 의존하는 대상이 쉽게 바뀌는 가변성과 유동성은 이러한 '외세의존적 동아시아 인식'의 특징이었다. 근대 이후 시대에 따라 동아시아적 근대를 둘러싼 조선 지식인들의 상상의 편차가 큰 이유가 바로 여기에 있다. 1920년대 중반에 주요한을 비롯한 일부 지식인들은 중국에서 목도한 반제 실천을 통해 동아시아적 근대에 대한 상상을 펼쳤다. 그러나 중국의 반서구 제국주의 움직임은 1930년대 이후 점점 가속된 일본의 대륙 침략에 의해 중단될 수밖에 없는 상황에 이르렀다. 이제 서구 제국주의를 저항할 만한 능력을 갖춘 나라가 일본밖에 없다는 판단하에, 중국을 통한 동아시아적 근대에 대한 상상이 설 자리가 좁아지면서 일본이 제창한 동아시아적 근대에 포섭되는 것이 자연스러운 일이었다. 근대의 초극을 소리 높이 외치던 1930년대 후반 이후에는 물질주의, 자본주의 등 서구적 근대 이면에 대한 동아시아적 가치를 추구하는 일본의 대안적 동아시아적 근대에 공감하는 조선 지식인들이 많아졌다. 그것이 '친일'이라기보다, 오히려 '자연스러운 논리적 귀결'[48]로 여겨질 수 있다. 1940년대 초 아시아-태평양전쟁이 발발하면서 일본은 대륙에서의 전쟁 수행을 위한 군사적 거점을 마련해야 했고, 이때 서구의 반半식민지 상태에 놓은 중국을 대동아공영권 내로 통합시킬 필요성이 제기되었다. 즉 이제 중국은 일제에 의해 서구 제국주의 세력으로부터 해방되어 새로운 동아시아의 일원으로 거듭나야만 하는 논리에 도달하였다. 이에 따라 조선 지식인들에게 동시대의 중국의 반제운동은 더 이상 조선을 포함한 동아시아 약소민족 해방의 일환으로 간주되지 않게 되었다. 오히려 서구 제국주의 세력에 대항해 동아시아 제 민족이 공존공영할 수 있는 대동아공영권이라는 새로운 지역 질서에 포섭되어야 할 국가로 인식되게 되었다.[49]

　이러한 동아시아적 근대 상상의 유동성은, 앞서 언급한 1925년에 쑨원이 상하이에 상륙해서 발표한 선언을 듣고 '동양의 빛을 세계에 자랑할 자'라며 한때 중국에 높은 기대를 걸었던 박석윤이 불과 몇 년 후의 사상적 전환에서 확인 가능할 것이다.[50] 또한 한때 중국 중심적인 동아

48　장성규, 「카프 문인들의 전향과 대응의 논리 ─ 임화와 김남천을 중심으로」, 『상허학보』 22, 상허학회, 2008, 367쪽.

49　오태영, 『오디푸스의 눈 ─ 식민지 조선문학과 동아시아의 지리적 상상』, 소명출판, 2016, 435쪽.

50　박석윤은 1925년부터 1927년까지 조선총독부 재외연구원으로 선발되어 영국 케임

시아 반제 연대론을 재창한 주요한의 사상적 전환에도 뚜렷이 나타난
다. 그가 1942년에 쓴 태평양전쟁을 찬미하는 시의 일부를 살펴보자.

太平洋의 樂園 하와이群島 어여쁜 섬들아
十二月 여드렛날 네우에 피와 불이 비오듯 나릴 때
東亞解放의 기빨은 날리고 正義의 칼은 번듯거림을 네 보았으리라
이 날 적국의 軍艦, 침몰된자, 旗艦 '아리조나'를 위시해서[51]

　1920년대 말 주요한이 제기한 동아시아 반제 연대론과 비교하면, 불
과 10여 년 사이에 동아시아에 대한 그의 인식이 급격하게 변화한 것을
쉽게 엿볼 수 있다. 위의 시에서 태평양은 여전히 동아시아의 상징으로
표현되고 있지만, 이의 해방을 이끄는 주체는 '신흥 중국'이 아닌 일본
으로 바뀌게 되었다. 변하지 않은 것이 있다면, 곧 조선의 운명을 늘 '동
아시아'라는 범주에서 파악한다는 것과, 조선의 미래를 외부에 있는 '동
아시아 맹주'에 맡긴다는 점이다. 주요한이 내세운 중국 중심적 동아시
아 반제 연대론이 거의 저항없이 일본의 제국주의적 대동아공영권론으
로 변질된 것은 곧 '외세의존형 동아시아 인식'의 취약성을 여실히 보여

브리지대학에서 연구한 후, 1930년 조선총독부 기관지 매일신보사 부사장으로 취임
하였다. 제5장에서 언급한 「간도의 인상」이라는 글을 작성할 당시(1928) 박석윤은 간
도협회 산하 동남지국 특별공작후원본부 총무를 지냈다가 밀정조직인 민생단결성을
주도했으며 그 공로로 1939년에 일제에 의해 만주국의 폴란드 바르샤바 총영사로 임
명되었다.
51　주요한, 「하와이의 섬들아」, 『삼천리』 14-1, 1942.1.

주는 사례이다.

한 마디로, 1920년대의 상하이는 조선 지식인에게 동·서양 인식이 경합하는 장이자 중국을 통해 동아사적 근대를 상상하는 공간이었다. 그러나 만주의 경우와 마찬가지로, 1930년대 이후 조선인에게 상하이의 의미가 역시 많이 달라졌다. 1932년 1월 28일에 상하이에서는 일본군과 중국군 사이에 전투(제1차 상하이사변)가 발생하고, 일본이 승리하였다. 그 후로부터 상하이에 대한 일본의 군사적·정치적 지배가 가시화되면서, 상하이는 결국 '대동아공영권'을 상징하는 전리품으로 전락되고 말았다. 서구인에 대한 일본인의 지위는 또한 '승리자' 혹은 '정복자'로서의 지위로 상승하였다. 1932년 임시정부가 떠난 후의 상하이는 조선인에게 혁명 부재의 공간이 되어버렸고, 상하이의 조선인 사회의 성격은 역시 저항적 아이덴티티에서 기생적 아이덴티티로 전환되었던 것이다.[52]

---

52 이진영, 「저항적 아이덴티티에서 기생적 아이덴티티로-중국 상해의 한인 사회 연구 (1910~1945)」, 『사회와역사』 59, 한국사회사학회, 2001, 235~242쪽.

제4부

新 舊

베이징 신구 중국을 사유하는 공간

제4부에서는 1920년대 다양한 계열의 조선 지식인들이 베이징을 바라보았던 시선, 그리고 베이징이라는 신구(新舊) 세계의 교차점에 위치하던 특수한 공간에서 중국을 통해 조선을 사유하였던 자세를 크게 세 부분으로 파악해 본다. 첫째, 중화제국의 옛 수도인 베이징에서 마주친 옛 중국에 대한 역사적 기억 및 이에 대한 인식, 둘째, 전쟁의 소용돌이에 빠져 있는 베이징에서 민족지의 언론인들이 조선적 시각으로 중국의 내전과 국민혁명, 그리고 이와 조선 독립 간의 관계에 대한 인식, 셋째, 신문화운동(新文化運動)의 진원지인 '지적 공간'으로서의 베이징에서 일부 조선 지식인들이 경험하게 된 중국적 근대와 이를 조선적 근대의 참고 대상으로 삼고자 한다는 문제의식을 살펴본다.

제10장

1920년대 조선인의 베이징행

1. 베이징의 역사적 장소성

베이징은 원나라 이후 8백 년간 중국의 수도였고, 정치적·문화적 중심지였다. 청나라가 멸망하고 북양 군정부 시대에 들어서도 베이징은 1920년대 후반까지 중국의 수도로 계속적으로 특권을 가지고 있었다. 1927년 국민정부가 중국 전역을 통일하고 수도를 난징으로 이전하면서, 1928년 6월에 베이징은 한동안 베이핑北平으로 개칭되다가 1937년 일제가 베이징을 점령하면서 다시 베이징으로 고쳤다.[1] 앞 장에서 살펴본 만주와 상하이에 비해, 1920년대의 베이징은 다음과 같은 네 가지 역사적 장소성을 가지고 있었다.

우선, 베이징은 3천년의 역사를 자랑하는 고도古都일 뿐만 아니라, 850

---

1 1945년 일제가 망하면서 또 한동안 베이핑으로 불리다가 1949년 중국인민해방군이 진주하면서 다시 베이징으로 고쳐 오늘에 이르고 있다.

년 동안 여러 시대의 도읍으로 그 명성을 축적했다. 유적지가 곳곳에 산재해 있는 이 도시는 '옛 중국'과 관한 기억과 상상을 환기시키기가 유난히 쉬운 곳이었다. 이 점이야말로, '중국'이라는 문화적 개념이 크게 제거되어 있었던 만주나 상하이와 구별되는 베이징의 가장 특징적인 장소성이다.

둘째, 1920년대의 베이징은 중국 각종 정치 세력의 각축장이었다. 신해혁명 이후의 중국 사회는 각종 세력에 의해 급변하고 있었으며, 특히 1916년 위안스카이가 사망한 후에 중국은 분열과 불안정한 상태에 빠지게 되어 1928년까지 군벌간의 세력다툼이 한창이었다. 베이징을 거점으로 한 우페이푸吳佩孚의 직계直系, 천진을 거점으로 한 돤치루이段祺瑞의 환계晥系, 펑텐을 거점으로 한 장쭤린張作霖의 봉계奉系 등 각파 군벌 간의 각축이 치열했다. 1920년 7월 봉계와 제휴한 직계가 환계를 몰아냈고, 1922년 5월에는 직계가 봉계에 승리하였으며 1924년 9월에는 직계의 패권을 저지하기 위해 제2차 봉직전쟁奉直戰爭[2]이 일어났다. 베이징은 바로 그 소용돌이의 중심에 위치하고 있었다. 1920년대 전반기 조선인들의 베이징행 관련 담론에 특히 베이징을 중심으로 한 중국의 정치적 변동에 관심을 두었던 것은 바로 이 때문이다.

셋째, 1920년대의 베이징은 '중국 신사상의 요람'이라고 불리었던 만큼, 베이징대를 비롯한 근대 대학교를 기반으로 근대 지식인들이 모여들어 신문학운동을 전개한 중심지였다. 제2장에서 언급한 것처럼, 1910년대 전반기에는 위안스카이의 존공尊孔 정책에 힘입어 베이징을 중심

---

2   이른바 봉직전쟁(奉直戰爭)은 장자림의 봉계와 우페이푸 펑위샹(馮玉祥) 등의 직계가 베이징 정권의 패권을 다툰 군벌전쟁이다. 1922년과 1924년 두 차례로 발발했다.

으로 한 중국 공교운동이 한때 활발하게 진행했었다. 공교운동을 매개로 민족 독립을 모색하고자 했던 이승희, 이병헌 등 조선 유학자들은 베이징에 많이 모여든 것은 바로 그러한 시대적 배경으로 하였다. 그러나 위안스카이의 사후와 거의 동시에, 위안스카이 정부가 추진하던 존공과 복고 풍조를 전적으로 반대하는 신문화운동이 일어났고, 베이징을 중심으로 구사상에 대한 신사상의 급격한 교체가 이뤄졌다. 1910년대 후반기부터 중국은 정치적으로 분열과 불안정한 상태에 빠져 있었음에도 불구하고, 다양한 신사상들이 활발하게 출현하기 시작했다. 수도로서 불안정한 정세 속에서도 상당한 정도의 안정을 유지할 수 있었던 베이징에서 대학이나 교회를 기반으로 신문, 잡지, 서적 출간이 활발했으며, 사상이 다양하고 언론도 비교적 자유로웠다.

넷째, 1920년대의 베이징은 공산주의 및 아나키즘이 중국에서 전파하는 중심지였다. 1919년 5·4운동 이후 1920년대 전반의 베이징은 학생운동의 중심으로 상하이와 달리 민족주의뿐만 아니라, 중국에서의 공산주의 및 아나키즘의 수용, 전파 및 활동에 있어 중요한 위치를 차지하였다. 중국공산당 창시자인 천두슈陳獨秀, 리다지오李大釗 등은 베이징대에서 교편을 잡으면서 공산주의 선전에 힘을 썼다.

요컨대, 1920년대의 베이징은 이른바 '옛 세계'와 '신세계'의 교차점에 서 있었다. 당시 조선 독립운동가, 언론인 및 유학생 등을 위주로 베이징에 물려들었던 것, 그리고 그 공간에서 표출된 중국 인식은 이와 같은 베이징이 나름대로 지니는 특수한 역사적 장소성과는 긴밀히 연계되어 있었다.

2. 1920년대 조선인 베이징행의 양상

전통 시대의 베이징, 즉 북경은 조선 문인의 인식에 있어서 '중국' 그 자체라도 해도 과언이 아니다. 근대 이전의 북경은 중국에서 한반도와의 인적·지적 교류가 가장 활발하였던 지역이기 때문이다. 원나라 때부터 북경은 이미 고려 문인의 주요 방문지였으며, 명·청 시대에 들어 더욱 조선 문인들에게 선망의 목적지가 되었다. 조선 시대 전형적인 중국행은 외교적인 사명을 띠고 떠나는 정기적인 또는 비정기적인 사행使行이었으며, 명 영락제永樂帝 이후 수도가 연경燕京[3]으로 천도遷都된 다음부터 사행의 일반적인 여정은 압록강 건너 책문柵門에서 연경까지의 연행燕行 코스로 고정되었다. 수많은 연행사燕行使나 동지사冬至使 들이 북경을 방문했다. 특히 18세기 실학자들이 북경 방문을 통해 새로운 지식을 습득하며 이른바 북학파北學派를 형성했다. 개항 이전까지 조선은 조공 체제 아래 거의 북경을 통해서만 외부문화의 유입이 이루어졌으며 명·청 문인과의 교류는 역시 북경을 중심으로 이루어졌다.[4] 중국 땅, 그중에서도 중화 제국의 중심인 북경을 한 번이라도 밟아보고 싶다는 것은 당시 조선 문인들이라면 누구나 가졌을 법한 열망이었다.

1894년 청일전쟁을 기점으로 500여 년 동안 지속되던 조선시대의 중국 사행은 막을 내렸다. 이와 동시에 과거 연행사의 자격이 부여되어

3　춘추전국시대 연나라(燕)의 수도(京)였기 때문에 연경이라고 부른다. 춘추전국시대가 끝난 이후에도 오랫동안 북경을 가리키는 별명으로 쓰였다. 조선 후기까지도 청나라 수도 북경에 가는 걸 '연행(燕行)'이라고 불렀을 정도이다.

4　손성욱, 「19세기 朝·清 문인 교류의 전개 양상」, 『역사학보』 216, 역사학회, 2012, 279쪽.

야만 견문할 수 있었던 북경은 근대에 들어서 자유로운 여행이 가능해지면서 신분적 제한 없이 쉽게 방문할 수 있게 되었다. 조선 일반인이 북경에 처음 진출한 것은 1876년 강화도조약으로 조선이 개항한 시기부터였다. 물론 이들 대부분은 상인이었다.[5] 조선 강점 전후로부터 일부 독립운동가들은 베이징을 해외 독립기지로 활용하기 위해 진출하기 시작하였지만,[6] 1920년대까지 베이징의 조선인 사회는 만주나 상하이에 비해 늦게 형성되었을 뿐더러, 규모도 상대적으로 적었다. 일제의 조사에 따르면, 1919년 3·1운동이 일어날 무렵에 베이징의 조선인 수는 겨우 80여 명에 불과하였다.[7] 같은 해 9월 '라라생羅羅生'이라는 『독립신문』 기자의 보도에 따르면, '대개 200명 정도이며 호수戶數가 12호이요. 여자는 20여 명, 여학생은 3명, 남학생은 50명'[8]으로 극히 미미한 수준이었다. 그러나 3·1운동이 발발하자 일제의 탄압을 피하여 유학생, 민족운동가, 기자들을 비롯한 조선 지식인들은 베이징으로 대거 찾아갔음에 따라, 1924년 9월 무렵 베이징 조선인의 수가 1,000명을 돌파하였는데,

---

5 손과지, 「1920·30년대 북경 지역 한인독립운동」, 『역사와 경계』 51, 경남사학회, 2004, 75쪽.

6 베이징은 일제가 조선을 강점하기 전부터 이미 해외 민족운동의 기지로 주목받았다. 1906년 안창호(安昌浩), 이갑(李甲), 이동녕(李東寧) 등과 더불어 비밀결사인 신민회(新民會)를 조직하고 구국운동을 전개했던 조성환(曹成煥)이 베이징으로 파견되었다. 「在北京要視察朝鮮人」(1916.12.8), 『不逞團關係雜件−朝鮮人ノ部−在支那各地』 2; 손염홍, 『北京지역 韓人사회(1910∼1948) 연구』, 국민대 박사논문, 2008, 10쪽에서 재인용.

7 「在北京要視察朝鮮人」(1919.3.1), 『不逞團關係雜件−朝鮮人ノ部−在支那各地』 2; 손염홍, 위의 글, 15쪽에서 재인용.

8 羅羅生, 「北京通信」, 『독립신문』, 1919.9.20.

같은 시기 상하이보다도 많은 규모였다.[9]

1920년대 조선인의 베이징행의 주요 양상을 다음과 같은 네 가지 특징으로 요약할 수 있다.

첫째, 3·1운동 이후의 베이징은 민족운동가·종교인사·유학생 등 다양한 계열의 조선 지식인들의 육로陸路로 관내關內, 특히 임시정부 소재지인 상하이로 진출하기 위해서는 반드시 거쳐야 하는 중간 지점이 되었다. 또한 임시정부가 조선 국내나 만주 및 노령 지역에 있는 독립운동 세력과 연락하는 거점 역할을 하였다. 지정학적 측면에서 보면 베이징은 중국 북쪽의 만주·몽골과 남쪽의 상하이·광저우 지역뿐만 아니라, 중국과 소비에트 러시아를 오갈 때 반드시 통과해야 하는 유리한 지점에 위치해 있기 때문이다. 바로 이러한 유리한 지리적 조건 때문에, "내지內地와 연락하기에 베이징은 상하이보다 훨씬 편리하"[10]다는 인식이 형성되었다.

둘째, 신사상의 전파 중심지로서의 1920년대의 베이징은 독립의 새로운 길을 고민하던 조선인들에게 신사상을 수용하는 공간이 되었다. 1920년대에 들어 특히 5·4운동 이후 새로운 이론을 모색하고 있던 독립운동가와 유학생이 베이징에 몰려들었고, 아나키즘, 공산주의 등의 여러 신사상들을 받아들이기 시작했다. 이런 의미에서, 1910년대의 베

---

9   「北京在留朝鮮人ノ槪況」, 日本外務省·陸海軍省 編, 『日本의 韓國侵略史料叢書』 25, 韓國出版文化院, 1990, 303쪽.; 손과지, 「1920·30년대 북경 지역 한인독립운동」, 『역사와 경계』 51, 경남사학회, 2004, 75쪽에서 재인용.

10 "徃北京, 以聯絡內地, 燕便於滬也." 金昌淑, 「躄翁七十三年回想記(上)」, 『心山遺稿』, 國史編纂委員會, 1973, 330쪽.

이징은 조선 전통 유림들에게 공교운동을 통해 '중화'를 회복함으로써 독립을 모색하는 공간이었다면, 1920년대의 베이징은 신사상을 수용하면서 혁명적·진보적인 수단으로 독립을 꾀하고자 하는 공간이 전환되었다.

특히 상하이 임시정부가 노선상 내분이 시작되면서, 신채호申采浩, 김창숙金昌淑 등을 비롯한 임시정부에 불만을 가진 독립운동가들이나 국제주의 경향을 가진 지식인들이 베이징으로 집결하게 되었다. 이것은 베이징은 상하이와 달리 조선 지식인들에게 반제적 민족주의뿐만 아니라 공산주의와 아나키즘 등 신사조를 폭넓게 수용할 수 있었던 장소성과 직결되어 있다. 이러한 분위기 속에서 베이징은 1920년부터 '반임정' 세력이 집결됨에 따라 무장투쟁론의 중심지로 부상되었다. 따라서 베이징 조선인 사회의 형성은 만주나 상하이보다도 늦었지만 민족운동 세력으로 급속히 자리매김하였고, 임시정부와 '견제와 협력 관계'[11]를 유지하면서 상하이와 더불어 해외 독립운동의 또 하나의 축이 되었다.[12] 임시정부에서 활동하던 신숙申肅은 그 시기 상하이를 떠나면서 "실제운동을 수행하기 위하여 북경으로 이주"[13]하였다는 기록을 남겼다. 1924

---

11 김홍길·김주삼, 「중국 관내 지역 한인 청년의 저항과 정주 – 상해와 북경 망명자 활동을 중심으로」, 『세계지역연구논총』 35-1, 한국세계지역학회, 2017, 146쪽.

12 이 시기 베이징에서 독립운동을 펼쳤던 대표적인 독립운동가로는, 민족 운동에서 출발해서 아나키스트로 나아갔던 신채호와 이회영(李會榮)을 들 수 있겠다. 그외에 독립운동가 이자해(李慈海), 김창숙, 김성숙 및 유자명(柳子明), 이정규(李丁奎), 이을규(李乙奎), 백정기(白貞基) 등 아나키스트들도 베이징에서 활동했다.

13 신숙, 『나의 일생』, 일산사, 1963, 55~61쪽. 신숙(申肅, 1885~1967), 독립운동가.

년 베이징으로 유학하러 가서 10여 년 동안 머물렀던 정래동丁來東[14]은 회고록『북경시대』의 서두에서 역시 1920년대의 '베이징은 상해 다음 가는 한국 혁명지사의 집산지集散地였으므로 밤을 밝혀가며 혁명을 논하며 독립을 계획 세우며 주의主義를 토론한 기회도 적지 않았다'[15]고 밝히고 있다.

셋째, 1920년대의 베이징은 중국 각종 정치 세력의 각축장이었기 때문에, 중국의 정치변동에 극히 관심을 가진 조선의 민족주의 계열의 신문사들은 베이징에 기자나 특파원들을 많이 파견하였다.[16] 1920년대 중국의 정치적인 상황을 파악하려는 기자나 특파원을 비롯한 조선 언론인들은 특히 베이징을 중심으로 벌어진 군벌 간의 내전 및 급박하게 돌아가는 정세를 주시하였다.

---

14   정래동(1903~1985), 중국문학 연구자. 1924년 중국으로 건너갔고, 이태 뒤에 베이징의 민국대학(民國大學) 영문계에 입학하였다. 재학 중에 그는 오남기(吳南基), 국순엽(鞠淳葉) 등과 함께 아나키즘그룹에 가담했다.

15   정래동,『북경시대』, 平文社, 1957, 2~11쪽.

16   이동곡(李東谷)은 1920년대『개벽』지의 중국특파원으로 베이징에서 활약하여 중국문제에 관한 수편의 논문들을 발표했다; 장덕준(張德俊)은『동아일보』의 특파원으로 1920년 8월 8일부터 8월 27일까지 8회에 걸쳐「動亂의 北京에서(續)」라는 기사를 통해 베이징의 정치적 상황을 보도했다. 1923년 6월에『동아일보』사회부기자 유광렬(柳光烈)은 펑톈, 베이징을 경유하여 상하이에 파견,「朝鮮行」이란 제하의 기사를 수회 연재했다; 조동호(趙東祜)는 1924년『동아일보』의 특파원으로 파견되어서 봉직전쟁을 취재하면서 종군기「戰地行」을 20회에 걸쳐 연재했다. 1924년 10~11월에『조선일보』는 김동성(金東成)을 베이징에 파견하여「中國大動亂」이란 제하에서 중국의 내전 상황(강절전쟁, 제2차 봉직전쟁)을 자세히 보도했다; 1925년 3월『동아일보』공산국 러시아 취재를 위해 특파원으로 파견된 이관용(李灌溶)이 베이징을 경유하면서「중국정계소식」이란 제하의 기사를 5회 연재했다. 1925년 3~4월에『조선일보』러시아 취재를 위해 특파원으로 파견된 김준연(金俊淵)이 러시아 입국 전 베이징을 경유하여 선후회의 및 쑨원 병상에 대해 취재했다.

넷째, 1920년대 중반까지 베이징의 조선인 사회는 주로 유학생계를 중심으로 활동을 펼쳤다. 1920년대에 들어 유학생들이 베이징으로 집중된 것은 한편으로 일본의 관동대지진^{關東大地震}과도 관련이 있었고,[17] 다른 한편으로 3·1운동에 대한 베이징대를 기반으로 한 중국 근대 지식인들의 호평이 조선인에 대한 호의적 여론을 조성한 것과도 관련이 있었다.[18] 그러한 분위기 속에서 베이징의 많은 대학들은 조선 유학생을 위해 입학을 장려하고 학비면제 혜택까지 제공하였다.[19] 더욱 근본적인 원인은 베이징이 당시 중국 근대교육과 각종 근대 사상의 중심지로 부각되었기 때문이다. 전통 중국 '문명의 중심지'라는 지위를 잃었는지 이미 오래된 베이징이 신문화운동과 5·4운동의 세례를 받으면서 문화 중

---

17 1923년 9월의 관동대지진 사건 시 일본인들이 조선인들을 대량 살상하자, 일부 조선 유학생들은 재발을 우려하여 유학처를 동경에서 베이징으로 바꾸었다. 「北京在留朝鮮人ノ槪況」, 日本外務省·陸海軍省 編, 『日本의 韓國侵略史料叢書』25, 韓國出版文化院, 1990, 303쪽 참조. 이와 관련하여, 당시 베이징대학에서 유학했던 김덕봉(金德峰)은 다음과 같이 언급한 바가 있었다. "내가 북경대학을 다니던 그 시기는 지금으로부터 13년 前事이며 우리 동포가 그 당시는 일본 大震災로 인하여 지진을 피하여 매일 베이징 유학생이 수십 명씩 오든 시대의 전후이다." 김덕봉, 「북경대학 정문과 '나'」, 『사해공론』2-10, 1936, 58쪽.

18 당시 베이징대 교수 천두수는 3·1운동을 비폭력혁명에 기초한 세계혁명사의 신기원(用民意不用武力, 開世界革命史的新紀元)이라 평가했다. 陳獨秀, 「朝鮮獨立運動感想」, 『每週評論』14, 1919.3 참조. 당시 5·4운동의 베이징대 학생 리더였던 역사학자 푸쓰녠(傅斯年)은 역시 3·1운동을 "안 될 줄 알면서도 행하는 혁명(知其不可爲而爲之的革命)"이기에, "혁명계의 신시대를 열어주었다"고 높이 평가하였다. 傅斯年, 「朝鮮獨立運動之新敎訓」, 『新潮』1-4, 1919.4 참조.

19 芳澤謙吉(在支那特命全權公使), 「北京·天津附近在住 朝鮮人의 狀況 報告書 進達의 件」(機密 123號, 1925.3.20), 『朝鮮人에 대한 施政關係雜件 一般의 部 3』; 이재령, 「1920년대 전후 북경(北京)의 유학환경과 한인학생(韓人學生) 현황」, 『중국학보』80, 한국중국학회, 2017, 242쪽에서 재인용.

심지라는 위상을 되찾게 되면서 서구/일본 외에 조선 청년이 선호하는 또 다른 유학 목적지로 부상되었다. 그러한 분위기 속에서 베이징의 조선 유학생 숫자는 1919년 이후 꾸준히 증가하였고, 재베이징 조선인의 중요 구성원이 되었다.[20] 베이징대를 졸업하고 1927년에 『조선일보』의 특파원 신분으로 2년만에 베이징을 다시 찾은 양명은 베이징 조선인 유학생의 상황을 자세히 소개한 바가 있다. 그에 따르면, 당시(1927) 베이징에 약 500명의 조선인이 거주하고 있는데 그중에는 약 백 명은 유학생이었다는 것이다.

위와 같이 1920년대에 들어 조선 지식인들이 베이징에 모여든 것은 베이징이 지리적·정치적·문화적으로 갖고 있었던 여러 특수한 조건과 특징에 기인하였다. 이 시기 베이징에서 정주하거나 머물렀던 조선인은 독립운동가, 유학생, 기자·특파원 등으로 구성되었다. 그 외에 단기적으로 베이징 여행을 택한 조선 지식인들도 있었는데, 그중에서 베이징에 대한 문화적 향수를 가진 '구지식인'인 유학자들이 대표적이었다.[21]

---

20 기록을 남긴 대표적인 유학생은 다음과 같다. 장자일(張子一)은 1917년 베이징대 영문과로, 한설야(韓雪野)는 1920년 베이징 益智英文學校 사회과학과로, 김덕봉은 1923년 베이징대 제2원 정치경제과로, 이윤재(李允宰)는 1921년 베이징대 사학과로, 김천우(金天友)는 1920년대 전반 베이징평민대학으로, 정래동(丁來東)은 1920년대 중반 민국대학 영문과로, 유기석(柳基石)은 1925년 조양대학 경제과로, 양명(梁明)과 이상은(李相殷)은 1925년 베이징대 철학과로, 이륙사(李陸史)는 1926년 베이징중국대학으로 베이징에서 유학생활을 보냈다. 베이징에서 학적을 둔 조선 유학생의 명단은 조성환, 「북경의 기억, 그리고 서사된 북경」, 『중국학(구중국어문론집)』 27, 대한중국학회, 2006, 346~356쪽을 참조.

21 이 시기 베이징행을 하고 기록을 남긴 유학자로는 이병헌(李炳憲), 이상룡(李相龍), 김창숙(金昌淑), 김정호(金正浩) 등을 들 수 있다.

그림 10 펑톈역에서 베이핑을 향하는 기차(1938)(출처 : https://commons.wikimedia.org/wiki/File:奉天
　　　 駅プラットホーム2.jpg)

　　이 시기 조선인들은 베이징으로 찾아간 경로는 주로 두 가지였다. 하
나는 조선과 연결되는 남만철도를 이용하여 펑톈에서 경봉선京奉線 철도
로 베이징까지 가는 경로였고, 하나는 인천에서 여객선을 이용하여 다
롄이나 톈진을 거쳐 베이징으로 이동하는 경로였다. 그중에서 첫 번째
루트는 가장 많이 선택되었다.[22] 특히 1920년 일제가 만주 지역 독립운
동의 근거지를 '쇄토'하다는 명목으로 진행한 이른바 '간도출병'은 재만
조선인 사회를 요동치게 하자, 독립운동가들이 활동무대였던 만주를 잠
시 떠나 베이징행 열차에 몸을 실은 경우가 많았다. 그들은 주요 이용했
던 경로는 역시 경봉선이었다.

22　예를 들어 1920년 이상룡의 베이징행(이상룡, 「연계여유일기」, 『石洲遺稿』 하, 景仁
　　文化社, 2008, 55~59쪽) 및 1922년 박영철의 베이징행(朴榮喆, 『亞洲紀行』, 獎學社,
　　1925, 88~94쪽) 등은 바로 이에 해당한다.

3. 베이징을 향하여 — 전도된 '관내/외' 인식

위에서 언급하듯이, 1920년대 조선인들은 만주에서 펑톈을 거쳐 경봉선으로 베이징에 가는 경우가 태반이었다. 이때 반드시 만리장성萬裏長城 동쪽 끝에 있는 산해관山海關을 통과하여야 '관외關外'에서 베이징 소재인 '관내關內'로 진입할 수 있었다.

'관외'란 흔히 만리장성 밖의 만주 지역을 가리키며, '관내'란 관외 지역과 대별되는 개념으로 만리장성 이남의 중국 본토를 가리킨다. 관외와 관내를 구분하는 경계인 산해관은 오랫동안 한족漢族이 북방 이민족으로부터 베이징을 보호했던 전략적 요충지로 명나라 때부터 줄곧 베이징으로 들어가는 관문이었다. 이는 한족 중심의 중화문명의 상징이자 화이華夷의 경계선이면서, 조선과도 간접적으로 관련되어 있는 특별한 공간이었다. 역사적으로 조朝·명明, 또는 조朝·명明·청淸, 조朝·청淸이라는 복잡한 역학적 관계를 배경으로 하고 있었기 때문에, 산해관은 역대 조선 문인들의 각별한 주목을 받아 왔고 연행시燕行詩의 중요한 소재가 되기도 했다. 조선 시대 문인들에게 산해관은 중화 정통을 잃은 것에 대한 아픔을 환기시켜 주는 공간으로 인지되었다. 이들의 산해관 시詩들에 옛날 명에 대한 숭배와 그리움과 더불어 청에 대한 강한 적개심은 역력히 드러나 있었다.[23]

1920년대에 조선 지식인들은 산해관을 거쳐 베이징으로 향하는 여

---

23 김철·황효영, 「명·청시기 조선 사신들의 대중국 인식 변화 양상에 대한 연구」, 『아시아문화연구』 39, 가천대 아시아문화연구소, 2015, 63~64쪽.

정에서 역시 조선 시대 문인들과 비슷한 회구懷舊의 심장으로 산해관과 관련된 기록을 많이 남겼다. 1921년 12월에 유학자 이상룡은 만주 망명 10여 년 만에 서간도 한족회 대표로서 베이징 군사통일촉성회의 참석 차 베이징 여행을 하였다. 도중에서 산해관을 지나면서 감격한 심정으로「과산해관過山海關」[24]이라는 한시를 지었다. 그는 그 시에서 유학자로 익히 알고 있던 진시황秦始皇 및 당태종唐太宗을 회상하면서, "천하제일관天下第一關"으로서의 산해관의 승경勝景에 대한 극찬을 금치 못하였다. 1923년 경성에서 출발하여 펑톈을 여행하고 베이징을 향한 유광렬도 산해관을 경유하면서, '일세의 영웅 진시황이 몽골족을 대항하던 만리장성을 보지 못한 것'을 유감스러워 하며, '산해관에는 만리장성을 중심으로 많은 로망스'[25]를 떠오르며 독자에게 흥미롭게 소개하고 있다.

그러나 조선 문인들이 산해관에서 잃은 중화 정통을 슬퍼했던 반면에, 1920년대 조선 지식인에게 산해관을 지나는 것은 지리적으로 '관외'에서 '관내'로 간다는 의미가 더 컸다. 더군다나 산해관을 통과한다는 것은 더이상 과거처럼 덜 문명화된 '오랑캐夷'의 지역에서 문명화된 '중화華'로 진입한다는 것이 아니라, 오히려 일본의 지배권 아래의 만주에서 중국 본토에 본격적으로 들어간다는 의미를 지니게 되었다. 그럴 때 '관외 중국'와 '관내 중국'을 서로 비교하는 것이 불가피하였다. 1921년 지린에서 베이징까지 도보 여행을 한 이수형은 산해관 안팎의 중국을 다음과 같이 대비시키고 있다.

24　이상룡, 『(국역) 石洲遺稿』 상, 경인문화사, 2008, 185쪽.
25　유광렬, 「中國行(續)」, 『동아일보』, 1923.6.24, 6면.

山海關外에서 生覺하기를 萬裏長城以內에는 勿論道路修築도 이에 比하야는 甚히 團束하얏스리라하엿고 人物도 關外에 比하야는 甚히 文明하얏스리라 生覺하얏든바 豫想과는 東西懸殊하야 前日大朝鮮帝國의 使節이 往來하든 大路도 今에 靑草가 脚에 套할뿐이오. (…중략…) 關外에는 오히려 大小路의 分別이 明白하든것이 此에 至하야 오히려 不然하며 關外의 智識階級에 在한 人은 朝鮮人이라하면 甚히 同情하야 주고 耳에 聽키 不樂하는 事를 說치 아니하든 것이 此에 至하야는 비록 智識階級의 人物이라도 오히려 惡感을 起케 하는 言語를 問答코저한다. 이는 山海關과 相距가 不過百裏니까 關裏가 全部皆然타함은 不可하지마는 萬一이라도 全部가 그러타 할진대[26]

이처럼, 유년 시절부터 한학 서적을 통해 형성되어 온 관내 중국에 관한 상상은 화자를 하여금 관내가 마땅히 관외에 비해 더 문명화되었을 거라고 예상하게 하였다. 그러나 실제로 보더니 크게 실망을 금치 못하였다. 관내 중국은 한때 '오랑캐' 지역이었던 관외에 비해 오히려 물질적·정신적인 측면에서 덜 발달된 현실을 눈으로 확인하였기 때문이다.

도보 여행이 아닌 기차가 이용된 경우에도 '관외 중국'과 '관내 중국' 간 낙차가 쉽게 느껴졌다. 산해관을 분계점으로 하여 일본이 경영하는 만철과 중국이 경영하는 경봉선 간의 대비를 통해 '관외-관내' 간의 차이를 드러낸 글이 적지 않다. 1925년 3~4월에 『조선일보』 러시아 취재를 위해 특파원으로 파견된 김준연金俊淵[27]은 산해관을 경유할 때, '일본

---

26 李壽衡, 「吉林에서 北京에」, 『동아일보』, 1921.8.8, 1면.
27 김준연(1895~1971)은 식민지 시기의 언론인이자, 독립운동가였고, 대한민국의 정

기차'와 '중국 기차'를 다음과 같이 비교해 보고 있다.

① 果然汽車는 預定時間보다도 三四十分이나 늦게 떠낫다. 奉天까지는 日本汽車이지만 奉天부터 北京까지는 中國汽車이다. 이미 말한 것과 가티 汽車의 發著時間이 中國것은 아조 正確지 못하다. (…중략…) 規則的이고 訓練잇고 時間嚴守하기로 世界에 有名한 獨逸汽車도 戰後에 國內外 混亂하여진 後에는 延著이 頻頻하엿다. 하면 只今 이 混亂中에 잇는 中國汽車가 時間을 잘 직히지 못할 것은 當然한 일이라고 생각하고 또 그 나라 汽車의 發著時刻의 正確不正確이 그 나라 狀態의 安定의 程度를 計量하는 安定計라고 볼 수 잇다고 생각하엿다.[28]

② 나는 二等을 탓지만은 日本汽車二等과는 퍽 달으나 京釜線急行列車三等보다 더 못하다. 車室의 好否는 何如間 그리 큰 關系는 업섯지만 同乘客들의 態度에 如幹困難을 밧지 아니 하얏섯다. 第一不愉快한 것은 中國 사람들이 가래침을 함부로 배앗는 것이다. 그들은 汽車안에다가 침을 함부로 탁탁 배앗는다. 나는 될 수 잇는대로 中國 사람들에게 好意를 가지고 對하려고 애를 썻다 하나 그 傍若無人 가래침을 濫發하는에는 이마를 아니 찌푸릴 道理가 업섯다. (…중략…) 또 便所에서는 손 씨슬 물이 업는 것을 發見하엿고 或따로히 洗面所의 設備가 잇는가하야 車室의 前○를 다 뒤저보앗스나 一點의 水도 發見할 수 업섯다.[29]

치인, 작가, 언론인이다.

28 김준연, 「露西亞 가는 길에(1) - 북경까지」, 『조선일보』, 1925.4.7, 1면.
29 김준연, 「露西亞 가는 길에(2) - 車中의 惡印象」, 『조선일보』, 1925.4.8, 1면.

위의 인용문에서 보듯이, 발차시간이 정확하고 차실이 좋은 펑톈까지 가는 만철 열차에 비해, '산해관-베이징' 간 중국 열차는 발차시간이 정확치 못했을 뿐더러 차실도 일본이나 조선보다 더 못했다는 현실이다. 무엇보다 가래침을 함부로 배는 중국 승객들은 화자를 심히 불쾌하게 만들었다. 이렇듯 화자에게 산해관을 통과하여 관외에서 관내로 건너간다는 것은 단순히 중국의 한 지방에서 다른 지방으로 건너가는 의미보다, 근대화된 일본 제국에 점차 편입되어 가는 안정된 만주에서 낙후되고 내전으로 극히 혼돈된 중국으로 진입한다는 의미가 더 컸을 것이다.

다른 한편으로 역사적으로 군사요충지의 역할을 수행해 왔던 산해관은 1920년대에 들어도 여전히 병란이 잦았던 지역이었다. 이는 1920년대 초중반에 발발한 수 차례의 군벌 전쟁(2차례의 봉직전쟁 및 1925년 반봉反奉전쟁[30] 등)의 주요 전쟁터이자 중국 '미래의 대세'를 결정할 군벌들의 정권 다툼 속에서 승부를 걸었던 지역이었다.[31] 당시 산해관을 둘러싼 전쟁 분위기는 한 에피소드를 통해 대충 짐작할 수 있다. 김창숙金昌淑은 회고록 「벽옹칠십삼년회상기躄翁七十三年回想記」에서 1926년 반봉전쟁 시 펑톈에서 베이징까지 가는 도중에 산해관에서 멈출 수밖에 없었다고 회상한 바가 있다. 전쟁이 터진 바람에 산해관 서쪽의 철도가 온통 폐쇄해버렸기 때문이다. 어떤 중국 장교는 그더러 한국인이냐고 물었보더니 그렇다는 대답을 듣고 "한국인이 왜 위험을 무릅쓰고 전쟁 지역으로 들

30　1925년 우페이푸가 반봉전쟁을 일으키자, 펑위샹은 봉계의 궈쑹링(郭松齡)이 모반하도록 하였으나, 봉계는 펑을 패퇴시키고 1926년 봄 베이징을 점령하였다. 이후 봉계는 직계 군벌과 협상하여 정전했다.

31　이동곡, 「내가 본 中國의 大動亂」, 『개벽』 53, 1924.11, 39쪽.

어갑니까?"라고 크게 의아하였다는 것이다.[32]

　이처럼 1920년대 조선 지식인에게 있어 산해관은 문명적으로 위계화된 두 개의 세계를 갈라놓은 분계점이라는 인식은 실제로 과거나 현재나 다름이 없었다. 오직 이가 갈라놓은 두 지역의 위계적 질서가 이미 확연하게 전도되었을 뿐이다. 산해관을 지나 '관외'에서 '관내'로 진입한다는 것은 이들에게 더이상 문명을 향하는 길이 아니라, 오히려 문명에서 비非문명으로, 평화에서 혼돈으로 건너가는 여정이 되어버렸다. 이러한 전도된 '관내/외' 인식은 곧 근대계몽기부터 전도되었던 화이론의 연상선상에 놓여 있었다. 이들은 바로 그러한 심정으로 산해관을 거쳐 베이징을 향하였다.

32　"向山海關時, 張作霖方與馮玉祥開戰, 山海關以西, 車路不通云, 是日車中滿載, 皆是軍人, 而絶無一般旅客, 時與彼軍人, 互酬閒話, 有一將校, 問曰子非韓國人耶, 翁曰然, 彼曰子何以冒險而入此戰火之區也" 金昌淑, 「躄翁七十三年回想記(中)」, 『心山遺稿』, 國史編纂委員會, 1973, 344쪽.

제11장

문명관의 시금석, 옛 중국

　같은 시기 "땅은 중국^{中國} 땅이면서도 중국인 기분^{氣分}이 아니"[1]었던 만
주, '영국인 누군가가 발견한' 상하이와는 달리, 1928년 수도를 옮기기
전까지의 베이징은 중국의 '대명사'라고 해도 과언이 아니었다. 1920년
대 전후로 베이징을 찾은 조선 지식인들은 옛 중화제국의 수도에서 익
숙한 옛 중국과 현대 중국을 함께 직면하였다. 1930년에 의학박사 이
갑수^{李甲秀}가 그의 베이징 견문록 「북평^{北平}을 보고 와서」에서 감탄하듯
이, 안둥, 펑톈, 다롄, 뤼순, 톈진 등지에서 일주일 넘게 여행했으나 인상
이 깊지 않았던 '청의국^{青衣国}의 기감^{气感}'은 베이징에 도착해서야 비로소
충만해진다고 한다. 이른바 '청의국의 기감'이란 다름 아닌 온갖 풍파와
시련을 겪어 왔던 옛 중국의 분위기를 의미하는 것이다. 이갑수가 표현
한 바와 같이, '문명진보에 의한 인위적인 파괴와 500년간이나 되는 오
랜 세월을 두고 비바람에 닳아 군데군데 붕괴하였으나 아직까지 남아

1　김재은, 「巴里에서 開城까지(30)」, 『동아일보』, 1926.12.27, 3면.

그림 11 베이징의 거리(1930년대)(秦風, 『秦風老照片館』, 廣西師大出版社, 2009)

있는 이의 웅대함은 동아시아 제국의 수도였던 베이징의 장엄한 광경을 자랑하고 있다'[2]는 것이다.

베이징은 바로 이렇듯 근대 이래 문명 패러다임의 거대한 전환 과정 속에서 '신구 세계'의 교차점에 위치한 도시로 인식되고 있다. 1924년 유학하러 베이징에 처음 도착한 정래동의 눈에 비친 베이징은 '고대의 주색朱色이 높이 서 있고 근대의 건물이 간간이' 보이는 '신비스러운 도

2   이갑수, 「北平을 보고 와서(1)」, 『조선일보』, 1930.10.2, 4면. 이 여행기록은 1930년 『조선일보』에 1930년 10월 2일부터 16일까지 전부 14회를 거쳐 연재된 것이다.

시'였다. 그는 '만약 고대 중국식 건물과 풍경만 보였더라면 그렇게까지 감흥이 일어나지 않았을 것이요. 또 근대식 건물만 있었더라도 도리어 천박한 느낌밖에 없었을 것'[3]이라며 전통과 근대가 혼재된 베이징에 관한 첫인상을 기술하고 있다.

물론 누구보다 중국 전통문화에 더 익숙한 조선 지식인들의 눈길을 가장 끈 것은 다름 아닌 베이징에서 마주친 옛 중국이었다. 근대에 막 들어선 시점에서 '새 것'이라면 무엇이든지 추종을 하였던 '개조의 시대' 1920년대에는 조선 지식인들에게 베이징에서 마주친 옛 중국은 이들의 이념에 따라서 때로는 미적·문화적 공간으로서 향수의 대상이었고, 때로는 역사적·정치적 공간으로 혐오 심지어 태도의 대상으로 간주되었다. 이렇듯, 신구新舊 세계의 교차점에 서 있던 1920년대의 베이징은 마치 조선의 신구 지식인의 상이된 문명관을 부딪히게 한 시금석과 같은 존재였다.

1. '향수의 대상'으로서의 옛 중국

조선 지식인의 베이징 단기 체험기는 화자에 따라 일정한 차이가 있었지만 대부분 정양문正陽門, 자금성紫禁城, 천단天壇, 북해北海, 중해中海, 경산景山, 만수산萬壽山 등 옛 중국의 상징적 유물들에 대한 소개를 적고 있다. 베이징에 산재해 있는 고적이나 유물들은 이들을 하여금 기억이나 이

---

3   정래동, 「北京의 印象」, 『사해공론』, 1936.9, 92쪽.

그림 12 이화원(1917)(Thomas Cook Ltd, *Peking and the overland route*, London: Cook & son, 1917, p.77)

념 속에 존재했던 현대 중국과 구별되는 옛 중국을 환기하였다.

특히 옛 중국의 황권을 상징하는 공간들은 조선 지식인들에게 준 가장 큰 인상은 다름 아닌 '웅장함'이고, 그리고 그 웅장함에 배어 있는 오래된 문화의 힘이었다. 필명이 호상낭인滬上浪人이라는 작가가 개탄한 것처럼, 그 '웅장한 기상이 역시 중국천자天子의 수도가 아니면 보지 못할 곳'이었다.[4] 1924년 정래동은 베이징역에 내리자마자 바로 정양문正陽門으로부터 발산된 옛 제국 수도의 웅장함에 눈길이 사로잡혔고, '중국인의 수공이 위대한 것을 짐작할 수 있었다'[5]고 감탄한다. 3·1운동 이후 서간도로 망명하다가 베이징으로 이주하게 된 독립운동가 이자해李慈海는 이화원頤和園과 향산香山을 유람하면서 역시 '눈앞에 펼쳐진 광경에 나는

---

4   滬上浪人, 「北平城을 巡禮하고」, 『彗星』, 1-9, 1931.12, 120쪽.
5   정래동, 앞의 글.

정말 놀라움을 금할 수 없었다'고 한다. '당시에 예술적인 설계와 위대한 공정에 대해 그 누구도 탐복하지 않는 사람이 없을 정도였다'[6]는 것이다.

베이징의 '웅장함'에서 비롯된 감동이나 가슴 벅찬 느낌은 가끔 동양 문화에 대한 자부심으로 승화되기도 하였다. 대표적인 예로, 독일 베를린대에서 의학 박사학위를 받은 이갑수는 이화원에 있는 서태후의 만수산 궁전을 '천하절승天下絶勝의 고적지古迹地'라고 일컬으며, 유럽의 대표적인 궁전과 비교하면서 동양인으로서의 자긍심을 드러내고 있다.

> 그 宏大하고 雄壯하며 華麗하고 燦爛한 것이 泰西各國의 宮殿에 比할 배 아니다. 아모리 歐洲大陸에서 贊美밧는 佛蘭西故王朝의 「뵈르사이」宮殿과 普魯西王朝의 「상수씨」宮殿이 華麗壯大하다 한들 엇지 이에 比하랴 또 墺帝國의 維也納宮殿內에 잇는 華麗키로 有名한 「마리아테레지아」後의 居處하얏던 百萬室인들엇지 西太後의 居處하얏는 殿室에 밋칠 소냐. 다만 西洋各國의 宮殿만 보고 이 萬壽山宮殿을 보기 前까지의 筆者는 一井農蛙이엇던 것을 免치 못할 것이다.[7]

위와 같이, 유럽의 문물 고적 등을 두루 섭렵하였던 이갑수는 유럽 각국의 궁전이 아무리 화려하고 장대하다 한들 서태후의 만수산에 비할 바가 못 된다고 인식하고 있다. 유럽에서 박사학위를 받은 그는 그 시대 조선 최고의 엘리트임에도 불구하고 만수산을 보기 전에는 '우물 안의

---

6   이자해, 『이자해자전』(해외의 한국독립운동사료 32), 국가보훈처, 2008, 145~165쪽.
7   이갑수, 「北平을 보고와서(11)」, 『조선일보』, 1930.10.14, 4면.

개구리'로 자신을 비유할 만큼 베이징 고적에 대한 경의로움을 감추지 못한다. 무엇보다 '천추만년千秋萬年'을 두고 자랑거리일 동아시아 대국의 대표적인 명승고적'으로서의 만수산에서 서구를 초월하였던 동양문화의 찬란함을 눈으로 확인되는 순간, 동양인으로서의 그는 근대에 들어서면서 문화적 측면에서 서구인 앞에서 꺾이었던 자존심을 조금이라도 되찾은 기분이었다.

앞서 언급한 근대 지식인의 경우에 비하여, 유년시절 때부터 한학을 꾸준히 습득해 왔던 유학자들의 베이징 담론에는 옛 중국에 대한 향수 및 애도가 한층 더 두드러지게 반영되어 있다. 그러나 1910년대에 조선 전통 유림들이 옛 중국을 회복하고자 노력을 기울였던 것에 반해, 1920년대에 들어 유학자들은 그러한 꿈을 접어들 수밖에 없었다. 신문화운동이 일어나 전적으로 전통문화인 유교를 타도하는 시대적 분위기 속에서 '중화 회복'은 전혀 불가능한 일이 되었기 때문이다. 그들에게 옛 중국은 자신의 학문적 기반이 되는 곳이고 역사적·문화적 기억이 공존하는 상징적인 공간이었다.

그중에서 대표적인 글은 1920년대 초 산해관을 거쳐 톈진, 베이징 일대를 유람하고 여행 기록을 남긴 이상룡의 『연계여유일기燕薊旅遊日記』[8]를 꼽을 수 있다. 제2장에서 살펴본 것과 같이, 개신 유학자로서의 이상룡

---

8 『연계여유일기』는 이상룡이 1920년 12월 20일부터 시작하여 이듬해 4월 27일까지 중국 여행한 과정을 일기체로 남긴 것이다. 이어서 「中國車站附邊古蹟可訪者(중국의 정류장 부근 가볼 만한 고적들을 이어서 적다)」, 「中國禮俗(중국의 예속)」, 「北京建置之沿革(북경건치의 연혁)」, 「北京城池之沿革(북경 성지의 연혁)」, 「北京形勝(북경의 형승)」, 「北京氣候(북경의 기후)」 등의 기록도 덧붙였다.

은 만주와 관련 민족사 쓰기에서 중화주의를 벗어나 민족주의자의 모습을 드러냈다. 그럼에도 불구하고 전통 지식인으로서 그는 문화적 측면에서 중국에 대해 여전히 향수를 느끼고 있었다. 따라서 그에게 베이징은 그야말로 "눈을 상쾌히 하고 흉중을 시원하게 열어주기에 충분한 곳"[9]이고, 베이징행은 벅찬 감정을 느끼게 하는 경험이었다. 그는 과거 연행의 사행 사신과 비슷한 느낌으로 베이징을 바라보고 있으며 쓰여진 글도 『연행록』의 양식에 그대로 따른 것이다. 「연계여유일기」에서 그는 베이징의 유적들을 꼼꼼히 기록했을 뿐 아니라, 후속으로 기록한 「중국의 정류장 부근을 가볼 만한 고적들을 이어서 적다中國車站附邊古蹟可訪者續記」에서 중국 고적에 대한 깊은 애착을 토로하고 있다.

내 나이 올해 64세로 신시대에 살면서 신소년들과 함께 대화함에 신서적을 강론하여 신사상을 불어넣고 신사업을 장려하지 않은 적이 없었다. 그러나 스스로 내 자신을 돌아보면, 그대로 구시대의 인물이다. 그러므로 서책은 고문(古文)을 좋아하고 가지고 노는 노리개도 고물을 좋아하며 말할 때는 고사(古事)를 들어 증거로 삼는 유람하며 관광함에도 고적만을 찾아다니니, 비록 오늘날 새로움을 좋아하는 무리들이 혹 고루하다고 놀리는 사람이 있다는 것을 알지만, 제2의 천성(天性)을 그래도 바꾸기가 쉽지 않다.[10]

위와 같이 이상룡은 스스로 "구시대의 인물"임을 밝히면서, 당시 새

---

9   이상룡, 「연계여유일기」, 『국역 石洲遺稿』 하, 경인문화사, 2008, 55쪽.
10   이상룡, 「中國車站附邊古蹟可訪者續記」, 위의 책, 95쪽.

로움을 무조건 추구하는 시대적 추세에 대한 불만을 토로하고 있다. 이러한 불평은 그가 공자 등 유교 선비들을 찬송하기 위해 지은 태학太學, 국자감國子監 등 유적을 유람할 때 더욱 뚜렷이 드러난다. 그는 거기서 지난 수천 년 동안 조선을 포함한 동아시아를 지배해 왔던 중화 체제를 떠받친 이념으로서의 유교 사상의 붕괴를 실감하며 앞이 캄캄하였다고 한다.

근래에 들어 서양 사조가 갑자기 밀려들어온 이후 신진후생이 고금의 시의(時宜)가 갈라진 것을 빙자하여, 옛 풍속에 관계되는 모든 것들을 대소를 막론하고 토해 없애고자 하며, 새 풍조에 속하는 것은 미추를 가리지 않고 반드시 흡수하고자 하여, 끝내는 예법을 깡그리 쓸어 없애고 윤리강상을 무너뜨려버리고 있다. 지금 궁장(宮牆)에 들어와 보니 저절로 천지의 액운이라는 양구백륙(陽九百六)의 감회를 금할 없다.[11]

이렇듯 이상룡은 중화라는 후광을 걷어낸 옛 중국의 수도 베이징에서 근래에 들어 서양 사조가 갑자기 밀려들어온 이후 "예법을 깡그리 쓸어 없애고 윤리강상을 무너뜨려버리고 있다"는 현실을 애석하게 바라보고 있다. 그의 침통은 1919년 5·4운동 전후로 베이징을 중심으로 일으킨 대대적인 반공비유反孔非儒 사조에 따라 '구문화'로서의 유교사상이 '서양사조'에 밀려 급격히 주변화되어 가는 당시 중국의 분위기에 기인한 것

---

11   이상룡, 「연계여유일기」, 위의 책, 71쪽.

이다. 근근대에 들어 유교의 사회적 영향력이 급격히 쇠퇴해 가는 당시 조선의 현실과는 또한 맞물려 있었다. 이렇게 중국에서나 조선에서나 할것없이 서학西學에 의해 예법 질서가 무너진 것에 대한 깊은 애도는 그가 공자 사당孔子廟를 유람한 후 지은 한시에서도 토로하고 있다.[12]

옛 중국에 대한 미련으로 이상룡은 청의 멸망을 무척 서글프게 생각하기도 한다. 「입황궁入皇宮」이라는 시는 그가 궁궐의 권위가 상실된 채 박물관으로 전락된 자금성에 대한 서운함을 여실히 담고 있다.[13] 웅장하고 화려한 모습은 그대로였지만, 자금성, 만수산 등 황권의 금지禁地는 이제 누구나 드나들 수 있는 곳으로 변했으며, 그토록 번성했던 시절은 이제 골동품처럼 진열창 안에 쌓여 있었을 뿐이다.

근대의 도래와 함께 무너져 가는 옛 세계에 대한 애도의 마음은 이상룡만에 국한되지 않았다. 적지 않은 조선 지식인들은 베이징에서 사라져가는 옛 중국의 영광과 현실의 퇴락한 모습을 상반되게 대비시킴으로써 신구新舊 세계 전환에 대한 상실감을 드러내고 있다.

①

昆明湖上排雲殿　　곤명호 옆의 배운전

金碧依微玉座傾　　금색의 벽은 얼룩덜룩하고 옥좌는 기울어져 있네

12　이상룡은 「謁孔子廟(공자사당을 배알하다)」라는 시에서 "西風(서양 풍조)"에 밀려 예우를 지극히 높였던 "옛날의 모습을 찾아볼 길이 없"게 된 참담한 현실을 한탄하고 있다. 이상룡, 「燕京有感」, 위의 책, 187쪽.

13　"圖書亂鋪文華殿, 鍾鼓無聲五鳳樓(문화전에는 도서들이 어지러이 깔려 있고 오봉루에서는 종고의 소리가 나지 않네)" 위의 글, 188쪽.

帝代繁華如夢裏　　　제국 시대의 번화가 꿈 속에 있는 듯하니

空階綠草自春情　　　텅 빈 계단에 푸른 풀잎만 보이네[14]

②

　二百余年 누리든 榮華의 痕迹이 至今은 宛然이 남아 잇다만은 발서 主人
일은 뷔인 巨大의 形骸만 남아잇서 過去의 榮華를 追憶하면서 눈물 흘릴 뿐
이다. (…중략…) 四百余州를 統一하는 天下唯一無二의 正殿이엿스나 至今
은 玉座背屛에 蛛網만 亂羅하얏스니 一姓霸業의 興亡에도 悲哀의 極感이
잇다. (…중략…) 아무리 보아도 北平은 廢墟로 變하는 北平이며 傷心할 北
平이다.[15]

　①에서 박영철은 황실 원림이었던 이화원은 그 아름다움이 여전하지
만 주인이 없어져 이제는 누구나 드나들 수 있는 곳으로 변하게 된 현실
에 대한 허전함을 토로하고 있다. ②에서 '호상랑인'이라는 화자가 보기
에는 베이징은 과거의 영광이 사라진 "거대巨大의 형해形骸"과 같은 존재
이다. 아무리 웅장하고 화려하더라도 사람을 슬프게만 만드는 폐허일
뿐이다. 이렇듯 그들이 공동적으로 느끼는 상실감은 민족이 아닌 '동질
적인 문화'라는 측면에서 중국을 인식한 소산이었을 것이다. 그들에게
옛 중국은 더이상 1910년대 전통 유림들이 복원하고자 하였던 정치체
로서의 '중화 제국'이 아니라, 오랫동안 조선인의 정신 세계를 지배하던

14　朴榮喆, 『亞洲紀行』, 京城 : 獎學社, 1925, 92쪽.
15　滬上浪人, 「北平城을 巡禮하고」, 『彗星』, 1-9, 1931.12, 117·123쪽.

중화문화 공동체에 가까운 것이었기 때문이다. 따라서 옛 중국에 대한 그들의 애석한 마음은 실제로 중국과 같이 찬란한 문화를 가졌지만 사라져버린 옛 조선에 대한 애도였을지도 모른다.

'위대한 과거盛'와 '참담한 현재衰' 간의 대비는 1920년대 전후 베이징 행을 택한 조선 지식인들이 공유하는 일종의 정서라고 볼 수 있겠다. 그 대비에서 빚어진 커다란 현실적·심리적 낙차는 강제로 근대에 편입되었고 반半식민지 현실을 겪고 있는 당시 조·중 양국의 공통적 경험이었다. 따라서 화이질서 속에서 오랫동안 중화와 이적 간 분계점으로서의 만리장성은 '과거-현실' 간 흥망성쇠興亡盛衰에 대한 감회를 유난히 불러일으키는 상징적 공간이 되었다. 이상룡은 만리장성의 웅장함을 감탄하는 동시에, 한때 '이적'에 속했던 조선 민족을 떠올렸다.

진시황이 이 성을 쌓을 당시 항거한 자가 누구였던가? 부여와 숙신, 북선과 남한 민족이 아니었던가? 저 진나라는 (…중략…) 이 거대한 역사를 시작한 것은 그 마음이 반드시 중국은 만세토록 동쪽을 돌아볼 염려가 없게 하고자 한 것이었을 것이다. 그러나 그것이 얼마 가지 못하여 고구려의 세력이 북평(北平)에 미치고, 백제의 위력이 절동(浙東)에 점차 들어가며, 발해의 병력이 등주(登州)와 내주(萊州)를 유린하였다. 끝내는 금나라·청나라가 번갈아 일어나 대륙을 통일하였으니, 이에서 위대한 민족의 기개는 바닷물이 넘치고 산이 누르는 것과 같아 성곽의 견고함은 믿을 것이 못 된다는 것을 알겠다. 아아, 오늘 우리들이 어느 민족의 후예이며, 오늘 우리나라가 어떠한 위치에 처했으며 오늘 우리 일행의 경영하는 일이 무슨 사업인가? 그것을

생각하니, 나도 모르는 사이에 땀이 등을 적시며 간담이 찢어질 듯하다.[16]

이렇듯 한때 만리장성을 뛰어넘어 중국 본토까지 침입했던 조선의 조상들의 "바닷물이 넘치고 산이 누르는 것과 같"은 "위대한 민족의 기개"가 오늘 식민지인으로서의 쓸쓸한 처지와 너무나 대조가 되어, 이상룡은 "모르는 사이에 땀이 등을 적시며 간담이 찢어질 듯하다"는 것이다. 베이징에서 경험한 '성쇠의 낙차'라는 정서는 결국 조선 조상의 위대함과 현재 조선인의 비참한 현실 간 대비로 인한 서글픔으로 귀결되었다.

1920년대 초반에 베이징대 철학과에서 공부하는 양명梁明은 만리장성을 지나면서 중국 '위대한 과거'와 '참담한 현재' 간의 낙차를 '만리장성萬里長城과 서양인 관람객' 간의 대비를 통해 피부로 느꼈다고 한다. 그는 경의선京義線 열차에서 서구인이 중국에서 누리는 특권을 눈으로 확인하였다. 그것은 오직 외국인 출입만 허용되는 일등석에서만 향유할수 있는 편안함이었다. '더럽고 시끄러운' 중국인은 그 땅의 주인이지만 일등석을 탈 수 없었던 현실이다.[17] 이처럼 '만리장성과 서양인 관람객'

---

16 이상룡, 「연계여유일기」, 앞의 책, 58쪽.
17 동시대 중국의 기차에 대한 언급이 조선 신문에 종종 나왔다. 『동아일보』의 중국 특파원 김동호도 봉직전쟁을 취재하기 위해 베이징으로 가는 도중에 기차에서 된 광경을 다음과 같이 서술하고 있다. "車는 떠나랴한다. 뛰여올라 一二等室을 슬슬 살피여 中國 손님 하나를 붓들랴 하여도 도모지 띄이지 안는다. 할수업시 三等室로 건너가서 한방에다 다르니 와글와글 떠들어내는 데 참 宏壯들하다." 趙東祜, 「戰地行(第一信)」, 『동아일보』, 1924.10.15, 1면. 주요한은 역시 난징을 떠나면서 중국인이 가득 탄 삼등 차실을 다음과 같이 묘사하고 있다. "臭氣滿滿한 三等車間은 짐과 사람이 범벅으로 막혀잇다. 車間을 縱으로 走한 木椅子에 맛대인무릅을 움죽일수도 업는 形便이다." 주요한, 「新中國訪問記(24)-再會呀南京城」, 『동아일보』, 1928.12.12, 1면.

이라는 '교묘한 대상'은 그에게 '여러 가지 깊은 인상'을 주었다. 진시황이 힘껏 정성껏 쌓아둔 중국문명의 상징으로서의 만리장성이 지금 '그가 꿈에도 생각하지 못하던 코 크고 눈 노란 서양 사람의 구경거리가 되는 것을 보고 그는 아마 지하에서라도 이를 갈고 가슴을 뚜드리며 분해할 것'이라고 한다. 이상룡과 비슷하게, 양명은 역시 그러한 '과거-현재' 간의 낙차를 신라, 부여, 고구려의 위대한 과거 및 조선의 현실과 연결시켜 언급하며 가슴이 아파한다.

> 벗이어! 이러한 생각을 할 때마다 항상 속예서 북바치어 오르는 것은 우리동포의 현상이오니 千三百年前에 天文臺(慶州 瞻星台)를 싸우고 七百年前에 活字를 발명하든 우리의 祖先을 생각하고 現今의 우리사회를 돌아볼 때와 扶餘, 高句麗의 옛일과 우리의 현상을 비교하야 볼 때에 아- 그 누구라서 눈이 캄캄하고 四肢가 떨리는 그- 무슨 懷抱를 금할 수 잇겟삽나이가?[18]

그러나 그는 이상룡처럼 환멸이나 분개에만 그치지 않고, 이러한 고금古今 간의 커다란 낙차를 '순환의 법칙法則'이라는 동양 철학으로 해석함으로써 극복하고자 한다.

> 저- 소위 문명하엿다는 英人이나 法人이 印度人이나 埃及人을 대할 때에 자기네는 특별히 고상한 민족임으로 영원히 저- 야만한 민족과 같아질 날이 업울 것이니 天地開闢때 붓어 문명하야 천지가 업어질 때까지 문명한 민족

---

18 양명, 「萬里長城 어구에서(內蒙古 旅行記의 一節)」, 『개벽』40, 1923.10, 95쪽.

으로 지낼 것 가티 생각하고 그네들을 無限虐待하지만「그네들은 二千年前 印度와 埃民族에게서 이러한 虐待를 밧든 야만한 민족이엇고 또 장래에 이러한 시대가 돌아올리라」는 것을 그- 누구가 부인할가요?[19]

위와 같이, 양명은 '성자필쇠盛者必衰'라는 동양의 전통 철학으로 당시 중국과 조선이 같이 겪고 있는 참담한 처지를 이해하고 있다. 그는 '더위가 지내면 추위가 오고 밤이 지내면 날이 오는 것처럼 성盛이 지내면 쇠衰가 오고 쇠衰가 지내면 성盛이 오는 것은 자연의 이치理致'인 만큼, 인간의 사회도 같은 순환의 법치에 의해 지배된다고 믿는다. 이러한 성과 쇠, 문명과 야만에 대한 순환적인 인식은 동양의 음양오행陰陽五行론을 배경으로 하고 있으며, 더군다나 '화이지변華夷之辨'[20]을 비롯한 중국 전통적인 철학관과는 궤를 같이하고 있다. 그것은 서구문명을 향하여 모든 사회들이 단선적으로 진화해야 한다는 식의 단선적인 서구적 문명론과는 확실히 구별되는 순환적 문명관이다. 그러나 양명은 이러한 동양적 문명론에 안주하지 않고, '이 원칙은 노력하는 자에게만 적용된다'고 지적한다. 따라서 '우리는 현재 약하고 가난하더라도 결코 실망할 필요는 없는 동시에 철저한 자각으로 노력해야 될 것임을 알아야만' 하며 근대지향적 의지와 희망을 기탁하고 있다. 그러다가 '현재에 부유하고 강하다

---

19   위의 글, 96쪽.
20   '화이지변'은 중화와 이적(오랑캐)을 구분하는 논리로, 인종, 혈통이나 민족이 아니라, 문명유무(有無)는 그 구별의 기준인 것이다. 즉 오랑캐 민족이라 하더라도 문명적으로 진화하면 '중화'라고 부를 수 있고, 중국인이더라도 문명적으로 낙후된다면 '오랑캐'라고 볼 수 있다는 중국 전통의 순환적인 문명관이다.

고 거만할 수도 없는 동시에 가난하고 약하다고 낙심할 필요도 없다'며, 조선 민족이 철저한 자각을 가지고 노력하게 되면 멸망하지 않을 뿐 아니라, 세계의 강자로 누릴 것이라고 주장한다. 그렇지 않으면 자연계의 일부 동식물이 멸망한 것처럼, 조선 민족도 북해도의 아이누족이나 대만의 생번生蕃처럼 점점 줄어져 가다가 영원히 이 세상에서 사라지고 말 것이라고 경고한다.

이렇듯 얼핏 모순처럼 보이는 '성자필쇠盛者必衰'라는 숙명론적인 동양적 철학과 서구에서 유입된 '약육강식弱肉强食'이라는 근대적 법칙은 양명의 글에서 은근히 조화를 이루고 있는 것이다. 한때 성한 자는 반드시 쇠할 때가 있겠지만 스스로 노력한다면 멸망의 운명을 피할 수 있다는 논리는, 조·중의 공동적인 쇠락을 해석하는 동시에 양국 자강의 길을 또한 제시해 주고 있다. 이러한 복합된 문명관은 베이징과 같은 '신구' 세계의 교차점에 서 있던 일부 조선 지식인들의 특수한 감수성을 보여주는 동시에, 이들이 베이징에서 실제로 체험하는 '과거-현실' 간 심리적 낙차와 서러움을 달래주고 있다.

2. '원망의 대상'으로서의 옛 중국

앞서 논의한 유학자를 비롯한 일부 조선 지식인들은 베이징의 유적들을 '미적인 대상'으로 간주하며 사라져 가는 옛 중국에 대해 향수에 잠기는 것과는 것과는 달리, 강한 민족주의적 경향을 지닌 근대 지식인들은 베이징의 유적들 나아가 그 유적들이 상징되는 옛 중국을 비판적으로 바라보는 시각을 견지하고 있었다. 그중에서 옛 중국에 대해 실망과 원망을 느끼는 전통 지식인도 없지 않았다. 그러한 실망과 원망은 어떤 때에는 오히려 옛 중국에 대한 익숙함에서 비롯되었다.

공성학孔聖學은 1923년 4월 쓴 일기체 유람기 『중유일기中遊日記』에서 중국이라는 곳이 조선 유학자에게 어떤 의미였는지를 명료하게 적고 있다.

우리나라는 4천 년 역사속에서 오로지 중국만을 배워, 여덟 살에 학문에 입문하는 아이들은 반드시 먼저 『사략(史略)』세 권을 읽은 뒤에 『통감(通鑑)』 열다섯 권을 읽는다. 유년 시절 머리가 깨치기 시작할 때면 이미 머릿속에 『사기(史記)』를 훤히 꿰고 있어 중국 역대 제왕의 계통과 인물의 이름부터 산천과 풍속, 칭호, 연혁에 이르기까지 모두 손바닥 들여다보듯 이야기할 수 있지만, 만약 우리나라의 역사에 대해 누가 묻는다면 멍하니 꿀 먹은 벙어리가 되고 만다. 그래서 평소에 익숙한 견문을 가지고 지금 현지답사를 하고 보니 실로 하나를 보면 둘을 알고 동쪽과 서쪽을 분간하게 되는 효과가 있어, 일본의 유람과는 느끼는 바에 있어 절로 차이가 나게 되었다.[21]

---

21 "余曾遊日本三回, 其足迹之所到耳目之所觸, 非無多少感想, 未有若壹見中華之切切實歟速也, 何也？吾東四千年歷史專學中華, 八歲入學之童必先讀史略三卷, 後讀通鑑十五卷, 乃已方其幼年聰明之時, 一部史記貫徹腦裏, 故歷代帝王系統及人物姓名以至山川風俗稱號沿革皆指諸掌而談論, 若有問余自國歷史則懵懵然一啞矣, 然則以平生所慣之聞見今踏實地, 實有見一知二指東辨西之所驗, 而其所感想, 自有異乎日本之遊也." 공성학, 박동욱 외역, 「발문」, 『중유일기』, 『중유일기』, 휴머니스트, 2018, 253~254쪽.

요컨대, 경전을 통해 익히던 옛 중국은 조선에서 온 유학자에게 마치 "손바닥 들여다보듯" 자국보다 더 익숙한 존재였다. 동시대의 다른 나라 여행자와는 전혀 비교할 수 없을 만큼 옛 중국에 대한 이러한 익숙함은 이들이 중국을 이해하고 접근하는 데 커다란 장점이 되었던 동시에, 실망을 쉽게 불러일으키기도 하였다. 유년 시절에 한학을 배웠으므로 베이징의 명승지를 바라보면서 독서로 구축된 관념적 중국을 떠올린 것은 자연스러운 일이었으나, 현지에서는 더 이상 문명권의 중심으로 군림하지 못한 현대 중국의 실상을 거듭 확인하였기 때문이다. 그리하여 그들은 실제 목도한 명승의 모습을 끊임없이 관념 속의 모습, 또는 조선과 비교하여 실망을 느꼈다.

산이 귀한 광야이라. 북경인의 일으는 西山이지 우리들 보고 놀든 葛山이나 金井山의 반을 따를 수 잇겟슴닛가. 한갓 고적이란 것이엇소. 先人의 머릿속을 얼마 정도까지 볼 수 잇슬 뿐이외다. (…중략…) 여긔서 西山萬壽山 하면 둘도 업는 仙境으로 생각합니다. 나도 처음 이 말을 덧고 자부하기를 나의 자연욕은 오즉 이에서만 구하리라 하엿슴니다. 그러나 이는 실망이라 할 수 밧게 업슴니다. (…중략…) 金井山한 송림속의 딴히지 안는 물소리와 아침 저녁으로 수림으로 퍼지는 종소래를 어듸가서 차질 수가 잇겟슴닛가. 생각할수록 故園의 情이 가득합니다.[22]

---

22   尹弼均, 「異域에 春光을 띄고 故園 벗님들에게」, 『개벽』 10, 1921.4, 104쪽.

위의 인용문은 윤필균尹弼均이 베이징 근교의 서산西山과 만수산萬壽山을 구경하고 난 후 적은 글이다. 둘도 없는 선경仙境이라는 소문을 들었지만 실제 보니 아주 실망스러운 기분이다. 화자가 보기에는 베이징의 산은 조선의 산의 반도 따를 수 없다는 것이다.

같은 인식은 1923년 6월부터 『동아일보』에 연재된 유광렬의 「중국행中國行 속續」에도 반영되어 있다. 톈진에서 난징까지 가는 기차 안에서 유광렬은 평소에 한번 보기만을 원하였던 태산泰山을 바라보며, 조선의 어린 아이들까지도 아는 태산의 크기가 경성의 북악산만 못하다며 크게 실망하였다고 한다. 그리고 그렇게 작은 산이 중국에서는 큰 산의 상징이 되며, 공자가 태산에 올라 "登泰山而小天下(태산에 오르면 천하가 작게 보인다)"라는 말까지 하게 된 것은 '중국인 일류의 과장誇張'이라고 야유한다. 베이징의 서산을 보고 향수가 난 윤필균과 유사하게, 유광렬은 역시 '중국에 온 후에야 조선의 산천이 금수강산錦繡江山인 것이 더욱 느껴진다'[23]고 감탄하고 있다.

높은 기대를 안고 중국에 여행 온 공성학은 역시 「중유일기」에서 금강산보다 훨씬 못한 태산에 크게 실망하며, 만약 공자가 금강산을 보았다면 필시 '금강산에 올라가보니 천하가 작게 보인다'고 하였을 것이라고 개탄한다.[24] 유사한 심정으로 1920년에 중국 남북 지역을 구경한 유학자 김정호는 책의 서문에서 중국행에 대한 느낌을 한 마디로 '유명무실'이

---

23 유광렬, 「中國行(續)」, 『동아일보』, 1923.8.5, 6면.
24 "若吾夫子見金剛, 必曰: '登金剛而小天下.'" 공성학, 박동욱 외역, 「5월 2일」, 『중유일기』, 휴머니스트, 2018, 174쪽.

라 요약하고 있다. 그에게 책에서만 접해 오던 그 이념 속의 옛 중국은 옥과 같이 빛났지만, 실제로 보더니 암담暗淡하기 그지없었던 것이다.[25]

이러한 중국 강산에 대한 실망스러운 정서는 이 시기 베이징행을 비롯한 중국 여행을 한 조선 지식인들의 글에 만연되어 있다. 이는 문학적 수사로 점철된 옛 중국의 이미지와 현실과의 간극을 눈으로 확인하는 순간이자, 중국에 대한 관념적인 환상을 지우는 순간들이었다. 한발 나아가 한때 중국이라는 커다란 그늘에 갇혀 있었던 '조선의 미美'를 새롭게 의식하게 된 순간이기도 하였다. 중국의 강산을 바라보면서 늘 조선과 비교하는 의식 자체가 역시 중화주의를 벗어나고자 하는 의식의 소산이었다. 겉으로는 중국 강산에 대한 실망으로 보였지만, 그 근저에는 조상들이 옛 중국을 향했던 맹목적인 동경에 대한 근본적인 부정이 자리 잡고 있었다. 이때 중국을 지나치게 미화했던 조상들에 대한 분노가 저절로 분출되기가 미련이었다. 윤필균이 야유하듯이 "선인先人의 머릿속을 얼마 정도까지 볼 수 있"다는 것이다. 베이징에서 느끼는 조상들에 대한 분노는 이광수의 「그의 자서전」[26]에서 가장 극명하게 표출되어 있

---

25 "蓋中國觀覽한 바를 綜合하면 即其名이 不符其實之感이 不無하다. 何者오 前日漢文字로 中國을 讀見할 時에는 其道德文章익 精華異彩가 譬如晶玉이더니 及其接見하야는 光彩頓減하야 多非前日書中之玉이라 此는 余의 期待心이 太厚하고 觀察工이 未研하얏다 할지나 中國之玉도 亦有所不及磨者也" 김정호, 「서론」, 『中國游記』(謄寫本), 刊寫地未詳, 1921.

26 이광수는 1918년 10월 중순 제2차 동경유학을 중단하고 귀국하였다가 허영숙과의 결혼 문제로 번민하다가 1918년 10월 하순 허영숙과 베이징으로 도피하였는데, 「그의 자서전」에는 당시 그가 느꼈던 베이징에 대한 첫인상이 기록되어 있다. 그가 책에서 밝힌 것처럼, "『그의 自敍傳』은 어떤 산 사람의 자서전은 아닙니다. 더구나 나 자신의 자서전은 아닙니다. 그러나 넓은 의미로 볼 때에는 내 자서전이라고 할 것입니다. 왜

다. 다음 글을 살펴보자.

옛날 우리 조상들이 그렇게도 사모하던 북경이다. 천자가 있는 데로, 문화의 가장 높은 중심으로 한번 보기를 끔찍이 원하던 북경이다. 그러나 지금은 세계에 가장 천한 나라의 하나로 준야만(準野蠻)의 대우를 받는 중국의 서울에 불과한 베이징이다.

중국을 조국으로 알던 우리 조선인들이 언제나 원망스러운 것은 말할 것도 없거니와, 이렇게 더러운 나라, 이렇게 더럽고 못난 백성에게 소인국을 바치던 역사의 여러 가지 기억이 머릿속에 일어나서 심히 불쾌하였다.

더구나 북경의 세력에 의뢰하여 제 나라 안에서 서로 다투던 것이며 (…중략…) 성명까지도 지명까지도 다 한족식으로 고치고, 한족의 조상인 요순 우탕을 제 조상으로 높이고, 저를 소중화라고 자처하고 기뻐하던 내 조상들이 미웠다.

우리 정신 속에서 모든 우리 것을 다 빼버리고 속속들이 한족화하려 하던 김부식(金富軾), 정몽주(鄭夢周), 최만리(崔萬裏), 송시열(宋時烈) 같은 무리가 이가 갈리도록 미웠다. 치가 떨리도록 원망스러웠다.

나는 그 반감으로 북경이라든지 한족이라든지를 실컷 멸시하고 싶었다. 북경의 모든 것에 침을 뱉고 길거리에 다니는 모든 한족을 채찍으로 때리고 발길로 차고도 싶었다.[27]

그런고 하니, 그중에는 내 개인적 경험이 많이 들었기 때문입니다"라는 것이었다.

27   이광수, 「그의 자서전」, 『이광수전집』 9, 삼중당, 1968, 386~387쪽.

이광수의 개인적 경험을 많이 담은 위의 글에서 그는 주인공의 입을 빌려 중국을 '준야만'[28]국이라 여기어 베이징에 대한 첫인상이 극히 안 좋았다고 적고 있다. 그에게 베이징의 '바람결에 불려 오는 것'마저도 '큰 나라가 썩어 문드러지는 냄새'로 느껴지는 것이다.[29] 무엇보다 '이렇게 더러운 나라, 이렇게 더럽고 못난 백성에게 소인국을 바치던' 김부식, 정몽주, 최만리, 송시열 등 조상들을 생각하니 더욱 치가 떨리도록 원망스러워한다. 그에게 이들 소중화주의자들은 '우리 정신 속에서 모든 우리 것을 다 빼버리고 속속들이 한족화하려 하'기에 민족의 죄인과 다름이 없는 것이다.[30]

이렇듯 이광수와 같은 일부 근대 지식인들에게 베이징으로 상징되는 옛 중국은 찬탄의 대상이나 애도의 대상이 아닌, 오히려 원망의 대상이었다. 따라서 과거의 영광이 사라진 현재 베이징의 초라함은 이들에게 오히려 웃음거리가 되어버렸다. 이를테면 1923년에 베이징을 방문한 유광렬 일행은 잡초가 무성하게 자라는 자금성을 구경하면서 옛 중국의 영광을 떠올릴 때, 위에서 거론한 유학자들처럼 애석하지 않았을 뿐더러, 오히려 웃었다고 한다.

28　중국의 문명단계를 칭한 "준야만국"이란 개념은 제2차 동경 유학 시절 그가 묘를 참배할 정도로 존경했던 후쿠자와 유키치의 『문명론의 개략』에서 밝혔던 문명론의 세 단계, 즉, 문명, 반개, 야만에서 '반개'에 해당한다.

29　이광수, 앞의 글, 393쪽.

30　이광수는 나중에 자기의 이러한 인식을 반성한 바가 있다. 그는 "우리 조선족이 독특한 문화를 지어 내었다 하더라도 우리가 한족의 문화의 영향과 혜택을 받은 것만은 부인할 수 없는 일"이라며, "우리는 한족에게 대하여 감사의 뜻을 아니 품지 못할 것"이라고 하였다. 따라서 "한족을 미워하고 멸시하는 생각까지도 가지는 경향"은 "심히 어리석은 일"이라고 지적한다. 위의 글, 429쪽.

宮殿庭苑에는 어듸든지 荒草가 茂盛하다. 우리 三人은 다가치 淸朝勃興 後曆代帝王의 當年榮華를 默想하고 우섯다. 歲月이란 것은 모는 것을 滅亡 식힌다. 同行李君은 우스며 이놈들이 것지어놋코하든 일을 좀 생각해 보자. 강낭밥을 하여 놋코 오랑캐 노래를 하며 깃버하겠지. 予가 "웨 강낭밥은" "그 럼 그놈들이 웬 이 밥을 먹을 땅이 잇단 말이요. 우리나라가 참 금수강산이 지" 金君은 "그러나 그놈들에게 우리 祖上네가 叩頭를 하얏서요" 李君은 다 시 "이후부터는 決斷코 우리는 남의 束縛을 밧지 아니할 터이지 한번 覺醒하 얏스닛가" 金氏는 "그리고도 小中華에 정신이 팔니엇다 오 못생긴 것들 고 만 文化의 征服을 바닷구려" 하고 痛歎해한다. 이런 會話는 鴨綠江을 건너 선 후에 우리나라 靑年을 맛날 때마다 한 결가치듯는 부르지짐이다.[31]

위의 언급에서 보듯이, 화자 일행은 조선이야말로 금수강산이며 청나 라를 세운 만주인들을 '오랑캐'라고 비하하고 있다. 그리하여 오랑캐들 에게 머리를 조아렸던 조상들의 행동은 결코 용납될 수가 없는 짓으로 간주된다. 그리하여 다시는 남의 '문화의 정복'과 '구속'을 받으면 안된 다며 조선 청년들의 각성을 촉구하고 있다.

이상에서 살펴본 문화 민족주의자들은 베이징에서 마주친 옛 중국과 이를 사모했던 조상을 원망하였다. 그 원한은 식민지 시기에 독립을 지 향하는 반일적 민족주의의 관점으로는 해석되기가 어려운 것이다. 여기 서 이들이 저항하고자 하는 '구속'과 조선 청년들에게 촉구하는 '각성'은

---

31   유광렬, 『中國行(續)』, 「동아일보」, 1923.7.8, 5면.

정치적 차원이 아닌 문화적 차원의 의미로 다뤄져 있었음을 주목할 필요가 있다. 근대계몽기부터 형성된 '탈중국형 민족주의'는 여전히 그 인식의 기저를 이루고 있는 것으로 보인다. 이를 통해 현실에서는 일본을 저항의 대상을 삼으면서, 역사적·문화적 차원에서는 중국을 저항의 대상을 삼는다는 식민지 근대 지식인의 '이중적인 저항'의 양상을 새삼 확인할 수 있다.

3. '타도의 대상'으로서의 옛 중국

지금까지 논의한 것처럼, 베이징에서 마주친 옛 중국은 유학자를 비롯한 일부 조선 지식인들에게 찬양과 추모의 대상이었던 반면에, 민족주의 경향을 가진 지식인들에게는 오히려 실망 또는 원망의 대상이었다. 옛 중국에 대한 이 두 가지 인식은 얼핏 보면 정반대인 것처럼 보였지만 하나의 공통점을 지니고 있다. 곧 이들은 모두 정치의 측면이 아닌 문화의 측면에서 옛 중국을 바라보았다는 점이다.

이와 대조하여, 일부 사회주의적 경향을 가진 지식인들은 정치적으로 베이징을 바라보는 시도를 하였다. 그들은 민중의 입장에 서서 베이징으로 상징된 옛 중국을 '타도의 대상'으로 간주하면서 계급적 인식을 드러냈다. 따라서 그들은 베이징에서 목도된 신구 세계의 재편을 이상룡 등 유학자들이 안타까워하였던 것과 달리, 오히려 긍정적으로 바라보고 있었다. 또한 옛날의 절대의 금지였던 궁궐들이 이제 대중들이 구경하는 박물관 그리고 휴식을 취할 수 있는 찻집으로 변한 현실을 바람직하다고 인식하였다.

『조선일보』의 중국 특파원 전무길은 1931년에 베이징을 구경하면서 옛날에는 중원中原의 권력자만이 들어올 수 있었던 이 곳은 이제 그와 같은 외국인 기자까지 와서 서민들로 짓밟게 될 줄을 서태후도 몰랐을 거라며 '제법무상諸法無常'[32]이라고 감탄한 바가 있다. 그는 이러한 변화를 긍정적으로 보고 있으며 황권의 존엄을 대수롭지 않게 여기고 있다.

> 中國古書에 皇居의 壯大함을 보지 안코서 엇지 天子의 尊貴함을 알겟느냐? 한 말은 一理가 잇는 말임니다. 事實에 잇서서 天子거나 常民이거나 裸體대로 세워노흐면 兩者間에 무슨 差異가 잇겟슴니까? 他보다 別다른 衣裝을 차리고 他보다 宏大한 宮殿안에 잇다는 物質的條件이 相異한데서 비로소 尊嚴이 생김니다.[33]

위의 인용문은 전무길이 자금성을 구경하고 나서 적은 글이다. 황제나 평민이나 다 같은 인간인데 물질적 조건이 상이한 데서 비로소 존엄이 생겼다는 주장에서, 지난 봉건 황권의 상징물들의 아름다움을 무턱대고 찬양하는 대신 민중의 입장에서 비판적으로 바라보는 그의 시선이 분명한 것이다. 비슷한 인식은 그가 천단을 구경하고 나서 적은 글에서도 드러나고 있다.

---

32 전무길, 「중국암행기 만수산의 위관(완)」, 『조선일보』, 1931.4.28, 4면.
33 전무길, 「중국암행기 고궁의 박물원(21)」, 『조선일보』, 1931.4.25, 4면.

如何間 이 크다라한 建設이 누구를 爲한 것임을 論할 것 업시 特別한 智者나 專門家나 博士나 富者나 貴族이 손가락 하나 간들거리지 안코 純全히 頭巾동친 勞動者의 힘으로 築成되엿다는 것을 생각하면 旣成된 一切文化는 푸로文化라고 하여서 誤謬가 업슬 듯하외다.[34]

위의 글에서 화자는 천단의 기년전新年殿은 그가 여태까지 본 중국 건물 중에서 제일 아름답다고 칭찬하는 동시에, 온통 노동자들의 힘으로 건축된 이 건물은 오직 부자나 귀족들을 위한 것이었을 뿐이라고 지적한다. 한발 나아가 이미 조성된 모든 문화가 '프로 문화'라고 해도 틀림없다고 주장한다는 점에서, 그가 견지하던 프롤레타리아 의식을 엄연히 확인할 수 있을 것이다.

해방 후 북한의 국가인 『애국가』를 작사한 카프 시인 박세영朴世永[35]이 쓴 「북해와 매산」이라는 시에서 민중의 시각은 더욱 극명하게 드러나고 있다. 박세영은 중앙공원이 된 사직, 쓰러져가고 상가의 소용없는 문이 되어버린 옛 궁궐의 서안문西安門, 시민의 집이 된 천경궁天慶宮을 보고, "그것은 잘 되었습니다"라고 하며, 전무길과 유사하게 옛 왕권의 상징적 공간들이 서민의 공간으로 변모된 모습에 긍정적으로 여기고 있다. 이와 동시에, 그는 황폐화되기만 하고 새로운 건설이 없는 베이징을 "황도

---

34   전무길, 「중국암행기 천단의 지단화(20)」, 『조선일보』, 1931.4.24, 4면.
35   박세영(1902~1989), 시인이다. 3·1운동 이후 상하이로 갔다. 카프 문학운동에 참가했으며, 사회주의 문화단체인 염군사(焰群社)의 중국 특파원 역할을 하면서 작품을 발표하기도 하였다. 해방 후 1946년 월북하여 1947년에 조선민주주의인민공화국의 국가인 〈애국가〉를 작사했다.

^{荒都}”라고 표현하며 비판을 가하고 있다.

> 황폐한 도시는 갤 날이 언제일까요. 애국자, 대인물, 혁명가, 외교가도 드
> 물어가고, 낡아빠진 군벌의 마수는 전시(全市)를 요란케 하고 피곤케 하였습
> 니다. (…중략…) 내가 당신이 되었다면 이 마도(魔都)를 사를 터이요,
>
> 이 썩어빠진 고도(古都)를 사를 터이오. (…중략…) 시대에 따르는 예술도
> 찾을 수 없이
>
> 고전예술만은 낡은 무대에서 볼 수 있지요.
>
> 오- 비참한 이 연경(燕京)!
>
> 당신은 터질 때가 왔습니다.
>
> (…중략…) 옛날 폼페이 시는 가엾기도 했지요,
>
> 베수비오 산은 터질 때로 터져서,
>
> 이 몸이 그 산은 못 되었을 망정,
>
> 다시 병란이 있을 땐,
>
> 이 몸은 대포 맞기를 기다려 타고 터져 온 황도(荒都)를 사르면,
>
> 새로운 건설자는 나오리다.[36]

위에서 보듯이, 박세영에게 옛 중국을 대변하는 베이징은 단지 “죽음
을 기다리”며 “썩어빠진 고도”일 뿐이다. 그 낡은 무대에서 시대에 따르

---

36 박세영, 「북해와 매산」, 조성환 편, 『북경과의 대화』, 학고방, 2008, 327~330쪽. 조성
  환은 이 시가 박세영이 1922년 3월 배재고등보통학교를 졸업하고 상하이로 유학하다
  가 상하이·난징·베이징·톈징·만주 등지를 주유하던 중에 작성한 것으로 추정한다.

는 것을 온통 찾을 수가 없기 때문이다. 그는 베이징에서 목도한 모든 시대적·사회적 모순과 갈등을 폭풍과 같은 혁명으로 극복하고자 한다. 베수비오 화산의 폭발로 인해 잿더미가 된 고대 도시 폼페이시를 끌어 "터질 때가 온" 베이징과 대비하면서, "새로운 건설자가 나오길" 호소하고 있다. 그가 기대하는 '혁명'이란 민중이 이끄는 프롤레타리아 혁명임은 분명하다. 여기서 베이징을 바라보는 데 박세영은 이광수, 유광렬 등 근대 지식인들과의 인식상 차이를 분명히 확인할 수 있을 것이다. 후자의 경우는, 민족주의의 입장에서 베이징을 '원한의 대상'으로 간주하여 냉소적 태도를 취하는 것에 비해, 박세영이 베이징을 사르기만 바라는 것은 옛 중국을 넘어야 새로운 중국을 상상할 수 있으리라는 믿음에서 비롯되었다. 이렇게 프롤레타리아 또는 민중의 입장에 서서 옛 중국을 바라보는 시각은 당시 공산주의 사상이 중국에서 전파하는 중심이라는 베이징의 역사적 장소성과는 결코 무관하지 않은 것으로 보인다.

제12장

중국 문제를 바라본 '조선적 시각'

앞 장에서 논의한 단기 여행자를 중심으로 된 조선 지식인들은 대개 미적·문화적 대상으로서의 정지된 베이징을 주목했을 뿐, '살아 있는' 베이징에 대한 현실 인식은 실제로 결여되어 있다. 따라서 이들의 글은 베이징에서 마주친 옛 중국에 많은 지면이 할애되었던 반면에, 현대 중국에 대해서는 깊이 논의되지 못하고 있다. 다음 두 장에서는 같은 시기 베이징을 방문한 기자, 특파원, 유학생 등을 비롯한 지식인들이 살아 있는 현대 중국을 바라볼 때 가졌던 문제의식 및 시각을 살펴볼 것이다. 중국 문제에 지대한 관심을 가진 이들은 1920년대 베이징을 중심으로 벌어진 중국의 내전 및 혁명에 주목의 초점을 맞추고 있었다. 특히 중국 혁명을 관찰함으로써 독립된 국민국가 건설 지향과 근대화 지향이라는 이중적 시대적 과제에 조선의 가능성을 탐색하고자 하였다. 본 장에서는 1920년대 전중반에 걸쳐 중국의 내전 및 국민혁명[1] 등 이른바 중국

---

1 '북벌(北伐)'이라고도 불리는 '국민혁명'은 1924년부터 1928년까지 군벌·제국주의·봉건제도를 타도하는 목표로 한 국민당이 주도로 벌인 일련의 군사작전으로서의 민

문제에 대한 민족지 기자·특파원을 비롯한 언론인들의 인식 및 그들이 현장에서 형성된 중국을 바라보는 '조선적 시각'을 살펴본다. 식민지 치하의 조선 언론이 정치 문제를 다룰 수 있는 유일한 방법은 외국 사례를 통한 간접화법이었다[2]는 점을 염두에 둔다면, 동시대 중국의 정치적 상황과 관한 언술은 조선총독부 당국의 검열과 탄압을 피해 우회적으로 자기 민족에 대한 정치적 의식을 표하는 일종의 방법이기도 하였다.

1. 전쟁의 소용돌이 속에서 본 중국 문제

신해혁명 이래의 중국은 사실상 무정부 상태가 되어 전국에 할거한 군벌들 간의 치열한 각축이 반복되었다. 특히 베이징을 중심으로 한 화북 지역은 1920년대에 들어 직계直系·환계皖系·봉계奉系 등 군벌 및 정치 세력 간 싸움이 치열하였다. 베이징은 전쟁의 주요 전쟁터가 아니었지만, 중국 정치의 중심지였으므로 언제나 각종 혼란 및 각축의 소용돌이의 한가운데에 위치하고 있었다.

제5장에서 논한 것처럼 『조선일보』와 『동아일보』를 비롯한 민족지 언론들은 만주에 기자를 보낸 것은 재만조선인 문제를 시찰하고자 하는 것에 비해, 같은 시기에 베이징에 기자나 특파원들을 보낸 것은 베이징을

족 통일운동을 의미한다.

2   이재령, 「남경국민정부 시기 한국언론의 중국 인식—『동아일보』(1929~1935) 기사를 중심으로」, 『중국학논총』15, 국민대 중국인문사회연구소, 2003, 290쪽.

중심으로 전개된 중국의 정세를 주의 깊이 살피고 심도있는 분석을 내놓기 위함이었다. 초창기의 민족지 언론사들이 전쟁 지역으로 특파원을 보내는 데 취재와 기사 송고가 극히 어려웠고 더욱이 위험했다. 가장 극적인 사례로는, 『동아일보』의 특파원이자 조사부장이었던 장덕준張德俊[3]은 1920년 11월 만주 간도에서 종군기자로서 취재하다가 순직하므로 한국 언론사상 최초의 순직기자가 되었다. 그럼에도 불구하고 외신 보도에만 의지하지 않고 직접 특파원을 파견하여 취재를 단행했던 것은 중국 문제를 이해하는 데 외신의 시각을 그대로 따라하는 것에 대한 거부를 의미하였다. 이것은 조선에 중국 정세의 중요성을 인식한 결과이기도 하고, 중국 문제를 분석하는 데 조선적 시각의 긴요성을 인식한 소산이었다.

취재 도중에 전쟁 때문에 교통 단절로 고생을 겪은 언론인들이 적지 않았다. 1920년 8월에 베이징을 방문한 장덕준은 전쟁 시기에 기차 도로가 폐쇄해 버린 바람에 평소에 가치로 반 시간도 걸리지 않았던 곳으로 부득이하게 기차 대신 당나귀등을 타고 가야 된다고 밝힌다. 이에 '승객이 모두 나귀를 이용함으로 그 혼잡함은 참으로 표현하기가 어렵더라'[4]고 서술하고 있다.

1924년 11월에 『조선일보』의 특파원 신분으로 베이징을 방문한 김동성金東成[5]은 '최근 들어 베이징은 고립 상태에 있다'며, '경수京綏, 경한京漢,

---

3   장덕준(1892~1920), 일제 강점기의 독립운동가, 언론인, 작가이다. 1920년 만주에 『동아일보』의 특파원으로 취재하러 갔다가, 조선총독부의 밀정이 쏜 총에 맞아 절명하였다.
4   장덕준, 「動亂의 北京에서(續)」, 『동아일보』, 1920.8.19, 2면.
5   김동성(1890~1969)은 언론인·정치인이다. 그는 미국에서 정식으로 신문학을 전공

경진京津 등 세 철도가 완전히 봉쇄되었'기 때문에 '베이징의 생활 필수품의 수입이 차단되며 생활이 불가능'[6]하다고 보도한다. 1925년 4월에 소련 취재를 위해 베이징을 경유한 김준연의 글에는, 베이징 거리 '이곳저곳에 총을 끼여 가지고 서 있는 순경들이 마치 계엄이나 선포한 듯하나 이것이 보통이라 한다'[7]며, 당시 베이징 시내에 휩싸여 있는 전시 분위기가 그려지고 있다.

유기석柳基石은 1927년 베이징 근교에서 국민군과 군벌 간 벌인 남구南口전쟁을 직접 목격했다고 한다. 전쟁터에 찾아가는 길에 그는 '전쟁으로 인하여 좋은 기관차機關車는 다 군용차軍用車에 쓰고 낡은 것을 객차客車에 쓴'[8] 등 현장의 전시 분위기를 전해주고 있다. 1928년 11월에 난징행 도중에 베이징을 경유한 『조선일보』 기자 이관용은 베이징까지 가는 길이 어찌 복잡하고 힘들던지 '북경이 현대적 교통망 밖에 떨어져 있는 한 고립된 벽지僻地'[9]와 같다고 보도한다.

외세의 침탈에도 불구하고 내부 세력 다툼이 격심한 중국의 내전을 조선 언론인들이 안타깝게 바라보는 시각이 압도적이었다. 따라서 그들은 내전을 초래한 중국 내부적인 요인에 대한 비판이 몹시 강하였다. 장덕준은 베이징을 둘러싼 군벌들의 싸움을 분석한 다음, '중국에는 아직

하고 귀국 후 『동아일보』 창간 전인 1920년 3월 베이징에 파견돼 취재한 첫 해외특파원이 되었다.

6   김동성, 「북경에서」, 『조선일보』, 1924.11.13, 1면.
7   김준연, 「露西亞 가는 길에(5)−중국은 男子國」, 『조선일보』, 1925.4.11, 1면.
8   柳絮(유기석), 「燕京郊外雜觀, 東洋史上에 稀有한 南口戰蹟」, 『동광』 11, 1927.3.
9   이관용, 「북경에 와서(1)−38명의 張宗昌 愛妻團」, 『조선일보』, 1928.11.7, 1면.

도 삼국지에 있는 음모와 술수가 정치계를 지배한다는 것이 한층 더 절실하게 느껴진다'[10]고 한탄한 바가 있다. 같은 시기에『조선일보』에서 총 7회에「연경통신」을 연재한 특파원 '에쓰 생生'은 베이징을 놓고 벌어진 군벌 전쟁을 유난히 안타깝게 지켜보고 있다. 그는 폴란드를 망하게 만든 자가 러시아인이나 독일인이 아니라 프란드의 귀족이었고, 인도를 망하게 한 자가 영국인이 아니라 인도인이었다고 지적하며, 중국 내전은 세계대세와 어긋난 일이며 결국 멸망을 자초하는 일이라고 경고한다.[11] 1924년 10월에『동아일보』에 개제된「북경정부北京政府 동요설動搖說」이라는 사설은 역시 '중국동란의 원인이 내환'에 있다며, 이러한 내환의 원인은 궁극적으로 군벌들이 '공의公義를 바리고 사리私利를 도모함'에 있다고 지적한다. 나아가 '중국인으로서 이를 절실히 느끼고 명백히 깨닫는 날이 있으면 중국은 그날로 안정함을 얻을 것'[12]이라며 중국인의 각성을 촉구하고 있다.

1925년『동아일보』기자 신분으로 베이징을 방문한 이관용은 군벌 간 세력 다툼을 '집안 싸움'이라고 표현하며, 그것의 '승부를 분별分別할 것 없다'고 주장한다. 특히 그는 베이징 주민의 83%가 빈민이며 물가가 지난 해인 1924년의 2배 이상으로 상승했음에도 불구하고, 군벌이나 군벌과 더불어 사는 기득권층과 같은 '기생충배寄生蟲輩'들은 18만여 명의 환과고독鰥寡孤獨의 '밥그릇 문제'에 대해 전혀 신경쓰지 않았다고 강

---

10 장덕준,「動亂의 北京에서」,『동아일보』, 1920.8.8, 2면.
11 에쓰 生,「연경통신(4)」,『조선일보』, 1920.7.17, 1면.
12 「北京政府 動搖說」,『동아일보』, 1924.10.22, 1면.

력하게 비판한다.[13] 이러한 당파들이 '일정한 정치적 이상에 기초를 둔 정당이 아니오. 다만 개인의 이익을 중심으로 한 권력을 쟁탈하는 집단'[14]이었음을 예리하게 통찰하고 있다. 각 당파나 군벌들은 다 자기의 이해 관계에 따라 언제 결합과 공격이 있을지 모르기에 '삼국지 시대 그 이상'이었다. 그 원인은 궁극적으로 '각 파의 일정한 정견政見이 없는 까닭'[15]이라는 분석을 내놓고 있다.

그림 13　1920년대 초 중국 군벌 세력의 각축(崔元淳, 「今番 中國動亂에 對하야」, 『개벽』 52, 1924.10, 65쪽)

중국 정세에 대한 분석에 비해, 중국 문제, 특히 내전과 혁명이 조선에 대한 의미가 무엇인지가 이 시기 민족지 언론인들의 베이징행의 최고 고민이었다. 이는 이들이 위험을 무릅쓰고 전쟁터나 전선에 직접 뛰어들어 내전을 보도할 때에 가지는 근본적인 문제의식이기도 하였다. 바로 이러한 문제의식하에, 일부 민족지 언론인들은 조선의 식민지 현실 및 독립의 가능성을 중국의 정세

13　이관용, 「中國政界消息(2)」, 『동아일보』, 1925.3.19, 1면.
14　이관용, 「中國政界消息(1)」, 『동아일보』, 1925.3.18, 1면.
15　이관용, 「中國政界消息(3)」, 『동아일보』, 1925.3.20, 1면.

와 연결시켜서 사유되어야 할 문제로 간주하였으며, 그 과정에서 중국 문제를 바라보는 조선적 시각이 형성되었다.

'조선적 시간'이란, 성찰없이 외부에서 빌려온 가치나 시각을 그대로 따르지 않고, 조선이라는 입장에서 중국을 자주적으로 바라보고 파악한 다는 시각을 의미한다. 또한 조선과 중국을 하나의 연쇄고리 속에서 연결시켜서 보는 시각이다. 이러한 조·중 간의 연결고리는 지리적 인접성 뿐만 아니라, 독립된 국민국가 건설 지향과 근대화 지향이라는 이중적 과제를 동시적으로 안고 있었다는 공감대에 뿌리를 두고 있는 것이다.

조선적 시각으로 중국 문제를 바라보아야 하는 것은, 우선 현실적으로 인접한 이웃나라인 중국의 정세 변화가 직간접적으로 조선에 영향을 미칠 거라는 판단에서 비롯되었다. 장덕준은 베이징에서 우페이푸 장군을 인터뷰를 한 자리에서 설명한 듯이, '중국으로 말하면 조선과는 닭 울고 개 짖는 소리가 들릴 정도로 가까이 사는 이웃일 뿐 아니라 이제 남북 만주에는 백만 명의 조선인이 거주하는 곳이기에 중국동란에 대하여 조선인은 깊이 주의하고 우려하는 바'[16]였다는 것이다.

지리적인 요인 외에, 조선과 같은 식민지의 경우, 항상 외부 특히 자기와 같은 처지에 있는 다른 반#식민지의 변화에 예민한 반응을 보일 수밖에 없었던 것이다. 『동아일보』 기자 조동호가 지적한 것과 같이, '내부에서 극단의 구속을 당한 조선인들은 항상 외부의 변동을 동경'하기 때문에, 이웃나라인 중국에서 발생한 내전을 더욱 등한시할 수 없다는 것

---

16   장덕준, 「動亂의 北京에서(續) – 吳子玉將軍을 訪問하고(二)」, 『동아일보』, 1920.8.26, 2면.

이다. 그가 1924년에 총 20회로 연재한 종군기 「전지행戰地行」에서 중국의 내전이 식민지 조선에 미칠 영향을 고찰하는 것이야말로 그의 중국행의 주요 목적이라고 밝힌 바가 있다.

奉軍이 一城을 攻取하엿다든지 直軍이 一將을 斬獲하엿다든지 또 어느편이 더 強하다든지 어느편이 더 弱하다든지 그것보다도 中國의 內亂이라는 것이 中國自身의 將來로 부터 우리 朝鮮에 乃至世界의 大勢에 如何한 影響을 줄 것인가라는 이 大勢의 二字가 더 緊要할 것이라[17]

환언하자면, 조동호는 중국 내전을 단지 일국적인 사건으로 간주하지 않고 조선 내지 세계의 대세에 연동적으로 영향을 미칠 수 있는 지역적 심지어 세계적 사건으로 간주하고 있다. 항상 변동에 처해 있어 왔던 중국의 정세 속에서 그는 이웃나라 조선 독립의 희망을 조금이라도 읽어내고 싶어한다.

그와 비슷하게, 1928년에 국민혁명 완수 후 '신흥 중국'을 취재하기 위해 『동아일보』의 주요한과 거의 같은 시기로 중국을 방문한 『조선일보』 특파원 이관용은 중국으로 떠나는 기차 안에서,

나는 決코 中國이 當面한 外交問題, 國民政府의 新組織, 官公界 人物의 地位移動 等만 보러 이 먼 길을 떠나고 싶지는 않았다. 만일 中國에서 이번에 일어난 運動이 眞正한 「革命」運動이라면 그 革命運動의 主體와 特質이 어

---

17   조동호, 「戰地行(第五信) 戰線의 形勢(一)」, 『동아일보』, 1924.10.23, 1면.

떠하며 그것이 國境을 넘어 世界에 미치는 影響이 어떠함을 무엇보다도 보고싶은 것이다. 여간 都市女子 몇 사람의 깎은 머리만 보고 이것이 革命이라 부르기는 어려울 것이다.[18]

라고 자신의 중국행에 대한 포부와 중국혁명에 대한 기대를 밝히고 있다. 위를 통해 알 수 있듯이, 그가 '도시 여자 몇 사람의 깎은 머리' 식의 표면적인 것보다, 중국 '혁명운동의 주체와 특질', 그리고 '그것이 국경을 넘어 세계에 미치는 영향', 즉 '중국혁명의 대외적 의미'를 탐사하고자 하는 것이 최대 목적이다. 다시 말해 그의 중국 취재의 초점은 중국 그 자체보다는, 오히려 중국에서 일어난 혁명이 조선을 포함한 세계에 미치는 영향에 있는 것이다.

둘째, 조선적 시각은 조선 언론인들이 외신에 의지하지 않고 현장에 뛰어들어 탐방한 후 얻은 자주적인 시각을 의미한다. 1920년대 조선 신문사들의 중국 관련 속보는 거의 전부 일본 통신사가 제공하는 기사에 의존했기 때문에 문제가 많았다. 이관용이 지적한 것처럼, '지리적으로 문화적으로 또는 정치적으로 가장 가깝게 있는 우리 조선으로서 중국의 소식을 외국 전보나 통신에만 의존하는 것은 문제'[19] 오보[20]나 외신의

---

18 이관용, 「中國가는 길에서 – 奉天見聞」, 『조선일보』, 1928.10.23(석간), 1면.
19 위의 글.
20 통신사의 보도에 의존했다 낭패를 당한 사건이 『조선일보』의 쑨원 서거 오보였다. 1925년 1월 27~28일 연속해서 일본의 동방통신사(東方通信社)가 베이징 발전문으로 쑨원이 서거했다고 보도했다. 쑨원이 숨을 거두었는데 측근들이 이를 감추고 있다는 것이었다. 정정보도와 공식 사과를 내보냈지만, 『조선일보』를 포함한 많은 언론사들이 이 기사를 받아 그대로 보도했다. 『동아일보』는 1월 29일 서거설이 잘못된 것이

시각을 그대로 따르는 오류를 피하기 위해, 자주적인 조선적 시각 정립의 중요성에 대한 강조는 이 시기 중국 특파원의 논설에 종종 드러나곤 하였다.

자주적인 조선적 시각의 긴요성에 대한 강조는 베이징대를 졸업하고 1927년에 『조선일보』의 기자로서 다시 베이징을 찾은 양명의 보도에도 드러나 있다. 그는 당시 조선의 각 신문 지상에 중국과 관련된 보도가 크게 게재되었으나 그것이 '정확한 것인지는 매우 의문'이라고 한다. 여러가지 관계로 검열을 받게 되었을 뿐만 아니라 대부분이 영·일 신문사로부터 온 것이기 때문에 '어느 정도까지나 정확하며 알아서 믿어야 될 것인지는 냉정히 생각해 볼 필요'가 있다고 지적한다. 따라서 그는 영국인이나 일본인이 본 중국이라는 간접적인 소식을 그대로 믿고 따라하는 것 대신에, 조선인의 눈으로 직접 중국을 보고자 한다고 한다.[21] 외신의 시각에 경계하는 태도는 제9장에서 논의한 『동아일보』 상하이 특파원 조덕진이 5·30운동을 보도할 때 영·일 언론의 오보에 대한 비판에서도 여실히 드러나 있었기에, 1920년대 중국에 파견된 민족지 언론인들이 공동적으로 가졌던 시각이라고 해도 과언이 아닐 것이다.

셋째, 조선적 시각은 '약소민족의 시각'과 동일시되는 경향이 강하였

라는 기사를 1면에 게재하는 등 오보의 화를 면했는데, 이 무렵 베이징에 조동호를 특파원으로 파견했던 덕분이었다. 1925년 1월 중순까지 베이징과 톈진에서 취재 중이던 동아일보 특파원 조동호는 얼마 전 쑨원의 병문안까지 다녀왔으므로 동아일보측은 비교적 쉽게 진위를 확인할 수 있었을 것이다. 조동호, 「외국인사와 조선其一」, 『동아일보』, 1925.1.1; 조동호, 「歸途에 臨하야」, 『동아일보』, 1925.1.28, 1면 등 참조.

21   양명, 「動亂의 중국을 향하며 (1)」(전11회), 『조선일보』 1927.2.3, 1면.

다. 중국에 파견된 조선 언론인들에게 중국 내전은 한 국가라는 틀에서 일어난 단순한 '중국의 일', 또는 동아시아의 지역적인 사건이라기보다는, '제국주의 열강-약소민족'이라는 인식 구도 안에서 '약소민족의 일'로 여겨지는 경향이 강했다. 이러한 입장은 조선 민족지 언론이 그동안 줄곧 견지해 왔던 반半식민지 중국을 바라볼 때의 반제국주의 입장과는 궤를 같이했다.

이러한 인식하에 중국 내전이 발발한 원인을 국가주의를 무시하는 군벌이라는 중국 내부적 요인에서 찾는 시각 외에, 외부적 요인으로 제국주의 국가들의 책임론을 제기하는 목소리도 컸다. 이관용은 '열강이 중국을 장기판으로 하고, 군벌들을 장기 조각으로 삼'[22]는다며, 군벌과 제국주의 열강 간의 공모 관계를 알아차리고 있다. 『개벽』지의 베이징 특파원 이동곡은 중국이 이렇게 내전의 혼란에 빠진 데에는 중국인의 책임은 물론 컸지만, 그보다는 무기를 군벌들에게 폭리로 팔아 먹으면서 내란의 틈을 타서 배상과 땅을 요구하는 등 제국주의 열강들의 책임도 물어야 한다고 주장한다.[23]

1924년 10월에 봉직전쟁을 취재하기 위해 만주를 거쳐 베이징까지 찾아간 『동아일보』 기자 조동호趙東祜[24]는 역시 중국 내전의 '본질은 세계

---

22 이관용, 「日露條約과 中國(2)」, 『동아일보』, 1925.3.13, 1면.

23 이동곡, 「내가 본 中國의 大動亂」, 『개벽』 53, 1924.11, 40쪽.

24 조동호(1892~1954)는 1914년 여운형과 함께 중국으로 망명 이래 난징 금릉대학을 졸업하고 동제사 조직 및 신한청년당 창당 등에 참여하였고 상하이 임시정부 수립에 참여하여 국무위원 및 의정원 의원을 역임하였다. 그는 『동아일보』의 특파원으로 상하이에서 활동하다가 1923년 12월 귀국하여 『동아일보』 논설위원으로 입사하면서 많은 논설을 썼으며, 펑톈 및 베이징으로 파견되어서는 奉直전쟁을 취재하면서 종군기 「戰地

열강의 극동각축전'으로 간파한다. 그는 당시 전쟁의 주체였던 직계 군벌의 배후에 영국과 미국이 있었고, 봉계 군벌의 배후에 일본이 있었다고 밝히면서, 영·미·일을 모두 '남의 화재火災를 기회로 보아 도둑질을 하는 자'[25]라고 비판한다. 특히 중국 내전과 혁명에 오명을 씌운 일제를 전면적으로 비판을 가하고 있다. 그는 계엄령이 발포된 안동현 역을 아무리 둘러봐도 전쟁의 분위기를 느끼지 못하고 압록강을 건너기 전 목격한 조선보다 더 평화롭다는 사실을 내세워, 일본 정치가 오자키 유키오尾崎行雄의 중국관[26] 및 '조선이 독립을 하면 중국과 같이 될 터'라고 우려했다는 발언을 반박한다. 중국에 한번이라도 왔다면 그런 걱정은 없을 것이라고 한다. 더욱이 조선이 중국과 같이 되는 것을 걱정할 일이 아니라, 일본이 중국을 조선처럼 만들지나 말라는 것이다.[27]

같은 시기 도산 안창호는 역시 중국 내전에 대해 비슷한 입장을 보이고 있다. 유기석의 회고록 『30년방랑기』의 기록을 따르면, 1922년에 안창호는 임시정부 대표의 신분으로 베이징 육국六國호텔에서 미국의 극동 방문 의원단체를 접견한 적이 있었다. 그 자리에서

行(전지행)」을 20회에 걸쳐 연재했다. 1925년 조선공산당 창당에 참여하게 되기도 하였다.

25 조동호, 「戰地行(第三信) 戰爭과朝鮮人(一)」, 『동아일보』, 1924.10.19, 1면.

26 오자키 유키오(1858~1954)는 중국인들은 국가를 세우는 데 필요한 애국심, 전투력, 정치적 능력이 근본적으로 결여되어 있어 엄밀한 의미에서 국가가 존재한 적이 없다고 했다. 松本三之介, 『近代日本の中國認識』, 東京 : 以文社, 2011, 129~135쪽; 이기훈, 「1920년대 『동아일보』의 중국 인식-계몽과 혁명, 식민주의와 탈식민주의 시각의 부침과 교차」, 『동방학지』 178, 연세대 국학연구원, 2017, 82쪽에서 재인용.

27 조동호, 「戰地行(第一信)」, 『동아일보』, 1924.10.15, 1면.

도산은 미국 의원단체 대표에게 물었다.

"중국을 방문한 소감이 어떻습니까? 제게 말씀해 주시겠습니까?"

"국가가 크고, 거지가 많군요." 미국대표는 간단하게 대답하였다.

도산은 좀 더 깊이 있게 다시 물었다. "그 원인이 도대체 어디에 있다고 보십니까?"

미국대표는 의외의 추궁에 부닥쳐 자기편 사람을 한번 쳐다본 후 계속해서 말하였다. "원인은 정치의 불량에 있다고 생각합니다."

도산은 머리를 끄덕였다. "맞습니다. 정치가 좋지 않기 때문입니다. 그럼, 현재 중국의 정치는 왜 이렇게 좋지 않습니까?"

(…중략…) 도산은 답하길, "혁명 이후, 중국정부와 애국지사들은 온갖 방법을 다 써서 좋은 정치를 실현하려고 힘썼습니다. 그러나 누군가 방해합니다. 몇몇 강대국은 중국이 부강한 국가가 되는 것을 바라지 않습니다. 이것이 바로 주요 원인 중 하나입니다."

미국대표는 말없이 침묵하였다.

도산은 다시 말하길, "독립국가인 중국조차도 이러한데, 하물며 정치적 힘을 잃어버린 조선이야 더 말할 것이 있겠습니까?"[28]

위에서 보듯이, 안창호는 당시 중국의 혼돈한 정세를 초래한 근본적인 원인을 중국이 부강한 국가가 되는 것을 바라지 않는 제국주의 국가의 간섭이라고 인식하고 있다. 말하자면, 중국 내전에 있어서 내부적인

---

28   유기석, 『三十年放浪記─유기석 회고록』, 국가보훈처, 2010, 83쪽.

요인보다 외부적인 요인이 더 크게 작용하고 있다는 견해이다.

안창호를 비롯한 조선 지식인이 중국 내전을 단순한 '내전'으로 보지 않고 제국주의의 책임론을 거론한 것은 식민지 조선인의 입장에서 제국주의 문제에 대한 관심이 훨씬 지대하기 때문이다. 바로 이러한 맥락에서 내전 와중에 제국주의 국가들의 대중국 정책은 유난히 주목을 받은 대상이 되었다. 조동호가 지적한 것처럼, '그 따위 정책이 이번에 중국에 한해 실시되는 것이 아니라 조선이나 인도 안남 등 다른 약소국에 대해 늘 실시되어 왔'기 때문이다. 이런 인식하에, 그는 1924년 11월 21일에 게재한 「전지항戰地行(제십오신第十五信) 열국列國의대중策對中策」에서 영국 학자 버트런드 러셀의 「영국英國의 대중정책對中政策」이라는 논문의 일부를 번역하여 국내 독자의 주목을 권한다. 그가 보기에는 영국의 대중국정책은 '한 자본국이 한 빈약국에 대한 정책이 아니라 범자본국汎資本國이 범빈약국汎貧弱國에 대한 정책'[29]인 것이다. 여기서 그가 조·중을 '범빈약국'이라는 동일선상에서 바라보고 있음은 분명하다. 즉 그는 영국의 대중국정책을 통해 정작 파악하고자 하는 것은, 영국과 같은 '범자본국'으로서의 일본이 조선에 대한 정책의 추세이다.

한발 나아가 조동호는 조선인으로서 중국의 정세가 조선에 미치는 영향을 각별히 주목해야 할 뿐 아니라, 중국이 직면하고 있는 제국주의 열강들의 간섭과 침탈에 대해서도 조선은 '공동한 책임'이 있다고 주장한다. 따라서 조선인은 중국의 내전을 소극적으로 불간섭이라는 태도를

---

29   조동호, 「戰地行(第十五信) 列國의對中策」, 『동아일보』, 1924.11.21, 1면.

취하는 것보다, '세계대세의 흐름과 중국 민중들의 뜻, 그리고 조선과의 이해 관계를 잘 살펴 일치하게 행동해야 조금이라도 간섭하는 보람이 있'다고 주장한다. 조선인은 '남을 원조하고 다시 남의 원조를 받아야 할'[30] 처지에 있다는 까닭이다.

물론 당시 주권을 갖지 못한 식민지 조선의 상황에는 중국 내전을 간섭할 만한 역량을 갖추기가 불가능한 것이었다. 그러나 그것을 통해 조동호을 포함한 민족지 언론인들은 중국의 내전을 논하고 있지만, 그 사유의 근저에는 언제나 조선 독립에 대한 간절한 마음이 자리 잡고 있었던 것을 읽어낼 수 있다. 무엇보다 '중국 문제'를 약소민족의 문제 일환으로 간주하며 조선 문제와 연결시켜 자주적인 시각으로 사유하는 인식 구조가 분명하였다.

2. 국민혁명의 '실험적 의의'

위에서 분석한 바와 같이, 『조선일보』 및 『동아일보』를 비롯한 민족지 언론인들은 1920년에 군벌을 중심으로 한 중국 내전을 안타깝게 바라보고 있었으며, 그 내부적 원인으로는 국가를 모르고 자기 이익만을 도모하기에 급급하였던 군벌로, 외부적 원인으로는 제국주의 국가의 간섭으로 해석하였다. 그리고 항상 조선 문제의 연장선상에서 중국 문제를

---

30 조동호, 「戰地行(第三信) 戰爭과朝鮮人(一)」, 『동아일보』, 1924.10.19, 1면.

고민하고 있었다.

이러한 분위기 속에서 1924년부터 모든 혁명 역량을 반제국주의^{反帝}國主義 · 반봉건주의^{反封建主義} · 반군벌^{反軍閥}에 맞추기로 한 국민혁명에 대한 그들의 기대가 자연스레 형성되었다. 그리고 조선 독립에 호의적인 태도를 가진 국민혁명의 주도 세력인 국민당에 대한 기대감이 클 수밖에 없었다. 국민혁명을 지켜보는 이들의 시선에는 국민혁명의 성공을 통해 새로운 중국이 출범되고, 이를 통해 일제 식민 지배를 극복할 수 있는 새로운 조선의 가능성이 발견되기를 염원하는 기대가 담겨져 있었다. 그러나 1927년에 국공합작의 형태로 시작된 국민혁명이 국공 분열로 귀결되자 사회주의자를 비롯한 좌파적 시각을 가진 조선 언론인들은 심한 좌절감을 느꼈다.

국민당에 대한 조선인의 기대와 옹호는 우선 국민당을 설립한 쑨원^孫文 개인에 대한 존경으로부터 비롯되었다. 신해혁명이 발발한 1911년 이전부터 쑨원은 이미 유명한 혁명가로 조선에서 잘 알려져 있었다.[31] 제2장에서 보이는 것처럼, 공화제를 반대하는 전통 유림들 외에, 1910년대 중국으로 망명한 모든 조선인들에게 쑨원과 신해혁명은 조선에서 막혀 있던 독립을 주장하는 가장 중요한 창구가 되었다. 이러한 인식은 1920년대 중국에 있는 조선 언론인의 보도에도 고스란히 반영되어 있다.

김동성은 1920년에 총 6회를 걸쳐 『동아일보』에 발표된 「연경만필^{燕京漫筆}」이라는 시리즈에서 쑨원을 '자유의 아버지 혁명의 어머니'라고 극

---

31   V. M. Tikhonov, *Modern Korea and its others : perceptions of the neighbouring countries and Korean modernity*, London : Routledge, 2016, p.103.

찬한다. 그는 쑨원을 '동양의 조지 워싱턴'으로 비유하며, 비록 자신의 이상을 실현하지 못하였지만, 그 이의 이상은 늦어도 30년 내에 반드시 실현되겠다고 확신한다고 한다.[32] 쑨원은 '중국의 조지 워싱턴'이 아닌 '동양의 조지 워싱턴'으로 간주된다는 점에서, 쑨원에 의해 이끌어간 중국혁명이 나중에 조선을 포함한 동아시아 약소국의 해방에 기여할 거라는 기대감이 컸음을 읽어낼 수 있다.

조동호는 1924년 12월 그의 종군기의 마지막 회에 쑨원이 13년간을 해외로 표류하다가 베이징에 다시 입성하겠다는 소식을 전하면서 너무나 감격스러운 나머지 '우리 이승만, 이동휘, 안창호 등 선생들은 어느 때에나 한성에 나타날까'라고 깊은 한탄이 나온다. '손 선생의 베이징행은 전혀 남의 일 같이 보지 않'[33]은 까닭이다.

1924년 말부터 1925년 중반까지 조선 언론에서 만연되어 있었던 쑨원 사망설과 관련 보도와 쑨원 추도회 개최 시도 등을 통해 확인할 수 있듯이, 1920년대 조선인들에게 쑨원은 여전히 일제의 침략을 비판하고 민족적 독립을 요구하는 의사를 표명하는 가장 중요한 도구요 방안이었다.[34] 그러나 1925년 3월에 쑨원의 서거로 인해 그러한 기대감이 커다란 상실감으로 변해버렸다. 그의 서거설이 전해지면서 중국에 있는 망명 지사들은 물론, 『동아일보』를 비롯한 국내 민족지 언론들도 크게 애석해 하였다. 3월 14일에 『동아일보』에 기재된 사설은 '쑨원 선생

---

32   김동성, 「燕京漫筆(六)」, 『동아일보』, 1920.4.19, 2면.

33   조동호, 「孫中山을 歡迎」, 『동아일보』, 1924.12.7, 1면.

34   배경한, 『쑨원과 한국』, 한울 아카데미, 2007, 244쪽.

의 서거는 인류사회의 막대한 손실'이라고 한탄하며, 쑨원의 별세가 동아시아 정세에 끼칠 악영향을 우려하고 있다.[35] 그동안 조선인이 쑨원에 가졌던 존경심과 기대감은 그가 서거 이후에 그의 혁명정신을 계승하고 역사적 명분을 가진 국민당으로 전이된 것이 몹시 자연스러운 일이었다.

국공합작에 기초한 국민혁명은 기왕의 군벌 내전이 아니고 처음부터 중화민족이 제국주의를 저항한다는 혁명 서사를 기획하였으며,[36] 더불어 중국혁명을 넘어 세계 약소민족으로서의 해방이라는 서사도 구축되었다. "국민혁명이 성공한다면, 중화민족은 살리게 되고, 세계 약소민족도 살리게 될 것이다. 실패한다면 정반대의 결과가 나올 것이다"[37]는 국민혁명의 혁명적 의미는 당시 사회주의자를 포함한 중국 지식인들에게 폭넓게 받아들여졌다.

그러한 시대적 분위기 속에서, 같은 '약소민족'으로서의 조선에서 온 지식인들은 국민혁명에 대한 기대감이 크지 않을 수 없었다. 민족주의 우파 계열 지식인에게는 국민혁명에 대한 기대감은 제9장에서 논한 신흥 중국에 대한 각별한 주목과 중국 중심의 동아시아 반제 연대의식과는 동일선상에서 파악할 수 있다. 일차적으로 국민혁명 과정에서 발생하는 국제적 파급 효과에 대한 기대가 자리 잡고 있었다. 국민혁명의 세

---

35 「아─ 孫文先生이여」, 『동아일보』, 1925.3.14, 1면.

36 「中國共産黨致中國國民黨書─爲時局與國民黨聯合戰線問題」, 『向導』 157, 1926, 1525~1526쪽.

37 "北伐勝利, 中華民族就得救了, 世界弱小民族也就得救了;北伐失敗, 結果正是一個反比例" 邵華, 「預祝北伐勝利與省港罷工的周年」, 『革命青年』, 1926.2, 13~14쪽.

력이 중국 전역을 통일하면 제국주의 타파 정책을 시행한다면, 이는 만몽滿蒙에 대한 일본의 이권을 근본적으로 동요시켜 조선에 대한 일본의 식민 통치를 크게 변경하게 할 거라는 기대감이었다.

민족주의 좌파 계열 지식인 내지 사회주의자들은 국민혁명이 지니는 '실험적 의의'에 더 많은 관심을 두고 있었다. 국민혁명 과정에서 벌어진 반외세·반봉건 투쟁과 근대 지향성은 중국만의 경험이 아니라, 조선의 독립과 발전을 위해 앞으로 거쳐야 될 과정이라고 인식되었기 때문이다. 더욱이 동시대 조선 독립운동에 있어 민족협동전선을 도모해야 한다는 당시 민족주의와 사회주의 계열의 모든 지식인들의 당위론은 실제로 중국혁명을 바라보는 시각에 투영된 결과였다. 1920년대 후반기 조선 국내 민족주의 세력과 사회주의 세력이 연합하여 신간회新幹會와 조선민흥회朝鮮民興會 등 단체가 민족협동전선으로 결성한 것은 같은 시기 국민혁명 국공합작을 모델로 삼은 것이었다. 더군다나 1920년대 초중반에 중국에 파견된 민족지 특파원들은 사회주의운동에 관심이 많고 좌파의 시각을 견지하는 자들이 많았으므로, 국공합작에 의한 국민혁명이라는 '정치적 실험'에 대한 기대가 유난히 컸다.[38]

조 제국주의와 자본주의를 동전의 양면으로 파악한 조동호는 중국 반제국주의운동이 지니는 반자본주의적 성격을 설파한다. 따라서 국공합작에 기초한 국민혁명이 세계의 혁명운동에 큰 진전을 가져올 것을 기

38　예컨대, 『동아일보』의 특파원 조동호, 『조선일보』의 특파원 양명 등은 모두 1925년 결성된 조선공산당의 구성원이었다. 앞장에서 언급한 『동아일보』의 상하이 특파원 조덕진은 역시 좌파 경향으로 알려져 있는 인물이다.

대한다.[39]

사회주의자가 아니지만 이관용은 역시 국공합작과 국민당의 통일전선의 가치를 중요하게 평가하고 있다. 윗글에서 언급한 것처럼, 그는 권력 싸움에만 관심이 많았던 군벌들을 '정견政見'이 없었기 때문에 진정한 정당으로 볼 수 없다고 비판한 바가 있다. 같은 글에서 그는 국민당만이 일정한 정견에 의해 중국을 혼돈 상태에서 구출하고 유망한 장래를 준비하고자 노력하는 정당이라고 평가한다. 그 '정견'은 곧 쑨원의 삼민주의三民主義라고 설명하면서, 그것만 실현된다면 '중국은 막대한 강국이 될 뿐 아니라 노농러시아勞農露西亞와 함께 인류의 발전 진로를 지도하는 선진국'[40]이 될 것이라고 전망한다.

그러나 1927년 4월 국민당은 국공합작을 어기고 돌연 공산당 탄압으로 방침을 바꾸었다. 장제스와 국민당 우파 세력은 반공 쿠데타를 일으켜 공산 당원의 체포를 명령하였다. 국공합작이 결렬되자, 민족지 언론인을 포함한 재중 조선인들은 심한 좌절감을 느꼈다. 이에 대한 유감과 비판을 드러낸 기사가 적지 않은 것은 기대감이 컸던 만큼 실망도 컸음을 보여준다.

반공 쿠데타가 시작하자 중국에 파견된 사회주의 계열 민족지 언론인들은 국공합작 결렬의 일차적인 책임을 국민당 우파에게 묻는 경향이 매우 강하였다. 조덕진은 국공 간의 '협동작전協同作戰'에 의해 국민혁명이 순조롭게 진행되었는데, '불행히 도중에 국민당 우파가 반적反赤의 표

39   조동호, 「戰地行(第八信) 露紙의中國觀」, 『동아일보』, 1924.11.6, 1면.
40   이관용, 「中國政界消息(3)」, 『동아일보』, 1925.3.20, 1면.

어를 들게 되어 국민혁명의 전선은 좌우양파로 분열되게 되었다'고 실망감을 감추지 못하며, 국민혁명의 미래를 크게 애석해 한다.[41]

양명은 국민당 좌파와 공산당 측에 파국의 책임을 묻는 '일본통신사를 통한 보도'를 소개하면서, 그것이 '공산당 혹은 좌파에 향하는 비난은 거의 모두가 근거없는 중상中傷이오, 일부러 한 역선전逆宣傳'[42]이라고 비판한다. 나아가 '만약 국민당 좌우파 분열에 대한 책임을 논한다면 그의 백 중 구십구는 장제스와 그를 중심으로 한 난징회의파南京會議派가 져야 할 것'[43]이라며, 장제스와 국민당 우파에게 국공 분열의 책임을 묻고 있다. '이것을 반약이라 하지 않고 무엇을 반약이라 하며, 이것을 배신이라 하지 않고 무엇을 배신이라 하겠는가'[44]라는 그의 물음에 장제스의 반공 쿠데타를 향한 분노가 짙게 배어 있다.

주요섭은 '장제스 한 사람의 권력확장이 목적'으로 시작된 반공 쿠데타가 '오늘 와서는 아주 정당한 우국운동憂國運動처럼 되어 왔다'고 냉소를 보낸다. 공산당원을 마치 '모두 도적놈, 괴악한 놈, 중국을 망하게 하는 놈처럼'[45] 들리게 한 국민당의 선전 담론을 신랄하게 비판하고 있다.

국민당의 반공 쿠데타에 대한 조선 지식인의 비판적 논조는 한편으로 피해자인 공산당 세력에 대한 연민과 동정에 기인하였다. 그보다는 국공 분열이 조선 독립운동에 끼치게 될 악영향에 대한 우려가 더욱 깊었

---

41 조덕진, 「對國民黨 共産黨이 質問」, 『동아일보』, 1927.4.23, 1면.
42 양명, 「中國國民黨 左右分裂의 眞意(五)」, 『조선일보』, 1927.6.24(석간), 1면.
43 양명, 「中國國民黨 左右分裂의 眞意(六)」, 『조선일보』, 1927.6.26(석간), 1면.
44 양명, 「中國國民黨 左右分裂의 眞意(七)」, 『조선일보』, 1927.6.29(석간), 1면.
45 餘心(주요섭), 「國民黨右派의 所謂 淸黨運動(二)」, 『동아일보』, 1927.6.30, 2면.

던 것으로 보인다. 실제로 그러한 우려가 현실이 되었다. 국공합작의 실패는 조선 민족협동전선에 커다란 타격을 주었다. 민족주의 세력에게는 중국 국민당의 좌우 분열은 사회주의 세력과의 협력에 대해 다시 돌아보게 되는 계기였다. 사회주의 세력은 역시 국공 분열을 '위대한 교훈'으로 삼아 독자적인 주도력을 확보해야 한다는 필요성을 제기하였다.[46] 그 결과는 신간회운동 등으로 대표되는 1920년대 후반기 조선 국내 협동전선운동은 결렬되고 말았다.

1920년대 초중반까지 중국에 있는 민족지 특파원들이 사회주의운동이나 혁명에 적극적으로 동조하는 모습을 보이는 데 반해, 국공 분열에 대한 좌절을 겪고 1928년 이후로부터 『동아일보』를 비롯한 민족지 언론들이 우경화의 경향을 드러내기 시작하였다. 이들의 논조는 특히 공산당을 배제하고 국민당 좌파와의 권력 경쟁 속에서 1928년 10월에 신흥 부르주아를 대변하는 국민정부 성립한 후로부터 크게 바뀌게 되었다.

예컨대 주요한은 1928년 1월 1일까지만 해도 『동아일보』에 게재한 「중국국민운동의 개관」이란 논설에서 국민당의 반공 쿠데타에 대한 비판이 강하였다. 국민당을 중심으로 한 국민혁명을 '1927년에 절정에 달했다가 다시 반동적으로 실패의 쓴 맛을 맛보게 되었다'고 애석해 하는 동시에, 국민당은 '말로는 혁명을 부르짖고 군벌과 제국주의를 반대한다고 하나 실제로 점차 반동화하는 것은 면치 못한 사실'[47]이라고 전망하였

---

46 한상도, 「중국 제1차 국공합작 및 국민혁명에 대한 한국인의 반향」, 『사학연구』 85, 한국사학회, 2007, 228쪽.
47 주요한, 「中國國民運動槪觀－注目되는 革命中心力의 移動」, 『동아일보』, 1928.1.1.

다. 그러나 제9장에서 살펴본 바와 같이, 같은 해 연말에 난징·상하이 특파원으로 중국에 찾아간 후 그의 논조가 바뀌었다. 국민당 정권, 장제스 및 이들이 주도하는 '신흥 중국'에 대해 높은 기대와 지지를 표하게 되었던 것이다. 이와 같은 시기에, 사회주의자 조덕진을 대신하여 1929년부터 『동아일보』의 상하이 특파원으로 활동한 신언준申彦俊은 처음부터 반공산주의적 태도를 취했다. 그가 작성한 기사들은 국민당과 장제스에 대한 지지, 그리고 공산당에 대한 적대적 태도를 유지하고 있었다.[48]

이러한 민족지 언론의 논조가 변하게 된 것은 외부적으로는 1920년대 중반부터 식민권력은 검열제도 및 치안유지법 등을 통해 주요 민족지 언론에서 사회주의 지식인을 축출하였던 현실과 관련이 있었다.[49] 이에 따라 1920년대 말 『동아일보』 등 민족지 국내 주도층의 친자본적이며 반공주의적 경향이 드러나게 되었다.[50] 또한 당시 중국 정세를 계기로 부쩍 늘어난 사회주의 세력에 대한 민족주의 세력의 경계심에서 비롯되었다는 분석도 있다.[51]

그보다 더 근본적인 원인은 당시 민족 독립이라는 지상 과제에 조선 지식인들의 거의 모든 논의가 갇히게 되었기 때문에 '민족' 대신 '계급', '약소민족' 대신 '노동계급'을 강조하는 사회주의가 식민지 조선에서 광

---

48 이기훈, 「1920년대 『동아일보』의 중국 인식 – 계몽과 혁명, 식민주의와 탈식민주의 시각의 부침과 교차」, 『동방학지』 178, 연세대 국학연구원, 2017, 88쪽.

49 1925년 『조선일보』 무기정간과 사원 대량 해고에 관해서는 정진석, 『극비 조선총독부의 언론검열과 탄압』, 커뮤니케이션북스, 2007, 115~117쪽 참조.

50 이기훈, 앞의 글, 84쪽.

51 윤덕영, 「신간회 초기 민족주의 세력의 정세 인식과 '민족적 총역량 집중'론의 제기」, 『한국근현대사연구』 56, 한국근현대사학회, 2011, 74쪽.

범위하게 호소력을 발휘할 수 없었던 것으로 보인다. 다시 말해, 식민지라는 사회적 조건에서 사회주의의 사상은 근대 민족주의와 국가주의를 넘어서는 역량을 형성하기가 어려웠다. 식민지 조선의 상황에서 사회주의를 포함한 그 어떤 사상도 민족주의와 결합해야만 생명력을 가질 수 있을 정도로 민족주의는 열정 혹은 도덕적 분노의 형태로 존재하였기 때문이다.[52] 따라서 조선에서 정치 엘리트들의 사회주의에 대한 초기의 매료는 계급이나 노동 문제에 대한 인식보다는 민족적 문제의식에서 비롯한 것이었다. 러시아 혁명 직후 한인사회당과 고려공산당 등으로 러시아와 중국에서 기원한 사회주의 1세대의 경우 맑스주의에 대한 파악은 미약하였으며,[53] 그 주된 이해 관심은 소비에트의 원조를 통한 독립이었다. 이에 두아라는 "계급 민족주의class nationalism"의 개념으로 '민족'과 '계급'이라는 두 범주가 항상 상호배타적이지는 않음을 주장한 바가 있다.[54] 식민지 조선에서 발생한 사회주의는 그 궁극적 목표는 식민지배의 폐지임과 동시에 독립된 국민국가 건설이었다는 점에서 역시 계급 민족주의로 이해될 수 있는 여지가 충분하다.[55]

이렇듯 국공 분열에 대한 민족지 언론의 인식에는 그 당시 조선 지식인 이데올로기적 차원에서의 분화와 유동적인 양상이 그대로 반영되어

---

52 김동춘, 『한국의 '근대'와 '근대성' 비판』, 역사비평사, 1997, 273~309쪽; 유선영, 앞의 책, 25쪽에서 재인용.

53 Scalapino · Lee, *Communism in Korea* 1, Berkeley:University of California Press, 1972, p.3.

54 Duara, *Rescuing history from the Nation*, Chicago : University of Chicago Press, 1995. p.12.

55 채오병, 「식민지 조선의 비서구 식민구조와 정체성」, 『사회와역사』 76, 한국사회사학회, 2007, 320~321쪽.

있다. 다른 한편으로 국공합작에 의한 국민혁명에 대한 민족지 언론인의 기대나 나중에 국공 분열에 대한 좌절감은 궁극적으로 국민혁명 자체의 성격이나 이데올로기에 대한 인식으로부터 출발한 것이기보다, 언제나 조선의 독립에 미칠 영향에 대한 현실적 판단에 기반하고 있었던 것으로 보인다. 물론 이렇게 조선의 민족 독립을 희구하는 차원에서 중국혁명을 조명한 것은 식민지 민족의 자기 관심의 반영으로 당연한 것이라고 볼 수 있다.

1930년대 초 일제의 만주 침략 단계가 이르면서, 중국 문제에 대해 민족지 언론이 1920년대 말까지 보였던 조선적 시각이 끝내 단절되고 말았다. 1920년대 민족지 언론들이 중국 정세를 파악하기 위해 베이징으로 특파원을 많이 파견하였던 것에 비해, 1930년대 중반부터 『매일신보』, 『삼천리』 등 친일적인 언론들은 베이징을 포함한 화북 지역이 '낙토樂土'로 대대적으로 선전하는 한편에 이민을 장려하기 위해 기자를 보냈다. 또한 조선 언론인들은 중국 내전을 보도하기 위해 위험을 무릅쓰고 전쟁 지역으로 뛰어들었던 1920년대와는 달리, 중일전쟁이 발발되면서 '반도 출신 학병 위문(김사량, 노천명 등)', '황군 위문(김동인, 박영희, 임학수 등)' 등 다양한 명의로 조선 지식인들이 베이징이나 화북 지역에 불러들여 전쟁 선전에 이용되었던 것이다.[56]

---

56   최학송, 「한국 근대문학과 베이징」, 『한국학연구』 31, 인하대 한국학연구소, 2013, 309
      ~310쪽.

제13장

중국적 근대를 바라본
'인터-아시아 시각'

앞 장에서는 정치적 측면에서 민족지 언론인이 베이징을 중심으로 벌어진 내전과 혁명을 비롯한 중국 문제에 관한 인식을 살펴보았다. 이들이 각별히 주목하는 '혁명'은 정치적 차원에서 국민혁명을 비롯한 1920년대 군벌·제국주의·봉건제도를 타도하고자 하는 중국의 일련의 정치적 실천을 의미한다. 본 장에서는 당시 유학생, 아나키스트 등을 비롯한 지식인들은 '정치적 공간'이 아닌, '지적 공간'으로서의 베이징, 그리고 베이징을 중심으로 벌어진 '신문화운동新文化運動'[1] 등 문화적·사상적 차원의 '혁명'에 대한 인식을 살펴본다. 그것을 통해 중국적 근대를 동시대

---

1   신문학운동은 1915년부터 陳獨秀·胡適 등 지식인을 중심으로 시작되어 유교적이고 봉건적인 제도와 전통에 반대하여 '과학과 민주'를 내건 신사상운동과 '백화문사용(使用白話文)'을 주장한 급진적인 사상적·문화적 운동을 말한다. 그 기간은 길게는 1915년부터 1923년까지, 짧게는 1917년부터 1921년까지로 나눈다. 신문화운동은 청년, 학생층에 영향을 미쳤고 애국운동의 사상적 기반이 되었다. 그러한 분위기 속에서 5·4운동이 일어날 수 있었던 것이다. 張玉法, 『現代中國史』上, 台北: 東華書局, 1977, 254쪽.

근대에 대한 사유에 편입하려던 일부 조선 지식인들의 시도를 보여주고자 한다. 여기서 의미하는 중국적 근대란, 암담한 반#식민지 현실을 벗어나야 한다는 긴박감 속에서 서구적 근대를 비판적으로 수용하면서 재구성하는 주체적 근대에 대한 중국인의 모색을 의미한다. 이러한 중국적 근대를 바라보는 조선 지식인들의 시각은 아시아 내부에서 서로 참조의 대상으로 삼는 '인터-아시아inter-asia' 시각의 문제의식이 두드러진 것이었다.

'인터-아시아'라는 논제는 전후 일본 사상가 다케우치 요시미竹內好[2]가 시도한 서구와 동양의 이분법을 교란하기 위한 방법으로서 아시아를 주목하는 것에서, 2010년에 대만의 진보적 지식인 첸꽝싱陳光興에 의해 제기된 '아시아'에 접근하는 이론이다. 요시미는 아시아를 발견하고 분석해야 할 '실체'로 보지 말고 '방법'으로 보자고 주장하면서, 일본의 근대화의 문제를 단순히 서구와 비교하여 그 실체를 확인하기 보다는 '아시아', 그중에서도 특히 '중국'이라는 또 다른 참조점과의 비교를 통해 새로운 분석의 틀을 구축하자고 제안하였다.[3] 그에 의해 제기된 '방법으로서의 아시아'라는 명제는 전후 특히 20세기 말 사회주의 몰락과 탈냉전의 도래와 더불어 일부 아시아 연구자들에 의해 계승되어 발전되고

---

2 다케우치 요시미(1910~1977)는 루쉰(魯迅)연구 등의 중국문학연구자로 출발하여 아시아의 실체를 인정하는 대신 '방법으로서 아시아'를 제기했던 일본 사상가이다. 마르크스주의나 일본이 답습한 '근대화이론'과는 대조되는, 중국과 인도의 근대기의 여정이 가지는 "질적 차이"에 대한 강조는 요시미 특유의 '근대'를 둘러싼 사고방식이라 말할 수 있다.
3 다케우치 요시미, 최원식·백영서 편, 「방법으로서의 아시아」, 『동아시아인의 '동양'인식』, 창비, 2010.

있다.[4] 그 발상의 연장선상 첸꽝싱은 식민자와 피식민자 사이의 욕망 관계 속에서, 피식민자는 인지받고자 하는 강렬한 욕망으로 인해 식민자의 세계관 속으로 빨려 들어가버린다는 문제점을 지적하면서, 아시아로 눈을 돌리자고 제안하였다.[5] 그렇게 해야만 정체성을 투사하는 대상을 다원화하고 서구에 대한 뿌리 깊은 질투와 미움으로부터 벗어날 수 있다는 지적이다.[6] 나아가 "아시아 내부의 각 사회들은 서로 참고 모델을 만듦으로써 자아에 대한 이해를 촉진시키고 주체성을 재구축한다"[7]는 이론으로서 '인터-아시아'를 제안하였다.

새로운 착상인 것처럼 들리지만, 이러한 인터-아시아 시각의 실천적 기미는 70여 년 전에 일부 조선 지식인들이 중국적 근대에 대한 진지한 사유에 있어 이미 드러나 있었음을 확인할 수 있다.

1. 지적 공간으로서의 베이징 — 경험으로서의 중국적 근대

전술한대로, 근대 이후의 베이징은 동아시아에서 '문화의 중심지'라는 지위를 잃었지만, 1910년대 이후 신문화운동의 발상지로서 현대 중

---

4   '프로젝트로서의 동아시아'(Arif Dirlik), '지적 실험으로서의 동아시아'(백영서), '사유 공간으로서의 동아시아'(쑨거) 등이 그것이다.

5   첸꽝싱, 백지운 역, 『제국의 눈』, 창작과비평, 2003, 80쪽.

6   첸꽝싱, 김진공 역, 「세계화와 탈제국, '방법으로서의 아시아'」, 『아세아연구』 52-1, 고려대 아세아문제연구소, 2009, 58쪽 참조.

7   Kuan-Hsing Chen, *Asia as method : Toward deimperialization*, Durham : Duke University Press, 2010, p.15 참조.

국 '신문화'의 중심지로 다시 부상되게 되었다. 1928년 국민정부가 설립되기 전까지 조선 지식인에게 베이징은 '중국 정치계와 학계의 중심지'라고 인식되었다.[8] 국민정부가 설립된 1928년 이후로부터 베이징은 더 이상 수도가 아니었음에도 불구하고, 중국 교육과 문화의 중심지로서의 역할은 계속 유지하였다.[9]

이러한 시대적 배경하에서, 앞서 언급한 것처럼, 베이징의 조선 유학생 수가 1919년 이후로부터 꾸준히 증가하였다. 같은 시기 서구 학문을 습득하기 위해 조선 청년들이 상하이로 유학을 많이 떠나는 경우와 달리, 베이징에서 '동양문화'를 습득하거나 현대 중국을 이해하고자 하는 목적은 압도적이었다.

1922년 6월 베이징대에서 유학하고 있던 양명은 양해청梁海淸이라는 필명으로 『동아일보』에 8회에 걸쳐 베이징의 교육체계와 유명한 대학들, 그리고 학비 등의 상황에 대해 소개하였다.[10] 이 시리즈에서 양명은 교육이야말로 '우리 민족에 죽느냐 사느냐가 달린 문제'라며, 조선에서 배울 곳이 많이 없다는 것이 문제라고 지적한다. 이러한 문제를 해결하기 위한 방편으로 유학의 필요성을 제기하고, 그 대상지로 서구가 아닌 일본이나 중국을 비롯한 '동양' 나라를 거론하고 있다. '동양에서 보편

---

8 유광렬,「中國行(續)」,『동아일보』, 1923.7.8, 5면.
9 1928년부터 수도로서의 지위를 잃은 베이징은 새로운 방향을 모색할 수밖에 없었다. 1929년에 베이징 시청은 도시 발전 목표에 관한 계획서를 발표하였는데, 이 계획서는 베이징을 중국의 '문화(학술, 미술, 예술)중심'으로 만들었는데 성공적이었다. 董玥,『民國北京城 : 歷史興懷舊』, 生活·讀書·新知三聯書店, 2014, 74쪽 참조.
10 양해청,「북경에서 중국 유학 안내」,『동아일보』, 1922.6.6~13.

적 지식을 얻지 못하고 서양에 유학하는 것이 진정한 효과가 있을는지가 의문'이기 때문이다.

그는 또한 일본 유학과 중국 유학을 비교하고 있다. '공학, 의학 같은 물질적 과학이라든지 또는 정치, 경제, 법률 같은 것은 일본의 장점이며, 철학, 문학, 신학, 사학, 사회학, 교육학 등 정신적 과학은 중국의 장점'[11]이라고 지적한다. 즉, 서구에서 유입된 '물질적 과학' 차원에서 일본이 뛰어나지만, 동양의 학문 전통을 이어받은 '정신적 과학' 차원에서 중국이 앞장서 있다는 주장이다.[12] 이런 의미에서, 그에게 중국은 일본보다 더 '동양적인' 나라로 인식되고 있는 셈이다.

양명은 조선의 학교에 비해서 중국의 학교가 지니는 여러 가지 장점을 꼬집기도 한다. 첫째는, 학교의 제도는 '자유적이고 평등적이니 모든 방면으로 학생의 의사, 학생의 인격을 존중'한다는 점, 둘째는, '학생의 자치정신'을 중요시한다는 점, 셋째는 중국 학생들이 사회적 활동을 많이 한다는 것이다.[13] 요컨대, 일본의 교육 체제에 비해 더 동양적이고, 조선의 학교제도에 비해 더 근대적이라는 장점으로 인하여, 양명은 국내 많은 학생들이 베이징으로 유학하는 것을 적극적으로 권하고 있다.

1921년부터 1924년까지 베이징대 사학과에서 수학한 이윤재李允宰는

---

11 양해청, 「북경에서-중국 유학 안내(6)」, 『동아일보』, 1922.6.11, 1면.
12 이러한 인식은 당시 베이징에 있는 조선 유학생들의 전공학문은 자연과학이나 이공 계열보다 인문사회 분야가 압도적으로 많았던 점을 통해서도 짐작할 수 있을 것이다. 이재령, 「1920년대 전후 북경(北京)의 유학환경과 한인학생(韓人學生) 현황」, 『중국 학보』80, 한국중국학회, 2017, 249쪽 참조.
13 양해청, 「북경에서-중국 유학 안내(3)」, 『동아일보』, 1922.6.8, 1면.

역시 중국에서 '동양의 보편적인 지식'을 습득하고자 한다는 점에서 양명과 비슷한 입장을 보이고 있다. 그러나 양명이 중국 교육의 근대적인 면을 극찬하는 의견과는 달리, 이윤재는 '근대적 학문/지식'보다 단순히 동양문화를 배우려고 해서 베이징 유학을 택한 것이었다. 이와 관련하여, 그는 1924년 『시대일보』에 총 13회에 걸쳐 연재된 「중국 유학」[14]이라는 시리즈에서 '중국은 현재 문화정도로 본든지, 과학 층면으로 보든지, 그리 자랑할 만한 것이 없다'고 한다. 더욱이 당시 조선인의 가장 배우려고 한 '법과法科 상과商科 같은 것은 더욱이 중국에서 배울 필요가 없으리라 한다'고 주장한다. 그가 보기에는 중국 유학은 '중국학 곧 중국문학, 동양철학 같은 것을 연구하기엔 가장 적절'[15]하는 것이다. 이러한 견해는 그가 1921년에 베이징대에 처음 입학했을 때 당시 베이징에 거주하고 있는 신채호를 방문한 자리에서도 밝힌 바가 있다.

'내가 이번에 여기에 오기는 다만 학술연구를 목적하는 것입니다. 동양문화를 연구하는 데는 중국이 가장 좋을 것이라 생각하던 것입니다. 앞으로 선생께서 많이 지도하여 주시기를 바랍니다' 하여 북경 온 취의(趣意)를 말하였다. 단재는 매우 기뻐하며 '매우 좋소이다. 지금 조선 사람은 무엇을 연구하던지 서양이나 일본으로 가기들은 잘 하지마는 중국 땅에 오는 이는 별로 없는 모양입니다. 중국이 동양의 대부분을 차지하고 있으니, 동양문화를 연구하려면 중국을 떠날 수 없을 것이지요. 그리고 중국은 우리 조선의 사료를

---

14   이윤재, 「中國留學」, 『시대일보』, 1924.4.24~5.19, 4면.
15   이윤재, 「中國留學, 極히느러가는 趨勢 가는 이의알아 물일」, 『시대일보』, 1924.4.25, 4면.

탐색할 것이 얼마나 많은지 이것이 다 우리가 할 일이 아닙니까' 하여 점점 사론(史論)으로 들어갔다.[16]

위에서 보듯이, 동양문화를 연구하려는 이윤재의 중국 유학 목적에 신채호도 동감하고 있었다. 당시는 신채호가 잠시 정치를 떠나 베이징의 보타암善陀庵에 거주하면서 조선사 집필에 몰두하였던 시절이다. 그가 베이징에서 머무는 것은 동양문화를 연구하려는 취지를 담고 있었고, 무엇보다 중국에서 조선의 사료를 탐색하여 조선사를 복원시키기 위함이었다. 나중에 베이징대를 졸업하고 바로 한글운동에 투신한 후배 학자 이윤재는 역시 그와 궤를 같이하였다.

위와 같이 단순히 '학문'에 대한 추구 외에는 현대 중국을 이해하려는 취지에서 중국 유학의 필요성을 제기한 담론도 존재하였다. 1931년에 총 5회를 걸쳐『조선일보』에 연재된「중국 유학 고찰」이라는 시리즈에서 유진동劉振東은 중국 유학을 통한 현대 중국 연구를 주장한 것은, 일차적으로 재만조선인들이 직면하던 현실적인 문제에서 출발하였다. 그는 당시 만주에서 조선 이주민과 중국인 사이에서 충돌이 벌어진 것은 근본적으로 서로 이해하지 못했기 때문이라고 지적한다. 특히 '이곳에 이주하면서도 '그들의 것을 배울 것이 무엇이 있나?' 하는 과거 시대의 국수적인 관념으로 지내온 재만동포在滿同胞'를 비판하는 입장을 견지한다. 한발 나아가 '어디에 가든지 그 나라의 정치, 문화, 풍속을 이해하지 못

---

16 이윤재,「북경시대의 단재」(『조광』, 1936.4), 조성환 편,『북경과의 대화』, 학고방, 2008, 113쪽.

하는 것은 우리의 과거 해외이주 역사에 있어서 큰 잘못'이라고 지적한다. 따라서 그는 당시 중국에서의 조선 유학생들이 '대부분 상해 등에서 임시로 영어나 준비해 가지고 미국 유학하겠다는 목적'[17]이라는 현실을 다소 못마땅하게 여기며, 현대 중국에 대한 연구야말로 '지리적으로나 역사적으로 중국과 직간접적으로 깊은 이해 관계를 가지고 있는' 조선의 현실과 직결된 중대한 일이라고 인지하고 있다.[18]

바로 이러한 인식하에, 1920년대 베이징으로 온 조선 유학생들은 중국을 '근대의 낙후자'로 여겨 중국 유학을 꺼리는 동시대 조선의 여론에 대해 비판적인 입장을 견지하고 있었다. 1917년 베이징대 예과에 입학한 장자일張子一은 당시 '세계 어느 곳에서든지 한 독립국가의 국으로서 가장 심히 천대를 받는 것도 중국일 것'이라며, '어찌된 셈인지 우리 사람 중에서도 중국인이라면 까닭없이 경멸과 멸시의 태도를 가지고 대하는 이가 많다'[19]는 문제를 제기한 바가 있다. 그런가 하면 1922년 12월에 『동아일보』에 개제된 '재중국 일유학생'이라는 화자가 쓴 중국 유학을 소개하는 글에 따르면, 당시 조선 국내에 '중국인은 그 불결함으로 세계에 유명하니 중국인과 동창에서 어찌 공부할 수가 있을까 하는 거만한 담론'이 있었다. 화자는 '그것은 자기의 무식함을 자백하는 것에 불과'[20]하다고 비판한다. 이와 유사하게, 양명은 1922년 『동아일보』에

---

17 유진동, 「중국 유학 고찰 – 중국 유학의 역사 고찰(2)」, 『조선일보』, 1931.4.28, 2면.
18 유진동, 「중국 유학 고찰 – 중국 유학의 역사 고찰(4)」, 『조선일보』, 1931.5.1, 2면.
19 장자일, 「世界各國의 學生生活, 教授時間에도 沈黙 第一主義, 中國學生의 特性」, 『별건곤』 14, 1928.7, 92쪽.
20 재중국 일유학생, 「中國留學에 就하야」, 『동아일보』, 1922.12.21, 5면.

연재된 「중국 유학안내」에서 근대에 들어 조선인이 가졌던 중국 인식이 '극단에서 극단으로 변하였다'고 비판을 가하고 있다.

　　五十年前 "洋夷侵犯非戰則和"라든 우리는 只今 글을 매와도 西洋글말을 하야도 西洋말 物件을 사도 舶來品 飮食을 먹어도 洋料理 옷을 입어도 洋服이면 조타하고 그때 "華人稱之曰小中華"라하든 우리는 只今 되놈이라하면 世界에서 第一下級人이오 第一賤하고 第一弱한 對象처럼 生覺하게 되엿나이다. (…중략…) 五十年前의 思想이 根本부터 틀렷든 것은 勿論이고 또 우리가 이것으로 因하야 只今과 가튼 狀態가 되고 만 것도 否認할수업는 事實이나 現在의 이 思想이 우리의게 조흔 結果를 주리라고 그 누구나 斷言하겟나잇가?[21]

　　윗글에서 양명은 당시 조선 지식계나 일반인 사이에서 보편적으로 존재하는 무조건 서구를 따르면서 중국을 깔보는 태도를 전면적으로 비판하고 있다. 서구 중심주의에 대한 그의 경계심은 앞서 논한 그가 만리장성을 지나면서, 서구적 근대의 단선적인 문명관을 벗어나 조·중 양국이 공동적으로 겪고 있었던 참담한 처지를 해석하는 데에서도 그대로 발견된다. 그는 조선인들이 중국인을 '세계에서 제일 하급인이오 제일 천하고 제일 약한 대상'으로 취급한 이유는 중국의 '유치한 하등사회'만을 보았을 뿐, 물질적으로나 정신적으로 남에게 뒤떨어지지 않은 '상류

21　양해청, 「북경에서 - 중국 유학 안내(8)」, 『동아일보』, 1922.6.13, 1면.

계급上流階級'을 간과한 결과라고 지적한다. 여기서 말하는 '상류계급'이 란 그가 베이징대에서 유학 시절에 접했던 민족의 해방과 자주적 근대 를 실현하고자 모색하는 중국 지식인 및 정치인들이었음을 어렵지 않 게 짐작할 수 있을 것이다.

1920년대 전후의 베이징은 중국 신사상과 신문화의 중심이었다면, 베이징대는 곧 그 '중심의 중심'이었다. 과거 "관료 양성소"였던 베이징 대는 5·4운동의 세례를 받아 예전과 "전혀 별개의 일대 학부"가 되었 다. 더욱이 차이위안페이蔡元培가 교장으로 부임하면서, 후스胡適와 듀이 John Dewey, 러셀Bertrand Russell 등 국내외 유명한 학자들을 교수나 특강연 사로 초빙하여 명실상부한 중국 유일의 대학으로 만들었다는 것이다.[22] 물론 베이징대의 입학은 다른 학교에 비해 매우 어려웠고, 청강을 하고 싶어하더라도 영어에 능통해야 할 뿐만 아니라 중국어도 잘해야 됨으로 조선 학생은 보통 2, 3년의 준비가 필요했다.[23] 그럼에도 불구하고 동양 문화를 습득하거나 현대 중국을 이해하기 위해 베이징 유학을 택한 조 선 유학생들에게 베이징대는 단연 가장 선호되는 유학 목적지이자 새롭 게 형성하는 중국적 근대를 경험할 수 있는 최적의 공간이었다.

장자일은 혼란스러운 시국에도 불구하고 베이징대가 학술독립의 정 신을 단단히 지켜냈던 점을 특히 찬탄하였다. 이와 동시에 그는 베이징

---

22 李勳求 외, 「教授로 大學生으로 支那 諸大學 時代의 回想」, 『삼천리』 12-6, 1940.6,
    127~128쪽.
23 이런 까닭에 1922년 6월까지 베이징 대학을 정식 졸업한 조선인은 없었고, 본과 3학
    년과 選科(청강생)에 몇 사람이 재학하였을 뿐이다. 양해청, 「北京에서, 中國留學案內
    (4)」(전8회), 『동아일보』, 1922.6.9, 1면.

대의 여러 존경을 받은 학자 및 중국 학생들이 공유했던 하나의 공통점을 관찰해 내기도 하였다. 그 공통점은 곧 '본국의 학문으로 든든한 기초를 세운 후에 서양의 학문을 학습'한다는 점이다. 달리 표현하자면, 일방적으로 서구 학문을 받아들이는 것이 아니라, 궁극적으로 중국 학문을 발달시키기 위해서 비판적으로나 참고용으로 서구 학문을 배운다는 것이다.[24] 따라서 중국 근대 지식인의 경우, 본국의 학문을 모른다면 아무리 서구에서 높은 학위를 땄더라도 중국사회에서 존경받지 못한다는 상황이다. 장자일이 보기에는 이러한 '자존심'은 일부 유명한 인사만 국한되지 않고 학생을 포함한 일반 중국인들이 공통적으로 지니는 "민족의 특성"인 것이다. 그래서인지 중국에서 '일상용어로부터 학술술어에 이르기까지 하나도 외래어 그대로 쓰는 것이 없고 반드시 중국문자로 역술譯述하여 사용된'[25]다는 것이다.

1923년경에 베이징대 제2원에 입학한 김덕봉金德峰은 베이징대에서 만난 중국 신여성을 통해 일본과 서구와 구별된 중국적 근대 주체의 특성을 경험적으로 관찰해 내고 있다. 그는 베이징대의 여학생들의 활발

---

24 참고로 1920년에 베이징대의 초빙교수로 1년 동안 철학을 강의했던 영국 철학가 버트런드 러셀의 저서인 『중국의 문제』에서도 당시 베이징대의 학문과 사상적 분위기에 관한 비슷한 지적을 하고 있다. 그를 따르면 "내가 담당하는 베이징대 학생들로 구성된 세미나에서 제기되는 토론은 언제나 총명·성실·대담하다는 점에서 어느 나라 대학생에게도 뒤지지 않는 것이었다. 학생들은 서구의 지식을 흡수하려는 데 정열적이지만 서구의 악덕, 병폐를 받아들이기를 거절한다. 그들은 과학적이기는 하되 기계주의적이기를 바라지 않는다. 공업화를 열망하지만 자본주의적이기를 원하지 않는다"는 것이었다. Bertrand Russel, *Problem of China*, N.Y : Century, 1922, p.235.

25 장자일, 「世界各國의 學生生活, 敎授時間에도 沈黙 第一主義, 中國學生의 特性」, 『별건곤』 14, 1928.7, 92~93쪽.

함과 당당함은 '남자 그 이상'이었다고 평가한다. 특히 '흑서와 비바람' 그리고 '정부의 무력 진압' 등 위험을 무릅쓰고 학생운동에 적극 투신하였던 여학생들의 용기에 크게 탄복한다. 그들의 '모든 행동이 실질적이고, 추호도 자기들이 여자라는 것을 표방하지 않으며 남성에게 평등을 요구하는 것'[26]을 보고 듣지도 않았기 때문이다. 김덕봉은 이러한 용감함과 당당함이 아니면 중국혁명이 도저히 성공치 못하였으리라고 본다. 한발 나아가 그는 그것을 일본에서 교육받은 신여성의 지나친 겸손함, 또한 미국에서 교육받은 신여성의 '레이드 이스 푸어스트女子第一'주의와 비교한 결과, 중국의 신여성이야말로 진정한 남녀 평등을 이뤘다고 주장한다. 이론만 앞세우지 말고 실제 행하고 그 체험으로써 진정한 평등을 얻어야 한다는 점은 베이징대 유학이 아니면 얻지 못할 것이라고 그는 글 끝에서 밝히고 있다.

이처럼 일부 조선 유학생들은 현대 중국을 이해해야 한다는 절실성과 긴요성을 강조하면서, 서구/일본과 구별되는 중국적 근대의 특성을 베이징 유학생활을 통해서 경험적으로 얻게 되었다. 그러한 경험적 인식들은 뒤에서 논의할 중국적 근대에 대한 이동곡 등 조선 지식인들의 사유로 이어지게 되었다.

---

26 김덕봉, 「北京大學正門과 '나'」, 『사해공론』, 1936.10, 69쪽.

2. 베이징 시절의 아나키스트 신채호

'지적 공간'으로서의 베이징은 조선 지식인에게 '동양문화'와 현대 중국에 대한 이해를 습득하는 공간이었을 뿐만 아니라, 각종 신사상을 수용하는 공간이기도 하였다. 5·4운동 이후 당시 중국의 암담한 현실 속에서 조속히 신사회를 건설하고자 하는 갈망이 컸던 만큼 유토피아적 이상주의, 정치적 낭만주의가 만연하였는데,[27] 아나키즘은 그 가운데 중요한 사상적 자원이 되었다. 그중에서 베이징대는 중국 "흑조黑潮의 원천源泉"[28]이라 칭했던 만큼, 차이위안페이蔡元培 총장을 필두로 아나키즘 운동을 주도하는 리스쩡李石曾과 우즈후이吳稚暉 교수가 크로포트킨 사상을 중심으로 활동하고 있었으며, 루쉰魯迅과 예로센코Vasilli Yakovlevich Ero-shenko 교수는 에스페란토를 통해 세계 시민의식을 일깨우고 있었다. 그러한 베이징대는 조선에서 온 유학생들이 아나키즘을 접촉하고 수용하였던 통로가 작용되었다. 유학생이 아니지만, 앞서 언급한 1920년대 초에 조선사 연구를 하면서 베이징대를 자주 드나들었던 신채호도 예외가 아니었다.

1919년을 전후하여 신채호의 사상은 중대한 전환기에 들어섰다. 3·1운동의 실패로부터 심각한 반성을 하면서, 베이징대에서 리스쩡, 우즈후이, 류스페이劉師培, 리다지오 등 아나키스트와 사회주의자들과 접촉한

---

27 蕭功秦, 『與政治浪漫主義告別』, 湖北教育出版社, 2001.
28 '흑조'란 아나키즘운동을 가리키는 말이다. 아나키스트들은 흑색(검은색)을 자신들의 고유색으로 사용하기 때문이다. 김덕봉, 「北京大學正門과 '나'」, 『사해공론』, 1936.10.

것은 신채호가 1923년 전후로 아나키즘과 사회주의를 함께 수용했다가 결국 아나키스트로 변모된 중요한 계기가 되었다.[29]

제1장에서 논한 것처럼, 근대계몽기 신채호의 민족주의는 제국주의의 침략에 대항하고 조국의 독립을 지향하는 이념으로 제창된 것이지만, 그 사상적 기초는 사회진화론이었다. 그는 힘으로 지배하는 국제질서를 부정함으로써 조선의 독립을 추구하는 것이 아니라, 약육강식의 논리에 순응하여 강자로서의 조선을 추구하였다. 따라서 을지문덕 등 민족 영웅에 관한 그의 서사에는 영토 확장주의를 극찬하면서 저항과 확장을 동시에 지니는 근대 민족주의의 양면성, 따라서 민족주의와 제국주의 간의 친연성을 여실히 보여주고 있었다. 그러나 그가 베이징에 머무른 시절의 사상은 그러한 '친연성'을 자각하면서 이로부터 벗어나는 양상을 보였다.

민족이라는 공동체 구축을 위하여 영웅 서사를 동원하여 온갖 심혈을 아끼지 않은 전형적인 민족주의자였던 신채호가 아나키즘을 수용했던 이유는 무엇일까. 여러 가지 요소들이 있었겠지만 그 주된 이유는 그가 사회진화론적 인식의 허상을 간파했기 때문일 것이다. 우승열패, 적자생존의 원리를 내세워 근대화운동을 이끌었던 사회진화론은 제국주의의 식민지 지배를 정당화하는 측면이 있었기 때문에 식민지 시기에 들어 더이상 민족 해방을 담보하기에 적절하지 않게 되었다. 제국주의를 뒷받침하는 사회진화론을 이론적으로 극복하기 위해, '경쟁'이 아닌 '상

29　왕원주, 「북경대학과 한국독립운동」, 『동양학』 54, 단국대 동양학연구원, 2013, 167~185쪽 참조.

호부조相互扶助'를 사회의 진화발전의 원동력으로 간주하는 아나키즘은 신채호를 비롯한 일부의 조선 지식인들에게 호소력 있게 다가갔.

베이징 시절의 신채호는 문학적 계몽에서 실천론으로, 민족주의에서 혁명적 아나키스트로 나아가게 되었다. 약육강식이라는 사회진화론을 거부한 그에게 새로운 역사의 주체는 '민족' 대신 '민중'으로 바뀌게 되었다. 1917년의 러시아혁명, 1919년의 3·1운동과 5·4운동의 경험은 그가 민중의 힘을 느낄 만한 계기였다. 1923년 1월에 그가 의열단을 위해 「조선혁명선언」을 집필하면서 명실상부한 아나키스트 혁명가로 거듭났다. 「조선혁명선언」에 그는 '우리 이천만 민중은 일치로 폭력 파괴의 길로 나아갈지니라. 민중은 우리 혁명의 대본영大本營이'라며, '민중'을 혁명의 주체로 설정한다. 이제 민중은 어떤 지도자나 영웅이 있어 각오하도록 하는 것이 아니라 '먼저 깨달은 민중이 민중의 전체를 위하여 혁명적 선구가 됨이 민중각오의 첫째 길'[30]임을 지적한 바는 근대계몽기에 그가 가졌던 영웅사관에 대한 청산을 의미한다. 1928년 4월 톈진에서 열리는 조선인 아나키스트 회의에서 그는 선언문을 발표했다. 선언문에서 소수는 다수에게 지는 것이 원칙인데 왜 최대다수의 민중이 최소수인 지배계급에게 착취당하고 박멸당하는가 하는 문제를 제기하며, 최대수의 민중이 노예 상태에서 벗어나는 길은 민중 직접혁명밖에 없다고 주장한다. 그 지점에서 신채호는 전적으로 아나키즘적 세계관을 드러내고 있다.[31]

---

30   신채호, 「조선혁명선언」(1923.1), 단재신채호전집편찬위원회 편, 『단재신채호전집』 8, 한국독립운동사연구소, 2008, 901쪽.

31   신채호, 「宣言」, 단재신채호전집편찬위원회 편, 『단재신채호전집』 7, 한국독립운동사연구소, 2008, 655쪽.

이와 동시에 사회진화론에 입각하여 한때 급진적인 '탈중국'의 주창자였던 신채호는 중국 인식을 확실히 바꾸기도 하였다. 물론 역사적으로 내려온 조선의 사대주의적 입장과 소중화주의, 그리고 중국의 중화중심주의 등에 대하여 그는 여전히 부정적인 시각을 견지하고 있다. 다시 말해, 옛 중국에 대한 그의 비판은 변함이 없었다. 그러나 반半식민지로 전락된 현대 중국은 그에게는 역사적·지정학적으로 "진실로 영원한 우국真實永遠之友國"[32]이다.

1921년에 신채호가 베이징에서 간행한 잡지 『천고天鼓』는 조선의 독립운동과 역사를 중국인에게 알리고 순치脣齒의 관계를 일깨워 독립운동의 지원을 요청하는 데 목적을 두고 있다. 순한문으로 발행된 이 잡지를 통해 신채호는 일제의 야만성을 폭로하고 조·중 항일연합전선의 필요성을 거듭 강조한다. 제1권 제2호에 개제된 「한한양족의가친결」이라는 글에 그는 '조·중 양국인들은 스스로 일어나 서로 사랑하고 어서 빨리 일어나 서로 도와 공존공생의 길로 함께 나아가야 한다'[33]고 절박하게 호소하고 있다.

한발 나아가 그는 조·중 양국이 '공존공생의 길'을 함께 걷자면, 우선 반드시 서로의 옛잘못을 바로 잡아야 한다고 지적한다. 조선인은 '지나치게 겸손한 데서 잃음이 있었고失於太謙', 중국인은 '자신을 높이는 데서 잃음失於自尊'이 있었다는 것이다. 즉, 조선인은 침략자를 앞두고 '전전

---

32   震公, 「韓漢兩族之宜加親結」, 『天鼓』 1-2, 1921.1. 최광식은 고증을 거쳐 震公은 신채호가 확실하다고 지적하고 있다. 최광식 역주, 『단재 신채호의 「천고』, 아연출판부, 2004, 25쪽.
33   위의 글.

하며 목숨을 구하고 감히 칼을 뽑아 대항하지 못하는' 점을 바로 잡아야 하고 중국은 '자기가 크다는 것에 자만하고 있는 것'이 흠이라고 지적한다. 다음으로 그는 조·중 양국이 상대국에 대해 철저히 이해해야 된다고 강조한다. 이에 그는 양국이 가까운 관계에 있지만 서로 사정을 모른다고 비판한다. 중국의 경우는, '이 씨가 왕 씨의 천명을 대신 했음에도' 알지 못하며 '갑오대란 이전에 유신당이 조선에 있었는지도 알지 못했'을 정도로 조선에 대한 관심이 미미했다. 더군다나 조선과 관련된 저서를 썼던 중국 최고의 학자 황준헌黃遵憲[34]과 량치차오까지 '조선은 본래 독립된 국문이 없다고 여겼다'는 것이다. 신채호는 이들의 잘못된 조선관을 비판하는 동시에 선조들의 몰주체적 정신에도 비판을 가하고 있다. 중국 학자가 범한 오류가 곧 조선 학자들이 '한문을 우선시하고 국문을 덜 중요하게 여겨 경학을 존숭하고 국학을 멀리 하였'던 데서 빚어진 것으로 지적한다. 그러나 '중국만 알고 우리 나라는 알지 못했'던 상황과는 정반대로 근대에 들어 조선의 학자는 근대 이후 중국의 사회적 변화에 대해 오히려 무관심해졌다. 신채호는 그것을 비판하면서 "서로 알수 없으매 어찌 친할 수 있고, 친할 수 없으매 어찌 서로 도울 수 있겠는가?"라고 물으며 '양국의 사람들이 각자의 국가 사정을 서로 제공하고 연구하게' 되는 것을 진지하게 호소하고 있다.

끝으로 그는 '쑨원이 조선이 독립해서 하나의 완충국이 된 후에야 중

---

34   황준헌(1848~1905), 청 말기의 외교관이자 작가이다. 1880년 주일 청국 공사관 참찬관으로 있을 때, 강화도 조약 이후 새로운 국제 질서와 변혁을 맞이하게 된 조선에게 조언하기 위해 지어진 외교 관련 저서 『조선책략(朝鮮策略)』을 지었다.

국이 비로소 편안해질 수 있다고 말한 것은 진실로 분명하게 알고 명확하게 말했다'고 하면서 조선독립, 조·중 친선만이 동양평화에 큰 힘이 됨을 제시하고 있다.[35] 따라서 그는 조선의 민족자결 주장은 편협한 국가주의가 아니라 동양의 중요한 문제라고 하며,[36] 나아가 조선이 중국과 일본의 중간에 위치한 지정학적·역사적 상황을 지적하며, 조선의 독립이야말로 '진실로 동양평화東洋平和의 요의要義'임을 강조한다.[37]

이렇듯 근대계몽기에 일본을 맹주로 삼은 조선 지식인의 동양주의를 '노예의 어리석음奴隸'[38]이라고 신랄하게 비판하였던 신채호는 1920년대에 들어 새삼 '동양'을 거론하고 있다는 모습을 확인한다. 그러나 그가 논하는 '동양'은 근대 이후 조선 지식인들이 종종 가질 법한 '민족/국가'를 주체로 설정하는 동양/동아시아 인식이 아니라 '민중'을 역사의 주체로 설정하는 아나키스트적 사유에서 출발한 것이다.

당시 동아시아 아나키스트들은 어떤 정치집단보다 자민족 중심주의에서 벗어나 아시아에 대한 수평적 사고에 노력했는데 그들의 국제주의는 대체로 동아시아라는 범주에서 출발했다. 그들은 식민지로부터 해방되더라도 고립되면 혁명이 성공하기 어렵다는 사실을 잘 알고 있었기에 진정한 사회혁명은 곧 동아시아 범주를 기반으로 세계혁명으로 나아

---

35 震公,「韓漢兩族之宜加親結」,『天鼓』1-2, 1921.1.

36 震公,「華友寄送之兩大著」,『天鼓』1-1, 1921.1.

37 震公,「朝鮮獨立及東洋平和」,『天鼓』, 1-1, 1921; 최원식·백영서 편,『동아시아인의 '동양' 인식』, 창비, 2010, 213쪽에서 재인용.

38 신채호,「동양주의에 대한 비평」,『대한매일신보』, 1909.8.8; 최원식·백영서 편, 위의 책, 210쪽에서 재인용.

가는 것[39]을 믿고 있었다. 그러한 신념 하에, 1920년대에 들어 조·중·일 아나키스트들의 노력으로 동아시아 반제 공동전선 구축이 현실화되었다. 신채호와 같이 베이징에서 활동하던 이회영, 유자명 등 조선 아나키스트들이 일본의 무산 민중이나 아나키스트까지 참가하는 광범위 국제 연대를 추구하고 있었지만, 신채호는 그것에 반대하였다. 그는 일본 민중과 프롤레타리아를 제국주의 그 자체와 동일시하였기 때문이다.[40]

신채호가 구상하는 '동방연대론'에는 일본은 철저히 배제되어 있다. 따라서 1928년에 열리는 조선인 아나키스트 회의에서 발표한 선언문에서 그는 연대의 대상을 '세계 무산대중, 더욱 동방 각 식민지 민중'임을 규정하고 있다.[41] 일본이 제창해 온 '동양'과 거리를 두기 위해서였는지, 그가 일부러 '동방東方'이라는 표현을 택한다. 그가 상상하는 '동방'이란, 곧 일본을 배제하는 식민지·반半식민지 무산민중으로 국한된 것이다. 같은 시기 상하이에서 주요한에 의해 제기된 '외세외존적 동아시아 인식'이라는 성격을 지닌 동아시아 반제연대론과 다르게, 신채호의 '동방연대론'은 식민지·반半식민지 '무산민중'을 주체로 설정한다는 점에서 국제주의의 색채가 짙게 깔려 있다.

---

39 조세한, 『동아시아 아나키스트의 국제 교류와 연대』, 창비, 2010, 329쪽.

40 신채호는 「浪客의 新年漫筆」이라는 글에 일본의 무산자는 제국주의를 배경으로 조선의 유산자보다 호강한 생활을 누리며, 특히 조선에 利殖한 일본의 무산자는 조선인의 생활을 威嚇하는 殖民의 선봉에 불과한 존재라고 간파하였다. 박걸순, 「申采浩의 아나키즘 수용과 東方被壓迫民族連帶論」, 『한국독립운동사연구』 38, 문화체육관광부, 2011, 218~219쪽.

41 신채호, 「宣言」, 단재신채호전집편찬위원회 편, 『단재신채호전집』 7, 한국독립운동사연구소, 2008, 655~656쪽.

위와 같이 1920년대 베이징 시절의 신채호는 근대계몽기와 비교하여 사상적으로 여러모로 급변하였다. 사상·이념적으로 영웅사관으로부터 민중사관으로, 민족자강론으로부터 민중혁명론으로 전환됨에 따라 중국과 동아시아에 대한 그의 인식도 급변하게 되었다. 그러나 신채호에 대한 기존 연구는 계몽운동가·민족주의운동가로서의 활동과 사상에 집중되어 있으면, 그의 아나키즘을 분석한 연구조차도 그를 아나키스트로 인정하기보다는 아나기즘적인 방법론을 채택한 민족주의자로 이해해 왔다. 헨리 임Henry Em이 지적했듯이, 신채호를 민족주의의 계보로 강조하는 작업이 너무나 지나친 나머지 한국의 역사가들은 오랫동안 애국계몽기 이후의 신채호가 아나키스트로 전향한 사실을 슬쩍 얼버무리기까지 했다는 것이다.[42] '제국/식민지'라는 체계 하에 '민족'이라는 울타리 안에서 신채호 후기의 급격한 사상적 변화를 바라볼 때, '뜻밖의', '이해하기 어려운', '애석한 일'[43]로 여길 수밖에 없을 것이다. 그러나 민중의 힘이 살아 숨 쉬는 베이징에서의 절실한 체험, 그리고 당시 베이징대를 중심으로 전개된 각종 새로운 사상들의 수용과 경합이라는 중국적 근대라는 역사적 맥락에서 이해한다면 결코 '뜻밖의' 일이 아니라 오히려 매우 자연스러운 일이라고 간주할 수 있을 것이다.[44]

42　Em, Henry H., "Minjok as a Modern and Democratic Construct : Sin Ch'aeho's Histo-riography", Gi-wook Shin·Michael Robinson, *Colonial Modernity in Korea*, Cambridge : Harvard University Press, 1999, pp.336~361.

43　신용하,『신채호의 사회사상연구』, 한길사, 1984, 88·108쪽 참조.

44　이에 최옥산은 식민지 시기 수많은 조선 근대 지식인들의 독립운동 무대가 되었던 중국에 이들이 남긴 흔적들을 찾아내고 복원하는 작업은 한국학의 재정립을 위한 큰 과제라는 주장에 심히 공감한다. 최옥산,「동아시아 한국학의 중국적 주제에 관한 관견

3. '피아대조彼我對照' — 방법으로서의 중국적 근대

1) 참조 대상으로서의 신문화운동

제2·3부에서 살펴본 것처럼, 1920년대 만주행과 상하이행을 택한 조선 지식인들은 '근대'라는 시각으로 중국을 논할 때, 각각 일본적 근대와 서구적 근대를 모델로 삼은 경향이 강하였다. 전자의 경우, 익명적인 '문명인'이라는 주체성으로 중·일 대비 담론을 반복함으로써 중국의 비근대성을 입증하였다. 후자의 경우, '동양인'이라는 주체성으로 서구적 근대를 수용하는 데 중국의 가능성을 확인하는 한편, 신흥 중국에 대한 기대 속에서 동아시아적 근대에 대한 상상을 펼쳤다. 그러나 근대성과 제국주의라는 야누스적인 두 얼굴을 가진 일본이나 서구를 매개로 근대를 사유할 때, 조선 지식인들은 인식의 혼란에 빠지거나 주체성의 상실 또는 분열을 겪는 것이 불가피하였다. 이와 대조하여, 베이징과 관련 담론에서 일부 조선 지식인들은 반半식민지로서의 중국을 매개로 근대를 사유한다는 자세를 드러내고 있었다. 신문화운동을 지켜보면서 중국적 근대에 대한 이들의 주목과 사유는 서구적 근대, 일본적 근대를 추구할 때 따르는 식민성과 몰주체성, 동아시아적 근대를 상상할 때 따르는 허구성 등에 대한 자각의 소산이었다. 보다 주체적인 '조선적 근대'에 대한 추구이기도 하였다.

1910년대 중반부터 시작된 신문화운동은 아편전쟁과 양무운동, 무술

(管見)」, 『한국학연구』 16, 인하대 한국학연구소, 2007, 22쪽.

변법, 신해혁명 등의 한계와 좌절을 경험한 중국 지식인들은 군벌 내전 및 계속되는 제국주의 열강의 간섭 등 내외적인 위기 상황을 타개하고자 근본적인 혁신을 추구하는 일련의 개조의 시도를 의미한다. 또한 근대 초기부터 추구해 왔던 계몽과 부국강변의 이상을 초월하여 '중국에 어떠한 문명이 필요할 것인가'라는 근본적인 의문에 대한 해답을 구하는 과정이었다.[45] 진관타오金觀濤·류칭펑劉青峰을 따르면, 위진남북조魏晉南北朝時代 시기에 불교가 중국적 가치에 의해 대규모 융합이 이루어졌듯이, 신문화운동은 중국 역사상 일어난 두 번째의 대규모 문화 융합으로, "서구적 관념을 소화·종합·재구성하여 중국 특유의 현대 관념을 형성하는 시기"였던 것이다.[46] 따라서 중국적 근대의 형성 시기라고 간주해도 무방할 것이다.

　베이징을 중심으로 전개된 신문화운동은 유사한 시대적 고민을 안고 있었던 조선 지식인들에게는 중요한 참조점들을 제공하였다. 무엇보다 이 운동에서 드러낸 중국 지식인들의 사유와 실천들은 당시 조선이 직면하고 있던 식민지 현실, 그리고 1920년대부터 조선에서 화두가 된 개량과 개조라는 사회·문화적 분위기[47]와 맞닿아 있었다. 따라서 조

45　1919년 5·4운동 이후, 중국 사상계의 가장 큰 고민거리가 '계몽'이나 '부국강변'이 아니게 되었다. 천두슈(陳獨秀)의 말로 표현하자면 '논리의 각오(倫理的覺悟)' 문제가 부상되었다. 즉 중국이 절실히 필요한 것이 서구문명인지 중국문명과 서구문명이 조화된 '제3의 문명'인지 문명 자체에 대한 문제제기가 신문화운동의 핵심이 되었다. 許紀霖, 『中國, 何以文明』, 中信出版社, 2014.

46　金觀濤·劉青峰, 『觀念史研究』, 法律出版社, 2009, 21~22쪽. 한국어 번역판은 진관타오·류칭펑, 양일모 역, 『관념사란 무엇인가』, 푸른역사, 2010 참조.

47　1920년 6월 『개벽』이 창간된 후 같은 해 10월 이돈화가 「조선신문화건설방안」을 발표하면서 신문화 건설을 주장했다. 최남선, 이광수 등은 모두 공인하는 조선 신문화운동

선 국내의 개조운동의 선례이자 지적인 '자극'으로 간주되어 적극적으로 소개되었다. 예컨대, 이동곡은 1922년에 『개벽』 제30호에 「신동양문화의 수립」을 발표해서 후스胡適의 「문학개량주의」와 천두슈陳獨秀의 「문학혁명론」을 번역하여 상세하게 소개하면서, 그것이 '어느 점에서 확실히 우리의 문화운동에 다소의 자극과 참고를 주리라'[48]는 의미를 부여하고 있다. 같은 시기에 베이징대에서 공부하는 이윤재도 1923년에 『동명』지에 4회에 걸쳐 후스의 「건설적 문학혁명론」을 번역하고, 그것이 '진부하고 부패한 죽은 문학을 숭상하던 조선인들에게 깊은 자극이 될 것'[49]이라고 기대하고 있다.

그러한 시도들은 점차 번역 및 소개의 정도를 넘어서, 일부 조선 지식인들은 중국 지식인들의 사상 및 실천들을 비판적으로 수용함으로써 궁극적으로 조선 사회 개혁 참고의 대상으로 삼고자 한다는 인식에 이르게 되었다. 개조의 분위기에 휩싸인 1920년대 조선의 지식계가 일제히 서구나 일본만을 바라본다는 현실에 대해 의구심을 품는 것은 이들이 가지는 공통적인 문제의식이었다. 따라서 '서구적 근대'나 '일본적 근대'와 구별되는 새로운 근대를 지향하는 중국 지식계의 움직임을 유심히 주목할 것을 호소한다.

의 기수였다. 특히 1930년을 전후한 시기에 조선에서는 프로 문예운동이 활발하게 전개되고 있었는데, 중국에서도 혁명문학논쟁을 거치면서 프로문학이 대두하고 중국좌익작가연맹이 결성되는 등 조선과 비슷한 역사적 상황이 전개되고 있었던 것이다.

48 이동곡, 「現中國의 舊思想, 舊文藝의 改革으로부터 新東洋文化의 樹立에 他山의 石으로 現中國의 新文學建設運動을 이약이함」, 『개벽』 30, 1922.12, 23쪽.
49 이윤재, 「胡適氏의 建設的 文學革命論」, 『동명』 33, 1923.4.15.

조선에서는 甲午更張以後에 西洋文化를 攝取하기 始作하야 三四千年동안 그처럼 親密히 文化的交涉을 서로하여 오든 中國과는 突然히 關系를 끈허버렷다. 그동안 中國에서도 鴉片戰爭후부터 분주히 外國文化를 輸入或은 消化하고 잇다. 그러면 그 輸入과 消化가 어느 程度에 達하얏는가를 觀察하야 彼我對照하여 보는 것도 興味잇는 일일 것이다.[50]

위의 인용문은 경성제대에서 중국어 문학을 공부하고 있던 김태준金台俊은 졸업을 앞둔 1930년 여름에 베이징에 다녀온 후 『동아일보』에 연재한 시리즈 「문학혁명 後文學革命後의 중국문예관의中國文藝觀」의 서두에서 밝힌 내용이다.

졸업논문을 준비하기 위해 명·청시대 희곡의 역사를 정리하려고 했던 그는 베이징의 유리창琉璃廠을 찾았는데 별 소득이 없었던 대신에 뜻밖의 소득을 얻었다.[51] 그것은 그가 베이징 거리에서 '군벌타도, 사상혁명, 봉건사상 혁파, 제국주의 타도, 약소민족 지원' 등의 내용을 담긴 표어들을 통해 중국의 변화상을 직접 확인한 것이었다. 그 자리에서 그는 옛 중국을 변모시키게 한 것은 확실히 문화운동의 힘이라는 것을 깨닫게 되었으며, "그들은 공자를 버린지 오래다!"라고 외치며 현대 중국

---

50   天台山人(김태준), 「文學革命後의 中國文藝觀(1)」, 『동아일보』, 1930.11.12, 4면. 김태준(1905~1949)은 식민지 시기에 활동한 사회주의 계열 독립운동가이자 국문학자이다. 식민지 말기에 경성콤그룹에서 활동했다. 호는 '천태산인'이다. 한국 최초로 비교문학적 관점에서 체계적인 근대적 문학사 저술에 해당하는 『조선소설사』와 『조선한문학사』를 완성한 국문학 연구자이다.

51   김태준, 「外國文學專攻의 辯(6)-新文學의 飜譯紹介」, 『동아일보』, 1939.11.10, 3면.

의 변화상을 국내에 소개할 충동을 느꼈다. 위의 인용문은 바로 그가 중국 현대문학을 소개하는 동기를 밝히는 내용이다. 보다시피 그는 조선이 지난 3, 4천년 동안 친밀히 문화적 교섭을 했던 중국과 청일전쟁 이후로부터 '갑자기 관계를 끊어버렸'던 사실을 안타깝게 여기며, 중국과의 '피아대조彼我對照(서로 바라보고 참조하기)'를 주장한다. 바로 이러한 취지 하에 그는 중국 신문학 및 신문화 연구의 필요성을 절감하면서,[52] 조선의 문학사를 정리하는 동시에 신문학운동 시기부터 1930년대까지의 중국 현대문학을 조선 내의 독자들에게 자세히 소개하고 있다.[53]

동시대 현대 중국에 눈을 돌리자는 입장에 서 있는 지식인은 김태준 뿐만이 아니었다. 베이징에서 유학했던 정래동이 1934년에 쓴 회고의 글을 따르면, 1920년대에 중국 현대문학에 관하여 "양백화梁白華, 이은상李殷相 등이 작품을 번역하거나 문단을 소개를 한 것이 있었고, 근년에 이르러 필자, 천태산인天台山人(김태준), 이경손李慶孫, 김광주金光洲 등의 신문학 소개, 작가 소개, 작품 번역 등이 있었"[54]다는 것이다. 이와 더불어, 정래동은 "현재 조선과 중국은 문화상 서로 지도를 하고 서로 영향을 주는 입장에 서지 못하고 각각 구미 및 일본의 문화·문명을 수입하는 데 급급"한 것을 비판하고 있다. 일방적으로 서구나 일본만을 바라보지 말고,

---

52 이 점은 김태준이 『조선한문학사』의 결론에서 "만일 이 뒤로 중국문학이 수입된다면 그것은 물론 백화문학(白话文学)일 것이다. (…중략…) 낡은 것을 정리하고 새로 새 것을 배워서 신문화의 건설에 힘쓰자!"라고 강조한 데서 여실히 드러난다.

53 天台山人, 「文學革命後의 中國文藝觀－過去十四年間」, 『동아일보』, 1930.11.12～12.8.

54 정래동, 「中國文學과 朝鮮文學」(『朝鮮文學』, 1934), 韓國學術振興院 編, 『韓國現代小說理論資料集』(十五卷), 國學資料院, 1985, 23～24쪽 참조.

중국과 문화적 차원에서 서로 지도를 하고 서로 영향을 줄 것을 강조한다는 점에서 김태준의 인식과 궤를 같이한다.

2) 조선적 근대의 가능성 – 이동곡의 중국론

이렇듯 당시 베이징에서 유학하거나 머물면서 신문화운동을 목도한 일부 조선 지식인들의 노력에 힘입어 1920년대에서 1930년대 초까지 조선의 신문 잡지에서 중국 지식계를 소개하거나 중국 현대문학 및 중요한 작품을 번역·비평한 글이 이례적으로 많이 게재되었다.[55] 그 가운데 심도있게 신문화운동을 분석하면서 중국적 근대에 관한 문제의식을 분명하게 드러낸 지식인으로는 1920년대 『개벽』지의 베이징 특파원으로 활약한 이동곡李東谷[56]을 꼽을 수 있다.

---

[55] 이를테면, 후스, 「최근 오십 년의 중국문학」(전5회), 『동아일보』, 1923.8.26~10.21; 정래동, 「중국 현(現) 문단 개관」(전13회), 『조선일보』, 1929.1929.7.26~8.11; 정래동, 「중국 신시(新詩) 개관」, 『조선일보』, 1930.1; 정래동, 「애인(愛人)의 죽음」, 『중외일보』, 1930.3; 정래동, 「『아Q정전』을 읽고」, 『조선일보』, 1930.4; 김태준, 「문학혁명 후의 중국문예관」, 『동아일보』, 1930.11.12~12.8; 김태준, 「신흥(新興)중국문단에 활약하는 중요작가」, 『매일신보』, 1931.1.1~1.25; 정래동, 「루쉰과 그의 작품」, 『조선일보』, 1931.1.4~1.30; 정래동, 「현대 중국 희극(戲劇)」, 『동아일보』, 1931.3; 정래동, 「움직이는 중국문단의 최근상(最近相)」, 『조선일보』, 1931.11; 정래동, 「과객(過客)」, 『삼천리』 4-9, 1932.9 등이 그것이다.

[56] 北旅東谷이나 이동곡으로 알려져 있는 그의 글에 언급된 사실에 의지해서 추론해 보면, 그는 1910년 겨울에 고향 진양(晉陽)을 떠나 서울에 가서 7, 8년 동안 유학하다가 일본 동경에 가서 잠깐 유학생활을 하였고, 1919년 3·1운동 후에 상하이로 건너갔던 것이다. 그 후에 그는 베이징에서 살았고, 1925년 3월 천도교 유중검학 여회에 발기인으로 참여한 이후에 행적에 대해서는 현재로서는 고증할 방법이 없다. 이동곡의 구체적인 신원이 아직까지 확인되지 않지만, 천진은 동시대 북경한교동지회(北京韓僑同志會)에서 활동하며 『개벽』지의 기고인이었던 이민창(李民昌)=이동곡으로 추적된다(천진, 「1920년대 초 동아시아의 성찰하는 주체와 현대중국의 표상─아쿠타가와

이동곡은 1922년 말부터 북여동곡北旅東谷이라는 필명으로 약 2년간을 걸쳐 중국 문제와 관련된 여러 편의 심도있는 분석 기사들을 발표하면서 날카로운 중국 인식을 보였다. 일본 유학 후 중국으로 건너간 특수한 개인적 경험은 그에게 동시대 여타 지식인에 비해 일본적 근대 및 중국적 근대를 동시에 경험하고 비교할 기회를 제공하였고, 보다 더 풍부한 감수성을 부여하였다. 그의 중국 관련 논설은 단순히 중국의 현실을 소개하는 것에 그치지 않았고, 나름의 체계화된 사상적 구도 속에서 작성되었다.

우선, 중국적 근대에 대한 이동곡의 사유는 서재에서 나온 것이 아니고, 현장에서 형성되었다는 것이 특징이다. 그는 그동안 조선인이 가지던 중국 인식의 '무장소성'을 비판하면서, 현대 중국을 바라보는 자주적이고 '참된 장소감'[57]을 지니는 시각의 정립을 호소하고 있다. 「조선대중국지금후관계관朝鮮對中國之今後關係觀」이란 논설에서 그는 조선인에 의해 쓰여진 중국적 맥락을 간과한 중국 체험 담론을 비판적으로 검토하고 있다. 이 글에서 그는 자신이 중국행의 첫 도착지 상하이 부두에서 받은

류노스케, 이동곡의 장소 경험을 중심으로」,『중국문학』 72, 한국중국어문학회, 2012, 255쪽). 그러나 1925년 7월 1일에 발간된『개벽』제61호의 편집후기는 "2차나 계속되는 李民昌君의「朝鮮의 經濟破滅論」은 종결을 두고 休載된다. (⋯중략⋯) 그리고 李東谷李儀煥金璟載 諸氏의 玉稿도 來號로 밀어둔다"고 적고 있다. 이로 미루어 보면 이민창과 이동곡은 두 사람이었음을 짐작할 수 있다.

57 현상학적 지리학의 논의에 따르면 장소 경험은 일종의 태도 문제이다. '참된 장소감'이란 "인위적으로 사회의 지적 유행에 매개되거나 왜곡되지 않고, 또한 판에 박은 관습에 따르지 않는 태도"로 주체가 "능동적인 감각과 사유를 통해 해당 장소의 풍부한 의미들을 만나고 이해하려 하는" 감각을 의미한다. 에드워드 렐프, 김덕현 외역,『장소와 장소상실』, 논형, 2005, 147쪽 참조. 그 외에 천진의 연구에 따르면, "'참된 장소감'을 추구하는 주체는 장소를 경험하는 가운데 공감하는 내부 자아이자 존재의 상황을 성찰하는 외부자 양쪽의 시선을 오가며 생겨나는 것이다". 천진, 앞의 글, 142쪽.

중국에 대한 첫인상을 적고 있다. 당시 중국을 방문한 대부분 조선인과 같이, 그는 상하이 부두에서 중국 최하급의 노동자인 쿨리苦力를 봤을 때 역시 중국 민족에 대한 경외심敬畏이 사라지고 일종의 경모적輕侮的인 중국 인식을 자연스레 형성한 것을 밝힌다. 그러나 그는 불결·나태처럼 당시 조선에서 유행하는 부정적인 타자상의 표상으로 중국을 재현하기를 거부한다. 그러한 경멸적인 중국관은 중국인과의 진정한 대면이 이뤄지지 못한 채 '일시적인 표면'에 의한 '가벼운 인식浮觀'[58]이나 상상에 불과하기 때문이다.

그가 말하는 '가벼운 인식'은 앞장에서 살펴본 1920년대의 만주와 상해가 조선 지식인에 의해 '중국이면서 중국이 아닌' 공간으로 재현되는 경향에서도 확인 가능하다. '민족의 외연적 지대로서의 만주' 담론, '서구인의 상하이' 담론 등 중국적 맥락을 은폐하는 중국 담론, 실존하지 않는 '중국인과 개는 들어오지 못한다'는 간판 등에 대한 언급 등은 곧 그 대표적인 예들이다. 이때 표출된 조선 지식인의 중국 인식은 해당 공간에서 직접 얻은 '경험으로서의 인식'이라기보다, 인식 주체가 거기에 가기 전부터 이미 습득된 중국 이미지에 대한 정형화된 재현에 가까운 것이었다. 단기 체류자일수록 이러한 '무장소성'의 담론을 창출하기가 더 쉬웠다. 1940년대 '지나 여행'을 다녀온 일부 일본 지식인들의 중국 담론에 대한 다케우치 요시미의 비판은 여기에 적용해도 무방할 것이다. "중국에 가기 전에 이미 알고 있는 것을 중국에 갔다 와서 써 버린

---

58   北旅東谷, 「朝鮮對中國之今後關係觀」, 『개벽』 28, 1922.10, 48쪽.

다. (…중략…) 개개인으로서의 인간의 얼굴이 안 보이며, '지나인'만 보였다"[59]는 것이다. 즉, 중국(인)에 대한 재현은 중국이란 장소, 그리고 그 장소의 주체와의 상호작용에 관한 것이 아니라 이미 퍼져 있던 표상과 심상자리의 재현에 불과한 것이다.

이동곡은 '무장소성'의 담론이 성행한 것은 일차적으로 중국 하류사회에 대한 인식을 마치 중국 전체에 대한 인식으로 일반화한 결과라고 지적한다. 앞에서 거론한 양명의 견해와는 일맥상통하는 주장이다.

街上에서나 其他普通場所에서 나타나는 人物은 下等勞動者가 아니면 下流이요 中流도 적다고할수잇다. 一見에 中國民은 다저것인가하는 感想이 나며 ○는 所謂上流級은 鴉片과 賭博의 魔醉가 아니면 腐敗한 舊政客舊軍閥派이라하니 일로부터 더볼것은 업다고 하리라. 上年美國議員團來東時에 太平洋協會의 主催로 上海에 歡迎會를 開케되엇는데 當時中國第一流級인 孫逸仙唐紹儀伍廷芳諸名士가 參會케 된바 友人某君이 該會에 參觀한 後一時의 笑話이지마는 나에게 말하기를 中國에도 그가튼 名士와 時代的靑年이 그리 多數한 가고하얏다.[60]

위와 같이, 이동곡이 보기에는 일반 조선인의 경우, 중·상류급의 중국인과의 접촉이 거의 불가능하였으므로 그들에 대한 인식은 선입견으로 채울 수밖에 없었던 상황이다. 그가 생각하는 상류급上流級의 중국인

---

59   竹內好,「書寫支那」,『中國文學』80, 1942.
60   北旅東谷, 앞의 글, 48~49쪽.

은 '진부한 정치인이나 군벌舊政客舊軍閥派'이 아니라, 쑨원 등을 비롯한 민족의 해방 및 근대화를 위해 진지하게 고민하고 분주하는 '명사名士와 시대적 청년時代的靑年'들을 의미한다.

'참된 장소감'을 지닌 중국 인식을 정립하기 위해, 이동곡은 중국에 대한 전통적인 사대주의적 시선, 또한 식민지 조선 지식인들이 견지하는 '제국의 시선'의 문제를 신랄하게 비판하며, 더 주체적인 관점에서 출발한 조선인의 비판적인 중국 인식의 전환을 촉구하고 있다.

> 朝鮮對中國의 關係는 過去에는 더말할것 업거니와 現在와 將來에 누구보다도 무엇보다도 가장 緊切한 關聯이되어 잇슴은 누구나 否認치 못할 바이다. 그런데 中國에 對한 우리 朝鮮人의 眞正한 批判이잇서왓는가. (…중략…) 純然한 無條件의 茨慕와 妄崇이잇섯스며 最近에는 過去의 關係로 因한 一種의 憤慨下에 反對하얏스며 非難하얏다그러나 切實한 見地 下에서 朝鮮對中國의 問題를 過現及將來를 勿論하고 一時的 新聞雜誌에서 나마 批判하야 보앗스며 發議하야보앗는가 참으로 우리의 넘우나 無意識함을 感치안흘수업다.[61]

위와 같이, 그는 중국과 조선은 '과거-현재-미래'를 통해 '가장 긴절히 연관'되어 있음에도 불구하고, 조선인들은 '중국에 대한 무조건 흠모와 숭배'나 '과거에 대한 분개', 즉, 중화주의와 민족주의를 왕복하면서 중국 이해의 초점과 실감을 잃어버렸다고 본다. 따라서 '경멸이나 질투

---

61   위의 글, 58~59쪽.

의 심리'나 '이기적인 심리', 그리고 '타인의 경멸관'에 대한 답습 등에서 벗어나야 함을 강조한다. 다시 말해, 전통 시대처럼 중국을 무조건 숭배한다거나, 근대에 들어서 민족주의적 관점에서 옛 중국을 원망한다거나, 사회진화론적 관점에서 중국을 멸시한다거나, 서구/일본의 중국관을 그대로 답습한다는 등 동시대 조선인의 여러 주류적인 중국 인식을 동시에 비판을 가하고 있는 셈이다. 결론적으로 그는 조선의 현실적 좌표에 근거해 중국 이해의 시각을 조정해야 한다고 주장하며, 나아가 중국에 대한 "조선인의 진정한 비판"을 호소하고 있다. 특히 조선 지식인의 경우, 표면적인 중국과 관련된 정보의 확보나 "일반적인 소개와 일반적인 이해"라는 차원을 벗어나, 보다 '절실한 이해하에서 그로부터 좀 심각한 이상적 목적'[62]에 의한 중국 연구의 지속적 축적이 요구되는 바이다.

'참된 장소감'을 지닌 중국 인식은 곧 이동곡이 베이징에서 날로 격렬해진 신문화운동을 직접 목도하면서 신문화운동과 중국적 근대에 대한 이해를 수정하고 보완하는 그의 일련의 분석에 여실히 반영되어 있다. 중국적 근대에 대한 그의 사유는 삼백여 년 전부터 서구문화와 이미 접촉하기 시작한 중국은, 현재라는 시점에서 보면 어찌 서구문화를 수용한 역사가 훨씬 짧은 조선보다도 "더 나을 것 없"[63]느냐의 문제의식에서 출발되었다.

1922년 10월에 『개벽』지에 발표된 「조선대중국지금후관계관」에서

---

62 위의 글, 58~59쪽.
63 北旅東谷, 「現中國의 舊思想, 舊文藝의 改革으로부터 新東洋文化의 樹立에 他山의 石으로 現中國의 新文學建設運動을 이약이함」, 『개벽』 30, 1922.12, 24쪽.

그는 중국인이 지니는 특수한 민족성이라는 점에서 그 해답을 찾고 있다. 그는 '중국 국민은 우리와 동일한 황인종이지만 우선 특수한 차이가 있음은 사실이라'는 점을 인정해야 한다고 주장하며, 중국의 민족성의 장단점을 냉철하게 간파하고 있다. 그가 보기에 중국의 민족성의 장점은 '편협하지 않고 위대한 것이요, 단기적이지 않고 지속적인 것이요, 허위적이지 않고 실속이 있는 것이요, 파괴적이지 않고 건설적인 것이요, 잔인하지 않고 온순한 것이요, 약하지 않고 강인하'다는 것이다. 반면에 혁신이 없고 창조성 없이 "수유隨遇에 안安하려 함(환경에 순응하고 안주하려 함)"은 중국 민족성의 단점이라고 지적한다. 구체적으로 말하자면 '교만한 것이요, 진취적이지 않은 것이요, 보수적인 것이요, 활발하지 않은 것이요, 배타적인 것이요, 어리둥절한 것이요, 명쾌하지 않'다는 것이다. 따라서 그는 동아시아에서 서구문화를 가장 먼저 접했음에도 불구하고 현재까지 큰 발전이 없다는 것은 곧 중국인의 이러한 보수적인 본성 때문이라고 분석하고 있다.

그럼에도 불구하고, 이동곡은 중국의 미래에 대해서는 비관적이지는 않는다. 근대 이후 나약한 중국이 겪었던 수많은 침해와 약탈은 오히려 민족성의 단점들을 개조시킬 자극이 되리라고 믿어지기 때문이다. 그리고 '최근 들어 일반 사회의 운동이 신문화에 많이 동경하여 접촉하려 한다'는 점에서, 중국 '민족의 각성은 날로 촉진됨을 보든지 시대적 진보가 이루어짐을 볼 때에 그 민족적 부흥이 확실히 있는 것은 명약관화明若

觀火의 사실事實'이라고 그 미래를 낙관적으로 전망하고 있다.[64]

이동곡의 중국론은 언제나 조선 국내의 현실을 염두에 둔 발언이었음을 유의해야 할 것이다. 위의 글은 겉보기에는 그가 신문화운동에 대한 관찰을 통해 느끼게 된 중국 미래에 대한 '낙관'이지만, 정작 전달하고자 한 것은 같은 시기 『개벽』지가 주도하는 개조운동의 중요성과 가치일 것이다. 3·1운동이 실패한 후에 일어난 조선의 개조운동은 '문화통치'라는 일제의 식민지 지배 체제의 전략적 변화와 긴밀히 맞물려 있었다. 당시 조선의 개조운동은 문화주의와 사회주의의 대립으로 단순화되어 진행되는 경향이 있었다. 문화주의가 정신적·내면적 개조에 관심을 갖는다면 사회주의는 물질적·제도적·외면적 개조에 치중한다는 이분법적 파악이 유통되었다.[65] 중국 신문화운동에 대한 이동곡의 해석은 당시 『개벽』지의 독자들에게 문화주의 바탕으로 된 개조론의 이해와 평가의 중요한 참고 대상이 제공해 주는 데 목적을 두고 있다.

초기에 이동곡이 이해하는 '신문화'는 전적으로 서구문명을 의미하였다. 이것은 당시 후스를 비롯한 급진적인 신문화운동 주창자들의 핵심적인 이념, 즉, 서구문명을 전반적으로 수용해서 사회를 개조한다는 '전반서화全盤西化'의 태도와 궤를 같이하는 것이다. 또한 서구문명 수용을 중심으로 한 당시 『개벽』 개조운동의 주장과 맥과 함께 하는 것이다. 이 점은 그가 1922년 11월에 기고한 「동서東西의 문화文化를 비판批判하야 우

---

64 北旅東谷, 「朝鮮對中國之今後關係觀」, 『개벽』 28, 1922.10, 51〜57쪽.
65 오문석, 「1차 대전 이후 개조론의 문학사적 의미」, 『인문학연구』 46, 숭실대 인문과학 연구소, 2013, 313쪽.

리의 문화운동文化運動을 논論함」이라는 논설에 뚜렷이 반영되고 있다.

글에서 언급하지 않았지만, 이 논설에는 사실로 1년 전 중국에서 출판된 철학가 량수밍梁漱溟의 저서 『동서문화와 철학東西文化及其哲學』의 부분적 논의를 그대로 번역한 부분이 많다.[66] 이동곡은 량수밍의 관점을 빌어, 당시 조선 지식계에서 유행하던 '동양문화 중의 정수精粹를 보전하고 서양의 문화를 다수 또는 전부를 수용한다'는 절충론折衷論을 '실로 모호하고 가벼운 인식浮論'이라고 비판한다. 그러한 절충론에 빠지지 않기 위해, '동서 양兩 문화를 비교 연구해 보아야 할 것'을 주장한다. 이어서 그가 정신생활, 사회생활, 물질생활 등 세 분야에서 내놓은 동서양문화에 관한 비교 논의는 거의 그대로 량수밍의 논설을 따르고 있다. 그러나 그는 량수밍이 서구문화의 긍정적 측면과 동양문화의 부정적인 측면에 대한 견해를 공감하고 수용하고 있으면서 결론적으로는 후자와 근본적인 의견 차이를 보이고 있다. 량수밍은 '무비판적이고 무조건적으로' 서구문화의 과학 정신과 데모크라시 정신을 수용하는 것을 주장하는데, 동양문화의 문화적 가치를 전적으로 부인하지는 않았다. 그것으로 현재 서구인 스스로에게 고통을 안긴 '인생 태도'를 바로잡아야 된다고 주장

66　여태까지 대부분 기존 연구는 이 사실을 간과하여 이 논설은 전적으로 이동곡의 관점이 반영된 것으로 논의한 것은 적절하지 않다고 본다. 이 문제점을 안고 있는 연구로는 한기형, 「근대 초기 한국인의 동아시아 인식 – 『청춘』과 『개벽』의 자료를 중심으로」, 『대동문화연구』 50 , 성균관대 동아시아학술원, 2005; 오병수, 「개벽의 개조론과 동아시아적 시공의식 (時空意識) – 중국의 해방여개조 와 비교를 중심으로」, 『사림』 26, 성균관대, 2006; 이시활, 「일제강점기 한국 작가들의 중국 현대문학 바라보기와 수용 양상 – 양건식, 이동곡, 양명을 중심으로」, 『중국학』 33, 대한중국학회, 2009 등이 있다.

한다.[67] 이러한 주장은 동양문화에 대한 량수밍의 경의로 비롯된 것보다는, 제1차 세계대전에서 드러낸 서구적 근대성의 모순성에 대한 성찰에 기반하고 있는 것으로 보인다. 그러나 량수밍의 동서문화 비교에 대한 논설을 충실히 따라온 이동곡은 그와 상반된 결론을 도출한다. 이동곡이 보기에는 동양문화는 '반개적 상태半開的 狀態에 있을 뿐더러 기성된 서양문화에 도저히 비교하지 못한다'다는 것이다. 따라서 '문화의 의식에서 그 가치를 인정할 수 없으며 인간의 생활을 위해 소용이 없을 뿐더러 오히려 손해가 된다'고 주장한다. 요컨대, 그는 '동양문화는 포기하고 서양문화를 수용하자'는 간단명료한 결론을 내놓고 있는 것이다.

중국은 '오히려 자기 문화를 포기하지 않기 때문에 혼돈 상태'에 빠졌다는 것이다. 한발 나아가 그는 유교의 발원지인 중국에서도 이제 '완전히 공학 파괴孔學破壞, 동양문화 타파운동東洋文化打破運動'을 하고 있는데, 조선인의 입장에서 더욱더 '윤리사상의 근본이 된 유교에 대해 공격을 하지 않으면 안 될' 것이라며 개조의 정당성을 입증하고 있다. 물론 동양문화에 대한 중국 지식인의 비판에 비하여, 이동곡의 비판에는 근대 이래 조선 지식계의 탈중국형 민족주의가 한층 더한 것이 분명하다. 그의 말을 빌리자면, "소위所謂 우리 조선인朝鮮人의 본중국화奮中國文化의 보수保守는 참으로 무의미한 것이 아닌가. 또한 다시 더 존화尊華의 부념廢念을 둘 여지餘地가 잇는가"는 것이다. 바로 그러한 심정으로 그는 당시 중국문화의 합법성 및 서구문화 수용을 둘러싼 신구新舊 논쟁에서 빚어진 중

---

67   梁漱溟,『東西文化及其哲學』,商務印書館, 1999, 207~209쪽.

국 지식계의 사상적 긴장을 간과한 채, 신문화운동의 성격을 동양문화를 타도하는 동시에 일방적으로 '서양문화를 수용하는 여정'[68]으로 국내의 독자들에게 소개하고 있었다.

그러나 이동곡의 사색은 신문화운동의 전개 과정을 지켜보면서 서서히 깊어지고 변해가는 양상을 보인다. 「동서의 문화를 비판하야 우리의 문화운동을 논함」에서 그는 '전반서화'라는 개조의 원칙을 세웠다면, 그가 다음으로 직면하게 된 것은 곧 어떻게 서구화하는가의 문제이다. 따라서 그 후로 발표된 신문화운동을 논하는 일련의 글들은 한층 더 복잡해진 인식을 보여주고 있다. 「사상의 혁명」이라는 글에서 그는 조선이 개조운동을 통해 타도해야 할 '구사상'이란 지난 수 백 년간 성찰없이 받아들인 '가짜 중국화假中國化의 사생아적 사상과 문화私生子的思想及文化'라고 지적한다. 이와 동시에, 3·1운동 이후에 조선에서 관찰된 또 하나의 '사생아적 문화'를 우려하고 있다.

　　三一 運動 後에 國內에서 大聲疾呼로 新文化運動을 떠들어냇다. 거긔에 우리의 現在까지 이르러 낫타난 成績이 무엇인가. 數로 列擧할 必要는 업스나 新文化라야 함은 곳 신사상의 반영인데, 아즉 과거의 우리 것에 대한 심각한 토론된 적이 없는 同時에 현대의 사상 及 문화에 대하여 系統的으로 叙述한 論文한 篇이엇던 出版物과 新聞雜誌上에라도 發表된 것이 잇섯는가. (…중략…) 떠든다는 것은 新聞이나 雜誌 하면 純然히 모양보는 日本의 出

68　이동곡, 「東西의 文化를 批判하야 우리의 文化運動을 論함」, 『개벽』 29, 1922.11, 81~94쪽.

版物의 假冒에 不過하고 新聞紙의 紙面을 더러피는 創作類의 小說等을 西洋人이 말하는 (Love)라는 것이 如何한 것임을 잘 理解치도 못하고 醜惡한 肉交愛뿐을 主로 하고 그 模寫나 叙述도 아주 더럽게 해 가지고 그의 反響은 家庭의 不正當한 破裂을 니르키고 社會의 惡德을 助長하는 弊가 만흐며 所謂 社會의 일한다는 方面으로 무슨 會 무슨 黨 하는 것은 社會의 分裂과 憎惡을 일으키는 巢窟이 되얏다. 新生을 運動한다는 거긔로부터 새로히 惡德에 犯한 것도 업지 안으려니와 社會의 一般動作은 아즉 죽음도 곳침업시 以前의 私生子的 文化에서 生活해오던 그의 惡德의 發揮에뿐 근첫다 하야도 過言이 안이다.[69]

위와 같이 이동곡이 보기에 당시 조선에서 일어난 소위 근대화는 겉으로 서구의 물질문명만을 모방했을 뿐, 진정한 사상적 혁명이 일어나지 않은 것이다. 그는 이러한 근대화 모델을 '일본의 신식화新式化'가 대표되는 '가짜 서구화假西化'라고 정의하고 있다.[70] 몰주체적이라는 점에서 과거 무비판적으로 중국문화를 받아들였던 '가짜 중국화'와는 다름없는 것이다. 이러한 '가짜 서구화'를 극복하기 위해, 그는 외래문화를 수용하는 데 조선이나 일본의 모델과는 색다른 중국적 근대의 특징을 주목하게 되었다. 즉, 외래문화를 수용하는 데 '무엇에나 자기의 의식과 양식에 합치한 후에야 비로소 이에 의탁하게 되며 이행한다'[71]는 특성이다.

---

69   이동곡, 「思想의 革命」, 『개벽』 52, 1924.10, 9~10쪽.
70   위의 글, 26쪽.
71   이동곡, 「現中國의 舊思想, 舊文藝의 改革으로부터 新東洋文化의 樹立에 他山의 石으로 現中國의 新文學建設運動을 이약이함」, 『개벽』 30, 1922.12, 25쪽.

바로 이 지점에서 그는 새삼 "동아시아에서 서구문화를 가장 먼저 접한 중국은 왜 현재까지 큰 발전이 없었는가"라는 문제의식을 뒤돌아보면서 전에 자기가 내놓았던 해답을 수정하였다. 그는 중국인들이 서구문화에 대해서 설령 순응적인 수용의 자세를 보이더라도 그 문화의 근저로부터 이해하며 자기가 원래 가지던 것처럼 만들게 하곤 하였기 때문에 근대화를 이루는 과정에서 일본적 근대와 근본적인 차이를 보인다고 지적한다. 따라서 그것이 전적으로 중국인의 '배타적인 특성과 교만한 기풍'에 기인한 것이 아니라, 오히려 그들의 '조화와 융합'이라는 특성에 기인한다고 해석한다.

> 現 中國을 外面으로 보면 전혀 非新非舊요. 非東非西의 現態인 것갓다. 그러나 그 내면에는 오히려 향상이 잇섯스며 西洋文化에 대한 완전한 이해를 가진 그것에는 自家化로 맨들기에 노력하야 잇섯다. 此에서 그 民族的 內部의 充實은 오히려 一時 외면에만 차르를 발라 마추어 歐化하얏다는 日本人보다 나은 점도 잇다고도 할 것이다.[72]

이처럼 이동곡이 보기에는 민족 내부의 충실에 기반한 중국적 근대는 겉으로는 '비신비구非新非舊', '비동비서非東非西'처럼 보이지만, '내면에는 오히려 향상이 있'는 것이다. 그것이 급속히 외적으로 서구화된 일본보다 오히려 "나은 점 있다"는 평가이다. 여기서 불과 몇 달 사이에 신문

---

72 위의 글, 25쪽.

화운동이란 동양문화를 타도하고 서구문화를 전적으로 수용한다는 주장을 수정해 나간 그의 사유를 확인할 수 있다. '비신비구', '비동비서'인 중국의 혼돈성에 대한 그의 평가는 동시대 대부분 조선 지식인들이 중국의 '낙후되거나 혼돈된' 겉모습만 보고 비근대적이라고 인식하는 등 사회진화론적 태도와 확연히 다른 것이다. 간혹 '근대냐 전통이냐', '서구냐 동양이냐' 사이에서 끊임없이 요동됨에 따른 분열된 인식과는 또한 거리를 두고 있다. 특히 중·일 근대화 모델의 '양적인 차이'가 아닌 '유형의 차이'에 대한 그의 통찰은 오히려 동시대에 베이징대에서 2년 동안 강의하였던 미국 철학자 존 듀이John Dewey와 일본 사상가 다케우치 요시미의 사유와는 일맥상통한 면이 있다.

1910년대 말에 일본을 거쳐 중국에 도착한 듀이[73]는 역시 처음에는 일본인들의 친절함이라든지 '미적'인 재주라든지 갖가지 칭찬을 아끼지 않았는데, 불결하고 혼란스러운 중국에 대해서는 대단히 부정적인 인상을 가졌었다. 그러나 그의 생각은 베이징에서 2년 동안 정착하면서 점점 바뀌게 되었다. 특히 5·4운동을 직접 목도하면서 그는 청년들의 원기를 통해 중국문화 표면상의 혼란 밑에서 저류하고 있는 본질을 통찰하였다.

---

[73] 존 듀이는 『Democracy and Education(민주주의와 교육)』 출판 이후 그의 교육철학을 전파하기 위해 세계 많은 지역을 여행하였다. 만 60세가 되던 해, 당시 조선에서 3·1운동이 벌어지기 직전인 1919년 2월 9일 그는 부인과 함께 일본 요코하마 항에 도착했다. 그러나 예상하지 못했던 일본 지식인들의 비판을 경험한 듀이는 당초 계획이었던 5개월 일정을 축소하고 2개월여 만에 일본을 떠나 그 해 4월 30일 중국 여행을 시작하였다. 그는 중국에서 차이위안페이(蔡元培), 후스(胡適), 타오싱즈(陶行知) 등 신문화운동을 주도하던 인사들에 의해 크게 환영을 받았고, 결국 중국에서 2년 이상 체류하며 강의와 여행을 하였다. 듀이는 베이징대학 총장이었던 차이위안페이에 의해 '제2의 공자'라고 칭할 정도로 중국 교육의 근대화에 적지 않은 영향을 미쳤다.

일본은 겉보기에 대단히 근대화되어 있는 듯하지만 그 근대화는 뿌리가 얕고 언제 붕괴될지 모른다고 예언한 반면에, 겉보기에는 혼란스럽기 그지없었던 중국은 근대화가 대단히 자발적이며, 즉 자기 자신의 요구로서 나온 것이기 때문에 일본에 비해 더 강고한 것이라는 점을 강조하였다.[74]

요시미는 전후에 그의 유명한 『방법으로서의 아시아』이라는 강연에서 듀이가 쓴 *Letters from Japan and China*(일본과 중국에서 보낸 편지들)를 읽고 감회가 깊었다고 언급하였다. 요시미는 지나문학과 3학년이던 1932년에 베이징에 여행한 적이 있으며, 1937년 10월에 이미 일본에 점령된 베이징에서 2년 동안 유학한 경험이 있었다. 그러나 그가 전후에 이르러야 그동안 간과했던 근대화 과정에 있어 중·일 간의 '유형 차이'를 의식하게 되었다고 한다. 그는 일본이 실패한 시점으로부터 되돌아 본 결과, 중국보다 훨씬 빠르게 서구를 수용한 일본의 경우는 서구문명이 설탕처럼 겉을 감싸고 있었던 반면에, 중국의 경우는 원래의 중국적인 것은 매우 강고하여 붕괴하지 않았기 때문에 근대화에 즉시 적응할 수 없었으나, 그것이 일단 들어오면 구조적인 것을 파괴하고 그 속에서 자발적인 힘을 만들어낼 것이라고 지적한다. 바로 그 점이야말로 일본의 근대화 모델과의 질적인 차이였다는 것이다.[75]

---

74 Dewey J, Dewey H A C., *Letters from China and Japan*, Boston : EP Dutton, 1920, pp.281 ~282·308~309.

75 타케우치 요시미, 최원식·백영서 편, 「방법으로서의 아시아」, 『동아시아인의 '동양'인식』, 창비, 2010, 85쪽. 그 외에, '포스트 다케우치' 담론을 전개한 논자로서는 일본의 중국사상사가인 미조구치 유조(溝口雄三, 1932~2010)는 다케우치의 '방법으로서의 아시아'를 수정적으로 계승하였다. 다케우치를 의식한 서명이 붙은 『방법으로서의 중국』(1989)에서 미조구치는 "중국의 근대는 바로 그 자신의 전근대를 미리 일찍부터

그리하여 1920년대 초 이동곡이 중국적 근대에 대한 사유는 동시대의 듀이, 그리고 20여 년 이후 요시미의 사색과는 꽤 유사한 면을 지니고 있었음은 확인 가능할 것이다.[76] 공교롭게도 이들은 모두 베이징에서 장기적인 체류한 경험이 있었다는 공통점을 지니고 있다. 이는 옛 세계와 신세계, 구문화와 신문화의 교차점에 서 있던 베이징의 역사적 장소성과는 결코 무관하지 않은 것으로 보인다. 물론 미국, 일본, 조선에서 온 그들이 중국적 근대를 사유할 때 안고 있었던 문제의식은 각각 다를 수밖에 없는 것이다.

위에서 살펴보듯이 신문화운동에 대한 관찰과 사유 끝에, '피아대조'를 제기한 김태준, 중국과 "서로 지도를 하고 서로 영향을 주"어야 한다고 지적한 정래동, '비신비구', '비동비서' 식의 중국적 근대를 '타산지석'으로 삼는 이동곡 등을 대표하는 조선 지식인들에게는, 중국은 평등한 눈높이에서 조선이 근대화를 모색하는 데 삼는 '방법'이었다. 백년 후 아시아 연구자가 새삼 제안한 아시아 내부에서 서로 참조의 틀로 삼는다는 인터-아시아 착상과는 일맥상통한 시각을 드러냈다. 이들은 근대를 상상하는 데 '중국'이라는 새로운 함수를 추가함으로써 '조선 대 서구' 또는 '조선 대 일본'이라는 대립구도를 깨뜨리며, 당시 조선 국내의

모태로 하고 있고, 따라서 그것은 중국의 전근대의 역사적 독자성을 내적으로 계승하는 것"이라고 '중국의 근대'와 '일본의 근대' 간의 질적 차이를 지적한 바가 있다(溝口雄三, 孫軍悅 譯, 『作爲方法的中國』, 生活讀書新知三聯書店, 2011, 15쪽).

76 1922년에 베이징에서 중국 문제를 논하는 이동곡은 1920년에 미국에서 출판된 듀이의 *Letters from China and Japan*을 읽었을 가능성을 배제하기 어렵겠지만, 그러한 가능성이 극히 미미한 것으로 보인다.

주류적인 개조 분위기와는 확연히 다른 시도를 보였다.

1920년대에 대부분 조선 근대 지식인에게 '개조'는 보편적 주체로서의 타자인 서양/일본을 모방하면서 이의 보편성을 획득하는 과정이었다. 3·1운동 직후에 표출된 이광수의 민족개조론, 최남선의 '신대한'이라는 조선 신문명 창조 기획 등 각종 개량주의, 문화주의, 실력양성주의 등을 통해 우월한 타자성에 포섭당한 '조선인'이라는 몰주체성을 확인할 수 있다. 1920년대 만주 관련 담론에 종종 나오는 중·일 대비 담론에서 상실된 '조선인'이라는 주체성, 상하이 관련 담론에서 서양인 앞에서 느껴진 극심한 열등의식과 결핍감 등은 바로 이러한 타자 중심적 시선에서 위축되거나 소멸된 몰주체성을 보여준다. 이렇듯 일본인 또는 서구인을 보편적 주체로 삼는 순간, 비일본인 또는 비서구인은 늘 '결핍된 존재'로 존재할 수밖에 없을 것이고, 새로운 가능성을 스스로 닫아버릴 결과를 초래한다.

그러나 이동곡을 비롯한 극소수의 지식인들은 서구/일본 등 근대의 타자라는 참조 체계를 중국으로 바꿈으로써 후진국 근대화의 새로운 가능성을 모색하고 있었다. 이것은 무엇보다 현대 중국이라는 장소에서 신구논쟁에 휩싸여 있던 지식계 내부의 진통과 호흡을 긴밀히 맞춘 결과인 것으로 보인다. 특히 이동곡의 경우, 중국적 근대를 이해하고 해독하는 과정에서, 전통에 타협하지 않으면서 서구/일본적 근대를 모방하는 몰주체적인 근대화를 경계해야 한다는 문제의식을 선명하게 보였다. 어쩌면 혼돈 속에서 '느리게' 형성해 나간 중국적 근대에 대한 그의 인정 자체가 근본적으로 근대화를 추구하는 데 주체성을 포기하지 않는다는 점에 대한 강조였을 것이다. 그것이야말로 그가 경계하는 '가짜 중국화'나 '가짜 서구화'가 낳은 '사생아적 문화'를 극복할 수 있는 해법이기 때문이다.

인터-아시아 시각으로 중국적 근대에 대한 이들의 사유에는 중국을 동아시아의 맹주나 중심으로 삼으려는 의도가 전혀 없었다는 점을 각별히 유의해야 한다. 제9장에서 논한 것처럼, 중국을 통한 동아시아적 근대에 대한 일부 지식인의 상상은 결국 일본 중심적인 대동아공영론에 포섭된 것은 곧 '외세의존적 동아시아 인식'의 취약성에 기인한 것이다. 그러나 중국적 근대에 대한 인터-아시아적 사유는 중국을 모델이나 해답을 삼지 않았다. 중국 사회 내부의 수요에 따른 중국적 근대는 서구/일본적 근대처럼 당장 따를 수 있는 모델이 되기가 불가능하기 때문이다. 이는 다만 근대의 다원성을 제시해 주면서 근대에 대한 상상을 자극하게끔 한 일종의 방법 뿐이다. 이를테면 중·일 근대 모델의 '양적인 차이'가 아닌 '유형의 차이'에 대한 이동곡의 통찰은 곧 단일적이거나 단선적인 근대관을 거부한다는 것을 의미한다. 그에게 '근대'의 달성은 서구적 근대라는 목적을 향하는 시간적 선후의 문제가 아닌 것이다. 대신 비서구의 타지역 내부에서 존재하는 다층적인 장소성을 염두에 두면서, 근대에 관한 탈중심적 다원적多元的 사고를 펼치고 있는 것이다. 그 연장선상에는 주체적인 '조선적 근대'의 가능성도 함께 놓여 있음은 분명하다.

요컨대 중국적 근대를 방법으로 삼는 것은 궁극적으로 주체적인 조선적 근대의 가능성을 탐색하기 위함이었다. 어떤 의미에서든 중국적 근대에 대한 이들의 접근은 인식론적 차원에서 매우 중요한 의의를 지니고 있다. 언론 통제가 상대적으로 느슨했던 1920년대에, 식민권력이 주목하지 않는 방식으로 근대적 주체화의 길을 찾아나간 중요한 사상적 사례로 간주되어야 한다.

여태까지 논한 것처럼, 옛 세계와 신세계의 교차점에 위치하고 있던 1920년대의 베이징은 조선 지식인들에게 전통과 근대가 더불어 숨쉬고 있는 '두 개의 중국'과 직면하는 공간이자, 중국적 근대를 사유함으로써 단선적인 문명관을 벗어나 서구/일본적 근대와 구별되는 주체적인 조선적 근대의 가능성을 탐색하는 공간이었다. 그러나 이러한 성찰적 사유는 1920년대 조선인의 중국 인식의 '주류'에 끼지 못했던 것이 사실이다. 1930년대 중반으로 조선이 중일전쟁의 병참기지로 활용된 이후로부터는 더욱더 억압되어 난데없이 사라지고 말았다. 그때부터 조선인의 베이징행이나 이주의 양상은 크게 달라졌기 때문이다.

일본의 위협을 피해 다수의 조선 유학생들이 베이징을 떠나면서 기존 유학생 중심으로 되었던 민족·사회운동은 쇠퇴의 길로 빠르게 접어들 수밖에 없었다.[77] 대신 일제 침략에 따라 새로 이주해 온 친일적 성향을 가진 조선인들이 그 다수를 차지하였다. 그중에 일본 신민으로서 누리는 치외법권을 이용해서 아편마약 밀매업에 종사한 조선인이 많았다.[78]

---

[77] 김홍길·김주삼, 「중국 관내 지역 한인 청년의 저항과 정주―상해와 북경 망명자 활동을 중심으로」, 『세계지역연구논총』 35-1, 한국세계지역학회, 2017, 151쪽.

[78] 1939년 5월 임학수(林學洙)가 베이징을 비롯해 화북지방에 일본군을 위로한다는 명목으로 베이징의 조선인 사회를 시찰한 후 적은 기록에서 밝힌 것처럼, "北支의 朝鮮人은 대단히 평판이 나쁘다. (…중략…) 개괄적으로는 원인이 둘로 나뉘는데, 1은 朝鮮人의

더군다나 일제는 베이징을 비롯한 중국 화북 지역 침략에서 조선인을 앞세우는 이한제화以韓制華 정책을 추구하였다. 그 와중에 조·중간의 갈등을 심화시켰고, 중국인의 '반한정서'를 불러일으켰다.[79] 이때 조선인에게 베이징은 결국 "전향자와 위장전향자, 관념적 전향자들은 물론 더 이상 비참해질 수 없을 만큼 절망적인 상황으로 내몰린 사람들이 모여 있는"[80] 공간으로 되어버렸다.

1930년대 중후반 조선 지식인의 베이징행은 역시 같은 시기 만주행의 연장선상에 놓이게 되었다. 즉 같은 제국 안에서의 이동의 의미로 바뀌게 된 것이다. 1939년에 경성제대 지나문학과를 졸업한 문학가 배호裴晧는 베이징을 향하는 여정에 산해관을 지나면서, '역마다 늠연히 검총을 손에 든' 일본 수비대의 모습을 보고 그것이 '마음을 든든하게 해 준다'[81]고 밝히고 있다. 그에게 베이징은 더이상 현대 중국을 이해함으로써 조선을 고민하는 장이 아니라 다만 일본 제국의 일부분에 지나지 않는 공간이었다.

1920년대 초중반부터 싹튼 이동곡 등 지식인의 사유는 20세기 말에야 사회주의 몰락과 탈냉전의 도래와 더불어 한국 학계에 다시 '귀환'하

직업이 모히, 코카인의 禁制品을 밀매하는 것. 2는 선량한 中國人의게 사기, 공갈 등 불량한 행위를 하는 것"이었다. 임학수, 「北京의 朝鮮人」, 『삼천리』 12-3, 1940. 3, 278쪽.

79　박장배, 「20세기 전반기 한국 지식인들이 경험한 중국 일각의 반한정서(反韓情緖)」, 『사림』 51, 성균관대, 2015, 111~112쪽.

80　이양숙, 「일제 말 북경의 의미와 동아시아의 미래」, 『외국문학연구』 54, 한국외대 외국문학연구소, 2014, 199쪽.

81　배호, 「留燕二十日」, 『인문평론』 1, 1939. 10; 조성환 편, 『북경과의 대화』, 학고방, 2008, 233쪽에서 재인용.

였다.[82] 창비 논객을 비롯한 인문학계의 진보적 지식인들은 서구적 경험과 그에 따라 형성된 인식의 틀을 벗어나 한국이 참고할 대상을 어떻게 확대해 다원적 좌표를 만들고 새로운 지식의 방식을 창조해 낼 것인지를 모색하기 시작하였다. 70여 년 전에 이동곡 등 식민지 조선 지식인들은 이미 그 길 위에 서 있었던 사실을 망각한 채로.

---

82 백영서, 『동아시아의 귀환』, 창비, 2000.

백 년 전 중국 담론의 사상적 가치

　동시대의 다른 나라 사람에 비해 조선 지식인이 중국, 특히 옛 중국에
다해 느끼는 익숙함은 현대 중국을 이해하고 접근하는 데 커다란 장점
이었다. 그러나 현대 중국은 이들에게 낯선 나라였음은 분명한 것이다.
무엇보다 1920년대의 중국은 극한의 혼돈 속에 빠져 있었다. 무법천지
로서의 만주, 암흑 도시 상하이, 군벌 및 정치 세력의 각축장으로서의 베
이징에서 조선 지식인들은 그 '혼돈의 구름'을 헤치고 현대 중국을 바라
보고 있었다. 동시대 조선 지식인의 서구 체험에 비하면, 중국 체험은 결
코 이국적 정서를 찾는 여정이 아니었다. 대신 '진화론적 경쟁의 장에서
주변으로 밀려난 약소민족이 다시 해방과 근대의 주체로서 등장할 수
있는가'라는 고민의 해답을 모색하는 사상적 여정이었다.

　이하에서 책 내용을 기초로 1920년대에 조선 지식인들이 중국 담론
을 통해 전개한 중국 인식의 성격 및 사상적 함의를 도출하고자 한다.

　첫째, 근대계몽기는 조선인의 중국 인식의 급변기였다면, 1920년대는
조선 지식인들이 근대 이후 유례없는 폭넓고 다층적인 중국 인식의 스펙

트럼을 보여준 시기라고 평가할 수 있을 것이다. 그것은 동시대 중국이 지니던 혼돈성과 조선 지식인들의 다양한 이념적 차이에 기인하였다.

우선, 만주, 상하이, 베이징 등 지역이 지니는 상이한 역사적 장소성은 이러한 다층적 중국 인식을 형성하게 한 중요한 외부적 환경이자 요인이었다. 많은 기존 연구들은 식민지 시기를 조·중 양국에 하나의 동질적인 '연대'의 기간으로 간주하는 경향이 강하다. 이 책은 식민지 시기의 여타 시기에 비해 훨씬 다층적인 조선 지식인 중국 인식의 겹들을 보여주었다. 그 다층성은 일차적으로 상대적으로 자유롭게 언론 활동을 펼칠 수 있었던 문화통치기 1920년대의 특수성에 기인한다. 그보다는 1920년대 중국에 대한 조선 지식인의 관심과 언급이 전언이나 독서의 결과가 아니라 구체적인 체험을 통해 이루어졌기 때문이다. 따라서 당시 이들이 경험한 상이한 공간들에 내포되어 있었던 역사적 장소성과 긴밀히 연관되어 있었다.

책에서 밝혀지듯이, 1920년대의 만주, 상하이, 베이징 등 공간들은 각각 단순히 '중국'이라는 단일한 틀로 환원될 수 없는 나름의 장소성을 지니고 있었다. 개괄하자면, 만주는 '민족의 외연적 지대'인 동시에 일본 제국의 공간 질서에 점차 편입되어 가는 반半식민지 지역이었다. 따라서 조선 지식인들에게는 민족성을 환기시키는 공간이자, 확연한 중·일 간 '문명' 차이 대비 속에서 자아와 민족성 상실과 분열을 경험하게 된 공간이 되었다. 국제 도시 상하이는 서구적 근대의 명암明暗을 극명하게 보여준 공간이었다. 조선 지식인들에게는 동·서양 인식이 경합하는 장이자 중국을 통해 동아시아적 근대를 상상하는 공간이 되었다. 베이징은 조선 지식인들이 유년 시절부터 책을 통해 익히 알고 있던 옛 중국의 상징적 공간이자, 현실적으로 싹트고 있는 정치적·문화적 혁명을 통해 독립과 근대의 새로운 가능성을 모색하는 현대 중국의 진원지였다. 이렇듯 각 지역에서 표출된 중국 인식은 해당 지역의 역사적 장소성과 깊이 관련되어 있었다는 점에서, 기존 연구에서 흔히 '중국'을 하나의 동질적인 공간으로 접근한다는 시각은 적절하지 않은 것이다.

물론 책에서 살펴본 다층적인 중국 인식들은 전적으로 각 지역의 '역사적 장소성'의 차이에 기인한다고 하면 지나친 환경결정론環境決定論의 함정에 빠질 위험이 있다. 역사적 장소성은 이들의 중국 인식을 형성하게 한 중요한 외재적 환경이었을 뿐 결정적 요소가 아니었다. 이 점은 특히 인식 주체의 이념적 지향으로 인해 창출된 해당 공간에 대한 '참된 장소감'을 잃은 중국 담론을 통해 확인할 수 있을 것이다. 중국인에 대한 불결·나태 등 스테레오타입화된 재현, 조선의 외연적 지대로 재현된 탈영토화된 만주 담론, 서구 식민주의 담론을 그대로 따른 '서구인의 상하이' 담론, '기억의 재조합'으로 생산된 '중국인과 개는 들어오지 못한다'는 간판 담론 등은 그 대표적인 예들이다. 이러한 '무장소성'을 지닌 중국 담론들은 동시대 조선 사회에서 유행하는 중국과 관련 헤게모니적 담론을 그대로 답습하면서 후자를 무의식적으로 강화시키는 데 일조하는 역할을 담당하였다. 여행이나 방문 등 '직접적인 경험'을 통해 형성된 인식은 늘 '참된 장소감'을 보장할 수 없다는 점을 새삼 보여주고 있다.

이러한 '무장소성'은 또한 인식 주체로서 근대 지식인들의 이념적 지향과 크게 연관되어 있었다. 이런 의미에서, 3·1운동 실패 이후 사회진화론·계급투쟁론·상호부조론 등 다양한 사상이 혼재된 1920년대 조선 지식계 내부의 사상적 지형은 동시기 다층적인 중국 인식을 형성하게 한 내부적 요인으로 작용하였다고 볼 수 있다.

유림을 비롯한 전통 지식인의 경우, 망국 초기인 1910년대에 중국에서 공교운동을 통해 중화 회복하기를 꿈꿨으나 1920년대에 들어서는 접어둘 수밖에 없었고, 문화적 동질성의 측면에서 중국에 대한 향수만 남았을 뿐이다. 이에 비해, 1920년대 언론을 기반으로 민족주의 담론의 헤게모니를 장악한 민족주의 우파 계열 지식인들에 의해 생산된 중국 담론이 다수를 이루었다. 이들의 중국 인식은 '배제'와 '연대' 사이에서 동요되는 양상이 두드러졌다. 즉, 중국을 근대의 낙후자로 멸시하는 동시에, 반제라는 명제 하에 중국혁명의 국제적 파급 효과에 대한 기대가 큰 것이었다. 이러한 양상은 근대계몽기 이래로 한축을 형성해 오던 '탈화입아'로 대변되는 중국 인식의 양가적인 흐름을 이어진 면이 컸다. 궁극적으로 사회진화론과 긴밀히 결부된 조선 근대 민족주의의 특성에 기인하였다. 사회진화론은 1910년대부터 전통 유림, 아나키스트, 사회주의자들에게 비판을 받았지만, 식민지 시기 내내 민족주의 우파에 의해 사상적 주류였다. 적자생존과 우열승패의 진화론적 입장에서, 이광수 등 우파 계열 지식인들은 병약한 조선이 일본의 식민 통치를 받는 것은 불가피한 '자연 법칙'이고 독립을 위해서는 민족개조가 필요하다고 믿었다. 즉, 식민 체제의 원인을 부분적으로 피지배자 자신에게 돌렸던 셈이다. 이러한 인식은 조선과 같이 약자 처지에 처한 중국에 그대로 투사된 경우가 많았다. 바로 그 지점에서, 만주에서 미개한 중국인에게 쏠리는

'연민 어린 증오'의 시선, 상하이에서 근대화된 중국인에 대한 극찬, 더 문명화된 주체에게서 받은 치욕감을 자기보다 덜 문명화된 중국인에게 전가하는 '모욕의 악순환', 독립된 자본주의 국가인 '신흥 중국'에 대한 동경 등은 실로 동일선상에 놓여 있었다.

이와 대조하여, 일제에 대한 타협을 거부하면서 적극적으로 항일운동을 전개했던 좌파 계열 민족주의자나 국제주의적 성향을 지닌 조선 지식인들은 상이한 중국 인식을 펼쳤다. 사회진화론에 대해 비판적인 입장을 견지하는 이들은 서구적 근대를 중국인을 포함한 모든 동양인의 문명성을 재단하는 기준으로 삼지 않았다. 따라서 '배제'와 '연대' 사이에서 끊임없이 동요되거나 분열된 우파 계열 지식인들의 중국 인식에 비해, 중국에 대한 이들의 정서적 연대감이 더욱 높았던 것이다. 그들은 상하이에서 서구적 근대에 감춰진 식민성과 문명의 위선적 일면을 직시하고 있었다. 또한 국공합작에 기초한 국민혁명이 조선 민족협동전선을 결성하는 데 지니는 '실험적 의의'에 막대한 관심을 두었다. 그중에서 특히 제국주의와 자본주의를 동전의 양면으로 파악한 사회주의자나 아나키스트들은 근대계몽기부터 조선 지식인의 의식에 깊이 뿌리를 내렸던 '민족' 단위를 초월하여, 프롤레타리아 또는 민중 등 새로운 시좌視座에서 중국을 바라보았다. 궁극적으로 중국의 반제·반자본주의 실천을 동참함으로써 조선을 포함한 약소민족의 민족적·계급적 해방을 꾀하고자 하였다.

둘째, 1920년대 조선 지식인의 중국 인식과 동아시아 인식은 정세 등 현실적 상황에 따라 상당히 가변적·유동적인 특징을 지니고 있었는데,

이것은 독립과 현실적 이익을 희구하는 차원에서 식민지 민족의 자기 관심의 반영으로 중국과 동아시아를 조명한 결과였다.

　조선 지식인들의 중국 인식이 갖는 유동적인 특징은 일차적으로 1920년대 혼돈된 중국의 온갖 격변 속에서 일관된 인식을 견지하기가 어려웠던 현실에 기인한다. 또한 당시 조선 지식인들의 유동적인 정체성과 관련이 있었다. 책을 통해 알 수 있듯이, 1920년대 배일적 민족주의가 고양된 중국을 방문한 많은 조선 지식인들은 '식민지/제국' 체제 내에서 식민지 조선인이 도저히 '단순한 조선인'이 될 수 없다는 씁쓸한 경험을 겪었다. 조선인의 애매한 법적 신분은 항일을 매개로 한 조·중 간 광범위적인 공감대와 연대를 어렵게 만든 현실적 요인이 작용되었다. 아울러 일부 조선 지식인으로 하여금 중국에서 안정된 정체성을 견지하기 힘들게 만들었다. 따라서 이들은 상황에 따라서 조선인, 일본 제국의 신민, 익명적인 문명인, 코스모폴리탄, 동양인 등 유동적인 필터를 통해 중국을 바라보면서 유동적인 중국 인식을 형성하했다.

　그보다 더 근본적인 원인은 조선 지식인들의 중국 인식은 늘 독립과 근대화를 도모하는 데 중국이 조선에 미치는 영향에 대한 현실적 판단과 연동되는 데에 있었다. 중국의 반제운동과 혁명, 나아가 신흥 중국에 대한 이들의 각별한 주목의 근저에는 그 과정에서 발생할 국제적 파급 효과에 대한 기대가 분명히 자리 잡고 있었다. 중국이 제국주의를 타파한다면, 만몽에 대한 일본의 이권을 동요시켜 조선에 대한 일본의 식민 통치를 크게 변경하게 할 거라는 기대감이었다. 따라서 1930년대 이후 조선 지식인들의 전향적인 중국 인식은 역시 일본의 만주 침략과 대류침략을 지켜보면서 한때 높은 기대를 걸었던 중국의 반제운동이 더이상 불가능해진 상황하에 내린 시국에 대한 판단이었을 것이다. 1920년대 재만조선인 문제를 해결하기 위해 민족주의 계열 언론에 의해 제기된 중국입적론도 마찬가지였다. 얼핏 '반민족'적 제안처럼 들리는 중국입적론은 재만조선인의 생존 문제 해결과 안정적인 정착을 지향한다는 이익 획득의 측면이 강한 논리였다. 바로 이러한 논리에 기반하여 만주사변 이후 만주국 공민권 획득론, 왕도낙토론 등 친일의 논리로 쉽게 경도되었던 것이다.

중국 인식과 함께 표출되었던 동시대 조선 지식인들의 동아시아 인식은 역시 유사한 성격을 지니고 있었다. 무엇보다 어떤 특정한 국가를 동아시아의 중심 또는 맹주로 설정하여 외부에 대한 저항의 수단으로 삼는다는 '외세의존적 동아시아 인식'이라는 특징이 두드러진 것이었다. 이는 조선 지식인들이 근대계몽기에 제기한 동양연대론, 1920년대에 제기한 중국 중심적 동아시아 반제 연대론, 나아가 1930년대에 동참한 대동아공영론 등 다양한 동아시아론들이 공통적으로 드러난 인식 구조였다. 주체성을 배제한 공동체 의식은 특정한 시기에 현실을 타개하기 위해 내놓은 정치적 전략으로서는 유용하겠지만, 일종의 사고방식이나 인식 구조로서는 분명히 취약성을 지니고 있었다. 1930년대 이후 조선 지식인들의 동아시아 인식이 쉽게 대동아공영론에 포섭되어 근대계몽기에 했던 것처럼 또 다시 '동아시아 인식의 함정'에 빠지게 된 근본적인 원인은 바로 이러한 사상적 취약성에 기인한 것으로 보인다.

셋째, 1920년대 조선 지식인의 중국 인식에 대한 고찰을 통해 당시 조선의 근대화를 도모하는 데 상이한 네 가지 경로 선택을 읽어낼 수 있을 것이다.

　책을 통해 알 수 있듯이 근대 이후 조선 지식인의 중국 인식은 결코 단순히 한 나라에 관한 인식이라고 간주될 수 없는 문제였다. 이는 늘 이들이 민족과 근대에 대한 인식과 긴밀히 결부되어 있었기 때문이다. 근대계몽기에는 계몽 지식인들에게 민족의식을 내세우고 근대를 지향한다는 것은 곧 문화적·사상적으로 '전근대'의 대명사였던 중국과의 결별을 의미하였다. 그러나 식민지 시기에 들어 '제국/식민지' 체제의 주변적인 존재로서의 중국을 조선과 동일시하는 시각하에, 근대계몽기에 했던 것처럼 더이상 중국을 철저히 타자화시키기가 불가능해졌다. 이때 근대에 대한 네 가지 경로 선택은 이들의 중국 담론에 고스란히 투영되고 있었다.

　만주 담론을 통해, 일부 조선 지식인들은 일본적 근대를 모델로 삼으면서 몰주체적인 근대를 추구하고자 한다는 경로를 택한 것을 확인할 수 있다. 즉 일본이 주도하는 식민지 근대화를 저항없이 받아들이고자 한다는 입장이었다. 상하이 담론을 통해 서구적 근대를 유일한 문명의 기준으로 설정하면서, 근대 서구적 시민이 되는 것을 통해 조선의 식민지 현실을 벗어나고자 한다는 경로 선택을 확인하였다. 당시 국내에서 민족주의 우파 계열 지식인들이 가지는 민족개조론 및 실력양성론과 같이하는 입장이었다. 이와 동시에 일부 지식인들은 상하이에서 서구적 근대에 동반된 식민성과 자본주의적 근대의 모순을 직시하면서, '동양인'이라는 자각으로 서구적 근대를 극복하기 위한 대안으로서의 동아시아적 근대를 모색하기도 하였다. 베이징 담론을 통해 더욱 주체적인 근대에 대한 모색의 일환으로 일부 지식인들은 근대의 다원성을 제시해 주는 중국적 근대를 방법으로 삼아 조선적 근대의 가능성에 대한 탐색을 확인하였다. 이렇듯 1920년대 '혼돈의 중국'이라는 프리즘을 통해, 일본적 근대, 서구적 근대, 동아시아적 근대, 조선적 근대 등 네 가지 엇갈린 조선 지식인들의 선택을 엿볼 수 있을 것이다. 물론 이 네 가지의 경로 선택은 결코 만주, 상하이, 베이징 등 해당된 지역에 국한되어 순서대로 표출된 것이 아니었다. 단, 세 지역이 지니는 상이한 역사적 장소성은 근대의 갈림길 위에 서 있었던 조선 지식인들의 방황한 모습을 드러내도록 하는 촉매제 역할을 했을 뿐이다.

궁극적으로 중국 담론에서 엿볼 수 있듯이, 1920년대 조선 지식인들은 사회진화론을 기반하여 보편적 주체로서의 타자인 서구/일본을 모방하면서 이의 보편성을 획득하는 몰주체적 근대를 택하느냐, 또는 전자에 내포한 식민성과 몰주체성을 극복하기 위해 주체적 근대를 추구하느냐 하는 문제에 직면하고 있었으며, 가끔 분열에 빠지기도 하였다. 이런 의미에서, 1920년대는 또한 그 다음 시기인 1930~1940년대 지식인들의 대량 전향을 하게끔 한 사상적 요인들을 드러내고 있었던 동시에, 전향 말고 또 다른 새로운 가능성을 잉태하고 있었던 과도의 시대라고 볼 수 있다.

넷째, 1920년대의 중국 담론은 조선 지식인들에게 문화통치 시기에 식민 당국의 문화적 헤게모니에 맞서는 저항 담론이자, 근대에 대한 비판 담론이라는 성격을 지니고 있었다. 이것은 이들이 중국 문제를 바라볼 때 견지하는 자주적인 조선적 시각과 인터-아시아 등 주체적인 시각에서 비롯되었다.

이 시기 민족지에 의해 중국에 파견된 언론인들은 조선적 시각에 대한 집착으로 중국 문제에 대한 남다른 관심과 통찰력을 보였다. 자주적인 조선적 시각은 '재만조선인 문제'와 관련하여 이들이 현지 탐방을 통해 제기된 '일본책임론'과 '중국입적론'에 여실히 반영되어 있었으며, 영·일 언론 등 외신에 대한 경계심에 드러나기도 하였다. 자주적인 시각을 견지하기 위해 이들은 위험을 무릅쓰고 전쟁터나 운동의 현장에 직접 뛰어들어 중국의 내전과 혁명을 보도하였다. 장제스, 장쭤린, 장쉐량 등 중요한 인물들을 직접 인터뷰하는 등 최대한으로 중국을 자주적으로 바라보는 데 힘을 기울였다. 그것으로써 5·30운동 등 중국의 반제운동에 '적화', '배외', '폭동' 등 누명을 씌운 영·일 언론과 조선 친일 언론에 대한 비판을 가하여 제국주의에 대한 저항의 의지를 드러냈다. 이렇게 자주적인 조선적 시각으로 빚어낸 현장 인식들은 한국근대사뿐만 아니라, 중국 근현대사를 연구하는 데도 가치가 있는 1차 자료가 될 것으로 보인다.

이동곡 등 지식인에 의해 표출된 인터-아시아 시각은 역시 중국 문제를 고민하는 데 주류적 시각으로서의 서구/일본적 시각을 거부하고 더욱 주체적인 시각에 대한 모색의 일환으로 간주될 수 있다. 이들의 사유는 흔히 "자기부정과 왜곡, 그리고 제국 신민되기"로 간주되어 온 식민지 주체의식[1]과는 전혀 다른 양상을 보여주었다. 근본적으로 근대에 관

---

1   박정심, 『한국 근대사상사』, 천년의상상, 2016, 388쪽.

한 이원적인 사유에서 벗어났기 때문이다. 보편적 타자의 논리에 포획당함으로써 주체성을 소멸시키는 것에 대한 거부 의지를 담고 있으므로, 당시 일제의 식민 지배와 문화적 헤게모니에 비타협적으로 저항하는 지식 담론적 특성을 드러냈다.

조선적 시각이든, 인터-아시아 시각이든 모두 서구/일본 등 제3자를 거치지 않은 채 중국을 직접적으로 대면함으로써 자주적으로 관찰하거나 성찰하는 자세를 보여주었다. 이 점은 오늘날도 눈여겨볼 만한 사상적 가치를 지니고 있다.

뿐만 아니라 근대에 대한 비판 담론으로서 중국 담론의 사상적 가치도 간과해서는 안 될 것이다. 한국의 근현대사를 돌이켜본다면 일본을 통한 서구적 근대의 깊은 영향을 받고, 1945년 이후 서구적 근대의 변형인 미국적 근대의 영향을 받은 역사적 진행 과정을 밟아 온 것이다.[2] 그러나 중국적 근대를 방법으로 사유한다는 이동곡 등 조선 지식인들은 '중심-주변'의 구도를 벗어나서 근대에 대한 탈중심적 다원적 사고를 보여주었다. 이러한 사유는 19세기 이전까지 동아시아 패권주의의 맥락에서 작동해 온 중화주의를 극복했을 뿐만 아니라, 오늘날까지 한국 근대를 재해석하는 틀로서의 식민지 근대화론을 넘어설 수 있는 성찰의 여백을 또한 제공하고 있다.

결론적으로 1920년대 조선 지식인들의 중국 담론은 식민지 조선의 상황을 타개하기 위한 방법론적 모색의 일환이었으며, 식민지 시기 사

---

2   미야지마 히로시, 『나의 한국사 공부』, 너머북스, 2013, 347쪽.

상사에 접근할 수 있는 중요한 통로 역할을 담당하고 있다. 바로 이 지점에서, '중국'은 단순한 공간적 배경이었을 뿐만 아니라, 식민지 조선 지식인의 사상에 직간접으로 개입되었던 하나의 '사상의 장'이 되었다. 특히 1919년 5·4운동 이후 전환기에 처했던 현대 중국은 식민지 조선에 있어 독립운동을 전개하는 무대였을 뿐만 아니라, 식민지 지식인이 조선을 사유하는 데 하나의 준거점을 제공하면서 이 시기 사상사의 중요한 동인 중 한 축으로 작용하고 있었다.

그러나 1920년대 조선 지식인들이 가졌던 폭넓은 중국 인식의 스펙트럼, 그리고 현대 중국에 대한 성찰과 근대에 대한 비판적 사유의 대중적 확산은 그다지 성공적이지 못했다고 인정해야 한다. 일례로 중국혁명에 대한 조선 지식인들의 관심이 가장 뜨거웠던 1925년 5월, 신의주의 한 독자는 『동아일보』의 독자투고란에서 중국을 '노대국'으로 칭하며 '나는 중국인을 볼 때에는 늘 아편을 연상케 되고 또 아편을 생각할 때에는 중국인을 연상'한다고 했다.[3] 민족지 언론에서 꾸준히 중국 문제에 대해 진지하게 논하고 있었지만, 실제 대중들은 여전히 중국을 천시하는 관점에서 벗어나지 못하고 있었던 것이 현실이다. 현대 중국에 대한 지식인들의 성찰적 사색들은 결국 '제국/식민지' 체제에서 사회진화론적인 '문명-야만'의 이분법에서 비롯된 일반적인 중국 멸시론을 극복할 힘을 창출해내지 못했으며, 동시대 중국에 대한 조선 민중들의 새로운 집단적 상상을 창출하는 데에 끝내 도달하지 못하였다.

---

3   金景律, 「新義州 及 安東縣 靑年 諸君에게」, 『동아일보』, 1925.5.29, 3면.

1930년대에 들어서 일제의 대륙침략, 아시아-태평양 전쟁 등을 거쳐서 발전되지 못한 채 억압되고 말았다. 해방 후 국민국가 건설을 위한 민족주의에 매달리고 게다가 냉전 체제에 들어서 더욱더 망각되었던 것이다. 이렇듯 서로 방법이 되고 자기반성을 기반한 장으로서의 인터-아시아 사유의 지적·사상적 가능성은 1920년대 극소수의 조선 지식인의 비판적 중국론을 통해 잠시나마 드러냈는데, 금방 전쟁·냉전 등으로 인해 단절되어버렸다. 20세기 말이 되어서야 사회주의 몰락과 탈냉전의 도래와 더불어 한국 인문학계에 다시 귀환하게 된 것이었다.

신민족주의로 들떠 있으며 여전히 서구적 근대를 기준으로 자아 및 타인을 가늠하기에 익숙한 오늘, 백 년 전에 망각된 사상적 자원에 대한 발굴이야말로 식민지 조선 지식인들의 사상적 유산이 지니는 현재적·실천적인 가치가 될 것이다. 무엇보다 한·중 양국 간 지적인 차원에서든 민간 차원에서든 심리적 거리가 갈수록 멀어지고 있는 현재적 시점에, 백 년 전 조선 지식인을 논하는 이 책은 "현재 한국인에게 중국이 무엇인가?" "중국을 어떻게 바라볼 것인가?" 등 한층 현실적인 문제를 다시 사유하는 데에 도움이 될 것으로 기대된다.

참고문헌

1차 자료

『독립신문』, 『대한매일신보』, 『동아일보』, 『신한민보』, 『조선일보』, 『제국신문』, 『중앙일보』, 『중외일보』, 『황성신문』, 『개벽』, 『대한협회회보』, 『동광』, 『만국부인』, 『별건곤』, 『사해공론』, 『삼천리』, 『서울』, 『소년』, 『시대일보』, 『신동아』, 『신생활』, 『신인문학』, 『조선문단』, 『창조』, 『청춘』, 『태극학보』, 『民權報』, 『革命靑年』, 『天鼓』, 『向導』, 『新潮』, 『中國文學』.

공성학, 박동욱 외역, 『중유일기』, 휴머니스트, 2018.
김동훈 외, 『신규식시문집』, 민족출판사, 1998.
김산·님 웨일즈 조우화 역, 『아리랑』, 동녘, 1983.
김정호, 『中國游記』, 刊寫地未詳, 1921.
김준엽 편, 『석린 민필호전』, 나남출판, 1995.
김창숙, 『心山遺稿』, 國史編纂委員會, 1973.
민석린 편, 『한국의 얼』, 대한민국공보실, 1955.
박영철, 『亞洲紀行』, 京城: 獎學社, 1925.
박은식, 『白巖朴殷植全集』, 동방미디어, 2002.
신숙, 『나의 일생』, 일산사, 1963.
단재신채호전집편찬위원회 편, 『단재신채호전집』, 한국독립운동사연구소, 2008.
유기석, 『三十年放浪記－유기석 회고록』, 국가보훈처, 2010.
유길준, 『大韓文典自(序)』, 1909.
유인석, 독립기념관 편역, 『국역 의암집』, 제천문화원, 2009.
이광수, 「민족개조론」, 『이광수전집』 17, 三中堂, 1962.
_____, 「그의 자서전」, 『이광수전집』 9, 三中堂, 1968.
이상룡, 『국역 석주유고』 상·하, 景仁文化社, 2008.
이상정, 『中國遊記』, 청구출판사, 1950.
이승희, 국사편찬위원회 편, 『韓溪遺稿』 5~7, 국사편찬위원회, 1979~1980.

이자해,『이자해자전』(해외의 한국독립운동사료 32), 국가보훈처, 2008.

정래동,『북경시대』, 平文社, 1957.

정정화,『장강일기』, 학민사, 2011.

최광식 역주,『단재 신채호의「천고」』, 아연출판부, 2004.

최남선,『白頭山觀祭記』, 한성도서주식회사, 1927.

최삼룡 외,『만주기행문』, 보고사, 2010.

한국학술진흥원 편,『韓國現代小說理論資料集』15, 國學資料院, 1985.

허휘훈, 박이정 편,『20세기 중국조선족 문학사료전집』14, 연변인민출판사, 2013.

황현,『매천야록』, 국사편찬위원회, 1955.

滄海老紡室(박은식),『安重根傳』, 大同編譯局, 1912.

李炳憲,『中華遊記』1~2, 南通 : 翰墨林書局, 1916.

李鴻章, 吳汝綸編,「籌議海防折」,『李文忠公全集』, 海南 : 海南出版社, 1997.

梁啟超,『梁啟超全集』1, 北京 : 北京出版發行, 1999.

孫中山,『孫中山先生由上海過日本之言論』, 廣州 : 民智書局, 1925.

太白狂奴(박은식),『韓國痛史』, 大同編譯局, 1915.

Bertrand Russel, *Problem of China*, N.Y. : Century, 1922.

Dewey J, Dewey H A C., *Letters from China and Japan*, Boston : EP Dutton, 1920.

2차 자료

검열연구회 외편,『식민지 검열 – 제도·텍스트·실천』, 소명출판, 2012.

곽승미,「식민지 시대 여행문화의 향유 실태와 서사적 수용 양상」,『대중서사연구』12-1, 대중서사학회, 2006.

곽은희,「틈새의 헤테로토피아, 만주」,『인문연구』70, 영남대 인문과학연구소, 2014.

구태훈 외,『근대전환기 동서양의 상호 인식과 지성의 교류』, 선인, 2013.

권혁수,『근대 한중 관계사의 재조명』, 혜안, 2007.

계승범, 「呼稱에 보이는 조선 후기 지식인의 대외 인식과 小中華論」, 『동아시아 질서의 변화와 中華論』, 인하대 한국학연구소 동아시아한국학 학술회의, 2008.6.

_____, 『정지된 시간 - 조선의 대보단과 근대의 문턱』, 서강대 출판부, 2011.

김도형, 「식민지 시기 재만조선인의 삶과 기억 - 한말, 일제하 한국인의 만주 인식」, 『동방학지』 144, 연세대 국학연구원, 2008.

김문식, 「근대 한국의 탈중화주의」, 『오늘의 동양사상』 15, 예문동양사상연구원, 2006.

김미지, 「上海와 한국 근대문학의 횡단(1) - 상해의 조선인들과 '황포탄(黃浦灘)'의 감각」, 『한중인문학연구』 48, 한중인문학회, 2015.

김백영·조정우, 「제국 일본의 선만(鮮滿) 공식 관광루트와 관광안내서」, 『일본역사연구』 39, 일본사학회, 2014.

김세호, 「북벌 직후 '新興中國'에 대한 한국 언론의 일 시각 - 『조선일보』 특파원 李灌鎔의 취재(1928.10~1929.2)를 중심으로」, 『중국근현대사연구』 61, 중국근현대사학회, 2014.

김수진, 『신여성, 근대의 과잉』, 소명출판, 2009.

김정배 외, 『백두산 - 현재와 미래를 말한다』, 한국학중앙연구원출판부, 2010.

김진송, 『서울에 딴스홀을 허하라』, 현실문화연구, 1999.

김진호, 「근·현대 한국인의 중국 인식(認識)과 중국인의 한국 인식 변화」, 『중국문화연구』 8, 중국문화연구학회, 2006.

김철·황효영, 「명·청시기 조선 사신들의 대중국 인식 변화 양상에 대한 연구」, 『아시아문화연구』 39, 가천대 아시아문화연구소, 2015.

김홍길·김주삼, 「중국 관내 지역 한인 청년의 저항과 정주 - 상해와 북경 망명자 활동을 중심으로」, 『세계지역연구논총』 35-1, 한국세계지역학회, 2017.

나카미다사오 외, 박선영 역, 『만주란 무엇이었는가』, 소명출판, 2013.

노관범, 「1910년대 한국 유교 지식인의 중국 인식」, 『민족문화』 47, 전국문화단체총연합회, 2012.

노연숙, 「개화계몽기 국어국문운동의 전개와 양상」, 『한국문화』 40, 규장각한국학연구소, 2007.

도하다, 「崔南善과 '바다(海)' 認識」, 『동북아시아문화학회 국제학술대회 발표자료집』, 2012.10.

류대영, 『한국 근현대사와 기독교』, 푸른역사, 2009.

리어우판, 장동천 외역, 『상하이 모던』, 고려대 출판부, 2007.

미야지마 히로시, 『나의 한국사 공부』, 너머북스, 2013.

박걸순, 「申采浩의 아나키즘 수용과 東方被壓迫民族連帶論」, 『한국독립운동사연구』 38, 한
　　국민족운동사학회, 2011.

박노자, 『우승열패의 신화』, 한겨레신문사, 2005.

박장배, 「20세기 전반기 한국 지식인들이 경험한 중국 일각의 반한정서(反韓情緒)」, 『사림(성
　　대사림)』 51, 성균관대, 2015.

박정심, 『한국 근대사상사』, 천년의상상, 2016.

박찬승, 『한국근대 정치사상사 연구』, 역사비평사, 1992.

배경한, 『쑨원과 한국』, 한울아카데미, 2007.

_____, 「한국독립운동과 辛亥革命」, 『한국근현대사연구』 75, 한국근현대사학회, 2015.

백영서, 『동아시아의 귀환』, 창작과비평, 2000.

서정완 외편, 『제국일본의 문화권력』 2 - 정책 · 사상 · 대중문화, 소화, 2014.

성현경 편, 『경성 에리뜨의 만국 유람기』, 현실문화, 2015.

스테판 다나카, 박영재 외역, 『일본 동양학의 구조』, 문학과지성사, 2004.

손건호 외편, 『한국민족주의론』 3, 창작과 비평사, 1985.

손과지, 『상해한인사회사』, 한울, 2001.

_____, 「1920 · 30년대 북경 지역 한인독립운동」, 『역사와 경계』 51, 경남사학회, 2004.

손성욱, 「19세기 朝 · 淸 문인 교류의 전개 양상」, 『歷史學報』 216, 역사학회, 2012.

손염홍, 「北京 지역 韓人사회(1910~1948) 연구」, 국민대 박사논문, 2008.

송규진, 「일제 하 '선만 관계'와 '선만일여론'」, 『한국사연구』 146, 한국사연구회, 2009.

신용하, 『신채호의 사회사상연구』, 한길사, 1984.

앙드레 슈미드, 정여울역, 『제국 그 사이의 한국 1895~1919』, 휴머니스트, 2007.

야마무로 신이치, 윤대석역, 『키메라, 만주국의 초상』, 소명출판, 2009.

에드워드 렐프, 김덕현 외역, 『장소와 장소상실』, 논형, 2005.

오문석, 「1차 대전 이후 개조론의 문학사적 의미」, 『인문학연구』 46, 숭실대 인문과학연구
　　소, 2013.

오카모토 다카시(岡本隆司), 강진아 역, 『미완의 기획, 조선의 독립』, 소와당, 2009.

오태영, 『오디푸스의 눈 ― 식민지 조선문학과 동아시아의 지리적 상상』, 소명출판, 2016.

왕원주, 「북경대학과 한국독립운동」, 『동양학』 54, 단국대 동양학연구원, 2013.

양진오, 「고구려 영웅과 역사의 발견 ― 신채호 소설을 중심으로」, 『어문학』 95, 한국어문학
　　회, 2007.

유선영, 『식민지 트라우마』, 푸른역사, 2017.

유선영·차승기 편, 『'동아' 트라우마』, 그린비, 2013.

유용태, 「백암 박은식이 본 '현실중국'과 '역사중국', 1882~1925」, 『The SNU Journal of
　　Education Research』 25, 서울대 교육종합연구원, 2016.

유용태 편, 『한중 관계 역사와 현실』, 한울아카데미, 2012.

윤덕영, 「신간회 초기 민족주의 세력의 정세 인식과 '민족적 총역량 집중'론의 제기」, 『한국
　　근현대사연구』 56, 한국근현대사학회, 2011.

윤해동, 「연대와 배제 ― 동아시아 근대 민족주의와 지식인」, 『역사문제연구』 10, 역사문제연
　　구소, 2003.

이기훈, 「1920년대 『동아일보』의 중국 인식 ― 계몽과 혁명, 식민주의와 탈식민주의 시각의
　　부침과 교차」, 『동방학지』 178, 연세대 국학연구원, 2017.

이명종, 「근대 한국인의 만주 인식 연구」, 한양대 박사논문, 2014.

이삼성, 「제국과 식민지에서의 '제국' ― 20세기 전반기 일본과 한국에서 '제국'의 개념적 기
　　능과 인식」, 『국제정치논총』 52-4, 한국국제정치학회, 2012.

이양숙, 「일제 말 북경의 의미와 동아시아의 미래」, 『외국문학연구』 54, 한국외대 외국문학
　　연구소, 2014.

이영민, 「세계화와 초국적주의, 그리고 트랜스로컬리티」, 『로컬리티와 타자성』(제3회 콜로키
　　움자료집), 2010.

이종호, 「식민지 조선의 근대적 지식인에 관한 소묘」, 『진보평론』 69, 메이데이, 2016.

이재령, 「남경국민정부 시기 한국언론의 중국 인식 ― 『동아일보』(1929~1935) 기사를 중심으
　　로」, 『중국학논총』 15, 국민대 중국인문사회연구소, 2003.

_____, 「1920년대 전후 북경(北京)의 유학환경과 한인학생(韓人學生) 현황」, 『중국학보』 80,
　　한국중국학회, 2017.

이재정, 「『華音啓蒙』을 통해 본 개항기 조선 지식인의 중국 인식」, 『동북아역사논총』 16, 동북아역사재단, 2007.

이진영, 「저항적 아이덴티티에서 기생적 아이덴티티로 – 중국 상해의 한인 사회 연구(1910 ~45)」, 『사회와역사』 59, 한국사회사학회, 2001.

인하대 한국학연구소 편, 『동아시아한국학의 형성 – 근대성과 식민성의 착종』, 소명출판, 2013.

임지현·이성시 편, 『국사의 신화를 넘어서』, 휴머니스트, 2004.

임형택, 「근대계몽기 국한문체(國漢文體)의 발전과 한문의 위상」, 『민족문학사연구』 14, 민족문학사연구소, 1999.

_____, 「1919년 동아시아 근대의 새로운 전개 – 1919년 동아시아, 3·1운동과 5·4운동」, 『대동문화연구』 66, 성균관대 동아시아학술원, 2009.

장석흥, 「3·1운동과 국내 민족주의 계열의 독립운동」, 『한국독립운동사연구』 13, 문화체육관광부, 1999.

장영우, 「만주 기행문 연구」, 『현대문학의 연구』 35, 한국문학연구학회, 2008.

장현근, 「한국에서 대중국관념의 변화 – 중화주의, 소중화주의, 탈중화주의」, 『아태연구』 18-2, 경희대 아태지역연구원, 2011.

정문상, 「근현대 한국인의 중국 인식의 궤적」, 『한국근대문학연구』 25, 한국근대문학회, 2012.

조경달, 정다운 역, 『식민지기 조선의 지식인과 민중 – 식민지 근대성론 비판』, 선인, 2012.

조성환, 「북경의 기억, 그리고 서사된 북경」, 『중국학(구중국어문론집)』 27, 대한중국학회, 2006.

_____, 「韓國近代知識人의 上海 體驗」, 『中國學』 29, 대한중국학회, 2007.

_____ 편, 『북경과의 대화』, 학고방, 2008.

조세한, 『동아시아 아나키스트의 국제 교류와 연대』, 창비, 2010.

조승현, 「역사적 분석을 통한 한국과 중국의 상호 인식 연구」, 『중국인문과학』 33, 중국인문학회, 2006.

조정우, 「만주의 재발명」, 『사회와역사』 107, 한국사회사학회, 2015.

채관식, 「만주사변 전후 국내 민족주의 계열의 재만조선인 국적문제 제기와 민족 인식의 논리」, 『한국근현대사연구』 69, 한국근현대사학회, 2014.

천광싱, 김진공 역, 「세계화와 탈제국, '방법으로서의 아시아'」, 『아세아연구』 52-1, 고려대 아세아문제연구소, 2009.

천광싱, 백지운 역, 『제국의 눈』, 창작과비평, 2003.

천진, 「1920년대 초 동아시아의 성찰하는 주체와 현대중국의 표상－아쿠타가와 류노스케, 이동곡의 장소 경험을 중심으로」, 『중국문학』 72, 한국중국어문학회, 2012.

최민지·김민주, 『日帝下民族言論史論』, 일월서각, 1978.

최선웅, 「1924~1927년 상해 청년동맹회의 통일전선운동과 대한민국임시정부」, 『한국근현대사연구』 44, 한국근현대사학회, 2008.

최옥산, 「동아시아 한국학의 중국적 주체에 관한 관견(管見)」, 『한국학연구』 16, 인하대 한국학연구소, 2007.

최원식·백영서 편, 『동아시아인의 '동양' 인식』, 창비, 2010.

최학송, 「한국 근대문학과 베이징」, 『한국학연구』 31, 인하대 한국학연구소, 2013.

_____, 「단재의 문학과 형성에 미친 양계초의 영향」, 『목원어문학』 8, 목원대 국어국문학과, 1989.

최해연, 「20세기 초 조선인의 중국 여행기록 연구」, 연세대 박사논문, 2016.

최형욱, 『량치차오, 조선의 망국을 기록하다』, 글항아리, 2014.

표언복, 「해방전 중국 유이민소설 연구」, 건국대 박사논문, 2004.

_____, 『해방전 중국 유이민 소설연구』, 한국문화사, 2004.

_____, 「신채호의 만주 인식과 그 변모」, 『비교한국학』 19-3, 국제비교한국학회, 2011.

하상일, 「식민지 시기 상해 이주 조선 문인 연구의 현황과 과제」, 『비평문학』 50, 한국비평문학회, 2013.

하윤섭, 「조선 후기 단군에 대한 기억의 변화와 그 所因」, 『우리문학연구』 38, 우리문학회, 2013.

한상도, 「중국 제1차 국공합작 및 국민혁명에 대한 한국인의 반향」, 『사학연구』 85, 한국사학회, 2007.

한영우, 「1910년대의 민족주의적 역사서술」, 『한국문화』 1, 서울대 규장각 한국학연구원, 1980.

현광호, 『한국근대사상가의 동아시아 인식』, 선인, 2009.

홍순애, 「근대계몽기 만주에 대한 지리적 상상력과 영웅 서사의 리얼리티」, 『한국문학과 예술』11, 숭실대 한국문학과예술연구소, 2013.

_____, 「만주기행문에 재현된 만주표상과 제국주의 이데올로기의 간극」, 『국제어문』57, 국제어문학회, 2013.

홍영기, 「이동휘의 구국운동(1905~1907)에 관한 새로운 자료」, 『한국근현대사연구』1, 한국근현대사학회, 1994.

Arif Dirlik, 「全球化, 現代性與中國」, 『讀書』7, 2007.

陳伯海·袁進, 『上海近代文学史』, 上海: 上海人民出版社, 1993.

董玥, 『民國北京城-歷史與懷舊』, 北京: 生活·讀書·新知三聯書店, 2014.

復旦大學歷史系 編, 『切問集』下, 上海: 復旦大學出版社, 2005.

甘懷真, 『東亞近世世界觀的形成』51, 台北: 國立臺灣大學出版中心, 2007.

金觀濤·劉青峰, 『觀念史研究』, 北京: 法律出版社, 2009.

溝口雄三, 孫軍悅 譯, 『作爲方法的中國』, 北京: 生活·讀書·新知三聯書店, 2011.

劉建輝, 甘慧杰 譯, 『魔都上海-日本知識人的"近代"體驗』, 上海: 上海古籍出版社, 2003.

秦暉, 『走出帝制-從晚清到民國的歷史回望』, 北京: 群言出版社, 2015.

上海租界誌編纂委員會 編, 『上海租界誌』, 上海: 上海社會科學院出版社, 2001.

汪暉·余國良 編, 『上海-城市, 社會與文化』, 香港: 香港中文大學出版社, 2011.

烏丙安·葉大兵, 『中國風俗辭典』, 上海: 上海辭書出版社, 1990.

蕭功秦, 『與政治浪漫主義告別』, 武漢: 湖北教育出版社, 2001.

許紀霖, 『中國, 何以文明』, 北京: 中信出版社, 2014.

徐萬民, 『中韓關系史-近代卷』, 北京: 社會科學文獻出版社, 1996.

楊昭全, 『關內地區朝鮮人反日獨立運動資料彙編』上, 遼寧: 遼寧民族出版社, 1987.

張玉法, 『現代中國史』上, 台北: 東華書局, 1977.

鄒依仁, 『舊上海人口變遷的研究』, 上海: 上海人民出版社, 1980.

黃定天·馬躍, 「19世紀末英俄爭奪關內外鐵路探析」, 『求索』2, 2012.

黃興濤, 「話"支那"-近代中國新名詞源流漫考之二」, 『文史知識』5, 1999.

蘇智良·趙勝, 「民族主義與殖民主義的較量-外灘公園"華人與狗不得入內"文字資料的歷史解讀」, 『甘肅社會科學』4, 2009.

王元周, 「認識他者與反觀自我-近代中國人的韓國認識」, 『近代史研究』 2, 2007.

薛理勇, 「揭開"華人與狗不得入內"的流傳之謎(2)」, 『世紀』, 1994.

Bickers, R. A. · Wasserstrom, J. N., "Shanghai's "Dogs and Chinese not admitted" sign: Legend, history and contemporary symbol", *The China Quarterly* 142, 1995.

Cho Sung-san, "The Formation and Transformation of the Awareness of a Common Cultural Identity in 19th Century Chosŏn", *International Journal of Korean History*, 16-1, 2011.

Duara, *Rescuing history from the Nation*, Chicago : University of Chicago Press, 1995.

Kuan-Hsing Chen, *Asia as method : Toward deimperialization*, Durham : Duke University Press, 2010.

Paul A. Cohen, *Discovering history in China : American historical writing on the recent Chinese past*, N. Y. : Columbia University Press, 1985.

Elleke Boehmer, *Colonial and postcolonial literature*, Oxford : Oxford University Press, 1995.

Gi-Wook Shin · Michael Robinson, *Colonial Modernity in Korea*, Cambridge : Harvard University Press, 1999.

Hyun Ok Park, *Two dreams in one bed : Empire, social life, and the origins of the North Korean revolution in Manchuria*, Durham : Duke University Press, 2005.

John K. Fairbank ed., *The Chinese World Order : Traditional China's Foreign Relations*, Cambridge : Harvard University Press, 1968.

Kenneth Pomeranz, *The Great Divergence : China, Europe, and the Making of the Modern World Economy*, Princeton : Princeton University Press, 2000.

Lattimore, O., *Manchuria : Cradle of Conflict*, N.Y. : MacMilan, 1932.

Robinson M. E., *Cultural nationalism in colonial Korea, 1920~1925*, University of Washington Press, 2014.

Scalapino · Lee, *Communism in Korea* 1, Berkeley : University of California Press, 1972.

Shih, S. M., *The lure of the modern : Writing modernism in semicolonial China, 1917~1937* 1, Berkeley : University of California Press, 2001.

V. M. Tikhonov, *Modern Korea and its others : perceptions of the neighbouring countries and Kore-*

an modernity, London : Routledge, 2016.

한국사데이터베이스(http://db.history.go.kr)
한국역사정보통합시스템(http://www.koreanhistory.or.kr)